깨달음 이후 빨랫감

깨 달 음 , 그 뒤 의 이 야 기 들 깨달음 이후 빨랫감

잭 콘필드 지음 | 이균형 옮김

한문화

나의 존경하는 스승인 아잔 차에게,
그의 길동무이자 역시 존경하는 스승인 아잔 붓다다사에게,
그리고 오랜 세월 법맥을 이어온 숲의 원로들에게

차례

머리말 _ 절을 올리며 8
책을 읽기 전에 _ 정직한 질문 몇 가지 12

1부 깨달음으로 나아가기

1장 바바 야가와 우리의 신성한 열망 24
2장 마음의 수호자들 : 빛의 천사, 눈물의 바다 51
3장 입문의 불꽃 68

2부 깨어남 enlightening, 見性

4장 세상의 어머니인 마음 : 슬픔의 문 96
5장 無이자 모든 것 : 공空의 문 109
6장 당신은 진정 누구인가? : 일체성의 문과 견성 125
7장 문 없는 문 : 영원한 지금의 문 136

3부 깨달은 후에도 삶은 계속된다

8장 견성 너머 : 깨달음의 지도地圖   152
9장 깨달은 후에도 삶은 계속된다   169
10장 더러운 빨랫감   189

4부 빨랫감 속에서 깨어나기

11장 깨어남의 만다라 : 무엇을 소외시키고 있는가?   214
12장 이 몸이 곧 부처   227
13장 깨어난 감정과 일상 속의 완성   254
14장 가족 카르마   283
15장 많은 형제들과 자매들 : 공동체라는 선물   311
16장 모든 존재와 함께 깨어나기   338
17장 지혜로운 자의 웃음   365

옮긴이의 말   388

머리말 _ 절을 올리며

30여 년 전 태국의 어느 절에서 머리를 깎고 승려가 되었을 때, 나는 절하는 법부터 배워야 했다. 처음에는 절하는 것이 무척이나 어색했다. 수행처에 들어설 때마다 무릎을 꿇고, 돌 마루 위에 양 손바닥을 가지런히 내려놓은 다음, 그 두 손 사이에 머리를 세 번씩 공손히 조아려야 했다. 그것은 청빈, 깨달음, 자비의 길을 가는 '승려됨'의 의미를 몸으로 실현하는 방법이자 겸손과 각성을 위한 훈련이었다. 공부를 위해 스승 앞에 앉을 때도 나는 같은 방법으로 절을 올렸다.

그런데 절에서 한두 주일 지났을 때, 한 노스님이 나를 따로 부르시더니 이런 말씀을 하시는 게 아닌가. "이 절에서는 선방에 들거나 스승의 가르침을 받들 때뿐만 아니라 선배를 만날 때도 절을 해야 한다." 한 명뿐인 서양인으로서 행동을 올바르게 하고 싶었으므로 나는 선배가 누구냐고 물었다. 그는 이렇게 대답했다. "자네보다 먼저 입문한 사람, 곧 자네보다 승려가 된 지 더 오래된 사람은 모두가 자네의 선배라네." 나는 곧 그것이 모든 사람들을 가리킨다는 것을 깨달았다.

그래서 나는 그들에게 절을 하기 시작했다. 어떤 때는 그것이 당연하게 여겨졌다. 그 절에는 지혜롭고 존경할 만한 선배들이 많이 있었기 때문이다. 하지만 어떤 때는 그것이 정말이지 죽기보다 싫었다. 나이는 스물한 살밖에 안 된 주제에 마음은 오만함으로 가득 차 있고 오로지 부모의 비위를 맞추기 위해, 또는 집에서보다는 나은 음식을 먹고 싶어서 중

노릇 하는 이들도 있었기 때문이다. 그런데도 단지 나보다 몇 주일 먼저 왔다는 이유로 그들에게 절을 올려야만 한다니! 그 가운데에는 나보다 몇 달 전에 입문한, 농민 연금을 받는 농사꾼 출신의 늙은이도 있었는데 그는 늘 베털넛(빈랑나무 열매로 담배처럼 중독성이 있는 기호 식품)을 씹었고, 수행이라곤 평생 해본 적이 없었다. 이런 이들을 향해, 마치 위대한 스승이라도 되는 듯이 존경심을 표하기는 어려운 노릇이었다.

하지만 문제는 설령 그렇다고 하더라도 절을 해야만 한다는 점이었다. 나는 어떤 수를 내서든 마음 속의 갈등을 해결해야 했다. 그러던 어느 날 마침내 나는 내 절을 받는 모든 사람들에게서 존경할 만한 면을 찾아보기로 마음먹었다. 그러다가 나는 은퇴한 농사꾼의 눈가에 가득한 주름살에 대해 절을 올리기 시작했다. 그가 지금까지 보고 겪고 이겨낸 그 모든 고난이 그 주름살에 간직되어 있었다. 그리고 젊은 승려들의 활기와 장난기 그리고 그들의 삶이 지닌 무궁한 가능성에 대해 절을 올렸다.

점차 나는 절하기를 즐기기 시작했다. 선배들에게 절을 하는 것은 물론이고 식당에 들고날 때도 절을 했으며, 숲속의 내 오두막에 들어설 때도, 심지어 목욕을 하기 전에도 우물에다 절을 올렸다. 시간이 좀 지나자 절은 나의 수행이 되었다 ― 그것이 바로 나의 일이었다.

이 책을 채우고 있는 것은 바로 이 '절하기'의 정신이다. 영적 생활의 진정한 일거리는 어느 머나먼 곳이나 비범한 의식 상태에 있는 것이 아니다. 그것은 '지금 여기'에 있다. 그것은 살면서 일어나는 모든 일들을, 지혜롭고 공손하며 친절한 마음으로 받아들이는 환영의 정신을 요구한다. 우리는 아름다움과 고난 앞에서도, 삶의 위기와 혼란 앞에서도, 세상의 불의와 우리의 두려움 앞에서도 절을 올릴 수 있다. 이렇게 진실을 받드는 것이 자유에 이르는 길이다. 어떤 높은 이상이 아니라, '있는 그대로의 것' 앞에 절을 올리는 것이 쉬운 일만은 아니다. 하지만 아무리 어렵더라도 이것은 가장 쓸모 있고 고귀한 훈련이다.

슬픔과 배신이라는 삶의 진실 앞에 절을 올리는 일은, 곧 그것을 받아들이는 행위다. 이처럼 마음 속 깊은 곳에서 우러나오는 몸짓을 통해 우리는 삶의 모든 것이 의미로 가득 차 있음을 깨닫는다. 절을 배우다 보면, 우리의 마음 속에는 생각보다 많은 자유와 자비심이 감추어져 있음을 발견하게 된다.

페르시아의 신비주의 시인인 루미Rumi는 이것을 이렇게 표현했다.

이 존재, 인간은 여인숙이라
아침마다 새로운 손님이 당도한다.

한 번은 기쁨, 한 번은 좌절, 한 번은 야비함
거기에, 약간의 찰나적 깨달음이

뜻밖의 손님처럼 찾아온다.

그들을 맞아 즐거이 모시라
그것이 그대의 집안을
장롱 하나 남김없이 휩쓸어가버리는
한 무리의 슬픔일지라도.

한 분 한 분을 정성껏 모시라,
그 손님은 뭔가 새로운 기쁨을 주기 위해
그대 내면을 비워주려는 것인지도 모르는 것.

암울한 생각, 부끄러움, 울분, 이 모든 것을
웃음으로 맞아
안으로 모셔들이라.

그 누가 찾아오시든 감사하라,
모두가 그대를 인도하러
저 너머에서 오신 분들이리니.

책을 읽기 전에 _ 정직한 질문 몇 가지

새와 책이 서로 다른 말을 하면, 늘 새의 말을 믿도록.

제임스 오뒤봉James Audubon(여행가이자 화가)

깨달음은 실재한다. 깨어나는 것은 가능하다. 끝없는 자유와 환희, 신과의 합일, 영원한 은총 속에서 깨어남……. 이런 황홀한 체험은 사실 당신이 아는 것보다 흔하며, 그리 먼 곳에 있는 것도 아니다. 하지만 거기에는 한 가지 진실이 덧붙는다. 그 황홀한 체험은 지속되지 않는다는 점이다. 깨달음은 우리 눈앞에 세상의 참모습을 펼쳐 보인다. 그것은 자연히 우리 혼의 변성變性을 불러일으킨다. 하지만 그뿐이다. 그것은 지나가버린다. 깨달은 상태 그대로 삶에서 은퇴하게 되지는 않는다. 밀월 여행 이후에는 결혼 생활이, 선거 당선 이후에는 고단한 정사政事가 뒤따른다는 것을 우리는 모두 알고 있다. 영적 생활에서도 마찬가지다. 황홀경에서 깨어나면 생활이라는 이름의 밀린 빨래거리가 기다리고 있다.

대부분의 수행담은 깨달음의 환희와 영광으로 막을 내린다. 하지만 그 후 그들이 어떻게 되었냐고 물어본다면? 깨달음을 성취한 선사禪師가 처자식이 기다리는 집으로 돌아오면 어떻게 될까? 기독교 신비주의자가 장을 보러 시장에 가면 어떤 일이 벌어질까? 황홀경 이후의 삶은 어떤 모습일까? 어떻게 하면 깨달은 상태 그대로, 환희심을 안고 살아갈 수 있을까?

이 의문을 밝히기 위해 나는 영적인 수행에 오랜 세월을 바친 명상 지도자들이나 수도원장들 같은 서양의 스승들과, 라마(lama, 티베트어로 '더없이 훌륭한 사람'이라는 뜻이며 라마교의 고승을 가리킨다)들을 만나서 대화했다. 그들은 나에게 자신들의 입문과 깨달음 그리고 그후 여러 해에 걸쳐 이어오고 있는 공부에 대해 이야기해주었다.

한 서양인 선사는 첫 견성見性이 58세 때 일어났는데, 당시 몇몇 도반들과 여러 해 동안 수행을 해왔고 동시에 가족을 부양하고 직업적 경력도 쌓고 있었다고 한다. 그는 그때의 일을 이렇게 회상했다.

일주일씩 진행되는 참선 수련은 언제나 나에게 매우 강력했다. 마치 탄생 과정을 다시 반복하는 것처럼 강한 통증과 함께 묵은 감정이 풀려나오고 강렬한 기억들이 되살아나곤 했다. 그것은 수련을 마치고 집에 돌아온 뒤에도 몇 주일 동안이나 계속되었다.

이번 참선 수련도 비슷하게 시작되었다. 첫날, 나는 강렬한 감정 그리고 온몸을 훑으며 흘러나오는 에너지와 싸워야 했다. 나는 마치 죽거나 산산이 부서지는 것처럼 느껴졌다. 스승은 내 곁에 바위처럼 앉아서 어둡고 거친 바다 위의 방향타처럼 나를 확고히 붙잡아주었다. 그는 내가 공안公案 속으로 몰입하여 자신을 그 속에 완전히 맡기도록 채근했다. 나는 내 삶이 어디서 시작되었는지 끝났는지도 분간할 수 없었다.

그러더니 놀랍도록 감미로운 느낌이 내 안으로 스며들기 시작했다. 창밖에 세 그루의 어린 자작나무가 보였다. 그것은 마치 내 가족 같았다.

나는 내가 이 나무들에게 다가가 나무의 부드러운 껍질을 쓰다듬는 것을 느낄 수 있었다. 나는 나무가 되어 나 자신을 만졌다. 나의 명상은 빛으로 가득 찼다.

물론 전에도 이런 지복감至福感을 느껴본 적은 있었다. 참선하고 난 후 육체적인 통증에서 벗어나면서 지복감의 큰 물결을 느꼈었다. 하지만 이번은 달랐다. 모든 안달과 몸부림이 사라지고 마음이 하늘처럼 광활하게 열리며 환하게 빛을 발했고, 자유와 깨어남의 황홀한 향기가 가득했다. 나는 마치 붓다처럼, 온 우주의 품에 안겨 몇 시간을 꼼짝없이 앉아 있었다. 거기에는 아무런 노력도 필요하지 않았다. 그것은 끝없는 평화와 형언할 수 없는 환희의 세계였다.

삶의 위대한 진리는 너무나 명확했다. 고통의 원인은 집착이었다. 그릇된 에고, 작은 자아의 욕망을 좇아 우리는 마치 인색한 지주처럼 부질없는 승강이를 벌이고 있었다. 나는 우리의 모든 불필요한 슬픔에 울었다. 그러다가는 참을 수 없는 웃음이 몇 시간 동안 터져나왔다. 모든 것이 완벽하며, 자신을 열어놓기만 한다면 매순간이 곧 해탈임을 깨달았다.

이런 체험이 있고 나서 여러 날 동안, 나는 이 한결같은 평화 속에 잠겨 있었다. 몸은 붕 뜨고 마음은 비어 있었다. 잠에서 깨어나면 사랑과 환희의 에너지가 내 의식을 물결처럼 훑고 지나갔다. 그러다가 통찰과 계시가 하나하나 찾아왔다. 카르마(karma, 業)의 패턴 속에서 삶의 스토리가 전개되어가는 과정이 훤히 들여다보였다. 속세의 삶과 쾌락에 대한 집착을 버리려고 출가한다는 생각 자체가 얼마나 우스운 일인지를 깨닫게 되었다. 사실 깨달음은 너무나 환희에 가득 찬 경험이라서, 그에 비하면 우리가 집착하는 쾌락들은 너무나 시시하며 조잡하기 짝이 없다. 그러니 출가란 세상을 버리는 게 아니라 오히려 세상을 얻는 것이다.

대개는 이 같은 위대한 깨달음의 묘사가 수행담의 대미를 장식한다. 깨달음이 오고, 그는 지혜로운 존재들의 대열에 합류한다. 이후로는 모든 것이 저절로 흘러간다. 그래서 결국 우리는 그 깨어난 사람이 오래오래 행복하게 잘 살았다는 식의 인상을 갖게 된다. 하지만 거기서 끝내지 말고 이야기를 좀더 들어본다면 어떻게 될까?

> 하지만 몇 달 후 이 황홀경이 지나가자 좌절이 찾아왔다. 직장 동료가 나를 배신했고, 가족과 아이들과도 예전처럼 옥신각신했다. 여전한 것은 나의 가르침뿐이었다. 나는 영감에 찬 강의를 할 수 있었지만, 아내에게 물어봤다면 그녀는 남편이 시간이 지나니까 예전과 매한가지로 참을성 없고 짜증스러워지더라고 말했을 것이다. 물론 나는 이 위대한 영적 계시가 거짓이 아니며, 현실의 배후에 늘 존재한다는 것을 알고 있다. 하지만 전과 그대로인 부분도 적지 않음을 안다. 정직하게 말하자면, 내 마음과 인격은 옛날이나 다름없고 신경질도 더 나아진 게 없다. 어쩌면 더 나빠졌을지도 모른다. 왜냐하면 이제 그것을 더 예민하게 느끼기 때문이다. 우주적 계시가 있었다. 하지만 그럼에도 불구하고 나는 아직도 일상의 잘못을 바로잡아주고 삶을 살아가는 데 필요한 교훈을 가르쳐줄 요법을 찾고 있다.

영적 '전문가'가 되다 보니, 나는 운 좋게도 현대의 존경할 만한 수행자들을 가까이서 접할 수 있는 기회가 많았다. 기독교 수도원의 성스러운 수녀들과 지혜로운 수도원장들을 비롯해, 유태교 신비주의자들, 힌두교도들, 수피(이슬람 신비주의자)들, 불교의 스승들, 그리고 융 심리학과 초개인 심리학(transpersonal psychology, 다층의 의식 상태를 가정하여 초감각적인 지각을 중시하는 심리학 연구의 한 경향)의 지도적인 인물들과도 함께 할 수 있었다. 이런 이들과의 교제를 통해서 보고 들음으로써 나는 현대의 영적 행로가 어떻게 전개되고 있는지, 가장 헌신적으로 수행하는 이들조차 부딪히게 되는 문제점들이 무엇인지를 잘 알 수 있게 되었다. 한 가지 예를 들어보면 이렇다.

1990년대 초부터 나는 다양한 불교 종단의 스승들이 한자리에 모이는 회합을 주선하는 일을 돕고 있다. 이것은 그 중에서도 다람살라 궁에서 가진 달라이 라마Dalai Lama가 주최한 회합에서 생긴 일이다. 방 안에는 자비로운 선사들과 라마들, 승려들 그리고 명상 지도자들로 가득했다. 동서양에서 온 스승들은 불교 수행이 오늘날의 세계에 이바지할 수 있는 길과, 우리가 마주치게 되는 문제점들에 대해 토론했다. 우리는 많은 성공담과 기쁨을 서로 나누었다. 하지만 자신의 문제를 정직하게 털어놓는 시간이 되자, 영적인 삶이 조화롭지만은 않다는 사실이 드러나기 시작했다. 그것은 우리가 공통적으로 겪는 몸부림과 개인적인 신경증도 반영해 주고 있었다.

독일에서 온 불교 지도자인 질비아 베첼Sylvia Wetzel은 불교계에서 여성이, 그리고 여성의 지혜가 제대로 존중받기가 얼마나 어려운 일인지를 하소연했다. 그녀는 우리가 앉은 방을 둘러싸고 있는 황금 불상과 티베트 탱화들을 가리키면서, 그 성인들이 모두 남자임을 지적했다. 그러고는 달라이 라마를 비롯한 라마승들과 다른 모든 지도자들에게, 눈을 감고 함께 명상을 통해 다음과 같은 영상을 그려보도록 권했다. 즉, 여성의 몸으로 화한 14대 달라이 라마가 앉아 있는 방 안으로 자신이 들어서고 있는 광경을 떠올려보도록 했다. 개인차는 있었지만, 영적 지도자들의 영상에는 공통점이 있었다. 여성 달라이 라마의 주위에는 역시 여성인 수많은 원로들과 붓다와 성인들이 둘러앉아 있었다. 또 방 안에 들어선 남자들은 뒷자리에 앉혀졌고, 회합이 끝난 후에는 주방에서 일을 도와야만 했다. 그녀가 안내한 명상이 끝나자 방 안의 남자들은 모두 눈이 새롭게 뜨여진 듯한 표정이었다.

그 다음에는 영국 출신의 티베트 불교 비구니인 애니 텐진 팔모Ani Tenzin Palmo의 차례였다. 그녀는 티베트 국경 지대의 동굴 속에서 지낸 12년을 포함하여 20년 동안 헌신적인 수행을 해온 승려로, 여성 수행자가 겪어야 했던 엄청난 시련을 털어놓았다. 그녀는 수도원의 변두리 지역에서만 지낼 수 있었으며, 가르침과 음식을 비롯해 어떤 식의 지원도 받지 못한 경우가 대부분이었다고 했다.

그녀의 이야기가 끝나자 달라이 라마는 손에 얼굴을 파묻고 울었다. 그는 적어도 자신의 영역 안에서는 여성이 좀더 평등한 지위를 보장받도록 최대한 지원할 것을 약속했다. 하지만 그로부터 여러 해가 지난 지금까지도, 모든 불교 국가의 원로들 대부분이 전통의 명목으로, 또는 심리적이고 문화적인 조건을 내세워 이 개혁 운동을 거부하고 있다. 그밖에도 이 회합에서 어느 참선 수련원 원장은 어머니와의 고통스러운 관계 때문에 여성 수행자들을 지도하는 것이 거의 불가능했다고 고백했는데, 그러자 다른 이들도 이런 종류의 어려움을 겪은 적이 있다고 털어놓았다.

우리의 토론은 이어 다른 형태의 무지들 — 이를테면 종파주의라든지, 일부 불교 스승들과 교계 일각에서 일어나고 있는 권력 다툼이라든지, 또는 명상 지도자의 역할이 초래하는 외로움과 단절감이라든지, 혹은 지도자가 제자들을 권력이나, 재력으로, 또는 성적으로 학대한 사례 등등 — 에 대한 이야기로 옮아갔다. 우리는 사적인 대화의 자리에서 좀더 개인적인 문제들에 대해서도 이야기했다. 모두들 고통스러운 이혼 경험, 두려움과 좌절의 기간, 다른 단체들이나 가족들과의 갈등으로 고민하고 있었다. 명상 지도자들은 또 스트레스와 병, 십 대 자녀들의 비난 — "아빠는 수행자라면서 왜 그렇게 집착이 강해요?" 식의 — 때문에 겪는 고충에 대해서도 이야기했다. 우리 모두는 자신의 몸과 인격, 가족 그리고 단체 속에서 문제를 겪고 있었다. 우리는 너무나도 인간적인, 우리가 가진 공통적인 얼굴을 보았다.

하지만 우리는 또한 다행스럽게도, 이 거칠고 급변해가는 세계 속에서도 자유와 기쁨을 누리고 있다는, 수행이 가져다준 놀라운 선물에 대해서도 깊이 공감을 나눌 수 있었다.

놀랍고 새로웠던 것은, 서로 숨김없이 속마음을 털어놓은 우리의 정직성이었다. 그것은 달라이 라마의 겸손과 자비심에 고무받은 덕분이었다. 그는 언제나 기꺼이, 심지어는 자신의 실수에서도 배우려고 노력했다. 우리는 고통스러운 실수를 반복하지 않는 방법과 우리의 인간적인 속성까지도 포용하는 방법을 서로를 통해서 배울 수 있었다. 그것은 마치 각각의 지혜와 깨달음의 꽃이 여럿의 전일성全一性 속에서 더욱 생생하게 피어나는 것만 같았다.

현대의 환경 속에서 영적 삶의 지혜로운 표현법을 찾고자 할 때 겪게 되는 어려움은 동양의 수행 전통에만 국한되는 것은 아니다. 미국 메인 주에 있는 100년 전통의 한 가톨릭 수녀원의 원장은 17세 때부터 1960년대까지 한적한 수녀원에서 성장했다. 그런데 당시 교황이었던 요한 23세는 개혁 정신의 일환으로 미사를 라틴어에서 영어로 바꾸었고, 수도교단의 엄격한 침묵의 규율을 개방했다. 이런 변화는 수십 년 동안 성스러운 침묵의 보호 속에서 살며 날마다 묵상과 기도로 일관해온 이들에게는 정말 혼란스러운 일이었다. 그들은 말하는 법조차 잊어버리고 있었다. 입을 열기 시작하자, 그것은 때때로 엄청난 불협화음을 일으켰다. 묵상과 기도라는 그릇 밑바닥에 감춰져 있던 온갖 비판과 원망과 편협함과 두려움이 모두 한꺼번에 튀어나왔다. 수녀들은 지혜롭게 말하는 법도 배우지 못한 채 입을 열고 각자의 영적 생활과 씨름해야만 했다. 많은 이들이 수녀원을 떠났다. 수도원의 침묵 속에서 느꼈던 것과 같은 은총을 인간적인 언어 속에서 발견하는 데는 여러 해가 걸렸다. 하지만 영적 삶에는 양쪽이 다 필요하다. 호흡이 들고나는 것처럼, 영적 삶은 내적 지혜와 외적 표현을 아울러야만 하는 것이다. 영적 각성을 살짝 맛보는 것만으로는 부족하다. 그 계시대로 실제로 온전히 살아내는 방법을 찾아야만 하는 것이다.

완전한 깨달음에 대한 책들은 많다. 하지만 내가 아는 한 서양의 모든 스승들과 지도자들 가운데서 그런 지극한 완성의 경지를 찾아보기는 어려웠다. 큰 지혜, 깊은 자비심, 자유에 대한 진정한 이해가 밀려오는 순간들은, 안타깝게도 두려움과 혼돈과 신경증과 몸부림의 시간들과 교차하며 지나간다. 대부분의 지도자들이 이 사실을 서슴없이 시인할 것이다. 물론 불행히도, 그늘 없는 해탈과 완성의 경지를 얻었다고 주장하는 서양인 구루들이 몇 명 있다. 하지만 그들의 단체에서는 문제가 더 심각하다. 그들은 자기 부풀리기를 통해 가장 권력 중심적이고 파괴적인 단체를 만들어내곤 한다.

지혜로운 사람일수록 더욱 겸손하다. 예컨대 스노매스 수도원의 토마스 키팅Thomas Keating 신부나 샌프란시스코 참선 센터의 노먼 피셔Norman Fischer 같은 이들은 "난 배우고 있습니다" 또는 "난 모릅니다"라는 말을 자주 한다. 간디, 마더 테레사, 도로시 데이Dorothy Day, 달라이 라마 등은 영적 완성이 자신의 힘으로 이루어지는 것이 아니라 공동체적 지혜 안에서 자라나는 인내와 사랑을 통해 얻어진다는 것을, 그리고 영적 성취와 해탈은 이 인간적 삶에서 일어나는 모든 일에 대한 자비심을 포함한다는 것을 이해하고 있다.

그렇다면 이쯤에서 이런 의문이 생길 것이다. 아시아의 나이 많은 스승들은 어떠한가? 서양의 선사들이나 라마승들은 진정한 깨달음을 얻기에는 아직 너무 젊고 미숙한 것이 아닐까? 서양의 많은 지도자들은 이것이 자신에게는 사실임을 시인할 것이다. 하지만 그러한 겉모습은 단지 원형적 차원과 인간적 차원을 혼동하는 데서 오는 것일 수도 있다. 티베트 속담 중에는 스승은 최소한 세 골짜기 너머에 사는 사람이어야 한다는 말이 있다. 이 골짜기들은 큰 산이 가로지르고 있어서 스승을 만나려면 여러 날을 걸어가야만 한다. 말하자면, 그만큼 멀리 떨어져서 보아야만 스승의 완벽한 이미지에 고무될 수 있다는 뜻이다.

수백만의 사람들이 위대한 성자로 생각하는 우리 주지 스님인 아잔 차에게 내가, 스승님은 늘 완전히 깨달은 존재처럼 행동하지만은 않는다고 불평했을 때, 그는 웃으면서 그것이 좋은 일이라고 말했다. "왜냐하면, 그렇지 않으면 너는 아직도 네 밖에서 붓다를 찾을 수 있다고 생각할 테니까. 하지만 그는 여기엔 없어."

실제로 가장 매력적이고 존경받는 아시아의 많은 스승들도 자신이 아직도 실수로부터 끊임없이 배우고 있는 학생이라고 말한다. 스즈끼 선사 같은 일부 스승들은 자신이 깨달았다는 주장조차 하지 않았다. 대신 그는, "엄밀히 말하자면 깨달은 사람이란 존재하지 않는다. 거기엔 깨닫는 행위밖에 없다"고 말했다. 이 놀라운 말은, 깨달음은 누구의 소유물도 될 수가 없음을 말해준다. 그것은 단지 해탈의 순간에 존재할 따름이다.

수피 교단의 서구 지도자인 75세의 피르 빌라얏 칸Pir Vilayat Khan은 자신의 생각을 이렇게 피력했다.

> 내가 인도와 아시아 지역에서 만난 수많은 위대한 스승들 가운데 어느 누구라도 미국에 데려다놓고 집과, 두 대의 자동차와, 배우자와, 세 명의 자녀들과, 직업을 갖게 하고, 보험금과 세금을 지불하면서 살게 한다면…… 그들은 모두가 하나같이 허우적거릴 것이다.

영적 삶에 대해 가졌던 처음의 이미지야 어떠하건 간에, 엄정하게 말하자면 깨달음은 우리가 살고 있는 지금 이 자리에서 성취되어야만 한다. 복잡한 사회 속에서 부대끼는 서양인들의 영적 행로는 어떠할까? 25년, 30년, 혹은 40년씩을 영적 수행에 바친 사람들은 일상을 살아나가는 방법을 어떻게 터득했을까? 내가 서양의 선사들과 라마승, 랍비, 수도원장, 수녀, 요가 수행자 그리고 그들의 가장 오래된 제자들에게 던지기 시작한 질문은 바로 이런 것들이다.

  영적 생활을 이해하기 위해서 나는 무엇이 우리를 영적 삶으로 이끄는지, 그리고 그 길에서 어떤 어려움을 거쳐야 하는지를 물어보았고, 어떤 선물과 깨달음을 얻었는지, 깨달음에 대해서 우리가 무엇을 알 수 있는지를 물어보았다. 그리고 황홀경 이후 영적 삶의 새로운 사이클을 통해 살아나가는 동안에 어떤 일들이 일어나는지를 물어보았다. 과연 영적 황홀경과 일상의 빨랫감, 이 양쪽을 다 포용하는 어떤 지혜가 있을까?

1장   🔹   바바 야가와 우리의 신성한 열망

2장   🔹   마음의 수호자들 : 빛의 천사, 눈물의 바다

3장   🔹   입문의 불꽃

1부

깨달음으로 나아가기

1장 바바 야가와 우리의 신성한 열망

처음 그 이야기를 듣는 순간부터, 나는 당신을 찾기 시작했습니다.

루미

삶의 행로를 한참 가다가, 나는 문득 깨어 어두컴컴한 숲속에 홀로 서 있는 자신을 발견했다.

단테 알리기에리Dante Alighieri

무엇이 우리를 영적 삶으로 이끄는 것일까? 기억할 수 있는 가장 오랜 옛날부터 우리는 살아 있다는 것의 신비를 감지해왔다. 이 신비는 막 태어난 아기를 바라볼 때, 혹은 사랑하는 이의 죽음이 우리를 스치고 지나갈 때 더욱 실재감을 띤다. 그리고 눈부신 황혼을 지켜볼 때나 잠시의 고요 속에서 우리의 일상이 계절과 함께 흘러가는 것을 깨달을 때도, 그것은 거기에 있다. 성스러운 어떤 것과의 연결은 아마도 우리의 가장 깊은 요구이자 갈망일 것이다.

각성은 무수한 경로로 우리를 찾아온다. 수피즘의 시인 루미가 노래했듯이 "포도는 포도주로 변하고 싶어 한다." 우리가 까맣게 잊고 있을 때조차도 '온전함' 또는 '온전히 살아 있음'은 우리를 끌어당긴다. 힌두교도들은 이렇게 말한다. 아기는 엄마의 뱃속에서 "내가 누구인지를 잊어먹지 말아야지" 하고 노래하지만 그 노래는 태어나자마자 "이런, 벌써 잊어먹어 버렸네!"로 바뀐다는 것이다.

하지만 떠나는 여행이 있으면 돌아오는 길도 있게 마련이다.

세계 어디를 가나 우리는 이런 여행담을 들을 수 있다. 깨어나고자 하는 인간의 열망을 담은 이미지들, 우리의 행로에 놓여 있는 계단들, 부름의 목소리, 언젠가 맞게 될지도 모르는 입문의 강렬한 느낌, 우리에게 요구되는 용기에 관한 이야기들을 말이다. 이 모든 이야기들의 핵심에는 구도자의 진지한 태도가 있다. 그는 우주에 관한 자신의 지식이 얼마나 보잘것없으며, 미지의 세계는 얼마나 넓은지를 정직하게 인정해야만 한다.

러시아 민담인 '바바 야가Baba Yaga 이야기'는 영적 탐구의 길에 필요한 정직성에 대해 이렇게 말해준다. 바바 야가는 깊은 숲속에서 살며 언제나 커다란 솥단지를 휘젓고 있는 거칠고 흉측한 얼굴의 노파인데, 세상의 모든 비밀을 알고 있다. 그녀를 찾아간다는 것은 끔찍한 일이다. 왜냐하면 숲속의 깊은 어둠 속으로 들어가야 하고, 위험한 질문을 해야 하며, 편안하고 합리적인 논리의 세계를 떠나야 하기 때문이다. 이 민담에 따르면 세 사람이 차례로 바바 야가를 방문한다.

첫 번째 사람은 젊은 구도자다. 그가 문을 두드리자 바바 야가는 이렇게 묻는다. "너는 자신의 용무로 왔느냐, 아니면 누가 보내서 왔느냐?" 가족이 부추겨서 모험 길을 떠나왔던 젊은이는 대답한다. "아버지가 보내셔서 왔습니다." 바바 야가는 그를 냉큼 솥단지에 던져넣어 삶아버렸다. 두 번째로 바바 야가를 찾아온 것은 젊은 처녀다. 그녀가 문을 두드리자 바바 야가는 또 묻는다. "너는 너 자신의 용무로 왔느냐, 아니면 다른 사람이 보내서 온 것이냐?" 이 처녀는 숲속에 무엇이 있는지가 궁금한 나머지 스스로 이끌려서 온 것이었다. 그래서 이렇게 대답했다. "저는 저의 볼일로 왔어요." 바바 야가는 이 처녀도 솥단지에 냅다 던져넣어버린다.

세 번째로 바바 야가를 찾은 것은 한 처녀인데, 그녀는 세상사에 심한 혼란을 느낀 끝에 깊은 숲속에 있는 바바 야가의 집까지 찾아온 것이었다. 바바 야가는 그녀에게 다그쳐 물었다. "넌 네 볼일로 왔느냐, 아니면 누가 보내서 왔느냐?" 그러자 이 처녀는 솔직히 대답했다. "대체로 보자면 제 볼일로 왔어요. 하지만 당신이 여기에 있기 때문에, 또 숲이 여기 있기 때문에, 그리고 제가 잃어버린 뭔가가 여기 있을 것 같기 때문이라는 것도 무시할 수는 없어요. 하지만 다른 한편으로는, 저도 제가 왜 여기까지 왔는지를 모르겠어요." 바바 야가는 그녀를 한참 바라보더니 "넌 됐다!"라고 말했다. 바바 야가는 세 번째 처녀를 오두막 안으로 맞아들였다.

숲 속 으 로

우리를 영적인 행로로 몰아가는 그 모든 힘들의 근원은 무엇일까? 우리는 안타깝게도 그것을 알지 못한다. 하지만 그럼에도 불구하고 어쨌든 삶은 우리를 그쪽으로 몰아붙인다. 우리 안의 어떤 것이 우리가 고생스럽게 일만 하려고 여기 존재하는 것은 아님을 알고 있다. 그것은 우리가 반드시 기억해내야 할 신비한 힘이다.

우리를 안락한 집에서 끌어내어 바바 야가가 사는 어두운 숲속으로 데려가는 것은 몇몇 '우연한' 사건들의 조합일 수도 있다. 그것은 어릴 적부터의 열망일 수도 있고, 영적인 책이나 인물들과의 우연한 만남일 수도 있다. 때때로 낯선 문화와 새로운 일, 이국적인 리듬, 향기, 색깔들 속으로 여행할 때면, 내면의 무엇인가가 깨어나서 우리 영혼을 일상적인 현실의 테두리 바깥으로 밀어낸다. 그것은 녹음 짙은 산 속을 거닐거나 천상에서 들려오는 듯한 아름다운 합창을 듣는 것과 같은 단순한 일일 수도 있다. 또는, 어떤 임종臨終의 자리에서 한 '인간'이 땅 속에 묻히기만을 기다리는 생명 없는 몸뚱이를 뒤로하고 존재로부터 홀연히 사라져버리는 신비한 변신의 순간을 목격하는 일일 수도 있다. 무수한 문들이 영靈의 세계를 향해 열려 있다. 그것이 찬란한 아름다움이었든 혼돈과 슬픔의 어두운 숲이었든 간에, 중력만큼이나 확실한 어떤 힘이 우리를 끊임없이 영적인 길로 끌어당긴다. 그런 일은 누구에게나 일어난다.

고난이라는 전령

신성한 어떤 것을 찾아 발을 내딛게 하는 가장 흔한 출발점은, 우리 자신의 고난과 불만족이다. 대부분의 영적 여행은 삶의 고난에 부딪히면서 시작된다. 서양의 구도자들에게는 어린 시절 가족 관계에서 빚어진 시련이 가장 흔한 출발점이다. 그들의 이야기에는 알코올 중독에 빠졌거나 자식을 학대하는 부모, 형제의 중병, 사랑하는 친족의 사망, 가족간의 다툼 등이 흔하다. 존경받는 한 스승의 경우에는 단절감과 외로움에서 이 여행이 시작되었다.

> 어린 시절, 우리 가족의 생활은 너무나 비참했다. 모두가 고함을 질러댔고 나는 그들이 내 가족이 아닌 것처럼 느껴졌다. 나는 이방인과도 같았다. 그러다가 아홉 살쯤 되었을 때 나는 비행접시에 매우 강한 흥미를 갖게 되었다. 몇 년 동안 나는 밤마다 UFO가 와서 내 진짜 고향인 다른 별로 나를 데리고 갈 것이라는 환상 속에서 살았다. 외로움과 단절감에서 벗어나기 위해서, 나는 정말 그렇게 되기를 간절히 빌었다. 그것이 아마도 40년에 걸친 나의 영적 탐구의 시작이었을 것이다.

누구나 알고 있듯이, 어려움에 처할 때마다 내면은 영적인 도움을 갈구하게 마련이다. 루미는 말한다. "그 갈구를 존중하라. 어떤 이유로든, 그대를 영적인 세계로 돌아가게 만드는 그것에 감사하라. 달콤한 위안으로 그대를 기도와 멀어지게 하는 이웃을 경계하라."

내과 의사이자 치유가healer인 또 다른 스승은 가정적인 불행으로 30년에 걸친 내면 탐구가 시작되었다고 말한다.

> 나의 부모는 매우 심하게 다퉜고, 결국 어린 나를 두고 갈라서고 말았다. 나는 끔찍한 기숙 학교에 맡겨졌다. 가정 생활은 고통의 연속이었고, 나는 늘 외로움과 슬픔과 불안에 싸여 있었다. 나는 어떻게 살아야 할지를 알지 못했다.
>
> 그러던 어느 날, 나는 광장 계단에서 '하레 크리슈나(힌두교 신들 가운데 하나인 크리슈나의 영광을 찬미하는 성가)'를 노래하는 오렌지 빛 승복을 입은 까까머리 남자를 보았다. 나는 순진하게도 그가 지혜로운 인도의 성자인 줄 알았다. 그는 나에게 카르마와 환생, 명상 그리고 해탈의 가능성에 대해 이야기해 주었다. 그의 이야기를 듣자 나는 너무나 흥분하여 어머니에게 전화를 걸어 이렇게 말했다. "이제 학교를 그만두겠어요. 저는 승려가 될 거예요." 하지만 어머니는 나의 계획을 용납하지 않았다. 결국 어머니와 나는 명상을 배울 수 있는 학교를 찾는 것으로 타협을 보았다. 그것이 나를 새로운 세계로 안내했다. 나는 과거를 놓아보내는 법과 나 자신에게 자비심을 가지는 법을 배웠다. 명상은 내 삶을 구원했다.

이런 일은 어린 시절에만 일어나는 것이 아니다. 삶의 위기와 고난은 어른이 되어서도 끊임없이 찾아와, 우리를 영적 세계로 인도한다. 많은 구도자들이 이러한 상실과 절망, 혼돈 등을 관문 삼아 영적 세계에 들어섰다. 어느 구도자의 영적 탐구는 막내딸의 죽음에서 비롯했다.

나의 결혼 생활은 악화될 대로 악화되어가고 있었다. 막내딸은 2년 전에 급성 소아 질환으로 죽었고 어느 모로 봐도 나는 전혀 행복하지 않았다. 나는 아내와 이혼하고 마음을 가라앉히기 위해 온갖 종류의 명상법을 섭렵하기 시작했다. 그러던 중에 여자 친구가 자신의 명상 스승을 소개해주었고, 그는 나를 수련회에 초대했다. 우리는 정갈하고 고요한 방 안에서 여러 시간을 함께 보냈다. 그리고 둘째 날 아침, 내 눈앞에 갑자기 내가 딸의 무덤 앞에 서서 사람들이 흙을 삽으로 떠서 던지는 광경을 바라보고 있는 장면이 떠올랐다. 눈물이 쏟아지면서 통곡이 터져나왔다. 근처에 앉은 수련생들이 조용히 하라고 손짓했지만 안내자는 그들을 제지하고는 나에게 다가와 잠시 안아주었다. 나는 오전 내내 목놓아 울었다. 이것이 시작이었다. 30년이 지난 지금, 나는 우는 학생을 안아주는 사람이 되어 있다.

고난에 부딪혀서 그 해결책을 찾아 떠난다는 식의 줄거리는 보편적인 이야기다.

붓다의 수행도 같은 궤적을 밟아 꽃을 피웠다. 붓다의 속명은 싯다르타로, 그는 왕자로 태어나 부왕의 뜻에 따라 인생의 고뇌를 모르도록 용의주도하게 보호받고 있었다. 그는 어릴 때부터 격리되어 아름다운 궁전에서만 살았다. 그러던 어느 날, 젊은 왕자는 고집을 부려 바깥 세상을 구경하러 성을 나섰다. 그는 마부 찬나와 함께 성 밖을 지나다가 네 가지 광경을 보고 크게 놀랐다. 그는 맨 먼저 아주 늙은 사람을 보았다. 허리가 구부러져서 비틀거리며 걷는 허약한 늙은이를 본 것이다. 다음으로는 매우 아픈 사람을 보았다. 친구들이 그를 간호하고 있었다. 그 다음으로 본 것은 죽은 사람의 시체였다. 싯다르타는 이런 쓸쓸하고 참혹한 광경들에 큰 충격을 받았고, 그때마다 마부에게 이렇게 물었다. "이런 일은 어떤 사람에게 일어나는가?" 그때마다 마부는 이렇게 대답했다. "이런 일은 누구에게나 일어난답니다, 왕자님."

이런 충격적인 광경들을 구도자들은 '하늘의 전령'이라고 부른다. 왜냐하면 그것은 싯다르타 왕자를 일깨워준 것과 마찬가지로 우리를 일깨워 이 삶에서 영적 자유를 찾아 나서게 하기 때문이다.

당신은 중병에 걸린 사람이나 죽은 사람을 처음으로 보았을 때 어떤 기분이 들었는가? 생애 최초로 질병과 죽음을 가까이에서 목격한 싯다르타는 심각한 고뇌에 휩싸였다. 그는 "질병과 죽음이 호시탐탐 노리고 있는 이 삶에서 과연 어떻게 사는 것이 가장 잘 사는 길일까?" 하고 자문했다. 그때 네 번째 광경이 그에게 '하늘의 전령'처럼 다가왔다. 그것은 숲가에 서 있는 한 수행자의 모습이었다. 그는 세상의 슬픔에서 벗어나기 위해 은둔하며 간소한 삶을 살고 있었다. 그의 모습을 본 싯다르타는 자신도 이 길을 따라야겠다는 것을 깨닫는다. 삶의 비극성에 직면하여 그 손아귀에서 벗어날 방법을 찾아보기로 한 것이다.

마치 현대의 싯다르타처럼, 한 여성 구도자는 봉사 활동을 하며 목격한 일들이 어떻게 그녀를 영적인 길로 이끌어주었는지를 다음과 같이 고백한다.

나는 대학을 졸업하고 나서 필라델피아에 있는 사회 봉사 단체에서 절망에 빠진 가족들을 돕는 일을 했다. 예컨대 직장은 없고, 자식은 많고, 집안은 황폐한데, 마약 문제까지 있는 그런 가족들이었다. 그런 이들을 돌보다 보면 나 스스로도 절망감에 빠져 어떤 날은 집에 돌아와서 혼자 울기도 했다. 그러다가 나는 한 친구와 함께 중앙 아메리카 지역 – 엘 살바도르와 과테말라 – 으로 봉사 활동을 하러 떠나게 되었다. 그곳은 가난한 농부들에게 마치 고난의 바다와도 같았다. 그들은 아이들에게 먹일 양식과 약값만을 근근이 벌었고, 그나마도 걸핏하면 군인들에게 약탈을 당했다. 그런 일들은 나를 삶에 대한 극심한 회의로 몰아넣었다. 나는 그 뒤 수녀원에 들어가서 4년간 생활했다. 도망가기 위해서가 아니라, 나 자신을 찾고 이 세상을 위해 내가 할 수 있는 일이 진정 무엇인지를 배우기 위해서였다.

'하늘의 전령'이 찾아오는 형태는 사람마다 다르다. 공통점은 우리 삶에 결여된 '완전함'을 찾으라는 하늘의 전갈을 전한다는 것이다. 그것은 개인적인 고난의 형태만 띠는 것이 아니다. 광범위하게 일어나는 자연 재해나 참혹한 전쟁 소식도 어떤 이에게는 강력한 '전령'의 힘을 발휘한다. 사실 일상적인 뉴스만으로도 우리는 가슴이 아플 때가 있다. 방글라데시의 해묵은 홍수 재해, 아프리카와 유럽과 아시아의 기아와 전쟁, 범세계적인 생태계의 위기, 인종 차별, 가난, 도시의 폭력 — 이 모두가 '하늘의 전령'이다. 그것은 하나의 부름이다. 붓다를 일깨운 것처럼, 그것은 우리에게 깨어나라고 다그친다.

순 수 로 의   귀 환

우리를 바바 야가가 사는 어두운 숲속으로 이끄는 힘에는 또 다른 측면이 있다. 우리가 예감하고 있는 어떤 완전성, 즉 아름다움이 우리를 이끈다. 수피들은 이것을 '연인의 목소리'라고 부른다. 우리는 그 노래를 들으면서 이 세상에 태어났다. 어쩌면 그 소리가 사라졌을 때라야 비로소 그 소리의 존재를 처음으로 깨닫게 될지도 모르지만.

영적인 빛 없이, 그리고 연결감이 없이 살 때, 우리는 마치 길을 잃은 아이처럼 내면의 깊은 공허를 느끼게 된다. 꼭 있어야만 할 어떤 것이,

시야의 가장자리를 어른대는 어떤 것이, 바람이 불 때까지 그 존재를 잊어버리곤 하는 공기처럼 항상 우리와 함께 있던 그 어떤 것이 빠져 있음을 느끼게 되는 것이다.

이런 신성한 열망이 어린 시절에 처음으로 일어날 수도 있다. 다음은 유럽에서 큰 참선 단체를 이끄는 어느 선사의 고백이다.

> 나는 어릴 적에 세상과 하나가 되는 경이로운 체험을 한 적이 있다. 강을 끼고 있는 산들이 춤을 추는 것을 보면서 그것과 일체가 된 듯한 느낌을 경험했다. 열두 살쯤 되었을 때는 삶이라는 게임이 얼마나 놀라운 것인지를, 그것이 내가 아는 그 어떤 것보다도 위대한 것임을 깨달았다. 물론 친구들과 축구를 하며 놀다 보면 가끔 잊어버리기도 했지만. 나중에 나는 대학교에서 인도의 어떤 스와미swami(힌두교의 스승이나 학자)가 신비의 세계에 대해 강연하면서 사람들 앞에서 눈물을 흘리는 것을 보았다. 나는 마치 예수의 가르침을 듣는 것과 같은 깊은 감동을 받았고, 다시금 어릴 적에 경험했던 세상과의 그 순수한 일체감을 기억해내기 시작했다. 자신이 얼마나 많은 것을 잊어버리고 있었는지를 깨달으면, 우리는 누구나 우리 혼이 처음으로 생명을 느꼈던 그 순간들을 찾으러 떠나게 된다.

어린 시절에 경험했던 순수한 신비는 세월과 함께 사라진다. 그 자리를 차지하는 것은 세속적이고 물질적인 세상이다. 우리는 '크기' 위해서, '진지해지기' 위해서 일찌감치 학교로 보내진다. 어릴 적의 순수함을 세상은 그런 식으로 여지없이 앗아가버린다.

미국 화가인 제임스 맥닐 휘슬러James McNeill Whistler는 웨스트포인트 사관 학교의 공학 강좌에서 이런 시련을 겪어야 했다. 어느 날 한 교관이 학생들에게 다리 하나를 선택해서 세밀화를 그리라는 과제를 주었다. 휘슬러는 아이들이 앉아 낚시를 하고 있는 아름다운 아치 형태의 다리를 그려서 제출했다. 담당 교관은 보자마자 이렇게 말했다. "이건 군사 수업이야. 다리에서 아이들을 없애버려!" 그래서 휘슬러는 이번에는 아이들이 다리 한쪽 끝에서 낚시를 하고 있는 그림을 제출했다. 교관은 다시 화를 내며 말했다. "아이들을 그림에서 완전히 없애버리라고 했잖아!" 휘슬러는 결국 강과 다리와 강 언덕의 작은 비석 두 개로 그림을 장식했다.

실존주의 작가 알베르 카뮈Albert Camus도 이렇게 말했다.

> 인간의 삶이란, 가슴이 열렸던 한두 번의 찰나를 다시 붙잡으려고 애쓰는 '예술'이라는 이름의 우회로를 따라가는 한낱 길고 고된 여로가 아니고 무엇이랴?

선가禪家에서는 이 여로를 심우도尋牛圖라는 그림으로 묘사하기도 한다. 이것은 신성한 소를 찾아가는 수행에 얽힌 우화다. 여기서 소는 모든 존재 속에 깃들어 있는 놀랍고도 전능한 어떤 것을 가리키는 상징이다. 오늘날에도 인도에서는 소를 성스러운 동물로 신성시하고 있다.

심우도의 이야기는 한 사내가 덤불 숲을 지나 산 속으로 들어가는 그림으로 시작한다. 그림의 제목은 '소를 찾아서'다. 사내의 뒤로는 복잡하게 교차하는 미로가 보인다. 그것은 그가 지나온, 야망과 두려움, 혼란과 상실, 칭찬과 비난의 신작로들이다. 사내는 강물의 흐름과 산의 장관을 오랫동안 잊고 살았다. 하지만 마침내 그것을 기억해 냈고, 그러자마자 그는 신성한 소의 발자국을 찾아 나선 것이다. 그는 가장 깊은 골짜기와 높은 산꼭대기에서도 소의 자취를 놓치지 않아야 한다는 것을 가슴으로 알고 있다. 아름다운 숲속에서 그는 잠시 멈추어 쉰다. 그리고 발 아래를 내려보다가 처음으로 소의 발자국을 발견한다.

내가 아는 60대의 한 명상 지도자는 아이를 셋이나 키우고 난 중년이 되어서야 '소'를 찾아 길을 나섰다.

나는 크리스마스 때에나 겨우 영적인 이야기가 나올 정도로, 이성적이고 합리적인 분위기의 가정에서 자랐다. 내 부모님은 그런 것들이 종교적인 것보다 더 높은 수준에 있다고 생각하셨던 것 같다. 하지만 나는 교회에 다니는 친구들이 너무나 부러웠고, 그래서 일곱 살 무렵에는 크리스마스 카드에서 마리아와 천사와 예수님의 그림을 오려 낸 다음 그것들을 옷장 서랍 밑에 넣어두고 나만의 성소를 만들었다. 나는 일요일마다 그것들을 꺼내서 일종의 예배를 보기 시작했다.

그러다가 마흔세 살이 되었을 때 출장 여행중에 어느 유명한 성당을 방문할 기회가 생겼다. 나는 넓고 서늘한 성당 안으로 들어서서 스테인드 글라스를 통해 비쳐 들어오는 빛을 바라보았다. 마침 성가대가 오후 미사를 위해 그레고리안 성가를 부르기 시작했다. 제단 위에는 어린 시절 나의 크리스마스 카드에 그려져 있던 것과 같은 아름다운 마리아 상이 놓여 있었다. 나는 그대로 자리에 주저앉아야만 했다. 눈물이 넘치고 가슴이 벅차올라 터질 것만 같았기 때문이다. 그 어린 소녀는 영적으로 굶주려 있었던 것이다. 나는 바로 그 다음 주부터 요가 수련을 시작했고, 명상 수련회에 등록했다.

신 성 한   의 문

신화학자 조지프 캠벨Joseph Campbell은 '심우도' 가운데 소의 발자국을 처음 발견하는 부분을, 내면을 깨우는 소리, 내면의 이끌림으로 해석한다. 이 '신성한 의문'은 사람마다 다르다. 어떤 이는 육체적인 고통과 씨름하고, 어떤 이는 어떻게 사는 것이 가장 좋은지를 자문한다. 또 어떤 이들은 무엇이 가장 중요한지, 삶의 목적은 무엇인지를 묻는다. 우리가 어떻게 하면 서로 싸우지 않고 사랑할 수 있는지, 우리는 누구인지, 어떻게 하면 자유로워질 수 있는지를 알고 싶어 하는 이들도 있다.

내가 인터뷰했던 구도자들의 경우를 보면, 어떤 이들은 이런 의문에 대한 답을 얻기 위해 철학으로 눈을 돌렸고, 어떤 이들은 시와 예술의 길로 들어섰다. 실제로 신성한 의문은 수많은 시의 뿌리가 되기도 한다. 예이츠W. B. Yeats는 이렇게 말했다. "수사학은 타인과 벌이는 말씨름이고, 시는 자신과 벌이는 말씨름이다." 인도의 신비주의 시인인 까비르Kabir는 이렇게 묻는다. "우리의 이 집을 누가 지었는지 가르쳐 주실 수 있나요?" "죽음을 앞두고 우리는 어디로 바삐 가고 있는지 대답해 주실 수 있나요?" "이 세상에 진정 가치 있는 것이 무엇인지 찾아 줄 수 있나요?"

이 '신성한 의문'의 근원이 무엇이든 간에 우리는 그것이 이끄는 대로 따라가야 한다. 어느 불교계의 스승은 임상 심리학 수련을 마쳤을 때 이러한 의문이 점점 커지는 것을 깨달았다.

나는 심리학 박사 과정을 마친 다음 청소년 자살 예방 부서에서 일했다. 나는 심리학이 내가 찾는 모든 대답을 가지고 있다고 오랫동안 믿고 있었다. 하지만 현장에서 일하면서 그 믿음은 무너지기 시작했다. 내가 달래줄 수 없는 수많은 고통들과 부딪히고 나자 심리학이 모든 답을 줄 수 있다는 순진한 생각이 우습게 보이기 시작했다. "아아, 이 삶을 이해하려면 어디로 눈을 돌려야 하나?"

그러던 1972년의 어느 날, 나는 버클리에 있는 한 친구를 찾아갔다. 그리고 그와 함께 산책하던 중에 우리는 우연히 밝고 명랑한 표정의 한 외국인 남자를 우연히 만났다. 알고 보니 그는 티베트의 라마승이었고, 꿈에 관한 자신의 강의에 나를 초대했다. 나는 그의 강의를 하나도 이해할 수 없었지만, 어떤 여자가 자비로운 행위란 어떤 것인지를 물었을 때 그가 보여준 태도에서 나는 깊은 감명을 받았다. 자비는 더 이상 말이 아니었다. 그는 대답 속에서 자비심을 실제로 드러내 보여 주었으며, 그것은 내 마음을 완전히 감동시켰다. 나는 놀랐다. 그때까지 나는 자비심이란 현실과는 먼, 하나의 공상적인 멋진 단어, 근사한 개념인 줄로만 알고 있었다. 그런데 그가 자비에 대해 답하는 순간, 그것은 이미 거기에 살아 있었다! 나는 완전히 혼란에 빠졌다. 이것이 무엇인지 알고 싶었다. 그것이 나를 영적인 길로 들어서게 했다.

시카고 출신의 한 여성 사업가는 탄탄한 가문에 태어나서 가문의 전통에 따라 살았다. 그러다가 자신의 외적인 성공이 힘들고 공허할 뿐임을 깨달았고, 그제서야 모든 것을 회의하기 시작했다.

나는 우애 좋은 오남매 중 셋째 딸로 태어났다. 날마다 미사에 참석했으며, 대학교를 졸업할 때까지 가톨릭 여학교에서만 공부했다. 어릴 때 나는 자주 그리고 열심히 기도했다. 나는 연옥에서 고통받는 영혼들을 위해서 제물을 바쳤으며, 예수님과 그의 사랑을 나 자신에게 다짐시키기 위해 온갖 의식을 만들었다. 그러다가 나는 남편을 만났고, 결혼했다. 그것은 파란만장한 1960년대에 일어난 일이었다. 우리의 결혼 생활은 오래가지 못했다. 나는 시카고 경영 대학원을 졸업할 때까지 몇년 동안 학업과 동시에 심리 치료를 받아야 했다. 나의 30대 시절은 한마디로 지옥이었다.…… 만성적인 심각한 우울증에 시달리면서 나는 내가 무엇이 될 것인지, 삶에서 희망을 걸어야 할 것이 무엇인지 알지 못했다. 내가 할 수 있었던 것은 오직 밤낮 일에만 매달리는 것이었다.

그리하여 10년 후 나는 칼턴 호텔 볼룸에서 우리 회사 최초의 여성 부사장으로 선출되었다. 이 성공은 처음에는 다른 상실감을 보상해 줄 만큼 나를 흥분시켰다. 하지만 결국 화려한 겉모습은 벗겨지고 내 삶은 극도로 이기적인 모습을 드러냈다. 부자는 더욱 부자가 되고, 가난한 사람들은 더욱 가난의 구렁텅이로 미끄러져 내려가는 동안, 나는 그제서야 내가 그 문제의 일부라는 것을 깨달았다.

그때 가장 친했던 두 명의 친구가 죽었다. 그 다음엔 어머니 차례였다. 나는 회사를 사임하고 어머니를 간호했다. 그리고 어머니의 곁에서 함께 지내는 그 일이야말로, 내 삶에서 가장 만족감을 주는 일임을 깨닫게 되었다. 나는 호스피스로 봉사하기 시작했고, 명상을 시작했다.

저 너머의 부름

때로는 '마음의 열림'이 마치 신의 부름처럼, 일상적 삶의 바깥에서부터 우리를 찾아온다. 마치 자신도 모르는 힘에 밀려 바바 야가를 찾아 숲속으로 들어가게 되는 것과 같은 이치다. 앞에서 인용했던 루미의 '여인숙'이라는 시에서, 그는 찾아오는 모든 것에 대해 감사하라고 충고한다. 왜냐하면 그것은 "모두가 그대를 인도하러 저 너머에서 오신 분들"이기 때문이다.

수천 명의 미국인들이 임사 체험이라는 강력한 충격을 통해 영적 세계를 향하여 마음이 열리는 것을 경험했다. 내과 의사인 멜빈 모스Melvin Morse 박사는 《빛에 더 가까이(Closer to the Light)》라는 책에서 아이들의 임사 체험을 이렇게 기록했다. 익사 직전까지 갔던 한 어린이는 혼수 상태에서 빠져나온 후 의사에게, 황금빛의 천사가 어두운 물 속에서 자신을 건져내어 터널을 지나 몇 해 전에 돌아가신 할아버지 앞으로, 그리고 다음에는 하느님 앞으로 데려갔다고 이야기했다. 아이들의 이야기는 한결같이 "우리 모두를 만들어 내는 빛, 그 안에 모든 좋은 것을 담고 있는 빛을 발견하는 것"으로 향한다. 그리고 그 이후로 그들은 "삶의 어떤 일을 겪는 것도 두렵지 않게 되었다"고 말한다.

한 수피즘 스승은 열아홉 살 때에 당했던 오토바이 사고에 대해 이렇게 이야기한다.

> 나는 뼈가 부러지고 내장이 파열되어 응급실에 누워 있었다. 의식이 맑아지자, 사고 직후 내가 낮은 상공에 떠서 쓰러져 있는 내 몸과 길거리 광경을 내려다보고 있었다는 기억이 떠올랐다. 비록 눈앞의 광경을 볼 수는 있었지만 나라는 존재는 완전히 비물질적인 느낌이었다. 그것은 평화롭고 고요했다. 나는 안도했다. 나는 내가 다시 몸으로 돌아갈 수도 있고, 이대로 이 놀랍도록 평화로운 어둠 속에 남아 있을 수도 있다는 것을 알고 있었다. 그것은 나의 선택에 달려 있었다. 그러다가 갑자기 이 몸과 이 생에 대한 강렬한 사랑의 느낌이 솟구쳤다. 사랑과 희열이 나를 돌아오게 한 것이다. 나중에 구조 요원들은 내가 앰뷸런스 속에서 혼자 울고 웃고 했다고 말해 주었다. 나는 육체의 차원을 넘어선 자유를 느낀 것이다. 그리고 그때 느낀 강렬한 환희와 행복감이 이제 40년이 되어가는 나의 영적 행로의 첫 출발점이 되었다.

'저 너머의 부름'은 일상적인 감각에서 빠져나오라고 요구한다. 어느 쿤달리니 요가(인체의 근원 에너지인 쿤달리니를 각성시키는 요가)의 스승은 출산의 막바지 단계에서 그런 요구를 느꼈다고 한다.

> 내 호흡은 계속 빨라지고 있었다. 몸은 반복되는 자궁 수축의 중간중간 진동하기 시작했고, 방사하는 빛으로 충만했다. 골반뿐만이 아니라 가슴과 머리를 비롯해 나의 모든 부분들이 열리려고 하고 있었다. 아기와 나는 확장되어 세상의 모든 에너지를 포함하고 있는 듯한 느낌이 들었다. 훗날 의사는 그런 나의 반응에 겁이 났었노라고 말했다. 그는 나를 진정시키기 위해서 진정제를 주사하려고 했다는 것이다. 내 눈은 놀라움으로 크게 떠져 있었다. 하지만 그 다음 순간부터 나는 그 에너지를 내 삶으로 가져오기로 했다.

물질적인 세계관은 우리를 '생명의 광대한 근원'에서 멀어지도록 한다. 하지만 그렇다고 해서 그것을 부인할 수는 없다. 가슴과 영과 혼은 끊임없이 크고 작은 이야기들을 우리에게 들려준다. 그것은 '질병'의 형태로 우리를 방문하기도 한다. 한 서양인 라마승의 이야기를 들어보자.

> 나는 캘리포니아로 이사 온 뒤 한 공동체에 합류해서 살고 있었다. 그러던 중 간염에 걸렸고, 어쩔 수없이 샌타 크루즈 산 속의 오두막을 한 채 빌려서 거기서 요양을 해야 했다. 나는 밤마다 음식을 토했다. 내 피부는 노랬고, 육체적으로나 정서적으로나 나는 밧줄 끝에 매달려 있는 느낌이었다. 나는 모든 것을 포기했고 다음엔 뭘 해야 할지를 몰랐다.
> 그러던 어느 날 한밤중에 찬송 소리가 들리기 시작했다. 나는 침대에서 일어나 앉아 물방울 맺힌 유리창을 통해 밖을 내다보았다. 한 뚱뚱한

사나이가 밖에 앉아 있는 것이 보였다. 그는 한 손을 검은 모자 위에 올려놓고 있었다. 내 머릿속에서는 찬송가와 징 소리가 크게 울리고 있었다. 그는 거기에 오랫동안 앉아 있었다. 얼마나 지켜보았을까? 나는 다시 누워 잠에 곯아떨어졌다. 다음날 아침 일어나 거울을 들여다보니 내 피부는 깨끗하고 훨씬 나아져 있었다. 나는 몇 주 만에 처음으로 숲에서 걸어나왔다. 그리고 개울가에 앉아 울었다.

그후에 나는 티베트 연극을 하는 히피 그룹을 알게 되어 그들을 따라 네팔로 갔다. 마침 티베트 밀교의 16대 법사인 카르마파Karmapa가 13년 만에 처음으로 카트만두에 왔다고 해서, 나와 다른 두 명의 서양인이 함께 그를 알현하러 갔다. 그는 "당신들이 오기를 기다리고 있었다"고 말했다. 나는 깜짝 놀랐다. 그는 샌타 크루즈 산의 오두막에서 창문 밖으로 보았던 바로 그 사람이었다! 우리는 그 뒤에 그가 꿈속으로 찾아갈 수 있는 능력이 있으며, 그렇게 해서 병을 고쳐준다는 말을 들었다.

그는 우리가 온 것을 매우 기뻐했고, 여러 날을 함께 지낸 후 우리가 전생에 모두 티베트인이었으며 그와는 오랜 친구였다고 말했다. 한 늙은 라마승은 우리가 함께 살았다는 수도원의 사진을 보여주기도 했다. 그것이 진실이건 아니건 간에, 그 정경은 마치 집에 온 것 같은 느낌을 주었다. 그리고 32년이 지난 지금, 그 세 사람은 모두가 라마승이 되어 있다.

'저 너머의 부름'은 다양한 경로로 우리를 찾아온다. 그 가운데, 현대의 많은 스승들에게 미친 환각제의 영향 또한 무시할 수 없다. 세계 곳곳의 신성한 약초와 그 용법을 연구한 하버드 의대 내과 의사인 앤드루 웨일Andrew Weil은 이렇게 쓰고 있다. "중국에서 인도에 이르기까지, 그리고 그리스에서 아메리카에 이르기까지, 대부분의 고대 문화는 정신을 각성시키기 위해 약물을 사용하는 전통이 있었다." 영적 여행에 투신한 많은 사람들이 환각제를 사용했고, 그로 인해 활짝 열린 '인식의 문' 속으로 들어갈 수 있었다. 사실 현대 서양의 많은 영적 스승들 역시 적어도 한때는 이 환각제의 길을 여행했다. 물론 이 물질을 남용하면 많은 위험이 따르며, 여러 비극적인 사건들이 실제로 벌어졌다. 하지만 그것은 여전히 우리 문화 유산의 일부로 남아 있다. 1950년대의 비트족으로부터 60년대, 70년대의 히피족 그리고 80년대의 주술 여행족(?)에 이르기까지 내가 만난 많은 영적 지도자들은 의식을 변성시키는 약물 체험들이 끼친 영향력에 대해 털어놓았다. 다음에 소개하는 한 프랑스인 수행자도 약물을 통해 영적인 세계에 입문했다.

젊은 시절 나는 삶의 쾌락을 좇아 해변 가까운 곳에서 살던 화가였다. 애인이 나를 버리고 떠난 후 멕시코에서 돌아온 친구들은 내 손에 LSD 두 알을 떨어뜨리고는 "이걸 삼켜봐. 완전히 달라질 거야"라고 말했다. 그리고 정말로 나는 완전히 달라져버렸다. 나는 내 마음 속에서 결코 상상할 수 없었던 특별한 계시와 영적 세계와 신비한 이미지들을 보았다. 그리고는 거대한 구멍 속으로 빨려들어가서 우주 속으로 녹아들어버렸다. 고통, 그후엔 황홀경, 그 다음엔 모두 지나가버렸다. 나는 삶의 모든 것이 결국 하나의 영적 순례이며, 이것을 다시 깨닫기 위한 여행임을 깨닫게 되었다. 그후, 나는 곧장 짐을 챙겨 인도로 떠났다.

뉴욕에 있는 컬럼비아 대학교의 수학도였던 또 다른 지도자는 이렇게 회상한다.

나는 마음의 법칙에 대해 항상 호기심을 가지고 있었다. 수학에 흥미를 느낀 것도 그 때문이었다. 그런데 어느 날 룸메이트가 재미 삼아 환각 버섯을 넣어 오믈렛을 만들어주었다. 그것을 먹고 나자 소리와 빛깔이 생전 경험해보지 못한 정도로 강렬하게 증폭되어 느껴졌다. 그리고 이유는 모르지만 내 가슴은 완전히 열려버려서 세상을 다 알아버린 것처럼 느껴졌다. 나는 사랑이 만물을 연결하고 있음을 깨달았다.

나는 포트 트라이언 공원에 있는 오래된 수도원인 클로이스터로 걸어갔다. 돌들은 나에게 마냥 노래를 불러주었다. 나는 거기서 토마스 머튼 신부를 만났다. 그후 나는 트라피스트 수도회(1664년 프랑스의 라 트라프 La Trappe가 창설한 가톨릭 교황청 소속의 교단)에 속한 수행자로서 21년을 살고 있다. 이 모든 것이 그날의 오믈렛에서 시작되었다.

환각제 경험으로부터 영적 탐구가 시작된 어느 저명한 참선 스승은 자신이 처음 겪었던 계시의 체험은 충분하지 못하다는 것을 알게 되었다. 그녀는 선가禪家의 스승을 찾아 한국과 일본의 수많은 절들을 찾아다녔지만, 어떤 곳도 마음에 들지 않았다. 낙심하여 참선의 본고장인 교토에 돌아왔을 때, 그녀는 즉흥적으로 LSD를 복용하고 나서 그곳의 가장 유서 깊은 절을 찾아가봐야겠다고 생각했다.

길을 가던 중에 보이지 않는 거대한 손이 나를 가로막았다. 나는 놀랐다. 마치 신께서 나를 한 발자국도 더 가지 못하도록 가로막는 것만 같았다. 무엇을 할 수 있었겠는가? 나는 바로 옆에 있던 절의 입구로 들어갔다. 그 안에는 작은 체구의 남자가 가부좌를 하고 앉아서 간단한 영어로 강의를 하고 있었는데, 마음과 가슴에 대해서 내가 이제껏 들어본 것 가운데 가장 명료한 설명이었다. 그것은 바로 내가 찾고 있던 다음 단계의 공부였다. 나는 짐을 내려놓고, 그때부터 거기서 12년을 머물렀다.

물론 대부분의 구도자들은 아무리 좋아도 환각제는 너무나 제한된 길임을 곧 알아차렸다. 그것은 각성된 의식과 열린 마음으로 살아갈 수 있는 체계적인 방법을 제시해주지는 못 했다. 한 불교 수행자는 이렇게 말한다.

나는 부분적으로는 환각제를 통해 구도를 시작했다. 하지만 환각제로는 충분하지 못하다는 것을 곧 알게 되었다. 그래서 나는 히말라야로 갔고, 다람살라 교외에서 한 늙은 라마가 이끄는 불의 의식에 초대받게 되었다. 친구와 나는 꽃이 만발한 숲속을 1.6킬로미터 정도 가로질러 가서 폭포 옆의 한 개간지에 도착했다. 눈 덮인 산이 우리 머리 위로 솟아 있었고, 예닐곱 명 정도의 라마승들이 둥글게 둘러앉아서 커다란 모닥불 위에 공양물인 버터를 붓고 있었다. 그들은 작은 종과 손북을 울리고 찬송을 하면서 무드라mudra를 지었다. 그들 뒤로 둘러앉은 것은 60여 마리의 검은 새들이었다. 내 마음은 멈춰버렸다. 나는 인간과 동물이 분리되지 않았던 오랜 옛날의 장면을 목격하고 있는 듯한 느낌을 받았다. 나는 위대한 신비 속으로 들어와 있었던 것이다. 이제 나의 길은 이 세계에 사는 스승들과 함께 일하는 것임을 깨달았다.

'저 너머의 부름'은 현대의 많은 스승들을, 그들이 상상조차 못했을 모험의 길로 인도한다. 수피 교단의 한 스승인 피르 빌라얏 칸은 그의 부친이 숨을 거두면서 한 이야기를 들려주었다. 당시 피르는 겨우 열 살이었다. 그의 아버지는 아들에게 유언하기를, 인도의 신성한 갠지스 강과 자무나 강의 근원에서 한 위대한 성자를 찾으라고 말했다. 그는 아버지의 말을 실행에 옮겼다.

열아홉 살의 나이에 거의 무일푼의 신세로, 나는 걸어서 인도를 여행했다. 그것은 고통스런 여행이었다. 어떤 도시에서는 나를 파키스탄에서 온 첩자로 의심하고 감옥에다 가두는 일마저 벌어졌다. 그러던 어느 날 매혹적인 마을 강고트리를 지나서 갠지스 강을 따라가다가, 나는 얼음 동굴 속에 앉아 있는 성자를 발견했다. 이 성자는 갠지스 강과 자무나 강의 근원은 '비밀'이라고 하면서, 내게 히말라야 높은 곳에 있는 잠노트리 너머의 빙하로 가보라고 조언했다.

나는 길을 따라갔다. 사람의 흔적이라곤 없는 높은 산 위를 오르다 보니 눈 위에 발자국이 있었다. 그 발자국이 어찌나 큰지 나는 겁을 먹었다. 나는 그것이 곰의 발자국이라고 생각했다. 몇 시간 동안이나 그것을 따라가다가 마침내 큰 동굴 앞에 당도했다. 그 동굴의 입구에는 근사한 리쉬(rishi, 〈베다〉를 '들은' 현인)가 마치 왕처럼 앉아 있었다. 그는 나에게 손짓을 했는데, 나는 그것을 들어와서는 안 된다는 뜻으로 생각했다.

그래서 나는 눈 위에 가부좌를 틀고 앉아 눈을 감았다. 그리고 잠시 후 눈을 뜨자 그가 미소를 짓고 있었다. 신기하게도 그는 내가 영어를 할 줄 안다는 것을 알고 있었다. 그가 말했다. "네 미래의 모습을 보려고 이 먼 곳까지 왔느냐?" 나는 나도 모르게 대답했다. "당신 속에서 제 모습을 보니 너무나 좋습니다." 그러자 그가 말했다. "너는 스승이 필요 없다." 다시 내가 말했다. "저의 스승은 아버지입니다. 저는 스승을 찾고 있는 것이 아닙니다." "그래? 스승을 찾는 것이 아니라면 냉큼 들어오너라."

리쉬가 말했다. "저쪽에 네가 앉아 있을 수 있는 동굴이 있다." 그는 마음이 연꽃처럼 활짝 피어날 때까지 제3의 눈으로 마음을 들여다보는 수련을 하도록 지시했다. 나는 그대로 했다. 그러자 그가 말했다. "빛 속에 머물라. 그것은 물질적인 차원의 빛이나 어떤 이미지가 아니다. 진정한 빛 속으로 들어가라. 그것이 가장 중요한 것이다."

그는 마주앉아 잡담이나 나눌 그런 상대가 아니었다. 그는 늘 삼매三昧

속에 머물면서 완전히 깨어 있었다. 그는 말했다. "나처럼 리쉬들이 동굴 속에서 사는 일이 없어질 때가 거의 가까워졌다. 이제는 깨달은 존재들이 세상에서 사람들과 어울려 살아야만 할 때다."

며칠 후에 그는 이렇게 말했다. "너는 이제 충분히 배웠다." 나는 내가 비범한 전망과 자족감과 초연함을 배운 것을 알고 있었다. 나는 놀라운 평화와 행복감을 느꼈고, 그래서 떠나고 싶지 않았다. 하지만 세상으로 다시 돌아가야 한다는 것을 알았다. 그것은 평생 이어질 나의 영적 여행의 시작이었다.

어떤 '영적 흐름'은 늘 우리를 일깨우려고 때가 무르익기만을 기다리고 있다. 위대한 라마승 고빈다Govinda는 그의 자서전 〈흰 구름의 길The Way of the White Clouds〉에서 우리에게 많은 이야기를 들려준다. 그는 훗날 이런 이야기를 덧붙였다.

내가 일찍이 인도의 히말라야 산중에 살고 있을 때의 일이다. 내 집 앞에 걸어둔 기도 깃발을 보고 한 나이 지긋한 티베트의 순례자가 찾아왔다. 나는 그때 집에 없었는데, 그는 나 대신 집을 지키고 있던 아주머니에게 '아들'에게 전해주라면서 선물을 하나 맡기고는 길을 떠났다. 나는 그 티베트 순례자가 선물한 책을 도저히 이해할 수가 없어서 다락방에 처박아 두었다. 그리고 여러 해가 지났다. 나는 티베트 불교를 오랫동안 공부하여 라마승이 되었다. 하지만 그 다음엔 무엇을 해야 할지 모르고 있었다. 그때 나는 〈티베트 사자死者의 서The Tibetan Book of the Dead〉를 재번역하는 위원회의 일원으로 위촉되었다. 하지만 불행히도 티베트 밖에서는 원전을 구할 수가 없었다. 그러다가 사흘 후에 나는 우연히 다락방에서 그 옛날의 선물을 찾아냈다. 그것은 다름 아닌 라싸에서 출판된 〈티베트 사자의 서〉의 원전이었다! 나는 즉시 에반스 웬츠Evans Wentz에게 연락하고 작업에 착수했다. 내 일생의 작업은 모두 한 늙은 순례자가 '우연히' 내게 남겨놓고 간 선물로부터 비롯된 것이었다.

귀 향

이런 이야기들은 흔히 외부로 떠나는 여행담으로 이어진다. 하지만 진정한 주제는 '영적인 귀향'에 관한 것이다. 이런 이국적이고 약간은 환상적인 이야기들을 늘어놓는 목적은 그것을 우리의 것과 비교해보려는 것이 아니다. 우리는 저마다 독특한 사연들을 가지고 있다. 귀향을 재촉하는 내면의 목소리 또한 서로 다르다. 하지만 이런 이야기들은 기억을 자극하여 우리가 저마다 중요한 사명을 이루기 위해 이곳에 와 있는 것임을 일깨워준다.

때가 되면 우리는 모두 깨어나야 한다. '깨달음'은 다락방 구석에 여러 해 동안 먼지를 뒤집어쓰고 처박혀 있는 것일 수도 있다. 아이들을 다 기른 후까지, 혹은 세상의 일을 다 이룬 후까지…… 하지만 그것은 언젠가는 문을 부수고 나타나서 이렇게 말할 것이다. "준비가 됐건 안 됐건 간에 난 여기 있네!"

살아 있다는 것은 그 자체가 신비함 자체다. 우리의 진정한 본성에 대한 힌트는 주변에 언제나 널려 있다. 마음이 열리면 몸도 변화한다. 가슴이 열리면 영적 삶의 모든 요소들이 드러난다. 깊은 의문, 뜻밖의 시련, 본연의 순수 — 이 중에 어떤 것이든지 반복되는 일상 너머로 눈을 열도록 우리를 재촉할 수 있다. 티베트의 스승 초감 트룽빠Chogyam Trungpa가 충고하듯이, "에고의 지배에서 벗어나도록" 말이다. 하루하루의 삶이 저마다 크게든 작게든, 놀랍게든 대수롭지 않게든, 우리를 향해 '영혼의 본향本鄉'으로 돌아오라며 손짓을 보내고 있다.

젊은 변호사이자 한 가정의 가장이며, 오랫동안 참선을 한 어떤 수행자는 1969년에 앨런 왓츠Alan Watts가 쓴 참선에 관한 책을 처음 대했다. 이 책은, 삶에 무엇인가가 더 감추어져 있다는 사실을 그에게 상기시키면서 그의 영혼을 자극했다. 그래서 그는 전화번호부에서 Z(참선[zen]의 첫 글자) 부분을 뒤적여 연락처를 하나 찾아냈다. 그리고 몇 분 후에 그는 샌프란시스코 선원禪院에서 지도자를 만나 상담했다. 그는 시간표를 얻어 그 명상 코치가 권유하는 대로 수행을 시작했다. 30년이 지난 지금도 여전히 열성적으로 수행하는 그는 이렇게 말한다. "그 전화를 건 순간 이후로 내 인생은 바뀌어버렸습니다."

또 다른 명상 수행자의 이야기는 이보다도 더 일상적이다. 그는 30년 전에 열렬한 스포츠 애호가였다. 특히 골프를 광적으로 좋아했다. 그는 골프를 치면서 마음이 얼마나 게임의 승패를 좌우하는지를 깨달았다.

> 나는 마음을 고요히 안정시켜보려고 애썼지만, 그럴수록 마음이란 것이 얼마나 다스리기 힘들고 잘 흔들리는지를 알고는 놀랐다. 급기야 나의 고민을 안 어느 친구가 자신의 요가와 명상 수업에 나와보라고 권했다. 앉아 있기는 무척 힘들기는 했지만 나는 신기하게도 마치 집으로 돌아온 듯한 편안함을 느꼈다.

힌트는 날마다 주어지고 있지만 사회와 학교는 그것을 못 본 척하도록 우리를 길들인다. 랍비로 활동하는 한 유태인 여성의 가족은 모든 영적 가르침을 무시해왔다. 가끔씩 사원에 나가는 것은 순전히 사회적인 의무를 다하고 유태 식 요리를 즐기기 위한 것에 지나지 않았다. 그래서 그녀는 독일 시인 릴케Rainer Maria Rilke가 말했던 것처럼 "우리의 아버지가 잊어버린 동방의 교회를 향해" 가야만 했다. 그녀는 자신의 길을 찾으려고 아메리카 인디언들 사이에서 10년을 헤맸다. 그러다가 그녀는 우연에 이끌려 예루살렘을 방문하게 되었다. 거기서 그녀는 늙은 하시디스트(18세기 폴란드에서 시작된 유태 신비주의 하시드의 추종자)의 아내를 만나 수천 년 동안 전해내려온, 유태인들만의 감추어진 '영적 유산'에 관한 이야기를 들었다.

> 통곡의 벽을 방문한 후에 랍비의 아내 미리암은 나를 자신의 뒷방으로 데려갔다. 거기에 앉아 그녀는 조상들에 관한 이야기를 나누었다. 그들이 촛불을 켤 때나, 빵을 나눌 때나, 아이를 기를 때나 그것을 얼마나 경건하게 행했는지, 그들의 삶의 모든 부분이 얼마나 엄격하게 율법을 따랐는지, 모든 행위가 얼마나 신성했는지를 이야기해주었다. 그것은 내가 좋아했던 아메리카 인디언들과 너무나도 흡사했다. 하지만 그녀가 얇은 종이에 손으로 쓴 카발라(유태교의 신비주의) 경전을 꺼냈을 때, 나는 고대로부터 내려오는 그 전통 속에 나 자신이 속해 있으며, 영혼의 유산이 내 가슴과 핏줄 속에 흐르고 있음을 처음으로 깨달았다.

러시아 민담의 '바바 야가'는 숲속에 살 뿐 아니라 우리 이웃집에도 살고 있다. 그녀는 우리 가족사의 일부다. 우리는 인도나 예루살렘을 찾을 수도 있다. 그리고 이 지도자들의 너무나 매혹적인 이야기들은, 우리로 하여금 그런 곳이야말로 영적 삶의 출발지라고 확신을 줄 수도 있다. 하지만 그것은 또한 정원을 손질하다가도, 여행을 마치고 집 안으로 들어가는 순간에도, 또는 영감을 자극하는 음악이나 시에 고무될 때에도 경험할 수 있는 일이다. 우리는 가장 일상적이고 단순한 데서 출발할 수도 있다. 우리가 들여다보는 모든 눈[目]이 '신의 눈'이 될 수 있다.

나는 미국 동부 해안 지방에서 자랐기 때문에 어려서 개똥벌레를 흔히 구경했다. 하지만 캘리포니아에서 태어난 내 딸은 그런 것은 구경조차 하지 못했다. 그러던 어느 날 우리는 함께 발리를 여행하다가 밤에 개똥벌레를 발견했다. 나는 딸이 잠든 후에 모기장 안에 개똥벌레를 몇 마리 집어넣었다. 그리고는 딸아이의 귀에 대고 일어나보라고 속삭였다. 개똥벌레는 밖으로 내보내줄 때까지 모기장 안을 날아다녔고, 아이는 어둠 속에 아름다운 빛의 궤적을 그리며 나는 개똥벌레에게 완전히 매혹당했다. 부드럽게 반짝이는 빛을 지닌 아름다운 곤충이 있다는 것은 얼마나 신기하고 환상적인 일인가? 하지만 우리 속에 있는 '사랑하는 마음'은 그보다도 더 신기하고 환상적이다. 우리의 마음은 개똥벌레처럼, 해와 달처럼 아름답게 빛난다.

그리고 우리의 내면에는 이 빛을 기억해내려는 은밀하고도 끈질긴 열망이 있다. 시간에서 빠져나와, 이 춤추는 우주 속에서 진정한 우리의 자리를 느껴보려는 그 열망 말이다. 그곳이야말로 우리가 나왔으며, 또 돌아갈 자리다.

마지막 순간까지 기다리든지, 오늘 바로 그것을 보든지 간에, '신비로의 부름'은 우리 눈앞에 그리고 우리의 마음에 자신을 계속해서 드러낸다. 메리 올리버Mary Oliver의 다음 시처럼······.

가을의 배고픈 곰처럼
죽음이 찾아오면,
죽음이 찾아와서 나를 사려고
반짝이는 동전을 다 꺼내고 나서 지갑을 닫으면

나는 호기심에 차서 기웃거리며 그 문을 지나리라

저 어둠의 오두막은 어떤 곳일까?

그래서 나는 만물을
형제 자매로 대한다

그래서 나는 삶의 매순간을 하나의 꽃으로 바라본다
들에 핀 데이지처럼 평범하고도 특별한

그리고 모든 육신을 용감한 한 마리 사자로,
또 이 땅에게 소중한 어떤 것으로

끝났을 때, 나는 말하리라, 한평생
나는 경이로움과 결혼한 신부였고,
온 세상을 품에 안은 신랑이었다고

2장   마음의 수호자들 : 빛의 천사, 눈물의 바다

안전이란 십중팔구 미신이다. 자연에는 그런 것이 존재하지 않는다. 그래서 길게 보자면 위험을 피하는 것보다는 차라리 그것에 맞서려고 하는 것이 더 안전하다. 삶이란 '위험을 무릅쓴 모험'일 뿐, 그 외에 그 아무 것도 아니다.

헬렌 켈러

우리는 내면의 모험으로 초대받아 소의 발자국을 따라 숲속으로 걸어 들어가기 시작한다. 스스로의 마음을 들여다보면서 그 속에 온 우주가 들어 있다는 것을 발견하게 된다. 외부 세계를 내다보는 망원경은 무수한 별들과 은하계로 가득한 광활한 우주를 우리에게 보여준다. 하지만 그에 못지않게 우리의 마음 속에는, 만물을 빚어내는 '의식'이라는 이름의 또 다른 광활한 우주가 존재한다.

어떤 이들은 소의 발자국을 따라가기로 마음먹었다면 조심해야 한다고 경고한다. 왜냐하면 구도 여행은 삶의 모든 것을 의문 속에 빠트려놓고야 말기 때문이다. 어떤 이는 출발도 하기 전에 겁부터 준다. 이를테면, 티베트의 스승 초감 트룽빠는 약속보다 한참 늦은 시각에 청중이 가득 앉아 기다리는 샌프란시스코의 강의장에 들어서서는 이렇게 말했다.

"혹시 지금이라도 돌아가고 싶은 사람이 있다면 돌아가세요. 수강료를 돌려주겠소."

아무도 말이 없자, 그는 좌중을 둘러보며 말을 이었다.

"진정한 구도의 길은 많은 노력이 필요하지요. 때로는 지금 같은 모욕이 줄을 서서 기다리는 길처럼 느껴지기도 합니다. 그러니 의심스럽다면 돌아가세요. 아직 출발하지 않았다면 시작하지 않는 것이 상책입니다."

그는 잠시 말을 멈추더니 이렇게 말을 맺었다.

"하지만 시작했다면, 하루 빨리 끝내는 것이 최선입니다."

믿 을 만 한 수 행 법

우리는 복잡하고 산만하며 모순으로 가득 찬 혼돈의 시대를 살고 있다. 영적 수행을 계속하려면 꾸준한 노력이 필요하다. 그러므로 어떤 구도의 길을 출발하며 맨 먼저 할 일은 마음의 소리를 들을 수 있도록, 자신을 충분히 침묵시키는 일이다. 명상을 하든지, 기도를 하든지, 심상화心象化 연습을 하든지, 단식이나 노래를 하든지 간에, 일상의 역할과 분주한 습관에서 빠져나올 필요가 있다. 모든 것을 수용할 수 있는 마음의 넉넉한 자리를 회복할 수 있는 방법을 찾아내야만 하는 것이다.

자신의 영적 열망을 인식하는 것만으로는 충분하지 않다. 마음은 나날이 새로워지기 위한 영감을 요구한다. 마음이 깨어나려면, 은총을 향해 열리려면 도움이 필요하다. 이 여행에서 우리를 건너편 '각성의 자리'로 건네다줄 배, 즉 의지할 만한 수행법을 찾아야만 하는 것이다. 그것은 자신이 아닌 누군가가 되기 위해서, 자신을 거기다 '묶어놓을' 어떤 인간형이 되기 위해서가 아니다. 자신의 진정한 모습을 보기 위해서 우리를 지금 이 순간의 신비 앞으로 데려다줄 수 있는 믿을 만한 수행법이 있어야만 하는 것이다.

위대한 영적 전통들은 이를 위해 수백 가지의 훌륭한 방법들을 제시해준다. 어떤 행법들은 호흡을 이용해서 마음을 가라앉히고 또 마음을 열어준다. 에고의 손아귀에서 벗어나 마음이 열리도록 유도하는, 몸으로 하는 명상법도 있다. 만트라(mantra, 신성한 주문)와 헌신적 의식, 기도와 묵상, 신성한 집중법, 침묵 속에서 마음을 탐구하는 방법도 있다. 어떤 아메리카 인디언 부족의 마을에서는 청년들이 단식을 한 뒤, 마치 달이 지구 주위를 돌듯이 큰 바위 주위로 작은 바위를 쉬지 않고 굴리면서 어떤 의문의 답이 계시되기를 기다리기도 한다.

처음에는 연습 삼아 여러 가지 전통과 수행법을 시도해볼 수 있다. 그러나 결국에는 전심전력하여 따를 한 가지 행법을 택해야 한다. 중요한 것은 자신이 택한 길에 쏟아 붓는 진지한 노력과, 그것을 붙잡고 끝을 보고자 하는 의지다.

진정한 수행은 우리를 침묵의 숲으로 인도한다. 어디서 출발했든 간에 우리는 멈춰서 귀를 기울여야만 한다. 위대한 목사인 빌 모이어즈Bill Moyers가 린든 존슨 대통령의 대변인이었던 시절의 일화가 있다. 백악관 참모들의 점심 시간에 모이어즈가 일동을 위해 대표로 기도를 올리게 되었다. 그때 존슨 대통령이 테이블 반대편 끝에 앉은 모이어즈에게 다음과 같이 불평했다. "빌, 목소리 좀 크게 하게, 하나도 안 들려!" 그는 이렇게 답했다고 한다. "각하께 말한 것이 아닙니다."

숲속에 들어서서 가장 작은 소리를 들으려고 귀를 잔뜩 기울일 때, 기대할 수 있는 것은 무엇일까? 기도를 통하든 명상을 통하든 숲속에 첫발을 디딜 때, 우리는 작은 경이감과 부드러운 계시를 만난다. 우리의 주의력이 끊임없는 '사념의 폭포'에서 벗어나기 시작하면 세상은 찬란한 아름다움으로 빛을 발한다. 또한, 우리는 정체 불명의 두려움과 불안이 삶을 얼마나 쥐고 흔드는지를 깨닫기 시작한다. 우리가 지니고 있던 습관과 감정의 패턴들이 드러나는 것이다. 한 걸음 한 걸음마다 우리는 더욱 더 열려간다.

그 다음에는 우리에게 어떤 일이 벌어질까? 스웨덴의 한 옛날 이야기는 우리에게 좋은 단서를 제공해준다.

이야기의 주인공인 아리스Aris 공주는 부모의 잘못으로 인해 겁 많은 용에게 시집을 갈 수밖에 없는 신세다. 왕과 왕비가 공주에게 이 사실을 털어놓자 공주는 새파랗게 질리고 만다. 하지만 정신을 가다듬은 공주는 곧 성 밖으로 나가 산 너머에 사는 지혜로운 할멈을 찾아간다. 그녀는 열두 명의 자식과 스물아홉 명의 손주를 길렀으며, 인간과 용의 삶에 대해서도 잘 알고 있었다.

지혜로운 할멈은 아리스 공주에게 용과 결혼하되, 용에게 대처할 수 있는 좋은 방법을 일러주었다. 그리고 첫날밤에 해야 할 일도 일러주었다. 공주는 할멈이 일러준 대로 아름다운 웨딩 가운을 열 벌이나 껴입고 혼례를 치른다.

그리하여 결혼식이 끝나자 용은 공주를 안고 신방으로 들어갔다. 용이 신부에게 다가가자 신부는 그를 멈춰세우고는, 먼저 이 고운 웨딩 가운부터 조심해서 벗어야겠다고 말한다. 그리고 지혜로운 할멈이 일러준 대로, 자신이 옷을 벗을 때마다 그도 따라서 옷을 다 벗어야만 한다고 말한다. 용은 공주의 말에 기꺼이 따르겠노라고 약속한다. 공주는 옷을 한 겹 한 겹 계속해서 옷을 벗어내렸고, 용도 더 깊은 비늘을 벗겨냈다. 공주가 다섯 번째 가운을 벗을 때에 이르자, 용은 아파서 눈물을 비처럼 흘리며 울기 시작했다.

하지만 신기한 일이 벌어졌다. 비늘을 벗겨갈수록 용의 피부가 점점 더 고와지고 그의 모습도 부드러워져가는 것이 아닌가! 그는 점점 더 가벼워졌다. 공주가 열 번째 가운을 벗자 용은 마지막 껍질을 벗겨내고 아이처럼 빛나는 눈을 지닌 멋진 왕자님이 되었다. 용의 몸으로 살아야 했던 오랜 저주에서 벗어난 것이다. 그리하여 아리스 공주와 그녀의 멋진

새 신랑은 행복한 표정을 지으며, 황홀한 첫날밤을 보낼 침대 속으로 들어갔다.

사실 이런 이야기에 나오는 등장 인물들은 모두 우리 안에 있다. 우리 안에는 싱그러운 비늘 옷을 입은 용과, 그 속에 감추어진 멋진 왕자와, 그를 마법에서 풀려나게 한 공주와 지혜로운 할멈과, 무책임한 왕과 왕비, 그리고 오래 전에 왕자에게 저주의 마법을 건 미지의 존재가 모두 들어 있다.

이 이야기가 경고하고 있는 것은, 우리가 떠나야 하는 구도의 여행이 찬란한 빛 속으로 들어가는 그런 종류의 것이 아니라는 사실이다. 인간의 역사를 얽히고 꼬이게 하는 힘은 강하고도 집요하다. 내면의 자유로 가는 길은 이 한복판을 가로질러야만 한다. 은총을 받고, 계시가 열리고, 지혜를 얻는 것은 스승들에게조차 쉬운 일이 아니었다. 그것은 힘든 정화의 과정, 곧 씻어내고, 벗겨내고, 내려놓기이다. 스즈끼 선사는 이것을 '마음의 대청소'라고 불렀다. 우리 자신의 비늘을 벗겨내는 것은 고통스럽다. 그리고 그 길을 지키고 있는 용은 사납고 흉측하다.

하지만 때로는 길의 끝이 일찍 나타나기도 한다. 마치 신비스러운 무엇이 우리를 희롱하여 영적인 세계로 유혹하는 것만 같다. 한 명상 지도자는 그것을 이렇게 회고한다.

사람들은 '극치의 순간'들을 이야기한다. 내가 처음으로 맛본 명상 수련의 마지막 날, 그것은 정말 '극치의 하루'였다. 일주일 동안 엄청난 고통과 좌절 속에서 몸부림치던 끝에, 마지막 날이 되자 갑자기 가로수들이 눈부시게 반짝이고 내 마음은 우주의 어머니처럼 활짝 열렸다. 삶의 충만함을 그대로 끌어안을 수 있는 기분이었고, 보는 것마다 모두가 자연의 사랑 속에 안겨 있었다. 모든 것이 너무나 자연 그대로이고 순수했다.

이것은 내가 잊고 있을 때조차 언제나 참이라는 것을 나는 알고 있었다. 그것은 오래 지속되지 않았지만 그것이 나의 마음을 고무하여 계속해서 구도의 길로 나아가게 했다.

이 첫경험의 아름다움은 기억해두는 편이 좋다. 앞으로 이어질 구도의 길에는 많은 어두운 밤들이 존재할 것이기 때문이다. 우리는 왕자와 공주가 결국 깨어날 것임을 알고 있을지라도, 이야기의 맨 마지막 장으로 건너뛰어가서 행복하게 오래오래 살 수는 없다. 우리는 용과 결혼하는 두려운 일을 겪어야만 한다. 현자의 가르침을 받으러 가야 하고, 자신이 붙들고 있던 습관을 내려놓는 죽음과도 같은 고통을 겪어야 한다. 우리를 저주로부터 깨어나게 하는 것은 이 더디고도 힘든 내려놓기의 과정이다.

몸 의 비 늘 벗 기 기

대부분의 수행은 자기 몸을 뒤덮고 있었던 '용의 비늘'의 벗겨내는 데서부터 출발한다. 수행의 시작과 함께, 우리는 우리의 몸과 마음이 얼마나 갑갑하고 흉측한 껍질들로 덮여 있었는지를 자각하게 된다. 기도든 명상이든 헌신이든, 이를 통해 드러나는 첫 번째 비늘은 우리 몸에 각인된 습관적인 긴장이다. 이때 할 일은 단지 가만히 앉아서 긴장된 부위 — 어깨나 등, 턱이나 다리 등 — 의 경직 상태가 드러나기를 기다리는 것이다. 삶에서 갈등이나 어려움을 만날 때마다 우리는 습관적으로 몸을 위축시킨다. 그리하여 빌헬름 라이히Wilhelm Reich가 말하는 '성격적 갑옷'이 형성되는 것이다.

일부 전통들에서는 요가, 태극권 혹은 수피 춤과 같은 기법을 통해서 호흡과 신체에 들어 있는 물리적 긴장을 해소하는 것에서부터 수행의 문을 연다. 이런 수행법을 지혜롭게 활용하면 경직된 몸이 자연스럽게 이완되고 새로운 유연성으로 자리 잡기 시작한다.

이런 신체적 행법이 없는 전통에서도 몸의 긴장된 층들은 나타나기 마련이며, 이것은 어떤 식으로든 다스려져야 한다. 처음 기도나 명상을 하면 긴장이 쌓이면서 고통을 느끼게 마련이다. 오랜 세월 쌓여온 긴장이 표면으로 자각되기 시작하는 것이다. 한 수련생은 이렇게 회고한다.

> 처음에는 무릎이 아팠다. 나는 그것이 모두 좌선 탓이라고 생각했다. 하지만 곧 어깨와 목덜미에 열이 났고 늘 경직되어 있던 허리 부위에 강한 통증이 느껴졌다. 몸의 긴장은 점점 더 심해졌다. 때로는 긴장 때문에 숨을 깊이 쉴 수도 없었다. 이제 오래된 통증과 기억들이 떠오르고 있었다. 그것은 너무나 불쾌해서 나는 외면하려고 애썼다. 통증을 느끼지 않으려고 부드러운 요 위에 누워서 명상해보기도 했다. 하지만 놀랍게도 누운 자세에서조차 모든 긴장된 느낌들이 고스란히 그 자리에서 나를 기다리고 있는 것을 느낄 수 있었다. 나는 내 몸을 상대로 여러 해 동안 싸웠다. 통증이 누그러지기 시작한 것은, 내가 마침내 가장 고질적인 통증조차 괜찮은 것으로 받아들이기 시작하면서부터였다. 이제 그것은 왔다가 지나간다. 내 몸을 마침내 받아들이게 된 것은 참으로 큰 축복이었다.

명상을 시작하면, 몸의 긴장과 함께 불안과 저항의 감정도 일어난다. 이것은 매우 바쁜 일과의 한복판에서 마음을 가라앉히려고 애쓰는 몸부림과 같은 느낌일 수 있다. 처음에는 자리에 앉아 있기조차 어렵다. 너무나 많은 생각들이 머리를 스치며 해야 할 일들이 우리를 채근한다. 우리는 흥분된 에너지를 너무나 많이 품고 있다. 하지만 기도와 명상과 헌신의 수행은 매사에 대한 복종과 끈기를 요구한다. 한 구도자는 '10만 배拜 수행'을 시작했을 때의 경험을 이렇게 이야기한다.

> 티베트 전통의 절하기 수행을 시작했을 때, 첫 해는 그저 견뎌내기 위해 몸부림치는 시간이었다. 나는 언제나 바쁜 사람이었고, 언제나 가만히 있지 못하고 끊임없이 냉장고를 열거나 TV를 켜거나 친구에게 전화를 하는, 그런 사람이었기 때문이었다. 그것은 아마도 고독감과 불안 때문이었을 것이다. 하지만 나는 더 이상 나 자신에게서 도망 다니기가 싫었기 때문에 수행을 시작했다. 그리고 몸을 움직여 절하는 것이 좌선하는 것보다는 쉬우리라고 예상했다. 하지만 움직일 때도 좌선할 때와 똑같은 저항이 일어났다. 나는 자기 자신으로부터 도망갈 수가 없다는 것을 깨달았다. 진정으로 수행을 하려면 그저 그것과 함께 있어야만 한다.

다행스러운 것은, 용의 비늘이 벗겨질 때도 그것이 전적으로 고통스럽기만 한 것은 아니라는 사실이다. 웨딩 가운이 한 겹 한 겹 벗겨질 때마나 우리 몸은 훨씬 더 홀가분해지는 것과 같은 이치다. 용의 비늘이 벗겨지는 과정에서 우리는 숨 막히는 밀실에서 벗어나 광활한 초원으로 빠져나온 듯한 해방감과 가슴 벅찬 평화를 맛보기도 한다. 그것은 영혼의 감각을 열어주고 때 묻지 않은 순수함을 되찾아준다. 한 기독교 수도자는 이렇게 회고한다.

> 나는 수도원 정원에서 단순한 걷기 명상을 하고 있었다. 기도문을 외면서, 걸음걸음마다 호흡을 고르게 쉬면서 자신을 가다듬고 있었다. 갑자기 나는 첫 걸음마를 하는 두 살짜리 아기로 되돌아가 있었다. 폭신폭신한 잔디 위에 발을 내려놓는 단순한 즐거움을 맛보았다. 흙과 장미의 냄새를 맡는 것 자체가 너무나도 놀랍고 유쾌했다. 어릴 때의 내 눈에 그렇

게 보였던 것처럼 모든 식물과 곤충들이 평소보다 훨씬 더 크고 생생해 보였다. 이 순진무구한 마음과 연결되어 있기 위해서라면 무엇이라도 할 수 있을 것 같은 기분이었다.

마 음 의   비 늘   벗 기 기

몸의 비늘을 벗겨내기 위해 몸부림치는 동안 마음 또한 우리에게 호소하기 시작한다. 어서 갑갑한 비늘의 벗고 바깥을 향해 문을 활짝 열어달라는 것이다. 마음의 비늘은 움츠리는 에너지로서 먼저 나타난다. 수피들은 이것을 '나프Naf'라고 부르며, 불교도와 힌두교도들은 순수한 마음을 가리고 있는 '장애물'이라고 한다. 또 기독교인들은 욕망과 자만심 등의 '일곱 가지 큰 죄'와 싸운다. 모든 영적 여행은 닫힌 마음을 만드는 습관인 집착, 분노, 자만, 두려움, 불안, 의심 등의 에너지를 더 이상 방치하지 말 것을 요구한다.

우리는 집착의 힘에 사로잡힐 때 마음이 닫히게 된다. 공허한 마음은 우리로 하여금 늘 지금 가진 것보다 더 많은 것을 원하게 만든다. 마음은 영적인 유대감에 대한 갈망을 외적인 경험으로써 메워보려고 애쓴다. 그러나 알다시피, 그러한 시도는 번번이 실패하게 마련이다. 30년째 수행 생활을 해오고 있는 한 스승은 이렇게 말한다.

부모님이 영적인 경향을 가진 분들이었음에도 불구하고, 나는 섹스와 로큰롤에 모든 열정을 바치며 1960년대를 보냈다. 나는 신께로 가기 위한 답시고 밑바닥 단계를 건너뛰고 싶지 않았다. 오랫동안 나는 남자들 그리고 섹스만이 내 행복의 지름길이라고 생각했다.

나는 꽤 성공한 여배우가 되었다. 그리고 섹스를 실컷 하고 나서 결국 그것이 답은 아니라는 것을 깨달았다. 나는 여전히 공허했고, 뭔가를 갈 망하고 있었다. 어머니는 그런 나를 요가 수련원에 데려가려고 무던히도 애썼다. 그러나 나는 어머니가 나의 성적 취향을 구속하는 것이 두려워서 가지 않았다. 그러던 어느 날 결국 요가 수련에 참가하게 되었다. 나는 실제로 그것을 다루어내야만 했다. 나를 몰고 다니던 공허와 갈망에 직면해야만 했던 것이다. 그것이 내가 요가와 명상을 처음 접했을 때 일어난 일이다.

집착과 갈망이라는 마음의 비늘을 벗겨내기 위해서는 먼저 그것이 우리 속에 어떻게 들어앉아 있는지, 그리고 그것이 우리에게 하고 있는 이야기가 무엇인지를 알아야만 한다. 먼저 자신의 갈망을 찾아내고, 그리고 마음을 그 얽힌 속박으로부터 해방시켜야 한다. 욕망과 집착의 반대쪽 극에는 사물의 있는 그대로를 받아들이기를 거부하는 분노와 심판이라는 비늘이 있다는 것을 우리는 발견하게 될 것이다. 어떤 수행을 하건 초심자들은 대개 자기 안에서 온갖 심판과 미움과 저항을 발견하고는 충격을 받는다. 세상을 비난하고 세상과 싸울 때마다 우리는 자신의 일부를 잘라내고 거부했던 것이다.

스탈린 지배하에서 시달리던 수백만 러시아인들의 고통을 우리에게 고발했던 작가 알렉산드르 솔제니친Aleksandr Solzhenitsyn은 이렇게 썼다.

교활하게 악을 행하는 악인들이 따로 있어서 그들을 간단히 우리에게서 분리해서 없애버릴 수만 있다면 얼마나 좋으랴. 하지만 선과 악을 구분하는 경계선은 모든 인간의 마음 한가운데를 지난다. 그러니 제 마음의 한 조각을 잘라버릴 수 있는 자가 누가 있겠는가?

우리가 저주에서 벗어나기 위해서는, 공주와 결혼하기 위해 용이 그랬듯이, 우리도 자신의 비늘을 건드려야만 하며 우리 안의 비판적인 목소리와 화해해야만 한다. 우리는 내면에서 배신과 상실로 인한 분노와 증오의 목소리를 발견할 것이며, 있는 그대로의 현실에 대해 퍼붓던 끝없는 혐오와 저항의 감정을 발견할 것이다. 명상 속에서 발견하는 '깨어 있는 의식'은 심판과 비난으로 짜여진 생각의 천을 올올이 풀어내기 시작한다. 우리는 자신과 주변의 모든 사람들을 끊임없이 평가하고 비판하는 마음을 발견하고, 그 마음이 우리를 있는 그대로의 삶과 끊임없이 싸우게 만들고 있다는 것을 깨닫는다. 한 불교 수행자는 말한다.

> 나는 명상을 시작하기 전까지 나 자신이 얼마나 비판적인지를 까맣게 모르고 있었다. 나는 안팎의 사소한 일들에 낱낱이 비판과 견해를 달고 있었다. 너무 시끄러워, 너무 안 들려, 너무 모자라, 너무 많아…… 결국 나의 스승은 나에게 그것을 다 헤아려보라고 했다. 나는 한 시간에 수백 개를 발견했다. 나는 그것이 너무나 분명한 하나의 습관이며, 그것을 심각하게 받아들일 필요가 없다는 것을 알고는 웃을 수 있었다. 하지만 그 다음 해에 나의 수행은 깊은 분노에 부딪히게 되었다. 그것은 만만치가 않았다. 나는 좋은 아이가 되기 위해서 오랜 세월 동안 그 모든 비판력을 사용해왔던 것이다. 거기에 얼마나 많은 고통과 분노가 쌓여 있었는지를 나는 모르고 있었다. 그것은 몇달 동안 나의 기분과 생각과 심상心象과 몸을 통해서 표출되었다.

예순다섯 살인, 우르술라 회(1535년 병자의 간호와 소녀의 교육을 목적으로 창설된 가톨릭의 한 단체)의 한 수녀도 이와 비슷한 경험을 고백한다.

우리가 처음 수도원에 왔을 때는 모두가 무척이나 순진무구하고 영감에 차 있었다. 하지만 우리들 대부분이 30대에 이르자 어떤 배신감이 자리 잡기 시작했다. 우리는 모두 청춘을 바쳐 일하고 기도하여 성자가 되고자 애썼으며 자신은 거의 돌보지 않았다. 그런데도 지금 우리의 모습은 어떠한가? 우리가 자신의 과거에 대해 비로소 정직해지기 시작하자 우리 중 일부는 심하게 분노를 느꼈으며, 그리고 마침내 그 분노는 수녀가 되기 훨씬 이전으로까지 거슬러 올라갔다.

그러니 욕망의 손아귀나 비판의 소용돌이와 마찬가지로, 분노도 벗겨낼 수 있는 마음의 비늘에 지나지 않는다. 스웨덴 옛날 이야기에서 공주와 용은 비늘을 하나하나 벗으며 진실한 자신을 드러낸다. 비늘을 벗을수록 그들은 여유 있고 부드러워진다. 진실을 가리고 있는 첫 번째 비늘과 가운이 벗겨지면, 우리는 분노와 비판과 집착으로 인해 위축되어 있는 그 밑에 무엇이 묻혀 있는지를 깨닫기 시작한다. 대개는 상처와 외로움과 두려움과 근심의 마음이 발견된다.

여기서 용기를 발휘해야만 한다. 가장 큰 고통과, 가장 깊은 슬픔과, 가장 어두운 두려움을 사랑으로 껴안을 수 있는 용기 말이다. 그래서 이 과정에서 신뢰와 복종의 마음이 자라나기 시작한다. 이 다정하고 자비로운 혼의 깨어남이야말로 천사가 찾아오는 것과도 같다. 용서의 에너지, 새로운 부드러움과 마음의 수용성이 여기서 나온다.

나의 스승 아잔 차는 그것을 이렇게 말한다.

깊은 울음을 울어본 적이 없다면 아직 명상을 시작하지도 못한 것이다.

마음을 열기 시작할 때 일어나는 비탄과 슬픔은 개인적인 동시에 전체적인 것이다. 많은 구도자들이 그런 슬픔이 찾아올 줄은 전혀 예상하지 못했다고 말한다. 하지만 마음은 자기만의 논리를 가지고 있다. 어느 존경받는 스승은 이렇게 회고한다.

참선을 한답시고 돌아다니던 초기의 몇해가 지난 후, 더욱 심도 있는 정진을 해야 할 때가 되었다. 나는 동안거冬安居 수련에 참가했다. 석 달 동안 쉬지 않고 계속되는 일종의 강화 수련이었다. 나의 앉은 자세는 제법 평온하고 여유로워져 있었다. 그래서 나는 나의 수행자다운 맑은 상태가 더욱 깊어지리라는 기대감에 지레 흐뭇했다. 하지만 그것은 오산이었다. 나는 그 기간을 꼬박 울음으로 보냈다. 그리고 그 다음 동안거 기간도 반은 울면서 보냈다. 나는 어린 시절에 겪어야 했던 모든 불안정과 갈등에 슬퍼했고, 잃어버린 우정과 내 몸에 대한 학대와 아버지의 죽음과 그 슬픔 때문에 울었다. 그리고 나서 2년이 지나서야 나의 참선은 깊고 광대한 침묵 속으로 들어갔다.

흘리지 못한 눈물이 비늘이 되어 우리를 덮고 있다. 우리의 슬픔은 대부분 특정한 사건의 결과다. 부모의 죽음, 가족의 학대, 삶에서의 큰 상실 등. 혹은 그것은 눈에 띄지 못하고, 인정받지 못하고, 포용되지 못했던 무수한 순간들의 축적이기도 하다.

샤론 올즈Sharon Olds는 '1937년 5월로 돌아가서'라는 시에서 자기 안의 슬픔을 인정해줄 필요성을 높이 사면서, 그 슬픔이 우리의 현재 인격을 어떻게 형성시켰는지를 이야기한다. 그녀는 그녀의 부모가 처음 만났을 때의 모습을 철없는 아이들처럼 그리고 있다.

대학교 정문에 서 있는 그들을 본다.

아버지가 황토색 돌 아치 아래를 걸어나온다.

어머니는 가벼운 책을 몇 권 끼고 있다.

그들은 곧 졸업하고 결혼할 참이다.

그들에게 다가가서 말하고 싶다. 잠깐만,

그러지 마세요, 저 사람은 당신의 여자가 아니에요.

저 사람은 당신의 남자가 아니에요.

당신들은 자신도 상상하지 못할 짓을

저지르려는 거예요.

아이들에게 못할 짓을 하려는 거예요.

하지만 난 그렇게 하지 않는다. 난 살고 싶다.

난 그들을 종이 인형처럼 집어 들고

부싯돌을 때려 불꽃을 튀기듯이

엉덩이를 서로 부딪는다.

이렇게 말한다.

하고 싶은 대로 해보세요.

어떻게 될지를 말해드릴 테니.

좋은 수행법은 우리로 하여금 우리가 얼마나 큰 상실감을 안고 있는지 이해하게 하고, 그 감추어진 사연을 듣도록 하며, 우리를 실컷 울 수 있게 해준다. 모두 과거로부터 놓여날 수 있게 해주기 위해서다. 수피 시인 갈리브Ghalib는 폭풍우 구름에게 "시원해질 때까지 실컷 울어라"라고 노래한다. 그리하여 다시금 맑게 탁 틘 하늘을 볼 수 있도록.

슬픔이든 분노든 갈망이든 불안이든 간에, 마음을 닫히고 웅크리게 만드는 것은 우리 안의 '못 다한 볼일' 때문임을 우리는 알게 된다. 우리는 자신과 타인을 향해 마음을 닫게 만들었던 힘들과 다시 대면해야 한다.

갈등하고, 울지 못하고, 끝맺지 못한 일들은 우리가 주의를 보내는 즉시 그 모습을 드러낸다. 이를 통해 우리는 인간의 삶을 지배하는 의미 깊은 힘들을 존중하는 마음으로써 대해야 한다는 것을 배우게 된다. 우리를 고통스럽게 하고 위축시키는 것은 이러한 겹겹의 에너지 층들이다. 그것을 풀어놓는 것에서부터 구도는 시작된다.

마 음 의   층 들

몸이 그런 것처럼, 우리 마음 또한 웅크리고 있다. 명상 스승인 아잔 붓다다사Ajahn Buddhadasa는 현대를 '생각 속에 실종된 세계'라고 말한다. 사람의 마음은 의심, 야망, 두려움, 믿음, 혼란스러운 자아상self-image, 과거와 미래의 무수한 층들로 이루어진 정신적 요새다. 우리는 다른 누군가가 되기 위해, 또는 다른 어딘가에 도달하기 위해 마음이 얼마나 쉽사리 '지금 여기'를 등져버리는지를 깨닫곤 한다. 기도나 명상이나 무아無我의 봉사를 하다 보면, 우리는 습관적인 생각과 한정된 믿음이 우리의 자아를 작게 만들고 있다는 것을 발견하게 된다. 우리의 생각이 담긴 컵은 에고로 가득 차서 더 이상 아무 것도 들어갈 수 없다.

우리를 '지금 여기'에 살지 못하게 하는 것은 자신과 타인, 그리고 세상에 대한 혼잡한 생각과 믿음 때문이다. 그것은 마치 어느 화가가 실물 크기의 호랑이 그림을 자기 집 벽에 그려놓고는, 며칠 후에 자기가 그렸다는 사실을 까맣게 잊고 놀라 자빠지는 꼴과도 같다.

마음을 가라앉히려고 명상이나 기도에 정진할 때, 우리는 우리의 삶이 얼마나 이 무의식적인 마음의 스토리에 좌지우지되고 있는지를 새삼 깨닫게 된다. 카를로스 카스타네다Carlos Castaneda의 스승인 주술사 돈 후앙Don Juan은 이렇게 말한다.

너는 스스로에게 너무 많은 말을 지껄이고 있다. 하긴 너만 그런 것도 아니다. 모두가 그렇다. 우리는 이 내면의 지껄임을 통해 자신의 세계를 만들어간다. 현명한 자라면, 자신에게 지껄이는 짓을 그만두면 세상이 즉석에서 통째로 바뀌어버리리라는 것을 알리라.

수행의 과정에서 우리는 이 내면의 지껄임의 주제를 간파하기 시작한다. 그것은 야망일 수도 있고, 무가치함이나 불안일 수도 있고, 자기 혐오나 몽상일 수도 있다. 그 스토리는 또한 우리의 개인적, 문화적 고정 관념을 반영한다. 미국의 심리학자들이 달라이 라마를 만났을 때, 달라이 라마는 그들에게 서양의 불교도들이 겪는 공통적인 어려움이 뭐냐고 물었다. 가장 많이 언급된 것이 '자기 혐오'였다. 달라이 라마의 반응은 믿을 수 없다는 표정이었다. 왜냐하면 티베트 문화에서는 자기 혐오라는 것이 아예 존재하지조차 않았기 때문이다. 그는 그 심리학자들에게 일일이 물어보았다. "당신도 이 자기 혐오를 경험했습니까?" 거의 모든 사람들이 그렇다고 대답했다.

 우리가 지껄이는 이야기의 주제는 모두 자신에 대한 고정 관념들이다. 그것은 자신을, 마치 기죽은 사람이나 혹은 멋진 사람, 타협자나 어릿광대, 혹은 분노한 희생자나 전사로서 영화에 나오는 것처럼 여기는 것과도 같다. 그런 생각과 가정들의 힘은 너무나 강력해서, 우리로 하여금 그 에너지에 휩쓸려 그것을 자꾸만 연기해내게끔 만든다. 웅크린 몸, 웅크린 마음과 더불어, 이 '틀에 박힌 생각들'이 자기에 대한 고정된 느낌을 만들어낸다. 이것은 '두려움 덩어리'라고 불리기도 한다. '두려움 덩어리'로서 살면, 우리의 삶은 한갓 습관과 반응의 삶이 된다.

 좋은 수행법은 몸과 마음을 열어주듯이 자기가 무의식중에 연출하는 이런 '스토리들'의 가면을 벗겨내고 그 한정적인 생각들을 해체시키는 것이다. 우리는 이런 습관적인 웅크림의 패턴을 인식하기 시작하고 그것이 진짜 현실이 아님을 배우기 시작한다. 우리는 이런 낡은 껍질, 작은 자아의 느낌으로부터 빠져나와 지금의 현실로 발을 들여놓는 방법을 배운다. 몸의 긴장을 풀고, 마음을 부드럽게 하고, 무의식이 연출하는 해묵은 스토리들이 떨어져나가게 하는 방법을 발견하는 것이다. 그것은 '용의 비늘'이 그 정체를 드러내는 순간이고, 카르마의 주술이 더 이상 필요 없어지는 순간이며, 왕자와 공주가 새롭고 당당한 자신의 진짜 모습을 발견하는 순간이다.

천진함과 열린 태도를 지니게 되면 우리는 그제야 비로소 세상을 단순하고 직접적으로 경험할 수 있게 된다. 끊임없는 내면의 지껄임으로부터 빠져나와 '과거에 어떠했고, 장차 어떠해야 한다'거나, '나는 어떠해야 한다'라는 생각을 놓아버려야 우리는 '영원한 현재'로 들어선다.

하지만 몸과 마음을 여는 이 '비늘 벗기'도 사실은 더 깊은 여행을 위한 준비 운동에 지나지 않는다. 왕자와 공주가 드디어 만났다. 이제 그들은 그들 앞에 놓여 있는 삶과 죽음을 대면해야 할 차례다.

3장 입문의 불꽃

임사 체험은 누구에게나 권할 만하다. 그것은 인격을 길러준다. 삶에서 무엇이 중요하고 중요하지 않은지를, 그리고 삶의 아름다움과 소중함을 당신은 훨씬 더 명료하게 인식하게 될 것이다.

천문학자 칼 세이건Carl Sagan이 치명적인 병을 앓고 나서

주저할 것 없다. 촛불을 밝히고 향을 태우고 종을 울리며 신을 부르라. 하지만 조심해라. 왜냐하면 그는 와서 풀무에 불을 붙이고 너를 모루 위에다 올려놓고 네가 놋쇠에서 황금으로 변할 때까지 때리고 또 때릴 것이기 때문에.

산트 케샤바다스Sant Keshavadas(인도의 구루)

이제 숲속으로 더 깊이 들어갈 때이다. 지금까지 이야기한 것은 준비 운동이다. 우리는 몸 속에 밴 오랜 긴장을 풀어놓기 시작했다. 삶의 많은 경험들을 배후에서 조종해온 깊은 감정들에 대해 의식적으로 마음을 열어놓았다. 마음의 반복적인 습관과 고정 관념들을 다루기 시작했다.

이 작업을 통해 우리는 산 속의 빈 터에서 소를 마주 대한 채 그 조용하고 그침 없는 숨소리를 듣고 있는 자신을 발견하게 된다. 선가의 가르침에서 묘사하는 그 다음의 작업은, 힘센 소를 길들여서는 소와 자신을 다 놓아줌으로써 세상과 일치된 조화 속으로 들어가는 것이다. 삶의 모든 에너지를 풀어놓는 데는 근본적인 변성의 과정이 요구된다. 그것은

종종 힘겨운 입문식과 함께 찾아온다.

영적 수행 과정에서 입문이란 간단한 의식이 아니다. 그것은 마음의 성숙을 가져올 힘든 과업을 성취해내야만 하는 통과 의례이다. 입문 과정의 시험과 시련을 견뎌냄으로써 우리는 자신과 세상에 대한 시각을 변화시킬 수 있다. 우리는 영적 권위와 내면의 지혜에 눈을 뜰 수 있다. 그것은 고난과 죽음에 직면해서도 우리를 이끌어갈 수 있는 굳센 믿음이 된다. 입문은 정체성의 전환을 강요한다. 그로써 우리는 작은 자아의 느낌을 극복하고 소위 '두려움 덩어리'를 벗어나 불멸의 지혜와 사랑과 용기를 일깨워낼 수 있다.

입문 과정의 변화가 늘 눈에 띄는 것만은 아니다. 어떤 이는 그것을 나선상의 움직임처럼 느리고 꾸준한, 내적 존재의 반복적인 탈바꿈으로 경험한다. 무수히 반복되는 수행과 영적 규율에 성실히 복종함으로써 가슴은 신뢰와 이해와 자비심으로 그윽이 깊어진다. 붓다는 이것을 땅이 조금씩, 조금씩 내려가다가 마침내는 깊은 대양의 밑바닥이 되는 것에 비유했다.

한 학생이 선사인 다이난 가타기리片桐에게 그가 발산하는 아름다운 온기와 곧은 심지에 대해 물어보았다. "이것이 우리가 스승님께 배우고 싶은 것입니다. 어떻게 하면 그것을 배울 수가 있습니까?" 그러자 스승이 대답했다. "사람들은 지금의 나를 볼 때, 내가 스승과 함께 보낸 세월들은 보지 못하지!" 그는 오랜 세월 단순한 삶을 살면서 스승의 가르침을 듣고 또 듣고, 비가 오나 눈이 오나 아침마다 예불을 올리며 수행했던 과정을 이야기했다.

이것은 느린 방식의 입문이다. 자신을 끝없이 '경의와 주목注目'이라는 오븐에다 넣고 오랫동안 구워서 온 존재가 잘 익어 변성되게 하는 것이다.

하지만, 대개의 입문은 강렬하고 근본적이며 빠른 변화를 수반한다.

이러한 변성은 종종 원형적 형태의 통과 의례를 거친다. 통과 의례는 너무나 비좁아서 짐을 지니고 지나갈 수 없는 거친 협곡을 간신히 지나는 것에 비유할 수 있다. 그것은 지난 삶을 뒤에다 남겨두고 다시 태어나는 것과도 같다. 거기에는 크나큰 위험이 도사리고 있어서 때로는 죽음과 씨름해야 하기도 한다. 왜냐하면 오직 그때만 구도자는 죽음 너머에 있는 자기 안의 용감성을 만날 수 있기 때문이다.

때로는 입문 과정이 스스로 찾아오기도 한다. 크나큰 상실, 혹은 큰 위기나 병 등을 지혜롭게 넘기면 내면이 한층 성숙하기도 한다. 다른 경우에는 더 의식적으로 고안된 입문 절차가 요구되기도 한다. 입문에 대한 열망은 누구나 가지고 있다. 그리고 현대의 젊은이들에게는 이것이 절실히 필요하다. 성인의 세계로 들어섰음을 알려주는 영적 형태의 입문식이 주어지지 않으면 입문식은 길거리에서, 질주하는 자동차 안에서, 마약과 함께, 위험한 섹스를 통해서, 무기를 통해서 일어난다. 아무리 말썽을 일으킨다고 하더라도 이런 행동들은 모두 하나의 근원적인 진실에 뿌리를 두고 있는데, 그것은 바로 '성장에 대한 욕구'이다. 입문을 추구하게 되는, 또는 그 도구들 중의 하나를 추구하게 되는 가장 큰 동기는 점차 높아져가는 죽음에 대한 인식에서 찾을 수 있다. 한 미국인 라마승은 내게 이렇게 말했다.

> 나의 부모는 내가 아직 열일곱, 열여덟 살일 때 모두 돌아가셨다. 죽음의 현실감은 갑작스럽고 거대한 충격으로 내게 다가왔고, 그 슬픔을 이겨내는 데는 오랜 시간이 걸렸다. 부모님이 안 계시자 나와 죽음 사이에 서 있는 것이 아무 것도 없는 것처럼 느껴졌다. 이런 자각이 나를 영적 수행의 길로 떠밀었다. 우리가 죽음이 촉박했음을 깨닫지 못한 채 살고 있다는 것은 참 놀라운 일이다.

카를로스 카스타네다의 주술사 돈 후앙은 죽음을 조언자로 받아들일 것을 권한다.

> 죽음은 우리의 영원한 동반자이다. 그것은 늘 우리 왼쪽에, 팔만 뻗치면 닿을 거리에 있다. 죽음은 늘 우리를 지켜보고 있다. 그리고 우리의 방문을 두드릴 날이 올 때까지 늘 그렇게 지켜보고 있을 것이다.
> 참을성이 없어질 때 해야 할 일은 왼쪽을 바라보고 죽음에게 조언을 청하는 것이다. 그대의 죽음이 그대에게 손짓을 보내거나, 그것을 흘끗 목격하거나, 그대의 동반자가 거기서 그대를 지켜보고 있다는 느낌을 얼핏 느끼기만 해도 비좁은 도랑이 우수수 무너져내린다.

영적인 길에 투신했다면 우리는 살아 있는 동안에 죽음에 대한 두려움에 직면해보아야만 한다. 기독교 신비주의 수행법에서는 이것은 '십자가의 고난과 부활의 신비를 재현'하는 것이다. 불교 수행에서는 이것은 '죽기 전에 죽는 것을 배우기'라는 것이다. 어차피 죽음이 우리를 데려갈 것이라면 두려움에 떨면서 살 이유가 무엇인가? 낡은 방식을 죽이고 자유롭게 살아가지 못할 이유가 무엇이란 말인가?

나치케타와 죽음의 신

인도의 한 오래된 이야기는 '나치케타'라는 한 청년이 어떻게 죽음에 직면했는지를 통해 심오한 교훈을 던져주고 있다. 몇 명의 친구가 죽고 난 후에 나치케타는 삶의 덧없음을 느꼈다. 그는 영적 이해가 결여된 세속적인 추구가 천박한 것임을 깨달았다. 부유한 상인의 아들이었던 그는 가슴의 행복은 가진 재물의 양에서 오는 것이 아님을 알고 있었다. 이것은 마을의 브라만 승려가 아버지에게 내생에 잘 태어나도록 사원에 기부금을 바치라고 권했을 때 그가 보인 반응을 설명해준다. 온 마을 사람들 앞에 보란듯이 벌려놓은 무대 위에서 돈을 주고 미덕과 선업을 살 수 있다는 생각에 나치케타는 치를 떨었다.

그날이 되자 "내 염소와 황금과 모든 값나가는 것을 사원에 바치노라" 하고 아버지가 선언하였다. 나치케타는 "모든 값나가는 것? 오호! 저는 어떡하고요, 당신의 아들은요?"라고 반박했다. 사람들 앞에서 모욕을 당하자 아버지는 화가 나서 대답했다. "그렇다면 너도 바치겠다. 너를 죽음에게 바치노라!" 나치케타는 눈을 이글거리면서 대꾸했다. "받아들이겠습니다." 그리고 그는 떠났다.

나치케타는 깊은 숲속의 외딴 곳으로 들어가서 앉아 죽음이 눈앞에 나타나기만을 기다렸다. 사흘 밤낮을 그는 꼼짝도 않고 마음을 집중하고 앉아서 흰 소가 나타나면 그 두 눈을 똑바로 쳐다보고 죽음에 직면하리라고 다짐하고 있었다. 굶주림과 피로와 고통을 견디며 나치케타는 마침내 죽음의 신, 즉 야마의 땅에 다다랐다. 야마는 또한 '회계 관리자'로 알려져 있다. 그는 야마의 세 시종인 역병과 기아와 전쟁의 영접을 받았다. 그들은 야마가 출타중이라고 말했다. "그는 세稅를 받으러 나가셨습니다." 나치케타는 "괜찮소. 기다리리다" 하고 대답했다.

사흘 후에 죽음의 신이 돌아오자 시종들이 그를 찾아온 이 비범한 청년에 대해 이야기했다. 인간들은 죽음의 신에 대한 이야기를 들으면 걸음아 날 살려라 하고 도망가는데, 이 젊은이는 사흘이나 꼼짝 않고 기다리고 있었던 것이다. 야마는 나치케타를 만나 인사를 나누었다. 그리고 그를 기다리게 한 것을 사과했다. "내 왕국에 잘 오셨소. 당신은 자신의 길을 열심히 가는 인간임을 알겠소. 그런 당신을 기다리게 하다니, 사흘 동안 기다리게 한 대가로 소원을 들어주겠소. 당신의 여행을 위해 세 가지 축복을 택하시오."

여행하는 동안과 기다리는 동안에, 나치케타는 진실이 드러나는 세계들 사이에서 의식이 닿을 수 있는 마지막 공간에 들어섰던 적이 있었다. 이제 세 가지 축복이 허락되었다. 그는 이와 같은 명료한 마음의 상태에서 앞으로의 여행 길에 필요한 것이 무엇인지를 알 수 있었다. 나치케타가 맨 먼저 빈 소원은 자신과, 자신의 손이 닿은 모든 것에 대한 용서였다. "내 아버지가 나를 처음 낳으셨을 때와 같은 기쁨으로 나를 바라보게 하소서." 나치케타는 오직 과거를 내려놓음으로써만, 가슴 속에 마무리되지 않은 모든 것과 화해함으로써만 여정을 이어갈 수 있음을 알고 있었다.

나치케타는 자신에 대한 용서를 빎으로써 아버지도 또한 용서하고 있었다. 왜냐하면 용서는 언제나 동시에 두 방향으로 진행되기 때문이다. 용서는 단순한 의지의 문제가 아니며 늘 쉽기만 한 것도 아니었다. 용서는 분노와 슬픔과 근심에 대해 마음을 여는 오랜 과정이 필요할 수도 있다. 용서는 과거의 불의를 용서하는 것을 뜻하는 것이 아니다. 우리는 이렇게 맹세할 수 있다. "다시는 이런 일이 일어나게 하지 않으리라." 결국 용서란 과거의 아픔과 증오를 내려놓는 것이다. 단단한 것을 부드럽게 풀어놓는 용서의 마음을 통해서, 우리는 눈먼 습관을 반복하면서 과거의 아픔을 미래로 짊어지고 가는 자신을 해방시킬 수 있다. 용서한다는 것은 다른 사람을 우리의 가슴에서 내보내지 않는 것을 뜻한다. 나치케타는 자신이 온전한 존재로서 자신의 길을 가려면 아버지를 가슴에서 내보낼 수가 없다는 것을 알고 있었다.

용서가 내려준 축복은 삶과의 재회였고, 용서의 소원은 나치케타의 가슴을 맑게 열어주었다. 죽음의 신 야마는 그를 똑바로 쳐다보며 말했다. "나치케타, 당신의 첫 번째 소원은 지혜로웠소. 그럼 두 번째 소원은 무엇이오? 말해보시오!" 잠시 말없이 생각에 잠겼던 나치케타가 대답했다. "내면의 불을 축복으로 내려주십시오."

나치케타는 자신의 영적 여행을 무사히 마치려면 온전한 존재로서 그 길을 따라갈 용기와 열정이 필요하다는 것을 알고 있었다. 그래서 나치케타는 탐험에 자신을 온전히 바칠 힘을 달라고 신에게 빈 것이다. 내면의 불이란 전심을 다하는 에너지, 영적 열정, 존재의 온전한 살아 있음을 가리킨다.

이 요긴한 불은 목표에 대한 야망이나 갈구, 집착과는 다르다. 그것은 자신을 개선하려거나 무엇인가 특별한 것을 얻으려는 노력이 아니다. 나치케타는 자신이 상상하는 여행의 목적지에 도달하게 해달라고 빈 것이 아니라 자신이 있는 곳에 온전히 있게 해달라고 빌었다. 소를 만나 길들이기 위해서는 온 존재로서 자신의 자리에 있을 수 있는 에너지가 요구된다. 이번에도 야마는 나치케타의 지혜를 칭찬하고 내면의 힘을 축복으로 내려주었다.

해묵은 갈등의 구속에서 벗어나고, 이제 불굴의 무한한 에너지로 충만해진 나치케타는 입문식을 통과하기에 필요한 것들을 많이 갖추게 되었다. 마지막으로 죽음의 신은 나치케타에게 세 번째 소원을 빌게 했다. 잠시 생각한 후에 나치케타는 야마를 바라보며 말했다. "죽지 않는 것을 주십시오." 약간 놀란 죽음의 신은 이 대담한 젊은이에게, 이것은 마지막 소원이며 원하는 것은 무엇이든지 택할 수 있다는 사실을 상기시켜주었다. 야마는 나치케타가 선택할 수 있는 다른 좋은 것들의 모습 – 여행을 함께 할 한 무리의 아름다운 여인들, 세상에서 가장 빠른 황금 마차, 왕이 되어서 살 수 있는 궁전 등등 – 을 신통력으로써 그의 눈앞에 펼쳐 보여주었다.

나치케타는 이 모든 것과 다른 많은 것들을 다 보았다. "이런 것들을 택하지 않겠소?" 죽음의 신이 다시 물었다. 하지만 나치케타는 심지가 굳어서 쉽사리 말릴 수가 없는 젊은이였다. 흰 소를 보고 나면 다른 것들은 시시해지는 법이다. 그래서 그는 자신이 본 광경에 대해 이렇게 물었다. "당신이 보여준 이 모든 것들은 조만간 당신의 나라로 돌아가야 할 것들이 아닌가요?" 죽음의 신은 나치케타의 깊은 이해에 회심의 미소를 띠며 대답했다. "그렇소, 그건 사실이오." "그렇다면 죽지 않는 그것을 알게 해주십시오."

그러자 야마는 말했다. "당신의 세 번째 소원을 들어주겠소." 그러면서 그는 단순하고도 이상한 물건을 꺼내어 나치케타에게 건네주었다. 그것은 거울이었다. "나치케타, 불멸의 비밀을 알고 싶다면, 이 이상은 도와줄 수가 없소. 당신 자신을 직접 들여다봐야만 하오. 그리고 인간의 가장 큰 의문인 '나는 누구인가?'를 자신에게 끊임없이 물어보아야만 하오. 몸과 생각들 너머를 보시오. 이렇게 하면 당신은 찾고 있는 그것을 발견할 것이오."

입문식에서건 명상 속에서건 우리도 또한 죽음의 신 야마를 대면해야만 한다. 나고 죽는 그것이 누구인지를 물어보아야만 한다. 나치케타는 거울 속을 들여다보다가, 불멸의 세계로 인도하는 심오한 영적 의문 속으로 빠져들어갔다. 그가 붙들고 있던 모든 것들이 놓여나고 벗겨지자, 순수하고 영원한 가슴이 떠올랐다. 나치케타는 해방된 것이다.

나치케타의 교훈 ― 미몽迷夢에서 깨어나기

나치케타가 거친 입문의 모든 단계들은 현대의 구도자들의 여행에도 그대로 반영되어 있다. 여기에도 영원히 반복되는 주제들이 있다. 그것은 죽음을 대면할 필요성, 용서의 필요성, 에너지와 용기의 발견, 그리고 진리의 추구이다. 이 과제들은 깨달음의 길을 가는 모든 이의 가슴에 공명된다.

이 책에서 만난 많은 사람들의 경우와 마찬가지로, 나치케타를 최초의 입문으로 불러들인 것은 어떤 격렬한 깨어남, 곧 이 세상의 피상적인 가치에 대한 단호한 거부였다. 자신의 부모와 사회, 심지어는 종교마저도 실제로 우리의 여행을 부추길 수 있다. 저명한 신화학자 조지프 캠벨은 조직화한 종교들이 너무나 흔히 '신비에 대한 예방 접종', 곧 신선한 영적 충동들을 흔해빠진 고물로 망가뜨려놓는 공허한 의식들을 베푼다고 한탄하곤 했다. 거짓 신들에게 마음의 열망을 빼앗기게 만드는 일들은 많이 있다.

우리를 마음으로 돌아오게 하는 데에는 나치케타의 경우처럼 친구들의 죽음이나, 돈으로 아버지를 구원해주겠다고 하는 승려의 위선과 같은 충격적인 일타가 필요할 수도 있다. 가장 고된 시련의 가치는 바로, 그것이 우리로 하여금 얼마나 정직하게 의문을 떠올리게 하는가, 그것이 얼마나 강렬하게 우리의 용기를 일깨워 내면의 가장 깊은 목표를 되살려놓는가, 그리고 그것이 이 땅 위의 우리 영혼의 사명을 얼마나 뚜렷이 일깨워주는가에 달려 있다. 자기 세계의 고통스러운 균열이 때로는 내면적으로 진실을 배우는 데 필요한 소중한 기회가 된다.

나의 명상 스승은 이렇게 묻곤 하였다. "가장 가치 있는 것을 배운 것은 어떤 때였는가? 편안한 때였는가, 아니면 힘든 때였는가?" 미몽에서 깨어날 때, 그것이 일으키는 고통과 몸부림 그 자체가 우리로 하여금 그 모든 불리한 상황 앞에서도 의문을 제기할 수 있게 하는 용기를 가져다 준다. 나치케타와 마찬가지로 우리는 보장된 안락을 버리고 의문 그 자체에 자신을 내맡겨야만 한다. 그때에만 진실을 밝히고자 하는 열망이 일어난다.

인도의 신비주의자 까비르는 이러한 열망을 이해하고 이렇게 말했다. "무릇 일을 이루는 것은 그 열망의 강도에서 비롯된다."

미 지 를   끈 기   있 게   대 면 하 기

많은 입문 스토리에서 죽음 너머의 탐험은 대개 주인공이 큰 강을 건너거나, 험한 산을 넘거나, 용과 대적하거나 악마의 군대와 맞서는 것 등으로 묘사된다. 이런 고비에서 그들은 새로운 것을 발견하는 대가로 익숙해 있는 삶을 기꺼이 내던진다.

아마도 그들이 그토록 대담한 것은, 입문이라는 미지의 영토는 우리가 그곳을 향해 얼마나 과감하게 온 존재를 내던지느냐에 따라 그만큼 열릴 것이기 때문일 것이다. 미지를 겁없이 대면할 수 있는 것은 삶에는 더 큰 의미가 숨어 있음을 믿기 때문이다. 그런 다음에는 어떤 험로에 부딪히든 가슴의 떨림을 무릅쓰고 어둠 속으로 모험을 감행해야만 한다.

미지를 끈기 있게 대면할 수 있으려면 자신을 의탁할 만한 수행법이나 의식儀式의 도움이 필요하다. 나치케타는 사흘 낮과 밤을 꼼짝 않고 앉아서 흔들리지 않고 명상을 함으로써 도움을 받았다. 어떤 사람들은 위기 속에서도 끊임없이 기도를 올리거나, 원로들이 집전하는 전통적인 입문의식에 의지하기도 한다. 열망의 강도와 미지를 향하는 끈기가 우리를 야마의 왕국으로 데려다줄 것이다.

죽음과의 대면은 여러 가지 형태로 나타날 수 있다. 나치케타가 들어간 곳은 깊고 외딴 숲속이었고, 내가 비구로서 수행했던 태국의 절은 야생 짐승이나 어두운 동굴과 유령이 출몰하는 장소에 자리잡고 있었다. 수행 방법들 중에는 밤새도록 혼자 앉아 있거나, 숲속의 납골당에서 명상하거나, 화장터에서 밤이 새도록 시신 옆에 함께 있기 같은 것도 있었다.

일상 생활 속에서는 병이나 출산이 우리를 죽음과 직면하게 하여 이후의 삶을 바꾸어놓을 수도 있다. 나치케타의 시련과 비슷하게, 내 아내는 딸 캐롤라인을 낳을 때 사흘 동안 밤낮으로 고통을 겪었다. 우리는 손을 잡고 함께 숨을 고르며 기다렸다. 아내는 점점 지쳐갔고, 시간이 지날수록 맥을 놓아버리더니, 마침내 최후의 강렬한 순간이 그녀를 어머니로 만들어주었다.

입문을 통해 우리는 스스로를 탄생시킨다. 히말라야의 동굴에 은거하면서 12년을 지낸 영국 출신의 티베트 비구니는 여러 명을 죽게 만든 산사태가 동굴과 계곡을 덮쳤을 때, 자신의 수행법에 의지해서 생명을 건졌던 일을 이야기하고 있다. 그녀는 간신히 공기 구멍을 낸 후에 그 겨울 동안 여러 날을 암흑 속에서 명상으로 버텼다는 것이다.

모든 입문은 낡은 것을 버리고 마음을 더 큰 세계로 열어갈 것을 요구하는 시험을 겪게 한다. 입문은 개인적으로 일어나기도 하지만, 때로는 집단적 변화의 의식儀式으로서 대중 앞에서 용기 있는 행동을 보일 것을 요구하기도 한다. 태국에서 민주화 운동이 일어났던 1970년대에, 학생들은 방콕 거리에서 전투 경찰과 여러 날을 격렬하게 싸워 수백 명이 죽거나 다치게 되었다. 치열한 싸움이 있었던 다음날 아침, 방콕의 한 스승은 자신의 남녀 제자들을 불러놓고 이제 수행의 정도를 시험해볼 때가 왔다고 말했다. 그리고는 100여 명의 탁발 그릇을 든 승복 차림의 제자들을 일렬 종대로 줄지워 싸움판의 한가운데로 데리고 갔다. 그들은 바리케이드 사이의 중립 지대로 걸어갔다. 그들이 거기에 서 있자 총이 내려지고 긴장이 풀어졌다. 평화를 위해 나선 승려들은 사람들에게 다른 가능성의 존재를 상기시켜주었다. 실제로 그날 아침 이후로 점진적인 화해가 이루어지기 시작하였다.

용 서 와 화 해

나치케타의 입문에는 화해와 용서의 축복도 필요했다. 그가 아버지에 대한 반발로서 자신의 행로를 가고 있는 한, 그는 내면적으로 자신의 두려움에 직면하고 가슴을 연다는 자신의 진정한 임무로부터 멀어져가기 때문이다.

용서는 영적 생활에서 하나의 준비 과정이자, 동시에 목표이기도 하다. 그것은 무수히 되돌아오게 되는 주제이다. 용서하기 위해서는 우리 자신의 배신과 좌절의 고통과 슬픔에 직면해야만 한다. 그리고 그 모든 것을 불사하고 용서로 열리는 마음의 움직임을 발견해야 한다. 나치케타와 마찬가지로 우리는 여행중에 수시로 자신이 과거의 볼모로 잡혀 있음을 느끼거나, 마음이 닫혀 있는 것을 발견할 것이다.

용서의 과정에는 정의를 외치고 이것을 추구하는 것도 포함될 수 있겠지만, 결국 그것은 남들뿐만 아니라 자기 자신을 위해서도 모든 것을 자비롭게 내려놓는 것이다. 그것은 과거에 전쟁 포로였던 두 사람이 나누는 이 대화와도 같다. 한 사람이 묻는다. "자네를 잡아 가뒀던 적들을 용서했는가?" 상대방이 대답한다. "아니, 난 그들을 결코 용서할 수 없네." 물었던 친구가 상대방을 부드러운 눈으로 바라보며 대꾸했다. "그래, 그렇다면 자네는 아직도 그들에게 잡혀 있는 걸세, 그렇지 않은가?"

훌륭한 스승에 의한 입문식은 어김없이 타인에 대해, 자신에 대해, 삶 자체에 대해 용서를 요구한다. 용서할 줄 아는 지혜로운 마음이 없으면 우리는 과거의 짐을 평생 지고 다녀야만 한다.

산부인과에서 일하는 한 고참 간호사는 이런 이야기를 전해준다.

대부분의 진통은 힘들기는 해도 무사히 지나가고, 부모들이 아기를 안는 순간에는 엄청난 기쁨이 있다. 하지만 비극이 일어나서 아기가 사산되거나 죽으려고 하면 간호사들은 나를 찾는다. 아마도 그것은 내가 겪었던 경험 때문이리라. 나는 여덟 살 때부터 낮 시간에 어린 여동생과 3개월 된 남동생을 돌봐야 했다. 그 첫날 남동생은 유아 돌연사로 죽었다. 나는 여러 해 동안 그것이 나 때문이었다고 자책하고는 상상하기 힘든 고통에 시달렸다. 어머니는 한번도 그것이 내 책임이라고 말한 적이 없었지만 그것이 내 책임이 아니라고 하지도 않았으며, 슬퍼하지도 못 하게 했다. 나는 다 큰 아이였고, 다 큰 아이는 울지 않는 것이었으니까.

간호 학교에 입학했을 때도 나는 그 죄책감을 지니고 갔다. 나는 암 센터에서 호흡기를 쓴 환자들을 돌보며 야근을 했다. 때로 그들은 나에게 죽게 해달라고 빌었다. 외부의 현실은 내 내면의 현실을 반영하고 있었다. 그것은 끔찍이도 힘들었다. 그 시기에 나는 처음으로 명상 수련회에 참석했다. 침묵 속에서 그 모든 것이 올라왔다. 너무나 많은 장면들 – 남동생의 죽음, 병원, 그리고 과거로부터 파도처럼 밀려오는 슬픔 – 속에서 나는 내가 어머니나 나 자신을 여태껏 용서하지 못하고 있었음을 깨달았다. 여러 날 동안 나는 침묵 속에서 그저 그 모든 고통과 함께 앉아 있었다. 마치 산고를 겪는 것처럼. 나는 울었다. 그러다가, 내가 평생 찾고 있던 그 용서의 마음이 찾아왔다. 나는 은총을 느꼈다. 가슴이 열리면서 나를 사랑하게 되고 어머니를 용서할 수 있게 되었다. 살아 있지 못하게, 사랑하지 못하게 막고 있던 모든 것에서 놓여났다.

나는 이제 거의 20년 동안 명상을 하고 있다. 그리고 번뇌와 고통을 억제하거나 바꿔놓으려고 하지 않고 그저 그것과 함께 있을 수 있는 능력을 발견했다. 그래서 의사들과 간호사들이 나를 불러 도움을 청하는 것이다. 때로 나는 죽은 태아를 안고, 끔찍한 결정들을 내려야만 했던 부모들과 손을 잡고 앉아 그냥 그들과 함께 운다. 이 삶을 움직이게 하는 것은 오직 용서밖에 없는 것이다.

자기 용서가 반드시 필요한 것처럼, 사람들이 우리에게 입히는 상처 또한 우리의 치유에 필요한 관문이다. 힌두교 아슈람(ashram, 명상이나 가르침을 위한 은둔자들의 수행터)의 어느 스승은 자신의 계부가 그를 불신하고 가혹하게 대했던 기억을 다시 대면해야 했던 어느 시기에 대해 이렇게 술회한다.

> 그는 나를 두 살 때부터 키웠다. 나는 여러 해 동안 그와 싸우면서, 그의 인정을 받으려고 애썼다. 그러던 어느 날, 나는 한 달에 걸친 요가 수련을 마치고 나서 아슈람 근처의 들녘을 산책하다가 문득 계부가 살아 있을 날이 많지 않음을 깨달았다. 나는 그가 최근의 몇 해 동안 나를 사랑하려고 애를 썼지만 자신의 엄한 아버지에 대한 기억 때문에 자신의 감정을 나에게 표현하지 못했음을 문득 이해하게 되었다. 그는 두려웠던 것이다. 그는 나를 자신의 아들로 받아들여서 자신만의 어설픈 방식으로 길렀고, 나는 나만의 서툰 방식으로 그를 용서했다. 나는 그를 찾아가서 만났다. 그 이후 나의 삶은 훨씬 가벼워졌다. 용서를 할 수 있게 해주신 신께 감사한다.

때로 그것은 타인의 나쁜 행동을 용서하는 것이라기보다는 삶 자체가 가져오는 지난한 몸부림을 받아들이고 존중하기를 배우는 것이라 할 수 있다. 제2차 세계 대전중의 한 일화는 용서와 따뜻한 마음이 어떻게 우리를 새로운 세계로 이끄는지를 잘 보여준다.

    제2차 세계 대전 동안 수많은 일본 군인들이 태평양의 여러 섬들에 주둔하고 있었다. 일본군이 퇴각할 때 이 섬들은 북새통에 방기되어서 전쟁이 끝났을 때도 자신들의 패배 소식을 듣지 못한 수백 명의 군인들이 여전히 자리를 지키고 있었다. 몇 해가 지나는 동안에 이들 대부분은 지역 주민들에게 발견되어 귀국했지만, 흔히 그렇듯이 동굴이나 숲속에서 오랫동안 매복해 있던 소수의 군인들은 여전히 열심히 자신의 위치를 지키고 있었다. 그들은 자신이 충성스런 군인이라고 생각했고 온갖 고난을 무릅쓰고 충심으로 나라를 지켰다.

이들이 10년, 15년 후에 마침내 발견되었을 때 어떤 대접을 받았는지가 궁금하리라. 그들은 어리숙한 바보로 취급되지 않았다. 대신 이런 군인들이 발견될 때마다 최초의 접촉은 언제나 매우 조심스럽게 진행되었다. 대전 당시 계급이 높았던 장교가 사무라이 칼은 물론이고 옛날의 제복까지 장롱 속에서 꺼내어 입고는 옛날 식 전함을 타고 그들이 발견된 장소로 접근한다. 장교는 정글을 걸어서 병사들을 소리쳐서 찾아낸다. 그렇게 만나면 장교는 눈물을 흘리면서 그토록 오랫동안 충성심과 용기로써 나라를 지켜온 군인들의 노고를 치하한다. 그리고는 그 병사의 경험은 어땠는지를 묻고 귀대를 환영한다. 한참 시간이 지난 후에야 그는 전쟁이 끝났으며 조국은 다시 평화로워졌으므로 더 이상 싸우지 않아도 된다고 이야기해준다. 귀국하면서 그는 명예로운 환대를 받고, 불굴의 투혼과 함께 축하 속에서 조국과 고향으로 귀환하게 되는 것이다.

우리는 과거와, 그리고 삶 자체와의 전쟁을 이끌어오면서 너무나 오랫동안 자신과 타인을 심판해왔다. 용서하는 마음 속에서 우리는 이 모든 것에 대해 자비와 경의로써 절을 올린다. 이로써 우리는 흰 소를 길들이기 시작하는 것이다. 용서와 함께 우리의 마음은 잠시 깨끗하고 온전해진다. 용서하는 용기가 우리를 해방하여 입문의 다음 단계로 나아가게 한다.

내면의 불

나치케타의 두 번째 소원은 내면의 불이었다. 죽음에 대면해서조차 발걸음을 멈추지 않는 불굴의 정신에 필요한 용기와 열성 말이다. 기꺼이 마음을 열고 찾아내고 배우려는 열정이야말로 영적 삶으로 나아가고자 하는 모든 이들에게 꼭 필요한 덕목의 하나이다.

내면의 불은 그 어떤 장애물과 곤란도 깨달음의 과정 그 자체로 바꿔놓을 수가 있다. 우리는 누구나 완전히 살아 있는 그런 순간을 소중히 여긴다. 영적 열정을 가지면 그 어디에 있더라도 깨어날 수 있다. 그래서 한 제자가 내 스승 아잔 차에게, 자기는 너무나 생활이 바빠서 명상할 시간이 없다고 하소연했을 때, 그는 웃으면서 이렇게 말했다. "숨쉴 시간은 있는가? 결심을 했다면 그냥 거기에 주의를 보내야 한다. 이것이 우리의 수행이다. 어디에 있든지, 무슨 일이 일어나든지 숨을 쉬는 것, 온전히 그 자리에 있는 것, 진실을 보는 것 말이다."

한 불교 지도자는 자신이 참선 공부를 시작했던 시절을 이렇게 회상한다. 그녀는 스승의 온전하고 자연스럽고 자비로운 임재감臨在感에 깊이 영감을 받았다고 했다. 그녀도 그렇게 살아 있고 싶었다.

> 나는 방석에 앉았다. 하지만 무엇을 해야 할지를 몰랐다. 한 가지 기억나는 가르침은, "방석 위에서 죽어라"는 것이었다. 나는 "그래, 난 이것을 할 거야" 하며 열심히 앉아 있을 수는 있었지만, 무엇을 어떻게 해야 할지는 전혀 감이 잡히질 않았다. 그러다가 수련에 몇 번 참석하고 나서야 그것은 수련 그 자체에 자신을 더욱더 온전히 던지는 것임을 조금씩 깨달아갔다. 나는 갈수록 더 오래 앉아 있고, 잠을 더 적게 잘 수 있게 되었다. 처음으로 3개월 동안의 비파사나(남방 불교의 수행법) 코스에 참석했

을 때에는 수련에 대한 열정에 불이 붙어서 하루에 세 시간만 잠을 자도 충분하게 되었다. 자신에게 더욱 투신할수록 내면의 힘은 커져갔다.

때로는 이 내면의 불이 우리를 덮쳐오기도 한다. 내 스승 중의 한 분인 캘커타에 사는 디파마 바루아Dipama Barua는 위대한 요가 수행자였다. 그녀는 남편과 자녀 둘이 죽고 나서 명상 수련을 해야겠다고 느꼈다. 명상을 시작했을 때 그녀는 처음 며칠 동안은 매우 아팠다. 하지만 아무 것도 그녀의 의지를 꺾을 수 없었다. 걷기조차 너무나 힘이 들어서 그녀는 사원의 계단을 기어올라가서 앉아야 했다. 그러나 자신의 두려움에 직면하고 자유를 얻고자 하는 그녀의 각오는 너무나 단단했다.

감옥에 있는 사람들도 이 자유로의 길을 찾을 수 있다. 우리가 자녀를 잘 가르치기보다는 감옥을 늘리는 데 더 많은 돈을 쓰고 있다는 고통스러운 사실을 직시한 많은 영적 단체들이 감옥에 있는 수백만 명의 사람들에게 가르침을 펼치기 시작했다. 이런 가르침들은 모든 인간들이 내면의 자유와 구원을 찾아야 하며, 누구도 그 구원에서 제외되지 않는다는 원칙하에 베풀어지고 있다. 트랑구 린포체Thrangu Rinpoche의 티베트의 가르침을 따르는 죄수인 플릿 몰Fleet Maul은 이렇게 쓰고 있다.

감옥에서 명상을 하는 데에 가장 큰 어려움은 소음, 그리고 보호받지 못하는 프라이버시를 들 수 있다. 오전 7시부터 오후 11시까지 교도소의 거실 공간은 거의 내내 소란스럽다. 나는 이 시간에 수행을 하기 위해서 걸레와 빗자루, 쓰레기통 등을 보관하는 청소실 중의 하나를 치우곤 했다. 나는 방해받지 않도록 모든 것을 바깥에다 내놓고 의자에 앉아 한 시간 또는 두 시간을 보냈다. 사람들은 내가 청소실에 앉아 있는 것을 보고 약간 이상하게 생각했지만 곧 그것에 익숙해졌다. 여러 해 동안 북적대는 데서 살다가 마침내 독방을 가지게 되었을 때, 나는 티베트 식의 10만 배拜 오체투지五體投地와 염불을 시작했다. 교도관들이 아침 5시에 점호를 하러 올 때면, 그들은 내가 침대 옆 바닥에서 오체투지를 하고 있는 것을 볼 수 있다.

어떤 시점에 이르면 우리는 두려움과 희망을 내려놓고, 무엇이 어떻게 되어야 한다는 생각마저도 버리고 신비를 향해 마음을 새로이 열어야만 한다. 나치케타는 자신이 상상하는 여행의 종점에다 데려다달라고 소원을 빌지 않았다. 다만 자신이 있는 곳에 온전히 있게 해달라고만 빌었다. 감옥조차, 아니, 궁전조차 깨달음의 장소가 될 수 있는 것이다.

    때로는 환희와 황홀경 속에서 입문에 대한 복종심이 찾아온다. 나는 바라나시의 신성한 갠지스 강변의 한 사원에서 순례자들이 일주일 동안 계속하던 성모께 올리는 헌신의 찬송을 막 끝내려는 광경을 지켜본 적이 있다. 그들은 이레 밤낮을 끊임없이 찬송했다. 그러다가 지치면 바닥에 엎드려 몇 시간을 자고는 다시 일어나 찬송을 시작하곤 했다. 음식도 먹지 않고, 그들은 끊임없이 신의 이름을 찬송했다. 헌신자들은 제단 주위를 끝없이 돌면서 인도의 현악기와 북 소리에 맞춰 신성한 이름을 찬송했다. 나중에 한 여인이 첫날에는 고통과 배고픔과 집안 일에 대한 걱정 때문에 마음 속에서 찬송이 얼마나 힘들었는지를 들려주었다. 하지만 되풀이해서 자신을 신의 거룩한 이름에다 던져버리자, 차츰차츰 모든 것에 대한 걱정이 떨어져나가고 아무런 애씀이 없이도 제단을 돌 수 있었고, '신성한' 영靈이 그녀를 황홀경으로 가득 채웠다고 했다.

    신비주의자인 한 랍비는 불을 통과하는 관문을 사원이 아니라 미국 식의 고통스러운 이혼의 제단 위에서 맞아야 했다. 그는 예루살렘에서 한 카발라 스승 밑에서 오랫동안 배웠고, 이제는 헌신적인 유태교 공동체의 교사이자 영적 지도자가 되었다.

그때 14년을 같이 살았던 아내가 나를 떠났다. 그녀는 내가 한 모든 행동을 비난하면서 내가 한번도 그녀를 진정으로 걱정해준 적이 없었다고 불평했다. 또 결혼 생활 때문에 자신을 잃어버리고 자신의 삶을 도매금에 넘겨버렸다고 후회했다. 그녀는 세 자녀를 데려가기 위해 불같이 싸웠고, 우리가 살던 집과 대부분의 돈을 차지했다. 그녀는 분노했고 더욱 파괴적으로 변했다. 그녀는 갈수록 많은 것을 요구하면서 친구들과 주변 사람들에게 나를 내놓고 비난했다. 영적 지도자인 나에게는 이때가 가장 고통스러웠던 기간이었다. 그것은 마치 죽고 또 죽고, 갈갈이 찢겨져나가는 것 같았다. 나는 마음을 그대로 열어놓은 채 자식과 명성에 대한 집착을 내려놓게 하는 불 속을 지나가야만 했다.

이 고문의 기간이 지나고 몇 년 후에 랍비는 이렇게 말한다.

이렇게 많은 고통이 요구된다는 것은 미처 상상도 못 했다. 하지만 그것은 나에게 새로운 겸허함과 자신과 자신의 영적 삶에 대한 정직성을 가져다주었다. 나는 더 단순해지고, 나 자신에게 더 진실해지고, 남들을 심판하는 데에 더 조심하지 않으면 안 되었다. 감사하게도 아이들과의 관계도 정상으로 돌아왔다. 그것은 힘든 길이었지만 나에게는 필요했던 것 같다.

이것이 입문의 과제 중의 하나다. 영혼이 인도하는 대로 자신을 맡기는 정도에 따라 우리의 삶은 그만큼 단순해지고 온전해진다. 시인 릴케는 이렇게 말한다.

보게, 난 많은 것을 원한다네.
어쩌면 모든 것을
바닥 모르는 타락에 어김없이 따르는 어둠과
상승하는 걸음마다 빛나는 전율의 광휘를

많은 이들이 열망도 없이 그저 살아간다네
그러고도 미끄럼 타기만큼이나 쉬운 경박한 판단에 의해
왕자의 자리에 오른다네.

하지만 그대가 보고 싶은 것은
애쓰고, 목말라하는 얼굴들이지.

그대는 늙지 않았고, 아직 늦지 않았네.
삶이 그 비밀을 말없이 내주는
끝없이 깊은 그대의 내면으로 뛰어들 때가.

불 멸 의 축 복

나치케타의 마지막 소원은 죽지 않는, 불멸의 것에 대한 지식이었다. 죽음의 신 야마는 이렇게 대답했다. "영원한 것을 찾으려면 삶 자체의 한 가운데를 들여다봐야 한다." 그러면서 그는 나치케타에게 거울을 건네주었다.

   정체성의 신비, '나는 누구인가?'는 인간의 가장 중요한 영적 의문 중의 하나이다. 우리는 이 피와 살과 몸인가? 의식은 단지 신경계와 생각과 감정의 산물에 지나지 않는 것일까? 우리는 유전의 법칙과 조상들의 습관의 소산인가, 아니면 우리의 본성은 근본적으로는 영적인 것인가? 우리는 의식 그 자체의 창조물인가, 신성의 불꽃인가, 우주심(宇宙心, universal mind)의 한 반영인가? 이것이 신비주의자들과 성자들이 탐구하는 의문이다.

내가 수행했던 숲속의 절에서는 처음 오는 새내기들을 신성한 숲으로 안내하여 계를 주었다. 그러면 선배들이 신참들에게 최초의 가장 중요한 행법을 가르쳤다. 그것은 탄생과 죽음의 신비에 대한 탐구이다. 곧, '나는 누구인가?' 하는 의문에 대해 명상하도록 하는 것이다. 먼저 육신을 살펴보면서 그것이 흙, 공기, 불과 물로 이루어진 것을 보고, 이것들이 어떻게 피부, 머리카락, 손톱, 이빨, 체액, 피, 심장, 간, 허파, 콩팥 등의 전혀 다른 것으로 형성되는지를 생각해본다. 이 가죽과 뼈로 된 자루 속에 있는 너는 누구인가? 수행자는 자신의 정체성을 탐문하여 몸과 마음 속에서 영구적이지 못한 것들을 모두 놓아버리고 탄생과 죽음 너머에 있는 영원한 순수 의식을 찾아내야만 한다.

정체성에 대한 의문은 여러 형태로 제기된다. 1년에 한 번 열리는 3개월 동안의 명상 수련회 기간중에 '구산(九山, 1910~1983, 효봉스님 문하에서 수행을 시작하여 해외 포교에 많은 활동을 했으며 83년 송광사에서 입적)'이라는 법명을 가진 한국의 고승이 와서 설법을 했다. 그는 학생들에게 어떤 수행을 하든지 그것은 모두 시간 낭비라고 말했다. 그는 석장錫杖을 내리치고 자신을 가리키면서 소리쳤다. "가치 있는 유일한 수행은 '이 뭐꼬?', 즉 이것이 도대체 무엇인가? 하고 묻는 것이다."

인도의 성자 라마나 마하리쉬Ramana Maharshi는 제자들을 일깨우는 데에 거의 오로지 이 자아 탐구법만을 사용했다. 사람들이 문제와 의문을 가지고 그를 찾아오면 그는 그들을 소위 '자비의 눈빛'으로 바라보곤 했다. 그들이 처한 혼란에 대한 깊은 연민으로써 말이다. 그리고 나서 그는 그들에게 자아 탐구법을 가르쳤다. "나는 누구인가? 이 몸 속으로 누가 태어난 것인가?" 하고 물어보게 하였다. 이 의문을 풀면 모든 문제가 풀린다. 이 의문을 들여다보는 것이 나치케타의 거울을 들여다보는 것이다. 어떤 경험이 떠오를 때마다 이렇게 묻는다. "이것이 진정한 나인가? 이것이 변하지 않는 그것인가?" 경험은 꼬리를 물고 일어난다. 자신에 대한 생각과 이미지와 계획과 사랑과 두려움과 어떤 것에 대한 좋은, 또는 싫은 느낌, 물리적 세계의 소리와 색깔의 변하는 감각들, 즉 이 모든 것을 있는 그대로, 지나가는, 한계 있는, 지속되지 않는 것으로 본다. 그래서 모든 것은 놓여난다. "이것도 아니고 저것도 아니다." 그리하여 결국은 자아에 대한 모든 느낌이 버려지고 우리는 깊고 흔들리지 않는 침묵 속으로 물러난다.

유태교 신비주의자인 랍비 메츠리처Mezritcher도 동일한 진리를 가르쳤다. 먼저 '만물이 생기기 이전과 없어진 이후의 진정한 상태인 무無'로 변하지 않고는 한정된 현실로부터 다른 현실로 변천해갈 수 없다.

깨어나면서 우리는 우리가 자기라고 생각하는 그것에 의해 한정되지 않는다는 것을 발견한다. 그러면 우리가 자신에게 지껄이는 모든 이야기들 ─ 심판, 문제, 작은 자아의 느낌을 주는 모든 정체성, '두려움 덩어리' ─ 이 한순간에 풀려나가고 은총과 해방의 영원한 느낌이 우리에게 다가온다.

죽음에 직면하는 것과 마찬가지로 자신의 낡은 정체성을 내려놓는 것도 대가를 치러야 한다. 그 대가란, 우리가 자기라고 생각하고 붙잡고 있는 것들을 모두 내려놓고 벗겨내어 오직 영원한 것만 남겨놓는 것이다. 마음을 열고 입문과 시련, 그리고 은총을 통해 우리는 다른 현실을 알게 된다. 내가 만났던 미국의 한 라마승은 자신의 입문에 대해 이렇게 이야기한다.

나의 가장 큰 깨달음은 3년 간의 은거 수행중에 찾아왔다. 꼬박 3년 3개월 동안 밤낮 끊임없는 명상과 기도와 어려운 수행이 이어졌다. 그런데 마지막 해 중간쯤에 내 남동생이 죽었다는 소식을 들었다. 사고인지 자살인지 알 수 없었지만, 전보를 받는 순간 내 온 존재는 경악했다. 나는 그토록 열려 있었다. 그 사고는 가족들을 모두 혼돈과 슬픔과 절망 속에 빠뜨려놓았다. 그들은 내가 와서 도와주기를 바랐다. 나는 결정을 내려야만 했다. 수련을 중단하면 다시 들어갈 수가 없기 때문에 그만두든지, 계속하든지 결단을 내려야만 했던 것이다. 그것은 마치 거대한 절벽 위에 서 있는 것 같은 느낌이었다.

나는 존경하는 스승에게 물었다. 그는 3년 간의 수행중에는 많은 사람들이 나고 죽고, 많은 어려움이 생긴다고 말했다. 그는 내가 하고 싶은 대로 할 수 있지만 내가 3년 동안 수련을 하기로 맹세했다는 사실을 상기시켜주었다. 그것은 절대적이고 흔들리지 않는 대답이었다. 그래서 나는 자리에 앉았다. 어찌할 수 없는 느낌, 자책감, 슬픔, 두려움의 물결이 나를 엄습해왔다. 생애를 통해 지녀왔던 모든 정체성, 나의 모든 고정 관념들이 집으로 가야 한다고 외치고 있었다. 세포 하나 하나가 싸우는 것을 느낄 수 있었다. 나는 갈갈이 찢기고 있었다. 하지만 나는 모든 존재 하나 하나에 대한 우주적 자비심을 찾기 위해 절대적 진리의 세계에서 수련을 하기로 맹세했다. 그것을 지키기 위해서는 개인적 집착을 버려야 함을 깨달았다.

나는 머물러야 한다는 것을 알았다. 그것은 마치 깜깜한 어둠 속에서 절벽 아래로 몸을 던지는 것과도 같았다. 그것은 너무나 어려웠다. 하지만 수행과 스승의 고무에 힘입어 나는 어떤 일이 일어나도 흔들리지 않는 내 본성의 절대적인 자유에 가 닿았다. 이제 나는 그것이 그냥 사실임을 안다.

반년 후에 바깥 세상으로 나와 가족들을 만났을 때, 가족들은 내가 수련을 무사히 끝낸 것을 기뻐해주었고, 나는 그들과 전혀 새로운 방식으로 함께 할 수 있었다. 나는 이제 그 수련 기간중에 그리고 마음 깊은 곳에서 몸부림치며 겪었던 모든 일이 궁극적으로 그들에게도 도움이 되었음을 느끼고 있다.

기독교 전통에도 이와 일치하는 것이 있다. 예수의 고결한 마음에 다가가기 위해서는 "장님처럼 기꺼이 어둠 속을 오래 걸어갈 수 있어야 한다"고 십자가의 성 요한(St. John of the Cross, 신비신학자이자 시인)은 말한다. 14세기 무명의 신비주의자가 남긴 명상서의 걸작인 〈무지의 구름The Cloud of Unknowing〉에는, 진정한 명상가는 "자신을 죽여야 하며 우리 존재의 자기 중심적 인식을 버려야 한다. 왜냐하면 신께로 가는 길을 막고 있는 것은 바로 우리 자신이기 때문이다"라고 쓰여 있다.

어느 수피즘 스승은 자신의 영적 삶이 열리면서 자기 정체성을 잃었을 때 얼마나 두려웠는지를 이야기하고 있다.

내가 나의 분리된 개체성, 나라고 생각하고 붙들고 있던 것들을 들여다보자, 그것이 떨어져나가기 시작했다. 처음에는 열림과 비어 있음이 있었다. 하지만 그것과 함께 두려움이 밀려왔다. 존재하려고 몸부림치는, 일종의 공포였다. 나는 내가 모든 집착을 놓아버리고 있음을 느꼈다. 내 자아에 관련된 모든 느낌이 떠나갔다. 그러던 중 어느 날 나는 비행기의 창문 쪽 좌석에 앉아 있었다. 그때 공포가 큰 파도처럼 덮쳐왔다. 그것은 비이성적이고 매우 강한 느낌이었다. 나는 마치 창 밖으로 떨어지는 것처럼 느꼈다. 그것은 내가 나중에 그 공포 속으로 그저 들어가서 떨어지도록 내버려두는 법을 터득했을 때에야 구름 한 점 없이 맑은 창공으로 열렸다. 그 속에서 나는 사라져버렸다.

이 수피즘 스승에게는 입문은 마치 죽음처럼 느껴졌다. 나와 이야기를 나누었던 힌두교의 어느 스승은 좀더 생생한 임사 체험의 이야기를 해주었다. 주로 서양에서 지내면서 오랫동안 요가와 명상을 한 그는, 마흔세 살이 되었을 때 인도에서 일 년을 보내기 위해 돌아왔다.

아슈람에서 몇 달을 지내다기 나는 바라나시와 알라하바드, 리쉬케쉬 등지로 순례를 떠났다. 그러던 중 심한 병에 걸렸다. 나는 돈도 거의 없이 끔찍할 정도로 지저분한 병원에 입원했는데 주변에 친구도 없었고 너무나 허약해져서 말조차 하기 힘들었다. 나는 여기서 혼자 죽음을 맞을 것이 틀림없다고 느꼈다. 그리고 높은 열로 며칠을 앓은 후에 나는 정말 거의 죽음 직전에 도달했다. 나는 온몸을 떨며 두려움에 가득 차서 누워 있었다. 또 며칠을 혼돈 속에서 보내다가, 나는 문득 이것이야말로 내가 여러 해 동안 수련해왔던 이유라는 생각이 들었다. 나는 눈을 감고서, 한 숨만 넘어가면 있을 내 삶의 종말을 느낄 수 있었다.

　탄생과 죽음의 모든 세계가 나를 둘러싸고 도는 것을 느꼈다. 고통과, 쾌락의 추구, 그것은 내온 몸 속에 있었다. 그리고 그 악랄한 두려움에 직면하자 마치 내가 조금 죽은 것같이 느껴졌다. 그러자 순수한 앎이 일어났다. "이것은 너의 본체가 아니다." 요가 수행자들이 가르쳐주었던 그것이 진실임을 알았다. 그리고 저항이 떨어져나갔다. 죽지 않는 그것이 있으며, 그것은 오직 우리가 죽음에 직면할 때만 발견된다. 나는 치유되고 겸손해진 인간이 되어서 돌아왔다.

이와 비슷하게 "내가 조금 죽은 것처럼 느껴졌다"는 말은, 유명한 에스키모 주술사인 이주카르주크Ijukarjuk가 눈으로 만든 작은 집에서 30일 동안 단식을 하던 중에 맞았던 입문의 경험을 묘사하면서 했던 말이다. 이 여행을 한 덕분에 이주카르주크는 현자이자 치유가가 되었다. 나치케타처럼 자유로워지려면 우리는 신성한 의문을 던지고 그것을 따라가야 한다. 심지어 야마를 따라 죽음의 세계까지 가야만 하는 것이다. 거기서만 불멸의 축복을 받을 수 있다.

나치케타의 이야기에는 한 가지 사건이 더 있다. 마지막 장면에서 우리는 야마 앞에 완전한 평화에 잠겨 마지막 절을 올리는 젊은이를 본다. 그런데 그때 마치 요술처럼 죽음의 왕국의 배경이 나치케타 고향의 봄날 들녘으로 바뀐다. 여기서 마지막 비밀이 그에게 밝혀진다. 죽음과 탄생은 분리된 것이 아니라는 것이다. 죽음에 의해 재생이 일어난다. 죽음과 외로움에 직면하고 나면 우리는 사는 것이 두렵지 않으며, 삶은 우리 발 아래서 꽃을 피운다. 우리가 가는 곳은 어디나 거룩한 땅이 된다.

나치케타는 이것을 가슴으로 알았다. 그리고 고향으로 걸어갔다. 아버지를 포옹하고 새 삶을 시작하기 위해서. 그의 마지막 모습을 참선 공부를 하는 학생이 그림으로 그린다면, 잘 길들여진 흰 소와 더불어 그가 나란히 걷는 모습이 될 것이다.

4장 ◉ 세상의 어머니인 마음 : 슬픔의 문

5장 ◉ 무無이자 모든 것 : 공空의 문

6장 ◉ 당신은 진정 누구인가? : 일체성의 문과 견성

7장 ◉ 문 없는 문 : 영원한 지금의 문

2부

깨어남 enlightening, 見性

4장   세상의 어머니인 마음 : 슬픔의 문

> 세상의 모든 쓰라림을 극복하라. 왜냐하면 그대는 그대에게 지워진 고통의 무게를 감당할 수 없기 때문이다. 그대는 세상의 어머니처럼 세상의 고통을 가슴 속에 품고 있다.
>
> 수피

우리를 처음 영적 세계로 손짓했던 그 노래, 곧 기쁨의 노래와 절망의 노래가 또한 우리를 깨어남의 문으로 데려간다. 삶이라는 바다는 탄생과 죽음, 기쁨과 슬픔의 파도를 일으킨다. 구도의 길을 떠날 때도 그랬듯이, 삶의 고통스러운 진실이야말로 많은 사람들에게 성스러운 통로가 되고, 가슴을 크나큰 자비심으로 활짝 열어준다. 비극의 일격이나 상실의 참화가 우리로 하여금 영의 본향으로 돌아가도록 재촉했을 수도 있다. 이제, 더 깊은 울림이, 더 깊은 차원의 깨어남이 우리를 세상의 고통 속에 빠지게 한다. 이런 상태로 들어가는 것을 '슬픔의 문을 통한 깨어남'이라고 부른다.

붓다가 깨달은 날 아침, 새롭게 뜬 지혜의 눈으로 드넓은 우주를 바라보았을 때 그의 뺨에는 눈물이 하염없이 흘러내리기 시작했다고 전해진다. 그는 무수한 존재들이 삶의 현장에서 저마다 행복을 찾아 몸부림치는 광경을 보았다. 하지만 그들은 무지로 인해 오히려 자신과 타인에게 고통만을 안겨줄 뿐이었다. 혹자는 붓다의 눈물이 땅에 떨어졌을 때, 그 것이 생명을 얻어 타라, 곧 자비의 여신이 되었다고 한다.

예루살렘의 통곡의 벽에 가서 서면 이와 같은 자비를 구하는 눈물의 절규를 목격할 것이다. 그것은 단지 이스라엘의 잃어버린 사원을 위한 것이 아니라, 신성으로부터 분리된 채 살아가는 모든 인간의 슬픔을 위한 것이다.

아침 저녁으로 가슴은 이렇게 외쳐 기도한다.

> 신이시여, 응답해주소서, 우리는 깊은 절망 속에 있나이다. 절규하는 저희 곁에서 당신의 자애로써 위로해주소서. 당신을 부르기 전에 응답해주소서. 예언자 이사야는 이렇게 말했다. "너희가 외치기 전에 이루어지리니, 내가 응답하리로다. 너희가 말하기도 전에 내가 들으리로다."

인간은 고통의 근원을 알지 못한 채 소유욕과 탐욕으로써, 폭력과 증오로써 행복을 얻고자 발버둥친다. 우리는 착각과 무지로써 행동하고, 그 당연한 결과로 고통을 겪는다. 우리의 집착과 아귀 다툼은 필연적으로 상실과 고난을 가져오지만 그 모든 것이 '안전을 확보하기 위해서, 그리고 행복을 찾기 위해서'라는 명분하에 행해진다.

붓다는 지혜로운 자라면 누구나 알게 되는, 땅 위의 삶은 아름다운 만큼이나 고통스럽다는 것을 알았다. 하지만 우리의 무지한 반응은 이 근본적 고통을 증폭시켜서 그보다 더 깊은 고난으로 이끈다. 내가 이 글을 쓰고 있는 동안에만도 인간이 내리는 결정이 28개 국에서 전쟁을 일으키고 있다. 먹을 것이 넘쳐나는데도 한 쪽에서는 수백만 명이 굶고 있다. 예방할 백신이 있고, 치료약이 있는데도 수백만 명의 사람이 병원에서 시들어가고 있다. 이런 고난들은 우리와 무관하지 않다. 불교 지도자인 실비아 부어스틴Sylvia Boorstein은 홀로코스트에서 친척을 잃은 사람들을 위한 유태교 교회의 애도 기도회에 참석했던 이야기를 이렇게 옮기고 있다. "많은 교인들이 일어서서 기도문을 외웠다. 나는 많은 사람들이 일어선 것을 보고 '이 사람들이 모두 거기서 살아남은 사람들이란 말인가?' 하고 생각했다. 다음 순간, 나는 우리 모두가 생존자임을 깨닫고 나도 일어섰다."

구도의 길을 가다 보면 세상의 고통으로부터 자신을 보호하기 위해 세위놓은 모든 방호벽이 무너져내린 것만 같은 느낌이 들 때가 가끔 있다. 우리의 가슴은 부드럽고 예민해지고 살아 있는 모든 것에 대해 자연스럽게 동족의 정을 느낀다. 길거리에서 아이들이 외치는 소리가 마음을 울리고 테러리즘, 인종 차별, 생태 파괴, 가난과 현대판 노예 제도의 비극이 마음 속에 가득 차서 떠나지 않는다. 의식이 열려서 인간과 지구 자체의 몸부림을 온몸으로 느끼는 것만 같다. 납골당 안에 있는 것처럼 느끼기도 하고, 무수한 세대의 고난을 보기도 한다. 그리고 여기서 도망갈 데가 없음을 깨닫는다.

하지만 우리는 오직 세상의 고난 앞에 눈과 마음을 엶으로써만 자유와 평화를 찾을 수 있다. 우리는 미래의 붓다로서 각자의 방식으로 이 큰 의문을 들여다봐야만 한다. 인간 삶의 고난 뒤에 숨겨진 진실은 무엇이며, 그 고난의 원인은 무엇인가?

붓다는 세상에 슬픔이 생긴 사연을 이렇게 설한다.

모든 것이 불타고 있다. 눈이 타고, 보이는 광경이 불탄다. 귀와, 귀가 듣는 소리가 불타며, 코와 혀와 몸과 마음이 불탄다. 무슨 불인가? 욕망과 미움과 무지의 불에, 근심과 시기와 상실과 노쇠와 슬픔으로 타오른다. 이러한 고난을 아는 구도자는 그 불에 싫증이 나고, 보이는 것, 소리, 냄새, 맛, 몸과 마음에 대한 집착에 기름을 붓는 욕망과 혐오에 싫증이 난다. 싫증이 나면 집착을 벗어던지게 되고, 집착이 없어지면 자유로워진다.

고통의 진상을 온전히 깨닫는 것이 고통의 문을 통해 자유로 가는 길이다. 우리는 결코 변화무쌍한 삶의 조건을 붙잡아 길들일 수 없다. 애인을, 배우자를, 가정을, 일을 소유할 수 없다. 자식마저 소유할 수 없다. 그렇다. 그들을 사랑하고 아낄 수는 있지만 그들을 지배하려고 한다면 고통만 지어낼 뿐이다. 쾌락과 고통, 찬양과 비난, 성공과 실패는 날마다 엇갈린다. 세상은 그 자체가 고통과 기쁨의 씨줄과 날줄로 엮여 있다. 낮과 밤이 엇갈리며 엮이듯이. 이 진실을 거역하면 고통을 겪게 되어 있다.

지난 세기에 헌신과 계시 속에 몰입한 채 평생을 살았던 신화적 힌두 성자인 라마크리슈나Ramakrishna에 대한 일화가 있다. 그는 갠지스 강가에 앉아서 생명의 창조자인 성모께서 그 얼굴을 보여주시기를 간절히 빌면서 여러 날을 기도하고 있었다. 그러던 어느 날, 놀랍게도 수면에 물결이 일더니 물 속에서 거대하고 아름다운 여신이 머리카락에서 물방울을 떨어뜨리면서 솟아나왔다. 그 눈은 모든 창조물을 담고 있는 깊은 웅덩이와도 같이 느껴졌다. 그녀가 다리를 벌리자 몸 속에서 온갖 존재들이 나왔다. 아이들과 동물들, 마치 모든 종류의 생명들이 탄생해 나오는 샘물과도 같았다. 그러더니 어느 순간 그녀는 끔찍스럽게도 이 갓난 생명체들을 집어들더니 입으로 가져가서 먹기 시작했다. 그녀의 입에서는 피가 흘러나와 가슴을 흥건히 적셨다. 아닌게 아니라, 만물을 창조해내는 그녀는 파괴자이기도 하다. 그녀는 모든 생명의 근원이자 보존자이며 동시에 종말이기도 했다. 그러더니 여신은 서서히 물결 아래로 다시 가라앉았다. 그녀의 힘을 명상하도록 라마크리슈나를 홀로 남겨둔 채.

슬픔의 문을 통해 마음을 열면 고통과 불만이 엮이어서 경험의 천을 짜내는 것을 느끼고 알 수 있다. 우리는 쾌락의 한가운데서도 그것이 어느 순간에 사라져버릴지 불안해한다. 소유의 한가운데서도 우리는 상실을 걱정한다. 심지어 가장 아름다운 탄생과 가장 은혜로운 죽음조차 고통을 동반하니, 그것은 모두 육신을 입는 것과 벗는 것은 그 자체가 하나의 고난이기 때문이다. 우리는 하루 중에도 경험이 유쾌한 것에서 덤덤한 것으로, 덤덤한 것에서 불쾌한 것으로, 그러다가는 또다시 다른 것으로 끊임없이 변해간다는 것을 알고 있다. 이 무상한 변화는 그 자체가 고통의 근원이다. 그리고 그것에 대한 우리의 습관적인 반응이 우리 안에서 끝없는 몸부림의 느낌을 만들어낸다.

자유를 얻기 위한 한 가지 전략은 이 끊임없는 생래의 고통과 불만의 경험에다 바로 주의를 집중해서 보내는 것이다. 우리는 그것을 분명히 감지하여, 바로 그 속에서 그 어떤 동일시나 집착으로부터도 우리를 해방시켜줄 자유를 발견해내야 한다.

태국의 마하 나엡Maha Naeb은 제자들에게 일상의 행위와 동작을 일으키는 동기가 무엇인지를 주의 깊게 직시함으로써 불만족을 이해하도록 가르친다. 그녀는 제자들에게 완전히 꼼짝 않고 앉아서 몸과 마음 속의 어떤 경험이 변화를 요구하는지를 알아내기 전에는 자세를 바꾸거나 그 어떤 행위도 하지 못하게 한다. 그들은 아침에 잠에서 깨어나면 움직이지 않고 그대로 누운 채 잠시 조용히 명상을 한다. 하지만 시간이 지나면 그들은 같은 자세로 오래 누워 있는 것이 몸의 경직이나 통증을 가져온다는 것을 알아차리고 좀더 편안해지기 위해서 몸을 움직인다. 다시 시간이 지나면 그들은 방광이 차서 불편한 것을 느끼고 불편의 근원을 해소하기 위해 화장실로 간다. 하지만 좌변기는 딱딱하고 화장실 안은 추워서 그 불편을 해소하기 위해 거실로 나와서 편안한 의자에 앉는다. 그러면 배가 아침의 시장기를 전한다. 배고픔의 고통을 해소하기 위해서 그들은 아침을 먹는다. 그리고 나서는 남은 음식이 썩어서 고약한 냄새를 풍기지 않도록 설거지를 해야만 한다. 그러고는 다시 잠시 조용히 자리에 앉는다. 다음의 고통이나 불편이 그들을 움직이게 할 때까지. 이렇게 하루가 흘러간다.

　모든 행위의 근원을 주의 깊게 관찰하면 고난에서 벗어나기 위한 끊임없는 움직임이 드러난다. 하지만 이 진실을 대면하는 사람들은 그것을 절망의 공식으로 받아들이는 것이 아니라 연민의 문으로 삼는다. 왜냐하면 마음 속에서는 고통보다도 더 큰 자유와 사랑이 발견되기 때문이다. 세상의 고통을 직면함으로써, 그들은 인간이라면 누구나 타고나는 두려움 없고 자비로운 마음을 일깨우게 된다.

　수피 시인 루미는 삶의 불 속에 자신을 기꺼이 담그고자 하는 지혜를 이렇게 찬양한다.

> 신은 우리 앞에 계시도다
> 왼편엔 불꽃
> 오른편엔 아름다운 여울……
> 불 속으로 걸어 들어가는 자
> 문득 시원한 물 속에 나타나며,
> 물 속으로 들어가는 자
> 불에서 나오도다
> 무릇 사람들은 불 속에 들어가지 않으려다
> 불 속에서 죽나니……
> 그대, 신의 친구라면
> 불은 그대의 물이니.
> 무수한 나방의 날개를
> 소원해야 할지라
> 밤마다 하나씩 불태울 수 있도록.

한 명상 지도자는 고통이 그에게는 깨달음의 문이 된 사연을, 불 한가운데에 끄떡없이 앉아 있을 수 있게 된 사연을 이야기한다.

나의 명상은 언제나 매우 힘들었다. 심신의 엄청난 긴장과 고통이 늘 따라다녔다. 나는 환경 운동가로서 세계의 고통을 함께 하며 여러 해 동안 투쟁해왔다. 그리고 명상석에 앉을 때마다 그 모든 심상과 슬픔이 과거와 함께 밀려왔다. 나는 불도저에 밀리고 불타고 있는 열대 우림의 한가운데에 앉아 있는 것만 같았다. 전쟁과 공해, 인간이 지구에 자행하고 있는 온갖 나쁜 짓들이 눈앞에 지나갔다. 나는 앉아서 울었다. 하지만 슬픔이 깊어져도 그것을 끝까지 붙들고 놓지 않았다. 나는 세상으로부터 달아나고 싶지가 않았다. 나는 그것에 직면하고, 그 속으로 들어가야 했다. 그러다가 극적인 전환이 일어났다.

나는 아슈람에서 소수의 오래된 수행자들과 함께 수행하고 있었는데, 지난 몇 주 동안 육체적인 고통을 많이 느끼고 있었다. 하지만 나는 그 속에서도 꼼짝하지 않고 끈질기게 앉아 있었다. 마음은 매우 집중된 상태여서 아주 고요해졌다. 사념이 잦아들어 거의 사라져버렸고, 의식은 가슴 한가운데로 미끄러져 들어갔다. 어떤 소리나 감각이나 사념이 일어나면 나는 그것을 가슴의 공간을 지나가는 미묘한 진동으로 즉각 인식하곤 했다. 그것이 내가 느낀 것의 전부였다. 가슴 속의 고요가 온 우주로 퍼져나간 것만 같았다. 모든 경험은 이 광활하고 평화로운 가슴 속 공간을 미묘하게 울리며 퍼져나가는 작은 진동과 같은 것이 되었다.

그러다가 어떻게 해서인지는 몰라도, 나는 가장 미묘한 소리나 감각조차 없는, 상상할 수 있는 가장 깊은 평화 속으로 더 깊이 들어갔다. 나는 완전한 고요 속에 잠겨 텅 비어 있었다. 몸이나 마음을 전혀 느끼지 않았으며 오로지 순수한 의식만 있었다. 나의 모든 인격이 떨어져나갔다. 그것은 숨막히도록 환상적인, 지복 너머의 무엇이었다. 나는 이후로 내가 죽음을 결코 두려워하지 않을 것임을 알았다. 왜냐하면 실재하는 것은 오직 이처럼 끝없고, 생긴 적도 없는 의식뿐이기 때문이다.

세상의 그 무엇도, 그 어떤 광경이나 소리나 생각도 이 평화에는 비길 수가 없다고 느꼈다. 그런 것들은 아무리 즐김직하더라도 한갓 훼방거리 일 뿐이었고, 이 고요에 비하면 고통스러운 것이었다. 기나긴 명상에서 돌아왔을 때, 나는 붓다가 고통이란 말로써 의미한 그것을 느낄 수 있었다. 즉 모든 탄생은 죽음으로 이어지며, 밤과 낮, 기쁨과 슬픔, 일어나고 지나가는 것 등, 반대 극끼리의 대립은 본질적으로 고통스러운 것이라는 사실 말이다.

그후 얼마 안 되어서 나는 인도의 어느 길을 걸어가다가 염소 새끼가 태어나는 모습을 보았다. 새끼가 어미의 뱃속에서 나오는 탄생의 몸부림은 나를 그저 아연하게 만들었다. 나는 이 삶과의 모든 동일시 ― 탄생과 노화와 죽음이라는 과정에 매달리는 것 ― 는 그 자체가 고통임을 깨달았다. 나는 그 자리에 서서 이 세상의 고통을 위해 울었다. 나는 그것을 깊은 연민으로써 느낄 수가 있었다. 그것은 결코 잊혀지지 않을 것이었다.

하지만 욕망 또한 얼마나 끈질긴 것인지는 실로 놀랍다. 쾌락과 자극을 구하는 욕망의 뿌리는 지독한 것이어서, 나는 몇 달 후에 다시 서구의 집으로 돌아와서 음악과 고급 와인을 찾고 있었다. 갈구하고 탐닉하는 힘은 마치 내가 깨달은 바에 반항하기라도 하는 것처럼 너무나 난폭하게 나를 찾아왔다. 하지만 한편으로 나는 수행 일과를 따르고 있었다. 왜냐하면 나의 한 부분은 언제나 진실을 인식하고 있기 때문이다. 아무튼, 그것은 결코 잊혀지지 않는다.

고통의 문을 받들 때, 놀라운 자비의 힘이 일어난다. 이 자비심은 다른 존재들의 고통 앞에서 가슴이 안절부절 못하는 것으로 묘사된다. 그것은 모든 형태의 생명, 나고 죽는 모든 것, 다른 것의 탄생과 죽음에 의지하여 살아가는 모든 생명체에 대한 애정이다. 때로 그것은 우리 자신에 대한 연민이다. 이러한 자비심은 불교건 힌두교건, 유태교건 기독교건 간에 모든 영적 행로에 필요하다. 인간의 고통에 대한 의문은 은총과 구원의 여정에 핵심적인 것이기 때문이다.

한 수녀는 이렇게 말한다.

부활절이 들어 있는 달이 돌아오면, 우리는 예전에도 늘 그랬던 것처럼 마음을 더욱 경건하게 일깨우고 기도를 하는 등의 준비를 했다. 계절은 봄이었고, 나는 예전보다 훨씬 더 깊이 그 준비에 모든 것을 바치기로 결심했다. 나는 십자가 고난의 신비에 대해 묵상하면서 많은 시간을 보냈다. 그러다가 부활절이 지나가고, 우리는 부활의 기쁨에 잠겼다. 수도원 전체가 그 기쁨 속에 활짝 열려 있는 느낌이었다.

일주일쯤 지난 어느 날 저녁, 나는 방에 걸려 있는, 십자가에 못박힌 예수님의 그림을 바라보고 있었다. 그때 문득 슬픔과 고통이 밀려왔다. 몸이 아프기 시작해서 나는 고통을 느끼며 침대에 누웠다. 꼭 죽을 것만 같았고, 그것은 너무나 생생한 느낌이었다. 나는 그 느낌에 압도되어 십자가에 달리신 예수님과, 그의 고난과 죽음에 슬퍼 울기 시작했다. 그러다가 나는 십자가에 매달려 죽은 아들을 안고 있는 마리아가 되어 있었고, 그 십자가의 고난은 아직도 끝나지 않았음을 깨달았다. 이제 나는 전쟁과 사고와 질병으로 사랑하는 자식을 잃은 모든 어머니들, 오늘날조차 배고픈 자식에게 먹을 것을 주지 못하고 있는 모든 어머니들이 되어 있었다. 나는 아르메니아의 지진으로 땅 속에 갇힌 채 자식을 찾지 못해 몸부림치고 있는 어머니가 되어 있었다. 나는 어리석은 전쟁의 모든 젊은 군인이었고 도살장으로 끌려가는 소와 돼지였으며, 현대의 장교이기도 하고 로마 시대의 군인이기도 했으며, 생활 보호를 받는 어머니이자 빈민가의 지주이기도 했으며, 희생자이자 가해자, 죽게 될 모든 사람들이자 고통에 신음하는 모두이기도 했다. 나는 그렇게 누워서 세계의 고통, 너무나 깊은 그 고통에 괴로워했다. 나는 그것을 견뎌낼 수가 없었다. 내 가슴은 그저 울고 있었다.

그때 예수께서 내 몸 속에 있었다. 우리는 세상의 고통을 함께 안고 있었다. 그리고 나는 그것을 자비심으로 안고 있는 것, 그것 자체가 신성임을 알 수 있었다. 그것은 내 가슴을 열어 젖혔다. 가슴을 열어놓은 그것은 거룩한 고통이 되었다. 그것이 신께서 슬픔을 만들어놓은 목적이었다. 우리 모두의 가슴을 서로 연결해주기 위해서 말이다. 너무나 많은 자비가 있었다. 자비 속에 자비가 들어 있었다.

어떤 때는 자기 방에 혼자 있으면서도 자비심을 배운다. 또 어떤 때는 혼자서는 배울 수가 없을 때도 있다. 우리 안에 갇혀 있는 슬픔을 발견하고 건드려줄 다른 사람이 필요한 것이다.

지혜로운 스승이 주는 선물 중의 하나는 가슴이 자신을 여는 방법을 기억해낼 수 있도록 자비의 거울을 들어 보여주는 능력이라고 할 수 있다. 한 참선 지도자는 자신이 참선 공부를 시작했던 초기의 일을 이렇게 회고한다.

나는 매우 열심히 노력했고 너무나 많은 슬픔과 고통에 부딪혔다. 마침내 나는 한계에 다다라서 거의 포기할 참이었다. 그때 스승을 찾아갔는데, 스승은 나의 깊은 몸부림을 알아차리시고는 평소의 엄격하게 다그치던 모습을 일순간에 바꾸셨다. 그녀는 자비의 여신이 되어버린 것 같았다. "아주 좋아요. 정말 좋아." 나는 스승의 그 자비로운 목소리가 내 속으로 들어와 가슴의 가장 부드러운 곳을 건드리는 것을 느꼈다.

불교계의 나이든 성녀인 디파마 바루아는 캘커타에서 그녀를 찾아오는 제자들을 이렇게 대했다. 제자들은 명상중의 의문을 가지고 찾아오곤 했는데, 그녀는 거기에 자상하게 대답해주었다. 그러고 나서는 차와 먹을 것을 대접했다. 그리고 그들의 건강이나 가족에 대한 안부를 주의 깊게 물었다. 한 제자가 부모님이 그가 인도에서 명상 수행을 하고 있다는 사실에 대해 매우 걱정하고 계신다고 말하자 그녀는 담요 밑에서 돈을 꺼내어 주면서 이렇게 말했다. "인도의 선물을 사가서 어머니께 드려라." 제자들이 매우 힘든 문제나 세상의 슬픔에 미어지는 가슴을 호소하면 그녀는 그들이 수행에만 매진할 수 있도록 용기를 북돋아주었다. "그런 것도 봐야만 해." 이렇게 말하면서 그녀는 그들을 축복해주고 안고 다독거려주면서 마치 성모의 은총 속에 안긴 것처럼 마음이 완전히 풀릴 때까지 자애롭고 부드러운 말로 위로해주었다.

이것이 슬픔의 문을 통해 자유로 가는 길이다. 이 속에서 우리는 인간의 삶과 우리의 현생의 모든 진실을, 그리고 그것이 빚어내는 번뇌와 아름다움의 춤을 발견하고, 그것을 저항 없이 받아들이기에 충분한 자비와 연민을 발견한다.

선사 존 태런트John Tarrant가 '눈물의 도道'라고 부르는 그것을 우리가 열면 우리에게도 지혜가 생길 것이다. 그는 자신의 저서 〈암흑 속의 빛 The Light Inside the Dark〉에서 한 오래된 수행자의 일화를 인용하고 있다. 그녀는 뜻밖의 슬픔에 부딪힌 채 주저앉아 몇 날 몇 일을 울다가 문득 그 울음이 변하는 것을 경험했다.

갑자기 아버지에 대한 기억과 아버지를 잃고 양부모에게 넘겨져서 천대받으며 살아온 고통의 기억이 물밀듯이 밀려왔다. 가슴이 열리고 있나보다 하고 생각하고 있었는데, 갑자기 이 끈적거리는 개인적인 감정의 앙금이 나를 사로잡은 것이다. 나는 완전히 꼼짝할 수가 없었다. 나는 울고, 또 울었다. 보이는 것 모두가 새로운 눈물 보따리를 터뜨려놓았다. 그런데 며칠 동안 이것을 지켜보고 있는 가운데 기분이 바뀌기 시작하더니 그 눈물은 비개인적이고 이유 없는 것으로 변했다. 그것은 삶에 감동한 눈물이었다. 나는 특히 보이지 않고 무시되고 버려진 것들의 부드러움에 사로잡혔다. 예컨대 새벽녘의 독특한 색조의 푸른 하늘빛이나, 올빼미가 떨어뜨리고 간 쥐의 뼈 같은 것 말이다. 이 나중의 눈물은 입문의 눈물이었다. 우리는 더 넓은 세계로 인도된다.

가슴의 가장 깊은 곳에 쉬게 내버려두면, 모든 몸부림과 갈망을 풀어놓게 되면, 우리는 영원한 지혜를 알게 된다. 한 수행자는 이렇게 말했다.

내 자아의 느낌 너머로 가슴이 열리자 나는 '나의 고통'이 그냥 '고통', 세상의 고통으로 변해가는 것을 느낄 수 있었다. 나는 운행하는 우주 속에서 지구가 고통에 불타는 것을 보았지만 그래도 그 모두가 견뎌낼 수 있는 것이었고, 그것은 어떤 것에도 영향을 미치지 않았다. 그 모든 것들은 거대한 평화의 품속에 포근히 안겨 있었다.

슬픔의 문에서 우리는 비로소 그릇된 환영과 집착에서 벗어나게 되고, 또한 모든 생명으로부터의 그릇된 분리로부터 자신을 해방시키고 그 모두를 껴안을 수 있게 된다. 우리는 붓다와 예수의 가슴 속, '아는 자'의 가슴 속에서 편히 쉴 수 있다.

생각해 보라. 우리가 탄생과 죽음의 신비에 대해 쉬쉬하는 것만큼이나 확실히, 밤하늘에 별이 총총한 것만큼이나 확실히, 우리가 사랑을 필요로 하는 것만큼이나 확실히, 우리는 깨어남의 가능성을 지니고 있다. 오늘날도 세계 곳곳에서 많은 사람들이 깨달았다거나 거룩한 빛에 싸였다거나 하는 소문이 사람들의 입을 오르내리고, 성자들은 널리 존경받고 있다. 우리 안의 성자 또한 깨어날 수 있다. '아는 자'를 우리가 살아 있는 동안에도 찾아낼 수 있다.

가슴의 영원한 지혜에 이르는 관문은 무수히 많다. 그것을 '깨어남의 문'이라고 부를 수 있으리라. 그 모든 문들이 진실로, 곧 우리 사신으로 들어가는 입구이다. 여기에 네 개의 가장 강력한 관문이 있다. 그 문을 통과했던 사람들이 직접 그것을 이야기하고 있다. 당신 또한 이 통로를 자신의 삶 속에서 찾아내게 될 것이다.

5장 무無이자 모든 것 : 공空의 문

> 우리는 사물의 겉모습과 환영 속에서 산다. 실재가 존재하지만 우리는 그
> 것을 모른다. 이것을 이해하면 우리는 자신이 무無임을 깨달을 것이다. 그
> 리고 무가 됨으로써 모든 것이 된다. 그것뿐이다.
>
> 칼루 린포체Kalu Rinpoche

우리 삶의 기쁨과 슬픔은 어디서 생기는 것일까? 창조의 근원이 인격화 하면 그것은 알라, 브라마, 또는 하나님과 같은 이름을 얻게 된다. 신성한 근원은 또한 인격화하지 않고도 경험할 수 있다. 이 근원을 묘사하는 신비주의자나 명상가들은 신성한 비어 있음, '위대한 공空'으로부터 우주가 탄생하는 것을 본다. 유태교 신비주의자들은 이것을 이렇게 묘사한다.

> 신은 허공으로부터 세상을 지어냈다. 세상은 오직 신의 가슴 안에 존재
> 한다. 자신이 살고 있는 세상을 알려면 우리는 다시 무로 돌아가야만 한
> 다. 그러면 신성한 의지가 우리를 통해 움직이고 우리의 모든 행위를 비
> 출 것이다.

'무가 된다'는 것은 어떤 의미일까? 비어 있음이나 무아無我의 상태를 이해하려면 혼란스러워진다. 물이 분명히 존재하지만 물고기는 그것을 설명하기가 힘들듯이, 그것은 설명하기가 어렵다. 하지만 그것의 진실을 경험하면 우리는 놀라운 환희와 평화 속에 발을 들여놓게 된다. 르네상

스 시대의 기독교 신비주의자였던 앙겔루스 실레시우스Angelus Silesius는 그것을 이렇게 표현했다.

> 신은 사랑과 기쁨으로 모든 곳에 계시지만
> 그대가 거기에 있지 않으면
> 찾아오실 수가 없다.

'죽음의 신'은 나치케타에게 거울을 주면서, 거울 속에서 그의 존재의 근원을 찾아내라고 한다. 이 탐구의 밑바닥에서, 명상가는 비어 있음의 경험을 발견할 수 있다. 이 비어 있음은 두 가지 측면을 지니고 있다. 즉 자아의 비어 있음과 허공의 비어 있음이다.

자아의 비어 있음은 우리가 고정 불변하다고 생각하는 '자아'를 통제할 수가 없다는 사실에서 맨 먼저 드러난다. 명상이나 기도 등을 통해 내면을 향하게 되면 누구나 곧, 끊임없이 변하는 마음과 끝없는 감정과 기분의 파문이 매 순간을 물들이고 있는 것을 목격하게 된다. 이 생각과 감정의 물결은 자신의 삶을 가지고 있다. 그 안에는 우리의 어린 시절과 다사다난했던 청년기의 경험들이 고스란히 간직되어 있어서, 그것들은 나타나서 우리의 주의를 끌어당기다가는 어느새 사라진다. 우리는 이런 생각과 감정과 몸의 감각 등의 총합을 자신이라고 간주하지만, 거기에는 고정 불변한 것이 없다. 생각과 의견과 감정과 몸이 한시도 가만있지 않고 시시각각 변한다면 그것을 어떻게 나의 것이라고 할 수가 있겠는가? 차라리 한 걸음 뒤로 물러나서, 그것들이 일어나고 사라지는 인식 공간을 아는 그것은 누구인지를 볼 수는 있다.

명상 속에서는, 모든 것을 '나의 경험'이라고 무의식적으로 뭉뚱그려 버리는 마음으로부터 벗어나서, 좀더 고요하고 덜 소유적인 관찰 행위로

주의를 돌릴 수 있다. 이 고요한 관찰을 통해 우리는 공空의 첫 번째 측면인 소위 무아, 혹은 에고가 없는 상태를 발견할 수 있다. 자신을 분리되고 고정된 존재라고 느끼던 평소의 인식이 단지 마음이 지어낸 이미지에 지나지 않았음을 깨닫는 것이다. 앨런 왓츠는 〈자기 정체성 인식에 대한 금기의 서The Book : On the Taboo Against Knowing Who You Are〉에서, 이것이야말로 우리가 가장 잘 지켜온 비밀이라고 말했다.

20년 동안 티베트 불교의 승려로 살아온 한 서양인은 1960년대에 자신의 스승 라마 예셰Yeshe를 처음 만났는데, 당시에 그는 성공한 영화 제작자이자 TV 프로듀서였다. 인사를 나눈 후에 라마 예셰는 자신의 제자가 될 이 서양인이 영화를 만드는 사람이라는 말을 듣고는 웃음을 터뜨리면서 이렇게 말했다. "아, TV 드라마나 영화를 만든다구? 난 훌륭한 배우야. 최고의 배우라구! 난 뭐든 될 수 있어, 왜냐하면 난 비어 있기 때문이야. 난 아무 것도 아니라구." 이렇게 말하면서 그는 또 웃음을 터뜨렸다.

시인 에밀리 디킨슨Emily Dickinson도 이에 대한 우리의 직관적인 예감을 이렇게 표현했다.

나는 아무도 아니다! 너는 누구냐?
너도 – 아무도 – 아니냐?

무아에 대한 이런 알쏭달쏭한 묘사들은 대체 무엇을 말하자는 것일까? 한 명상가는 자아의 비어 있음에 대한 체험이 자신의 영적 삶에 매우 의미심장한 경험이 되었다고 말한다. 그녀는 인도 전역을 다니면서 라마승들과 스승들을 만나며 수행했다. 아시아에서 여러 해를 머문 뒤 돌아와서도 그녀는 여전히 날마다 규칙적으로 명상을 하고 있었다.

나는 산에서 살면서 날이 밝기도 전에 일찍 일어났다. 그리고 날마다 고요히 앉아 있었다. 그때 가장 놀랍고도 끔찍한 체험이 찾아왔다. 내가 사라진 것이다. 나였던 모든 것이 씻겨 없어져버렸다. 처음에 나는 그것을 뭐라고 불러야 할지 몰랐다. 거기에 이름을 붙일 수가 없었다. 심지어 '열반'이라고도 부를 수가 없었다. 왜냐하면 그것은 이름 이전의 것이었기 때문이다. 그리고 그것은 더없는 행복이었다. 나는 내 몸과 마음이 더 이상 나의 것이 아님을 알았다. 그것은 우주의 것이었다.

자아의 비어 있음 속에서 우주는 투명해지고 명료하고 단순해진다. 분리된 자아의 느낌은 진실이 아님을 깨닫는다. 내가 누구라는 일상적인 자아의 느낌은 고요와 평화 속으로 사라지고 존재의 순수한 경험만이, 그 경험을 소유할 누구도 없는 가운데 경험된다. 자아의 비어 있음이 인식되면서 우리는 공의 두 번째 측면을 이해하게 되는데, 그것은 모든 현상의 비어 있음이다. 〈잡아함경雜阿含經〉에서는 이것을 이렇게 설명한다.

> 눈 있는 자가 갠지스 강에 떠 있는 물거품을 본다고 하자. 그리고 그것을 잘 관찰하다가 그 거품 하나 하나가 모두 비어 있으며, 실재하는 것이 아님을 깨달았다고 하자. 그와 똑같이 우리도 감각의 인상, 인식, 느낌, 생각, 우리가 경험하는 모든 것을 잘 살펴보면, 그것이 비어 있으며 공허하며 자아가 없는 것임을 깨달을 수 있다.

자아의 비어 있음을 깨달으면 우리는 공 자체를, 그로부터 모든 것이 태어나는 역동적인 공을 경험하게 된다. 불교 전통에서는 공 속으로 깨어나는 것이야말로 '열반'으로 통하는 문이다. 그것은 가슴의 해방이며, 또한 그것은 '태어나지 않은 자', '창조되지 않은 자', '조건지어지지 않은 자'라고 부른다.

　이 문을 통과한 예들은 예로부터 수많은 신비주의자들에 의해 전해져 왔다. 이 문은 여러 가지 방법을 통해 들어갈 수 있다. 가장 흔한 세 가지 방법은 명상, 깨어난 이와의 만남, 그리고 자신이 투명해질 정도로 깊은 고독 속에 몰입하는 것을 들 수 있다.

명 상 을   통 한   깨 달 음

다음은 오랜 동안 비파사나 수련을 하던 중에 한 지도자가 체험한 것이다.

　몇 달이 지나자 이제 이미, 잠을 서너 시간만 자도 괜찮았다. 가르침은 오로지 오롯이 깨어서 존재하되, 어떤 일이 일어나도 반응하지 말라는 것이었다. 무수한 생각과 감정이 지나갔다. 여러 날 동안 고독감, 슬픔의 눈물, 그리고 환희의 순간을 체험했다. 어떤 날은 마치 죽을 것처럼 내 몸이 떨어져나가는 것만 같았다. 죽음과 파멸의 세계가 나를 둘러싸고 있었다. 그러다가는 그 모든 것이 잠잠해졌다. 명상중의 몇 시간 동안은 공중에 떠 있는 기분이었다. 빛과 황홀경의 물결이 밀려오고, 내 몸은 녹아서 하늘처럼 끝도 없이 퍼져나갔다.

　내 마음이 더욱 고요해지자 경험들은 점점 더 빨리 지나갔다. 이제는 생각이 아무리 물처럼 끊임없이 밀려와도 그것을 낱낱이 알아차릴 수 있게 되었다. 온갖 사념이 생각과 기억과 상상의 세계를 지어내다가도 그것을 알아차리는 순간 사라져버렸다. 마음이 점점 더 깊은 고요 속으로 가라앉자 나는 마치 마음이 생각을 배태하여 다음 생각을 낳으려고 하는 것과도 같은 생각의 미묘한 전조까지도 감지하기 시작했다. 소리, 냄새, 기분 등 모든 미세한 인식들을 알아차릴 수 있게 되었고 또 거기서 놓여

날 수 있었다. 아니, 밤 공기 속의 개똥벌레처럼 자유롭게 떠다녔다. 나는 앉아서, 또는 걸으면서 열심히 수행했다. 나는 종종 마치 바다 밑의 고요하고 투명한 세계 속에 있는 듯한 느낌이 들었다.

어느 날 오후에 나는 낮의 열기 속에서 명상을 하려고 누웠다. 눈을 감은 채로 나는 이 새로운 자세에서 느껴지는 모든 감각을 아무런 힘도 들이지 않고 알아차리고 있었다. 모든 인식들이 탄산수의 거품이 일었다 사라지듯, 떠가듯이 지나갔다. 나는 내가 그 속으로 잠기는 것을 느꼈고, 인식은 더욱 빨리 다가와서, 마치 온 우주가 빠른 속도로 맥동하는 것만 같더니 이제 그것은 개똥벌레처럼 반짝이며 명멸하는 빛이 되었다. 잠시 두려움이 왔다가 지나갔다. 다음엔 마음이 열렸다가 어떻게인지는 몰라도 가라앉았다. 그리고 모든 것이 완전히 고요해졌다. 고요 너머였다. 내가 없었다. 경험도 없었고 아무 것도 없었다. 여기에 갓다 붙일 말이 없었다. 오로지 앎만이 있었다. 우주는 평화의 대양 속에 잠겨 있었고, 그로부터 모든 현상이 일어나고 사라졌다. 그것은 정신을 잃을 정도로 매혹적이었다. 나는 의식의 본질이 바로 이 광대한 평화임을 깨달았다. 나와 모든 것이 단지 마음 속에 일어나는 한 현상임이 분명했다. 그리고 모든 것이 나고 변하고 죽는 이 우주 너머에 이 영원히 존재하는 실재가 있었다. 물론 모든 것이 제자리로 돌아왔다. 하지만 그것은 더 빛나고 투명하며 기쁨에 빛나고 있었다.

무아의 경지로 들어가는 최초의 순간은 이보다 더 단순한 것일 수도 있다. 다른 지도자는 자신이 처음으로 공을 이해하게 된 내력을 이렇게 이야기한다.

그것은 절 근처의 정원에서 걷기 명상을 하던 중에 일어났다. 그 정확한 장소를 지금도 기억한다. 나는 발을 들어 땅에 내려놓았다. 모든 동작의 감각을 느끼면서 나는 그것이 '누구에게도 일어나지 않는다'는 것을 알았다. 자아가 없었다! 이런 생각이 들었다. "이것은 행하는 자가 없는 행위다." 그리고 그 생각은 발걸음만큼이나 비어 있었다.

한 선사는 공을 조용히 이해하게 되었다. 그녀는 자신의 방식을 '은근한 끈기'라고 부른다. 그녀는 이렇게 말한다. "나는 전사 타입의 참선 수행자가 아니었지요."

나는 다른 수행자들과 함께 무자無字 공안을 들고 앉아 좌선을 했다. 나는 매우 이완되어 있었고 무無는 저절로 계속 떠올랐다. 그것은 자신의 생명을 가졌다. 그러다가 그저 내가 사라져버렸다. 앉아 있음과 숨쉼과 소리와 무가 있었고, 그 모든 것이 무였다. 나는 아무 것도 아니었고 무였다. 스승을 뵈러 갔을 때, 나는 미소짓고, 웃었다. 그것이 늘 나였던 그것이었다.

명상의 정신은 자리에서 일어나서도 계속 이어져야 한다고 말한다. 인도에서 장기 수행을 하던 한 명상 지도자는 앉아서 명상을 하다가 쉬는 시간에 마당으로 나와서 병든 강아지를 보고 있던 중에 깨달음이 시작되었다고 한다.

사람들은 사원에다 강아지를 버리고 가곤 한다. 이번 수행 기간 동안에도 여러 마리의 강아지가 버려졌는데 그 중 몇 마리는 심하게 병들어 있었다. 나는 며칠 동안 깽깽대는 강아지들을 돌봐주었다. 내 가슴은 이로 인해 완전히 열려버렸다. 많은 강아지들이 왔다 갔지만 유독 그날, 나는 생명은 몸을 바꿔가며 나타나지만 그 근원적인 생명의 진실은 변하지 않는다는 것을 깨달았다. 나는 계속 강아지와 강아지 똥을 두고 명상하다가, 수행처로 돌아갔다.

의식이 매우 고요해져 있었다. 생각과 의도가 떠올랐다가 이내 사라지곤 했지만 그것을 따라가려는 충동은 없었다. 그러다가 더욱 깊은 이완이 일어났다. 마치 모든 인식이 텅 빈 공간 속으로 터지듯이 쏟아져 들어가는 것만 같았다. 문득 자아가 사라지고, 할 일도, 풀어야 할 문제도 없어졌다. 그 모두가 한갓 부질없는 짓이었다. 함박 미소를 지으며 나는 자리에서 들어올려졌다. 무의 공간 속에서 끝없는 강과 같은 환희가 일어났다. 공의 춤사위, 자유의 확인, 사는 것이 아무런 문제가 아니고 '자아'도, 아픈 강아지도 아무런 문제가 아닌 그런 자리였다.

타인의 임재 속의 공 空

공에 대한 이해는 점차 퍼져나간다. 그것은 다른 사람에게서 옮을 수도 있는 것 같다. 슬픈 사람이나 화난 사람이 방에 들어오면 우리도 종종 슬픔이나 화난 기분에 빠진다. 그렇다면 비어 있고 열려 있고 깨어 있는 스승과 함께 있을 때, 특히 성숙한 제자라면 강력한 영향을 느낄 수 있다는 것은 놀라운 일이 아니다. 모든 전통에는 제자가 스승과 대면하던 중에 깨달음을 얻었다는 일화들이 전해져온다. 라자 요가와 명상을 가르치는 한 스승은 캘리포니아에서 어떤 강의를 듣다가 결정적인 열림을 경험하고 그후 인도에서 10년 동안 수행의 길을 걸었다고 한다.

어느 봄날, 나는 오자이 밸리에 있는 크리슈나무르티 학교 교정에서 그의 강연에 귀를 기울이고 있었다. 약간 늙은 듯하지만 강력한 존재감을 느끼게 하는 그는 나무 의자에 앉아 있었다. 늙은 참나무 숲 그늘 아래의 잔디밭에는 천 명 가량의 청중이 앉아 있었다. 삶에 대해, 자아에 대해 알고 있는 모든 것을 뒤엎어버리는 그의 강연에 모두들 귀를 잔뜩 기울여 듣고 있었다. 그는 진실로 주의를 기울인다는 것에 대해 이야기했다. "여러분은 정말로 듣고 있나요? 어떤 생각이나 의견이라는 한정된 관념을 거쳐서가 아니라 마음 너머의 완전한 고요 속에서 듣고 있냔 말입니다." 그 순간 내 마음은 즉석에서 멈춰버렸다. 나는 엄청난 고요 속으로 들어갔다. 숲은 퍼져나가서 마치 은하계의 한가운데에 떠 있는 것만 같았다. 숲속에서 말소리가 들려왔다. 나는 온전히 살아 있었다. 그러면서도 동시에 죽어서 나 자신 너머에 있었다. 모든 것이 빛으로 충만했으며 시작도 없고 끝도 없는, 한없는 공간만이 영원히 존재하고 있었다. 마치 꿈속처럼 말소리는 허공을 떠다니고, 나는 내가 크리슈나무르티와 함께 모든 것을 내려놓아버렸음을 깨달았다. 깨달음의 환희가 전염성이 있는 것처럼 나는 그것에 전염되었고, 그것을 느꼈고, 그 속으로 들어갔다.

선가禪家에서는 크리슈나무르티의 '마음 너머의 고요'와 같은, 마음을 그 즉시 본성으로 향하게 하는 짧은 말을 일컬어 '돌려놓는 말'이라고 한다. 그러한 깨달음의 순간들은 공안이라는 수백 가지의 고전적 선문답 속에 기록되어 있다. 바람에 나부끼는 깃발에 대해, 깃발이 움직이는가, 바람이 움직이는가 하는 물음에 조사祖師 혜능慧能이 던진 대답이 그 한 예이다. "둘 다 아니다. 움직이는 건 그대들의 마음이다."

노련한 스승과 함께 할 때 이러한 의문은 수행자를 한순간의 특수 상황으로부터 영원한 인식으로 데려갈 수 있다. 우리는 모든 것을 품고 있으면서 그것에 한정되지 않는 가없는 가슴, 우리의 본성을 기억하고 있다. 서양의 한 불교 지도자는 인도의 산에서 경험한 한순간에 대해 이렇게 고백한다.

> 나는 몇 해 동안 열정적으로 명상에 헌신했다. 어느 날 저녁 스승께서 찬송과 기도와 강연을 위한 모임에 우리를 모두 불러모았다. 나는 바짝 긴장한 채 맨 첫줄에 앉아 있었다. 스승이 강연중에 이렇게 하는 말을 들었다. "너희들의 얼굴은 마치 가면과도 같다." 그 말은 마른하늘의 벼락처럼 다가와서 나의 세계를 부숴놓았다. 한순간에 내가 알고 있다고 생각했던 모든 것이 떨어져나갔다. 나는 아시아로 오기 전에 수백 번의 LSD 환각 체험을 했지만 이것에 비하면 그것은 모두 아무 것도 아니었다. 이것은 모든 의미와 가치 너머의, 완전히 새로운 차원의 것이었다. 그것은 나의 이성과 자아상과, 내가 나라고 생각했던 모든 것을 완전히 초월한 것이었다. 그것은 쾌락과 고통, 환희와 황홀경 너머의 것이었다. 나는 오랫동안 그 아름다움에 겨워 울었다. 이것은 26년 전의 일이었다. 이후의 모든 세월 동안 모든 것을 초월하여 나에게 중요한 것은 오로지 아직 생기지 않은 실재이다. 그것은 모든 것을 비추어주는 횃불이다. 그것이 있는 것의 전부이다. 그리고 그것은 지금 이 순간에도 거기에 있다.

이러한 깨어남의 사례들에는 일치하는 몇 가지 조건들이 있다. 거기에는 제자의 열린 상태, 곧 발견해내고자 하는 진지한 의지가 있다는 점이다. 종종 꽤 오랜 수행과 정화의 기간이 개입되기도 한다. 위의 일화는 바즈라야나와 비파사나를 여러 해 동안 열심히 수행한 후에 일어난 일이다. 스승을 둘러싼 존경과 경외심도 있다. 그리고 스승의 에너지 장場, 그가 전달할 수 있는 사랑과 자유와 비어 있음이 직접 임재하는 장이 있다.

한 명상 지도자는 몇몇 불교계의 스승 밑에서 20년 동안 수행을 했지만 그의 삶에는 "아직도 무엇인가가 빠져 있었다."

나는 아시아에서 영적 순례 여행을 하고 있었다. 내가 보낸 편지에 대한 답으로 한 스승이 아름다운 초대의 답장을 보내왔다. 그는 붓다께서 마하가섭에게 연꽃을 들어 보임으로써 선불교가 시작되었던 순간의 이야기를 편지에 썼다. 이 초대 편지를 받고 나와 나의 친구는, 인도에 도착하여 한 뒷골목에 자리잡은 작은 거실에 숨은 채 몇 안 되는 제자들을 거느리고 있는, 나이 지긋한 거의 알려지지 않은 구루를 방문하게 되었다.

나는 인도의 혼잡과 소음에 시달리고 있었다. 며칠이 지나자 "아무 것도 아니잖아" 하는 기분이 들었다. 그는 방 안의 남자들에게 더 신경을 쓰는 것 같았고, 나는 "홍, 이건 그저 인도 남자들끼리 벌이는 짓거리야, 그는 여성을 이해하지 못해" 하고 생각했다. 날마다 사람들이 그에게 절을 했지만 나는 "저따위 절이 무슨 소용이람? 난 그런 거 못 해. 난 미국에서 온 페미니스트야"라고 생각했다.

그는 우리에게 다만 애쓰는 것이 아니라 내려놓음을 통해서 자신이 자기라고 생각하는 그것을 궁구해보라고 가르쳤다. 그는 "찾는 자와 찾는 대상을 내려놓으라"고 했다. 그러던 어느 날 오후에, 그가 갑자기 나에게 다가오더니 내 눈을 집요하게 들여다보면서 시선을 놓아주질 않았다. 나는 마치 구석에 몰린 짐승이 된 것처럼 느꼈다. 엄청난 두려움이 밀려왔다. 어떤 거대한 사건이 곧 일어날 것만 같았다. 내가 영겁의 세월 동안 이 일을 외면해왔던 것처럼 느껴졌다. 하지만 이제 나는 잡혔고 빠져나갈 수가 없었다. 더 이상 그것을 피할 수가 없었다.

그가 뭐라고 말을 했지만 그것이 무엇이었는지는 중요하지 않았다. 엄청난 빛과, 무의 광활한 공간이 밀려왔고, 나는 사라졌다. 나는 아무 데도 없었고, 또한 모든 곳에 있었다. 다음 순간 엄청난 웃음과 환희와 울음이 터져나왔다. 그 순간으로 나를 몰아온 내 삶 속의 모든 사건들, 모든 몸부림과 두려움이 이해되기 시작했다. 그리고 이제 모든 것이 끝났다. 나는 모든 것이자 아무 것도 아니었고, 완전히 자유로워졌다. 바로 그것이었다. 그 이후로는 그에게 아무리 절을 해도 충분치가 않았다. 너무나 깊은 감사의 마음이 우러나왔다. 그에게 어떤 것이든지 바칠 수 있었을 테지만 물론 그는 아무 것도 원치 않았다. 그리고 지금 제자들을 지도하는 나의 경험에서 가장 놀라운 사실은, 사람들은 뭔가 얻을 것이 있고, 할 일이 있다고 생각한다는 것이다. 하지만 해야 할 일은 아무 것도 없다. 그것은 너무나 명약관화하지만 사람들은 아직도 뭔가를 하고 있다. 아무 것도 하지 않는 그 자리에 도달하기 위해 필요한 일이 있을 따름이다.

나는 내가 받은 이 자유를 다른 이들에게 쉽게 전해줄 수 있다는 순진한 생각을 품고 있었다. 그것을 찾으려고 인도까지 갈 필요가 없다. 필요한 것은 단지 정말 진지한 의도뿐이다. 어디에 있든지, 진정으로 자유를 원한다면 우주가 거기에 응답할 것이다. 그래야만 한다. 길이 당신 앞에 나타날 것이다.

홀로 깨닫기

만물의 공성空性에 대한 깨달음은 홀로 있을 때도 찾아온다. 〈마가 복음〉에는 이렇게 쓰여 있다.

다음날 일찍 예수께서는 사막의 외진 곳으로 가셨다. 거기서 그는 기도에 몰입하셨다.

휘촐 족 인디언 주술사인 돈 호세 리오스Don Jose Rios는 106세의 나이에 미국을 방문하여 이렇게 말했다.

80년 동안 수련을 하면서 나는 많은 시련을 겪었다. 나는 여러 번 혼자서 산에 올랐다. 하지만 여러분도 그래야 한다. 신의 길을 가르쳐줄 수 있는 것은 내가 아니기 때문이다. 그런 것은 오직 여러분이 직접, 혼자서 배워야만 한다.

홀로 있어도 반드시 침묵을 찾을 수 있는 것은 아니다. 처음에는 홀로 있어도 매우 소란할 경우가 많다. 초감 트룽빠가 말하는 소위 '잠재 의식의 가십', 곧 몸과 마음이 쉴새없이 지껄여대는 말로 마음은 꽉 찬다. 명상 수행은 이 소란을 뚫고 진정한 침묵으로 가는 길을 찾게 해준다. 그 속에서 우리는 침묵에도 많은 수준이 있음을 알게 된다. 첫 번째 침묵은 단지 외부적인 침묵, 곧 소음이 없는 상태이다. 그 다음에는 몸의 침묵, 육체적인 고요가 깊어지는 상태가 있다. 그 다음에 점차로 마음의 침묵이 찾아온다. 그 다음에는 모든 것을 지켜보는 목격자로서 나타나는 침묵을 발견하게 된다. 그리고 명상과 기도 속으로 고요히 몰입할 때의 수십 가지 다른 수준의 침묵이 있다. 그보다 또 더 깊이 들어가면 마음을 넘어선 형용할 수 없는 고요, 만물에 탄생을 주는 고요를 만난다. 고요 속으로 들어가는 것은 하나의 여행이다. 더욱더 깊은 고요 속으로 한 걸음 한 걸음 빠져들어가 광활한 허공 속으로 사라지는……

현대의 존경받는 기독교 신비주의자인 버나뎃 로버츠Bernadette Roberts는 10년 동안 수녀 생활을 하다가 나중에는 네 아이의 어머니가 되었다. 〈무아의 체험The Experience of No Self〉에서 그녀는 고요 속으로의 여행을 이야기한다. 그것은 처음에는 한 차례의 두려움, 그 다음에는 미세한 사념들이 무수히 그녀를 잡아끌다가 결국은 고요 속으로 빠져들어 자아를 잃어버리는 그런 여행이었다. 그런데 그녀가 고요가 데리고 갈 그곳을 보기 시작한 것은 어느 날 교회에 홀로 앉아 있던 중에 일어난 일이었다.

이 체험은 그녀를 공^空 속으로 끌어당겨서 마침내는 그녀의 삶 자체가 전체로서 통합되는 기나긴 과정의 시작을 알리는 것이었다. 여기 그녀의 이야기가 있다.

다시금 스며드는 듯한 고요가 있었다…… 하지만 이번에는 아무런 움직임도 없었다. 나는 깃털이 공중을 날듯이 가볍게 교회 밖으로 나갔다…… 밖에서도 이 깊은 고요 속으로 자꾸만 빠져들어가는 바람에 매우 힘이 들었다. 하지만 며칠이 지나자 나는 다시 평소처럼 활동할 수 있게 되었다. 나는 뭔가가 빠져 있는 느낌이 들었지만 그것이 무엇인지를 꼭 집을 수는 없었다…… 십자가의 성 요한의 글이나, 도서관의 어떤 책에서도 적당한 설명을 찾을 수가 없었다. 그날 집으로 오는 길이었다. 나는 눈앞에 펼쳐진 산과 계곡의 장관 속을 걷고 있었다. 그러다 문득 시선을 내면으로 향하게 되었는데, 거기서 본 것이 나의 걸음을 멈추게 했다. 평소에 나 자신이 있던 그 자리에는 아무 것도 없었던 것이다. 그것은 텅 비어 있었다. 그리고 이것을 보는 순간, 고요한 환희의 물결이 밀려왔다. 그리고 나는 마침내 무엇이 빠져 있었는지를 깨달았다. 그것은 나의 '자아'였다.

나는 육체적으로 무거운 짐을 벗은 것 같은 느낌이 들었다. 너무나 가벼운 느낌이었다. 나는 발이 땅바닥을 딛고 있는지 확인하려고 발을 내려다보았다. 나중에 나는 성 바울의 체험을 떠올렸다. "이제 내가 아니라 그리스도께서 내 안에 사신다." 그리고 나는 내 안의 비어 있음에도 불구하고 다른 아무도 '나의' 자리를 차지하려고 들어오지 않았음을 깨달았다. 그래서 나는 그리스도는 환희, 비어 있음 그 자체라고 스스로 생각했다. 이처럼 인간의 경험으로서 남겨져 있는 것은 모두 그분뿐이었다. 여러 날을 나는 이 환희 속에서 걸었다…… '나의 것'은 더 이상 없었고, 오직 '그의 것' 만이 있었다.

또 다른 지도자에게는 공의 체험이 막 구도의 길에 들어서자마자 기습적으로 찾아왔다. 그는 이후로 그것을 이해하고 소화하기 위해서 불교 수행에 30년을 보냈다.

그것은 내 영적 생활의 초기 단계였다. 나는 명상 수업에 몇 번 참석했다. 나는 오랜 의문과 생각에 빠져 있다가 이제 혼자서 조용히 누워 쉬는 참이었다. 내 마음은 가장 명료하고 또 최대한으로 열려 있는 상태였다. 내 마음은 또한 충전되고 생기 있으면서도 동시에 절대적으로 고요했다. 나는 그렇게 깨어 있음과 편안함이 균형을 유지하며 공존할 수 있다는 것을 몰랐다. 나는 오래된 어느 불경을 집어들고 몇 줄을 읽었다.

'한 마음'은 있으나 그 존재가 없다. '마음'은 그 본성이 꾸밈 없고 티 없이 깨끗하다. '공'으로 되어 있어 투명하며 끝이 없으며 순수하다. 분리된 것으로 인식할 수 없으며 오로지 만물의 통일체로서만 인식될 수 있으나 그것으로 이루어진 것도 아니다. 스스로 일어나며 하늘의 구름처럼 본래적으로 자유로워서 나타나는 모든 것은 사라진다…… '온 세상'과 '열반'은 분리되지 않는 일체이니, 그것이 곧 우리의 마음이다.

세상에 대해 내가 알았던 모든 것이 산산이 깨지며 열렸다. 남은 것이 무엇이라고 말할 수가 없었다. 나 자신이라고 할 게 아무 것도 없었기 때문이다. 자아의 느낌이 존재하기 이전에 있는 그것이 거기에 있었다. 나는 마침내 자아란 없으며 자아의 모든 느낌은 환영임을 깨달았다. 우리는 꿈처럼, 마음의 한갓 장난처럼 공허하다. 점차로 세상의 일부분이 돌아왔지만 나의 세상에 대한 느낌은 여러 모로 완전히 변해 있었다. 나는 내가 더 이상 어떻게 살아야 할지 전혀 알지 못했다. 여러 주일이 지나도록 나는 일종의 가벼움과 충격의 느낌 속에서 이리저리 걸어다녔다.

공의 문은 혼자 있을 때나, 타인의 성스러운 임재 속에 있을 때나, 깊은 명상 속에서나, 산 속에서나, 언제든지 나타날 수 있다. 이 신비에 주의를 기울이면 가슴이 열려서 만물에 탄생을 주는 공을 직접 경험할 수 있다.

도가道家에서는 이것을 신성한 청음聽音이라고 한다. 지적 이해를 통해서가 아니라 모든 감각이 열리고 비어서 듣는, '영적 청음' 말이다. 그럴 때만, 모든 기능이 비어 있을 때만, 온 존재로서 바로 눈앞에 있는 그것을 듣고 알 수 있다. 그것은 귀나 마음만으로는 결코 들을 수 없다. 이것이 모르는 자의 지혜이다. 비어 있음으로 해서, 그의 가슴은 빛으로 충만하다.

과학자 아이작 뉴턴은 그것을 알고 있었다.

나는 해변에서 노는 한갓 어린 아이일 뿐이다. 내 앞에는 발견되지 않은 진리의 대양이 가로놓여 있다.

공의 문을 지난 아이에게는 광활한 미지가 두려움의 근원이 아니라 즐겁게 뛰어 놀 수 있는 마당이다.

6장 당신은 진정 누구인가? : 일체성의 문과 견성

> 어느 날 나는 마음에서 모든 관념을 지워버렸다. 모든 욕망도 버렸다. 생각을 위해 사용하던 모든 말도 버리고 고요 속에 머물렀다. 약간 묘한 느낌이었다. 마치 어딘가로 미끄러져들어가는 것 같은, 내가 모르는 어떤 힘을 건드리고 있는 것 같은 느낌이었다…… 그리고 아아! 나는 들어갔다. 나는 내 육신의 경계를 잃어버렸다. 물론 피부가 있지만 나는 우주의 한가운데에 서 있는 것 같은 느낌이었다. 말을 해보았지만 말은 그 의미를 잃어버렸다. 내게로 다가오는 사람들이 보였지만 그들은 모두 같은 사람이었다. 그들은 모두가 나 자신이었다! 나는 이 우주를 전혀 모르고 있었다. 나는 신에 의해 창조된 것으로 믿고 있었지만, 이제 나는 그 믿음을 바꿔야만 한다. 나는 결코 창조되지 않았다. 나는 우주였다. 개인은 존재하지 않았다.
>
> S 선사

영적 삶의 목표는 우리의 작은 자아의 느낌 너머에 있는 실재 속으로 진입하는 것이다. 함께 나누는 고통이나 광활한 공을 통해서 이 실재 속으로 들어갈 수 있듯이, 우리는 일체성의 문을 통해 그곳으로 들어가서 '소중한 사람으로서 깨어남'이라고 할 수 있는 것을 발견하게 된다. 일체성의 문을 통해서 우리는 내면의 대양 속으로 깨어난다. 우리는 우리가 헤엄치고 있는 그 바다가 살아 있는 모든 것과 분리될 수 없는 것임을 또 다른 방식으로 깨닫게 된다.

이 문은 신성한 연결성의 신비를 우리에게 보여준다. 모든 문화권에는 우리를 이 진실로 불러들이는 의식儀式과 목소리가 있다. 헨델이나 모차르트의 미사곡을 들을 때, 오래된 성당에 들어가 스테인드 글라스로 비쳐드는 햇살을 바라볼 때 그것은 거기에 있다. 인도의 아슈람에서 춤출 때, 터키의 이슬람교 금욕파 수도사와 함께 밤새도록 신의 이름을 찬송할 때 그것은 거기에 있다. 그것은 아메리카 인디언의 선 댄스sun – dance에도 있다. 신성한 영이 임재할 때는, 우리는 다만 감사의 절을 올릴 수 있을 뿐이다. 한 미국인 스와미가 말하듯이.

충만한 복된 에너지가 내 속에서 폭발하여 머리끝까지 올라왔다. 내 가슴은 모든 것과 모든 사람들에 대한 사랑으로 가득 찼다. 나는 땅을 만지며 쉼 없이 절했다. 끝없이 "땅이 나의 목격자"라고 복되게 되뇌었다.

가장 깊은 명상과 의식儀式과 기도와 신성한 예술은 우리의 눈과 가슴을 일체성 속으로 다시 열게 한다. 11세기 신학자인 시메온Symeon의 말을 빌려보자.

우리는 그리스도의 몸 속에 깨어난다.
손을 움직이면 경이롭게도
내 손은 그리스도의 손이 된다.
발을 움직이면 곧
그가 번개처럼 나타난다.
그를 진실로 사랑하면
우리는 그리스도의 몸 속에서 깨어난다.
온전한, 자애롭고 빛나는 몸으로
우리는 '소중한 사람'으로 깨어난다.

온몸 구석구석까지.

일체성 속으로 깨어나게 하는 공동체의 의식儀式은 세대를 걸쳐서 개발되었다. 한 서양의 지도자는 티베트를 처음 방문했을 때 연결성을 깨닫게 하는 고대 의식을 접했던 경험을 이렇게 말한다.

티베트에 가기 위해 우리는 카트만두에서 14시간을 달리는 버스에 몸을 실었다. 버스는 돌투성이의 협곡을 오르락내리락 하면서 산을 끝없이 올라갔다. 날이 갈수록 여행은 더욱 녹초가 되도록 힘들고 위험해졌다. 그러다가 우리는 작은 꽃이 만발하고 멋진 바위들이 널려 있는 티베트의 고원을 가로질러갔다. 하늘이 달라졌다. 하늘은 거대하고 어두웠다. 하늘이 땅보다 컸다. 마치 이 거친 산 위에서 땅과 하늘의 모습이 뒤바뀐 것만 같았다.

여러 차례의 여행 끝에 우리는 산비탈의 사원에 닿았다. 그것은 유명한 드레풍 사원으로, 마침 축제를 맞이해서 티베트 전역에서 순례자들이 모여들고 있었다. 여러 날 동안 사원 안뜰에는 야크의 버터로 만든 램프가 곳곳에 밝혀졌고, 찬송과 주문 소리가 들렸다. 마지막 날 밤, 새벽 4시쯤에 사람들은 모두 밖으로 나가 문 밖의 특별한 언덕 위로 앞다퉈 올라가 날이 밝기를 기다렸다. 모두가 차가운 바람 속에서 옷깃을 여미며 특별한 기도와 주문을 거듭 거듭 외웠다. 세 사람이 겨우 들 정도로 거대한 사원의 구리 나발의 길고 힘찬 소리가 심벌즈의 리드미컬한 소리와 함께 계곡 아래까지 울려퍼졌다.

하늘이 밝아오자 넓이가 거의 1에이커에 달하는, 자비로운 붓다의 거대한 그림이 우리 정면의 사원 벽에 드리워지기 시작했다. 그것은 해가 막 떠오르는 순간 바닥까지 펼쳐졌다. 다시 나발 소리가 울렸다.

그때 아침의 첫 햇살이 그림을 비쳤다. 거대한 황금의 붓다상은 햇빛 속에 번쩍거렸다. 그와 동시에 첫 햇살은 뒤에서 나의 몸을 비쳤다. 그것은 마치 빛이 찬란한 붓다로부터 나오는 것처럼 느끼게 했고, 나는 붓다의 가슴에 의해 데워지는 듯한, 붓다께서 내 속으로 들어온 것만 같은 느낌을 받았다. 나는 그 순간 완전히 변성되었다. 나는 붓다께서 내 속에 계심을 깨달았다.

이런 순례는 우리를 고무하여 일깨워주지만 여행이 요점은 아니다. 목표는 우리가 어디에 있든지 간에, 이러한 체험을 몸소 발견해내야 한다는 점이다. 〈근원으로의 회귀Returning to the Source〉에서 윌슨 반 뒤상Wilson Van Dusen은 서양에서 신비주의자가 된다는 것이 어떤 것인지를 말해준다. 그는 여름의 석양 속에서, 아이의 눈 속에서, 사과의 맛에서 무수히 '신'을 체험했다.

이 세상에서 신비주의자가 된다는 것은 어떤 것일까? 부분적으로, 그것은 슬픈 일이다. 신비주의자들은 신을 체험하는 오랜 과정을 거치지만 그래도 그들은 확신을 갖지 못한다. 한 번은 교회에서 설교가 끝나고 사람들이 나가자 한 늙은 여인이 남았다. 그녀는 나에게로 왔다. 나는 그녀가 세상에서 살 날이 얼마 남지 않았음을 한눈에 알 수 있었다. 그녀는 매우 조심스럽게, 놀랍도록 눈부시게 밝은 황금빛 태양이 자신에게로 다가오는 광경을 본 꿈을 이야기하고 나서는 그것이 하나님이었는지를 나에게 물었다. 나는 처음에 의례적인 대답을 생각했다. "꿈을 더 자세히 분석해서 그것이 무슨 의미인지를 알아봐야만 한답니다." 하지만 나는 곧 전반적인 상황이 그녀에게 미칠 정서적 영향력을 깨닫고 움츠렸다. 이 노파는 죽어가고 있고, 평생에 한 번이라도 하나님을 만난다는 것은 그녀에게 매우 중요한 일임에 틀림없을 것이다. 그래서 나는, "예 그것은 하나님입니다" 하고 대답했다. 그리고 우리는 함께 눈물을 흘렸다. 하지만 얼마나 슬픈 일인가? 그녀는 매우 영적인 사람처럼 보였고, 평생을 하나님께 바쳤다. 그런데도 그녀는 평생에 한 번만이라도 하나님을 만나기를 필사적으로 갈구하고 있는 것이다. 나는 그녀가 인류의 대부분을 대변한다고 생각한다. 그녀는 자신의 길을 이미 잘 가고 있었지만 그 징표를 발견하지 못했던 것이다.

모든 전통 속에는 신비주의자들이 등장하게 마련이고, 모든 진지한 형태의 수행들은 일체성의 계시를 가져다줄 수 있다. 한 랍비는 어느 하안거夏安居 수행에서 이 체험을 얻게 된 사연을 이야기한다.

나의 내면을 완전히 열어 젖혀놓은 체험은 일주일 동안 기도하며 안거하던 중간에 일어났다. 조용한 아침이었고 나는 기도를 올리기 위해 자리에 앉았다. 나는 먼저 기도 숄로 몸을 감싸고 전통적인 기도 상자, 즉 테펠린을 이마와 팔에 올려놓았다. ("그대는 그것을 징표로서 팔에다 맬지어다.") 나는 눈을 감았다. 조용히 기도하는 동안에 내 주위에 다른 세상의 것 같은 거대한 빛이 나기 시작했다. 그것은 온 세상을 비추는 것 같았다. 그것은 내 위를 비추면서 기도문이 적힌 두루마리를 관통하고, 기도 상자를 관통하여 바로 내 몸 속으로 들어왔다. 이 빛은 세 개의 기도 상자를 관통해서 빛나고, 모든 방향에서 위대한 기도문을 내 세포 속에다, 내 존재의 핵심에다 각인시켰다. 이 위대한 기도문은, "들으라, 오 이스라엘이여, 주는 하나이시다"였다. 그것은 만물 속에 '오직 하나님만이 계시다'는 뜻이다. 그 순간에 나는 신비적 전통에서 무엇 때문에 두루마리에 적힌 기도문이 한 자도 손상되지 않고 온전히 보존되도록 그토록 애쓰는지를 이해할 수 있었다. 나는 기도문을 읊는 대신 그 속에 깃들어 있었다. 그것은 기도가 실체화하는 놀라운 경험이었다. 나는 우리의 삶 자체가, 우리의 몸 자체가 하나의 기도임을 안다.

그때부터 나는 〈시편〉과 〈기도서〉, 그리고 〈다윗서〉로부터 〈탈무드〉에 이르기까지 두루 섭렵하기 시작했는데, 그것들은 모두 그 깊은 의미를 나에게 열어 보여주었다. 과거의 위대한 성현들이 변성된 의식意識 상태로부터 그 분명한 의미를 말해주고 있었다.

산 속에 사는 도가의 한 은자에 관한 이야기는 신성한 유머로써 일체성의 진실을 전해준다. 산 아래 유가 서원의 학자들이 사절을 보내어 그에게서 배움을 얻고자 했다. 그들은 예고도 없이 그의 오두막을 찾아왔다가, 그가 완전히 발가벗고 지내는 것을 보고 어안이 벙벙해졌다. "바지도 안 입은 채 뭘 하고 계시는 겁니까?" 그들이 따지듯 묻자 그가 대답했다. "온 세계가 내 집이고, 이 작은 방은 내 바지다. 내가 알고 싶은 것은, 그대들은 내 바지 속에 들어와서 대체 뭘 하고 있느냐는 것이오?"

이것은 우리가 이미 직관적으로 알고 있는 진실이다. 앨리스 워커Alice Walker의 소설 속의 한 인물은 그것을 이렇게 묘사한다.

어느 날 내가, 사실이긴 하지만, 엄마 없는 아이처럼 느끼며 조용히 앉아 있을 때 이런 느낌이 들었다. 모든 것의 일부가 된 느낌, 전혀 분리되어 있지 않은 그런 느낌 말이다. 만약 내가 나무의 가지를 꺾는다면 내 팔이 피를 흘릴 것을 알았다. 나는 온 집안을 뛰어다니면서 웃고, 울었다. 나는 그것이 무엇인지를 그저 알아버렸다. 사실, 그런 일이 일어나면 그것을 모를 수가 없다.

세상은 우리의 오두막이다. 우리가 숨쉬고 있는 공기는 숲속의 참나무와 전나무들도 함께 마시고 있으며, 우리가 마시는 물은 우리 몸 세포 속으로 들어오기 전에 하늘의 구름으로부터 비가 되어 내려온 것임을 우리는 알고 있다. 우리가 소유하고 있는 모든 것은 우리가 왔고, 또 돌아갈 온전한 그것이 우리에게 선물한 것이다. 마음과 몸은 서로 분리되어 있지 않다. 일체성을 일별하고 나면 자연스럽게 자비심과 정의감이 우러나와서, 우리는 자신의 다른 부분들 - 모든 것 - 을 지혜롭게 대하게 된다. 일체성 속으로 깨어나면 우리는 산과 강과 삼나무 숲이 모두 우리와 같은 성性을 가지고 있음을 깨닫게 된다.

이러한 진실을 온전히 체험하는 것을 '견성見性'이라고 한다. 깨달음의 첫 맛을 보는 것이다. 우리는 모두가 견성 후보자들이다. 자신의 진짜 이름을 기억해내는 일 말이다. 우리는 단지 내려놓는 법만 배우면 된다. 유럽의 한 선사에게는 견성의 첫경험이 설흔일곱의 나이에 찾아왔다. 그는 한 편으로는 집안의 혼란과 고통을 피하기 위해서, 또 한 편으로는 자신이 가능하다고 믿는 더 큰 현실로 가기 위해서 영적 생활을 시작했다. 그가 몸담은 수행법은 전통적 참선 수행법에만 매이지 않았다. 거기에는 꿈 분석, 영적 치유, 각종 요법 등도 포함되어 있어서 그것들 하나 하나가 과거의 여러 가지 슬픔이나 방어벽들이 해소되도록 도와주었다. 그러는 동안에도 그는 좌선 수행을 계속했다.

나의 첫 견성 경험은 참선 수행중에 찾아왔다. 하지만 나는 이미 9년 동안이나 심리 요법과 명상 수행에 정진중이었다. 아무튼 그것으로 준비가 충분히 되었다는 듯이 정화가 일어났다. 나는 잘 무르익어 있었던 것이다. 어느 날 밤 나는 꿈속에서 성스러운 산을 보았는데, 그 산자락에는 고대의 성인들을 모신 사원이 있었다. 나는 그것이 단지 몇몇 사람들의 눈에만 보인다는 것을 알고 있었다. 꿈속에서 나는 커다란 아이스크림 콘을 빨면서 산을 올라가고 있었다. 세계의 모든 아이들이 산 위에서 내려오고 있었다. 아이들은 즐겁게 세상으로 달려 내려가고 있었지만 나는 그저 아이스크림 콘을 손에 든 채 웃고 있었다. 우리는 모두 천진난만하게 웃고 있었다. 그것은 실제로 어릴 적의 나와는 너무나 다른 모습이었다. 마치 내 속에서 새로운 가능성이 열린 것만 같았다.

이런 꿈을 꾼 직후에 나는 봄철 안거에 들어갔다. 나는 깊고 순수한 명상에 몰입하여 내가 그동안 추구해왔던 그것을 찾아내기 시작하고 있다고 생각했다. 하지만 나는 그 생각마저 놓아버리고 더욱 깊이 명상에 들어갈 수 있을 만큼 지혜로웠다. 그러던 중, 나흘째에 내 마음은 혼란 속에 빠져버렸다. 나는 생각했다. "그래, 내가 틀렸어." 하지만 집중된 마음을 칼처럼 휘둘러 빛나는 배경만을 남겨놓고 혼란을 잘라내는 대신에, 나는 온 가슴으로 그 혼란을 품어 안았다. 그러자 몸과 마음과 세상이 열리기 시작했다. 마치 거대한 물결이 내 위로 밀려오는 것만 같았다. 나는 맑은 의식과 환희로 충만했다. 그것은 비어 있으면서 동시에 충만했다. 차가운 겨울과 따뜻한 봄이 함께 있었다. 나는 모든 것을 이해할 수 있다고 느꼈다.

이것은 여러 날, 여러 주일 동안 계속되었다. 무더운 오후에 선방에 앉아서 모두가 피곤하고 찌뿌듯한 느낌 속에서 몸부림치고 있을 때, 나는 홀로 너무나 행복해했던 것을 지금도 기억하고 있다. 우리가 선사님께 점검을 받으러 가면 그는 알쏭달쏭한 질문을 던지곤 했는데, 나는 혼자서 미소 지었다. "난 저 질문의 답을 알고 있어." 하지만 나는 그냥 앉아 있었다. 에너지는 점점 더 쌓여갔다. 마침내 나는 선사를 찾아갔고, 그는 오래된 공안을 던지며 작은 손짓을 해 보였다. 그 손짓에 방 전체가 떨어져나갔다. 모든 것이 사라졌다. 바람, 별들, 마당의 개들까지도. 우리는 모두가 하나의 광막한 공간 속으로 사라졌다. 아무 것도 없었고, 모든 것이 있었다. 그리고 나는 놀라서 웃고, 또 웃었다. 나는 스승의 마음을 알았고, 우주의 나이를 알았다. 내 몸은 투명했다. 부는 바람은 나의 숨이었고, 내 발걸음은 땅의 움직임이었다. 이후로 삶은 너무나 환희롭고, 생생했다. 나의 해묵은 두려움이 씻겨가버렸다. 그저 사라지고 없었다. 나는 마침내 제대로 살아 있었다. 몇 주일, 몇 달을 웃으며 지냈다. 나는 도반들에게 내게 일어나고 있는 일들에 대해 이야기하지 않았다. 왜냐하면 그들이 소외감을 느낄 것임을 직감했기 때문이다. 이를 통해 나는 즉시 이 세상의 모든 고통스러운 한계를 인식하게 되었다. 심지어 엄청난 열림 속에서도 어떤 한도는 절대적으로 존중되어야 한다는 것을 말이다.

깨달음의 눈을 뜨면, 자신의 정체성에 대한 모든 느낌이 일시에 변한다. 자신을 감싸고 있던 작은 자아의 느낌은 사라지고 우리 존재의 근원인 가없는 의식 속으로 발을 딛게 된다. 자신이 결코 우주로부터 단절된 적이 없고, 단절되어 있지도 않다는 것을 절대적으로 확신하게 된다. 마치 의식이 끝없이 확대되어 모든 것을 품어 안고, 마침내 자신이 우주가 되어버리는 것만 같다.

또 다른 지도자는 이 깨달음의 단순함을 이렇게 표현한다.

가을철 강화 수련 기간중의 어느 날, 나는 식사를 하고 있었다. 나는 며칠 동안 앉아서 잡념과 싸우고 있었다. 나는 모든 장애물을 깨부수고 내가 누구인지, 내가 하고 있는 이 수행이 무슨 짓거리인지를 알아내리라고 결심했기 때문에 매우 열심히 덤벼들고 있었다. 바리를 받쳐드는 순간, 나는 문득 모든 것을 이해했다. 모든 것이 있는 그대로 완전하다! 온 우주가 속속들이 온전하다. 나는 아무 것도 할 필요가 없었다. 그토록 애쓸 필요가 없었다. 지금 그것을 말로 하자니 너무나 진부하게 들리지만,

그것은 너무나 놀랍고 엄청난 깨달음이어서 한순간에 내 모든 의문을 뿌리째 뽑아버렸고, 한시도 쉬지 않고 나 자신과 세상을 고치고 바꿔놓으려고 애써온 그 모든 노력으로부터 나를 해방시켜주었다. 거기에는 또한 물질적 차원의 경이가 있었다. 내 온 몸은 가벼워지고 자아를 담고 있던 껍질은 사라져버렸다. 세상의 바닥이 떨어져 나갔다. 나는 우주와 따로 존재하는 어떤 형체도 지니지 않았다. 그 이후로 나의 모든 존재 방식은 몇 달에 걸쳐서 폐기되고 바뀌어버려서, 사람들은 내게 대체 무슨 일이 있었는가 하고 궁금해하기 시작했다.

만물에 대한 이 같은 열림은 어떤 상황에서도 올 수 있다. 유진 오닐Eugene O'Neill의 희곡 〈밤으로의 긴 여로Long Day's Journey into Night〉에 나오는 주인공 에드먼드가 아르헨티나의 밤바다에서 경험한 것처럼 말이다.

> 나는 배의 앞머리에 누워 있었다. 밑에서는 물거품이 일고 있었고, 위로는 흰 돛을 달빛에 반짝이며 돛대들이 솟아 있었다. 나는 그 아름다운 광경과 노래하는 듯한 물소리에 취해 있었다. 나는 잠시 자아를 망각했다. 사실은 내 삶을 망각했다. 나는 해방되었다…… 바다 속으로 녹아들어, 흰 돛이 되고, 날리는 물보라가 되고, 아름다움과 리듬이 되고 별들이 점점이 박힌 하늘이 되었다…… 나는 삶 자체의 일체성과 환희 속에 안겨 들었다.

우리는 잠시 그것을 감지하고, 비밀을 깨달음으로 해서 우리는 그 비밀이 된다. 수피들은 이것을 '소중한 사람과 하나됨'이라고 부른다. 42년 동안 수도원 생활을 한 도미니크 회 소속 어느 수녀의 체험처럼, 우리가 알고자 했던 바로 그것이 우리의 몸과 가슴을 밝게 비추어준다.

어릴 적부터 나는 예수님과 매우 깊은 영적 교류를 하고 있었다. 수녀가 되고는, 특히 기도문을 제대로 배우고 나서는 이 의문을 의식적으로 품었다. "이제 예수님은 어디에 계시는가?" 우리는 '그 분'을 영접하기 위해 기도하고 헌신하고 가슴을 정화하려고 애썼다. 하지만 나는 그것이 그 이상의 것임을 알고 있었다. 예수님은 밤에 영으로서 나를 찾아와서 깊은 위안을 주시곤 했다. 그는 내 몸 안으로 들어오시기까지 했다. 많은 경우, 영적 황홀감이 마치 연인처럼 내 몸을 속속들이 몇 시간씩이나 훑고 지나갔다. 나는 몇 시간 동안 잠자지 않고 깨어 있었다. 깊은 충만감에 빛을 발하는 듯한 느낌을 느끼면서도, 나는 그것을 내놓고 말할 수가 없었다. 그는 내 가슴을 그토록 깊은 사랑으로 넘치게 채우셨다. 나는 예수님을 모든 곳에서 보기 시작했다. 삶에 몸부림을 치는 사람들, 가난한 이들, 가장 보잘것없는 그의 피조물들, 내 자매들, 그리고 부자들에게서도 보였다. 나는 그 모두를 '비참한 모습으로 가장한 그리스도'로 보고, 사랑으로 대했다. 어떤 이들은 이것을 이단적으로 볼지도 모르겠지만 예수님은 여기, 우리 가운데, 모든 사람 안에, 모든 돌 안에, 우리의 행위 안에, 우리의 성공과 실수 안에 계시다. 그의 영광은 정원의 자두나무 안에, 내가 조카에게 주는 선물 안에, 내 손과 눈 안에 있다. 나는 내게 주어진 이 몸 안에서 움직이시는 '그 분'을 느낀다. 세상 속에 계신 신성, 깨어나 보면 이 얼마나 아름다운 왕국인가.

우리의 정체성이 모든 것을 품을 정도로 확대되면 우리는 세상의 춤사위 속에서 평화를 얻는다. 생명의 대양은 우리 안에서 일었다가는 스러지곤 한다. 탄생과 사망, 환희와 고통, 그 모든 것이 우리의 것이고, 우리의 가슴은 충만하고도 비어 있으며, 그 모든 것을 품을 정도로 크다.

7장 문 없는 문 : 영원한 지금의 문

사실은 네가 씹어 먹을 수 있는, 혹은 깔고 앉아 있을 수 있는 진정한 가르침 같은 것은 없다. 그런데도 너는 자신을 믿지 못하고 보따리를 매고 이집 저 집 기웃거리면서 선禪이니, 도道니, 비전秘傳이니, 깨달음이니, 붓다니, 조사祖師니, 스승이니 따위를 찾아 헤매고 다닌다. 너는 그것을 궁극의 답을 찾는 탐구라고 생각하고, 그것을 종교로 삼는다. 하지만 그것은 눈감고 좇아 다니는 것이나 다름없는 짓이다. 좇아 다닐수록 너는 더 멀어진다. 무엇을 위해서 자신을 그토록 피곤하게 하는가?

회양懷讓 선사

젊은 제자가 스승에게 물었다.
"저는 언제나 해방될 수 있을까요?"
스승이 대답했다.
"누가 널 붙잡고 있다고 그러느냐?"

아드바이타Advaita (일원론을 강조하는 인도 철학)의 가르침

특별한 곳을 간 적도 없고 어떤 체계적인 영적 수행을 한 적도 없고 신비한 체험도 한 적이 없음에도 불구하고 매우 지혜로운 사람들을 가끔씩 만난다. 그들은 너그럽고 자비로운 어머니의 얼굴로 나타날 수도 있고, 동네 서점에서 일하는 성자의 얼굴로 나타날 수도 있으며, 온 가족이 사랑하는 자애로운 할머니의 얼굴로 나타날 수도 있다. 그런 사람들은 즉

시성卽時性과 지혜와 자유와 감사의 마음을 퍼뜨린다. 그들은 사는 것이, 사랑하는 것이, 내려놓는 것이 두렵지 않은 그런 존재의 본보기를 보여준다.

구도의 길을 갈 때, 이런 사람들은 우리에게 의문을 제기하게 한다. 오랜 세월을 수행하여 날로 지혜가 깊어가지만 은총이나 견성이나 깨달음 등 실질적인 체험은 하나도 없는 사람들은 어찌 된 것일까? 이런 일도 매우 흔한데, 어떻게 그럴 수가 있을까?

이런 예들을 살펴봄으로써 앞의 장章에서 야기되었을 수도 있는 혼란을 지울 수 있을 것이다. 입문 과정, 견성의 체험, 은총과 깨달음 등의 의미를 무시해버리는 문화에 위험이 있는 것과 마찬가지로 거기에 너무나 중점을 두는 태도에도 위험이 도사리고 있다. 그 위험이란, 그런 것들이 우리 마음 속에서 너무나 큰 중요성을 차지하거나, 그런 이야기들을 너무 확대시킨 나머지 영적인 삶을 살기 위해서는 그런 것들이 꼭 필요하다고 믿게 될 수 있다는 것이다. 하지만 어떤 특별한 체험을 목표로 삼으면 여기, 우리 안에 늘 있는 그것을 붙잡겠다고 외부의 대상을 좇아 다니느라 긴 세월을 허비해버리게 될지도 모른다. 아니면, 자신과 자신의 경험을 의심하기 시작하여 자신의 가슴과 영적 삶이 못마땅하고 불충분하다고 비하하게 될 수도 있다.

내가 다른 절에서 장기간의 정진 수련을 하고 돌아와서 스승 아잔 차를 뵈었을 때, 나는 내가 겪었던 특별한 체험과 통찰을 말씀드렸다. 그는 자상하게 경청하고 나서 이렇게 물으셨다. "그것도 또한 놓아버려야 할 것들이지, 그렇지 않은가?"

우리가 가려는 곳은 바로 여기, 이 자리임을 명심할 필요가 있다. 모든 수행은 단지 우리 눈앞에 있는 것에 대해 가슴을 열게 하기 위한 수단인 것이다. 이미 우리가 있는 여기가 바로 길이요, 목표다.

내가 어느 라마승에게 그의 깨달음의 체험을 여쭈었을 때, 그는 그 체험의 평범함을 이해하는 지혜는 아무리 강조해도 지나치지 않다고 말했다. 그는 오랜 세월 은거와 수행을 해왔지만 그것은 단지 빵 장수가 빵을 굽듯이 '그의 일이었을' 뿐이다. 내가 그래도 뭔가 한순간이라도 특별한 깨달음이 있었다면 이야기해달라고 조르자 그는 웃음을 터뜨리면서 이렇게 말했다.

우리는 언제나 실제로 눈앞에 있는 것보다 좀더 특별하고, 더 크고 나은 것을 만들어내려고 애쓴다. 찾아온 모든 깨달음은 거기에 이미 있는 것을 확인시켜주는 것일 뿐이었다. 들리는 소문과 가르침들은 모두 맞다. 즉 우리는 빛나는 존재들이며 깨달음은 우리의 본성이라는 것이다. 당신은 이야기를 듣고 싶어하지만 특별한 것이 없다. 말하자면 난 편안히 쉬고 있었다. 그때 스님 한 분이 들어오셨다. 그가 나를 보더니 말했다. "아하, 무슨 일이 있었던 게로군요." 나는 그저 편안히 그 자리에 있었을 뿐인데, 문득 완벽한 충만과 평화의 영원한 순간이 찾아왔다. 어쩌면 몇 시간 동안이었는지 알 수 없다. 하지만 난 그걸 거의 알아차리지도 못 했다. 하지만 그 스님은 그것을 즉시 알아차리셔서, 그것이 그의 눈빛에 비쳐서 내가 알아차린 것이다. 나는 그것이 만물에 비쳐서 보인다는 것을 깨닫기 시작했다. 해야 하거나, 되어야 할 어떤 것도 없었다. 모든 것이 너무나 예사로웠고, 동시에 너무나 명료했다. 지금 이 순간으로 깨어나는 것, 이것이야말로 존재하는 모든 것이다.

수행의 길에 대해 제자가 묻자, 붓다는 영적인 삶에는 네 가지의 길이 있다고 설명했다. 첫 번째 길은 빠르고, 즐거움이 있다. 이 길에서는 열림과 내려놓음이 마치 순산처럼 환희와 황홀경과 함께 자연스럽게 찾아온다. 두 번째 길은 빠르지만 고통스럽다. 이 길에서는 강력한 임사 체험이나 사고, 사랑했던 사람과 사별하는 것 등을 겪을 수 있다. 이 길에는 내려놓기를 가르쳐주는 불타는 문이 있다. 세 번째의 영적인 길은 기쁨을 수반한 점진적인 길이다. 이 길에서는 열림과 내려놓음이 여러 해에 걸쳐서 일어난다. 그리고 그것은 대체로 쉽고 즐겁다. 가장 흔한 네 번째 길은 느리고 점진적이지만 대체로 고통을 통해서 일어난다. 고난과 몸부림이 되풀이되는 주제이다. 그리고 우리는 그것을 통해 조금씩 깨어나기를 배운다.

이것은 우리가 선택할 수 있는 것이 아니다. 우리에게 일어나는 것은 각자의 삶의 패턴, 때로 '운명', 혹은 '카르마'로 표현되는 그것의 반영이다. 그 길이 빠르든 느리든 간에 우리는 그 길에 그저 자신을 맡겨야 한다. 사실, 우리는 자신의 진척을 헤아리지 못한다. 그것은 마치 망망대해 위의 작은 나룻배에 타고 있는 것과 같다. 우리는 노를 젓지만 한 편으로는 큰 물결이 배를 밀기도 한다. 우리는 끊임없이 뱃머리를 동쪽으로 향하지만 정작 얼마나 갔는지는 알 수가 없다. 하지만 거리와 시간의 문제는 처음에만 일어나는 문제다. 자신이 얼마나 갔다고 생각하든지 아무런 상관이 없다. 이 길을 결정짓는 것은 지금 여기서 마음을 근본적으로 열고자 하는 반복적인 노력과 꾸준한 의지에 달려 있다.

정확히 하자면 붓다가 설명한 영적 개화의 이 네 가지 길에다 다섯 번째를 더할 수도 있을 것이다. 그것은 어떤 노력도, 속도도, 여행과도 상관없는 길이다. 일체성의 문이나 슬픔의 문을 통과하는 대신 우리는 문 없는 문을 지나간다. 그 모든 여행과 몸부림 따위가 하나의 환영임을 깨닫는 것이다. 그가 향하고 있는 곳은 바로 여기이다.

이것을 더 잘 이해하기 위해서는 깨달음이 발견되는 두 가지 상보적인 방법을 알 필요가 있다. 한 가지는 애쓰고 노력하는 길이고, 다른 한 가지는 애쓰지 않는 길이다. 애쓰는 길에서는 자신을 정화하고, 모든 장애물을 치우고 지금 이곳에 있으려고 애쓰고 자신을 깨달음에다 온전히 쏟아부음으로써 다른 모든 것들이 떨어져나가게 한다. 그러다가 결국에는 유일한 집착인 깨달으려는 욕망을 내려놓지 않으면 안 되게 된다. 그리고 이 놓아버림을 통해 모든 것이 확연해진다. 애쓰지 않는 길에서는 어떤 몸부림도 없다. 오로지 지금의 현실에 자신을 열 뿐이다. 무위 자연의 느낌 속에 머무는 것, 그것이 요구되는 것의 전부이다. 이로부터 모든 이해와 자비가 따라온다.

사실은, 때에 따라 우리는 이 두 가지 길을 다 가고 있다. 두 길이 다 우리를 내려놓음으로 이끈다. 나의 스승 중 한 분인 디파마는 이렇게 말씀하셨다. "두 길이 다 최선의 길이다." 다만 지혜로운 노력이 중요할 뿐이다. 하지만 그 길이 아무리 힘들더라도, 아무리 많은 노력이 들더라도, 결국 가슴이 깨어나게 하려면 은총의 작용에서 시작되어야 한다. 그것은 마치 봄바람처럼 우리의 모든 근심과 두려움을 날려보내고 가슴을 신선하게 채운다.

명상하고 기도하고 가르침에 귀기울이는 것은 마치 문을 열어놓는 것과도 같다. 봄바람을 예약해놓을 수는 없다. 스즈끼 선사가 말하듯이, "깨달음과 시간 약속을 할 수는 없다." 이와 비슷한 속담이 있다. "깨달음을 얻는 것은 하나의 사고事故다. 영적 수행은 사고가 잘 나게끔 만들 뿐이다."

무엇을 움켜잡고 있으면 바로 지금의 순간을 놓친다. 이런 이야기가 있다. 막 절에 당도한 풋내기가 이렇게 묻는다. "저는 깨닫기 위해 머리를 깎고 수행하러 왔습니다. 얼마나 걸릴까요?" 스승이 대답한다. "10년." "흠, 그러면 그보다 두 배로 열심히 수행하면 얼마나 걸립니까?" "20년." "아니, 잠깐만요. 이상하군요. 왜 갑절이 됩니까?" 스승이 대답했다. "그렇다면 네 경우엔, 30년이 걸릴지도 모르겠군."

어느 수피 스승에게는 열림의 경험이 한 번의 큰 변화의 사건이 아니라 점진적으로 진행된 과정으로서 찾아왔다.

> 물론 나도 온갖 통찰과 계시를 경험했지만 전반적으로 볼 때 나의 영적 삶은 여러 해에 걸친 의식적인 개방의 과정이었다. 이 과정은 그저 존중하고 북돋아주어야만 한다. 내 안에서 일어나고 있는 것과 다음에 일어나려고 하는 것에 주의를 기울이면 그것은 언제나 강도가 커졌다. 그리고 새로운 능력을 감지할 때는 동시에 그것이 열리는 것을 가로막고 있는 것이 무엇인지를 만날 수 있다. 그래서 예컨대 자비심이 자라나고 있는 것을 느끼면 동시에 내가 그 자비심으로써 살지 못하게 가로막는 의심과 저항감에 마주치는 것이다. 이것을 인식하는 것이 열림 과정의 다음 단계가 된다.
>
> 진리를 깨우쳤다고 하더라도, 집착과 자기를 한정하는 신념은 해결해야만 한다. 오랜 기간 주의를 기울임으로써 이 열리는 과정을 지속시켜야만 한다. 하지만 결국 그것이 저절로 일어나기 시작하는 어떤 시점에 도달하게 된다. 때로 저항 속으로 다시 떨어지곤 하더라도 돌아가지는 않는다. 왜냐하면 '진정한 존재' 속에서 머무는 것이 어떤 것인지를 이미 알기 때문이다. 그것이 자신의 본 모습임을 알므로, 그것에 대한 이해는 사라질 수가 없다.

선가에서는 깨달음을 먼 곳에 있는 어떤 상태로 보고 찾기보다는 그것이 '곁에 있는 것보다도 더 가까이' 있음을 인식하는 것이라고, 바로 그것을 배우라고 가르친다. 문 없는 문은 이 자연스러운 깨달음을 우리의 타고난 권리로 숭상한다.

깨달음을 향한 오래고 힘든 구도의 길을 강조하고 또 강조하는 불교 문화 속에 사는 아잔 차도 늘 자신의 제자들에게 깨달음이란 본연의 것이고 바로 우리 손 안에 있음을 상기시켰다. 그는 절에 와서 처음의 여섯 달 안에 깨달음의 흐름을 찾지 못했다면 그것은 시간을 낭비한 것이라고 말하곤 했다. 그는 깨달음이란 우리 본연의 상태라고 강조했으며, 또한 주변의 온갖 무상한 조건들과는 상관없이 원래의 고요하고 자유로운 가슴 안에서 쉬는 방법을 배울 수 있다고 강조했다.

> 마음은 본래 시작도 끝도 없으며, 평화롭고 움직이지 않는다. 변화하는 감각의 인상이 마음을 속여 자신을 잊어버리게 만들어 혼란에 빠졌을 때 해야 할 것은, 그저 이 모든 작용을 알아차리고 본래의 마음으로 돌아가는 것이다.

아잔 차는 주의 깊게 살피고 명상을 진지하게 함으로써 마음이 고요해지기만 하면 곧 이러한 진실이 드러난다고 말한다. 모든 경험에는 자아가 없고, 독립적인 실체가 없다. 그것은 특정한 조건에 따라 바람처럼 일어나고, 지나간다. 그는 이렇게 가르쳤다. 이러한 진실을 알아차리는 고요한 순간을 만나면, 우리는 '자아'라 불리는 그 모든 조건들을 벗어나와 무시간의 지혜, 조건지어지지 않은 그것 속에서 쉴 수 있게 된다. 그러므로 우리가 하고 있는 고된 수행은 이 무상한 현실을 알아차려 그 속에 정신을 잃고 빠지지 않기 위한 것이다.

이 가르침에서는 우리의 경험의 바탕과 모습은 거꾸로 뒤집어진다. 깨달음은 우리의 진정한 상태이고, 영적인 수행은 단지 혼란에서 벗어나 지금의 현실 속에 살기 위한 하나의 방법이다. 목표는 바로 우리 자신인 것이다.

한 불교 명상 지도자는 자신의 삶이 어떻게 변했는지를 이야기한다. 그녀에게도 이렇다 할 만한 강력한 견성이나 사건 같은 것은 없었다. 그 대신 그것은 깨어남 그 자체의 끝없는 연속이었다.

나는 수많은 제자를 거느린 지도자이고, 제자들 가운데에는 명상중에 강력한 열림을 경험한 이들도 많지만, 정작 나의 길은 그렇지 않았다. 오랫동안 나에게 이것은 가장 받아들이기 힘든 일이었다. '아무 일도 일어나지 않았다' 는 사실 말이다. 나는 위대하고 극적인 체험을 한 그런 사람이 아니다. 이제 30년이 지났지만, 그것은 성공이나 좌절 같은 자기만의 관념에 사로잡히지 않고 수행해온 과정이었다. 나는 수개월 동안 계속되는 정진 수련에 참석하곤 했지만 그 어떤 그럴싸한 체험도 해보지 못했다. 첫 10년 동안 그것은 정말 힘든 일이었다. 하지만 최소한 나는 내가 특별한 영적 존재라고 믿는 함정에 빠지지는 않았다.

그래도 어떻게든 변화는 있었다. 나를 가장 크게 변화시킨 것은, 무수히 긴 시간을 내가 하고 있는 일에 애정 어린 주의를 기울이는, 깨어 있기 훈련이었다. 내면의 짐에서 벗어나는 일이 나에게는 단숨에 일어나지 않고 조금씩 반복되며 일어난다는 것을 나는 깨달았다. 나는 그저 심판의 짐, 두려움의 짐, 자기 불신의 짐, 심신의 긴장의 짐들을 내려놓았다. 언젠가 나는 긴장과 집착이 얼마나 자동적으로 찾아오곤 하는지를 발견했고, 그때부터 그것을 내려놓기 시작했다. 삶을 있는 그대로 음미하고 평안을 되찾았다. 전통적인 가르침의 내용이 내 안에서 서서히 빛을 발하기 시작했다. 실제로는 오는 것도 없고, 가는 것도 없다. 존재의 근본 자리에서는 어떤 일도 일어나지 않고 또한 일어나지도 않을 것이다. 이것을 깨닫는 것은 이미 알고 있던 것을 확인하는 것과도 같았다. 나는 덜 긴장하게 되고 나 자신을 덜 의식하게 되었다. 자비심이 깊어지기 시작했다. 이상한 일이지만, 내 친구들은 내가 날이 갈수록 더욱 진솔해진다고 말한다. 그들은 내 안에서 매우 큰 변화가 있었다고 한다. 하지만 그것은 어떤 특별한 사건에 의해 일어난 것이 아니다. 추측컨대, 그것은 다만 끊임없이 지금 여기에 있기를 실천해온 결과일 것이다. 그것은 이처럼 단순하다.

영적 삶을 통해 도달해야 할 어떤 목표나 상태, 또는 어떤 특별한 곳이 있다는 관념에 빠지기가 쉽다. 비범한 체험의 이야기들은 삶이 어떠해야 한다는 관념을 만들어놓아 자신을 다른 이들과 비교하게끔 만들 수 있다. 티베트의 어느 유명한 요가 수행자가 여러 해 동안 산 위의 오두막에서 열심히 수행을 하고 있었다. 그는 산 아래 마을 사람들에게서 도움을 받고 있었다. 어느 축제 날에 그는 그를 돕는 모든 마을 사람들이 그를 방문하러 올 것이라는 소식을 들었다. 요가 수행자는 옷을 깨끗이 갈아입고 오두막을 깨끗이 쓸고 제단 위에 놓인 공양 그릇을 반짝이도록 닦고는 특별한 공양물을 올렸다. 그리고 그는 점잖게 앉아 마을 사람들을 기다렸다. 그런데 무엇인가 불편함이 그를 엄습했다. 그는 어떤 사람이 되려고 한 것인가? 결국 그는 일어나서 먼지를 몇 웅큼 집어 바닥과 제단에다 도로 뿌렸다. 이 몇 웅큼의 먼지는 그가 바친 가장 고귀한 공양물이었다는 이야기가 전해진다.

문 없는 문을 들어설 때, 우리는 구도에 종지부를 찍는다. 이전까지는 깨달음을 얻거나 무엇인가 특별한 사람이 되기 위해 온갖 방법을 시도해보았을 것이다. 마침내 우리는 영원한 지금의 문을 들어서서, 아무 곳에도 갈 필요가 없음을 깨닫게 된다. 우리가 있는 곳이 그곳이다. 오로지 그곳만이 인내와 평화와 자유와 자비를 완성할 수 있는 곳이다. 료칸(良寬, 에도시대의 선사)의 선시禪詩는 지혜를 구하고자 하는 일생의 탐구의 최고점으로서 이 같은 진실을 제시하고 있다.

> 내 삶이 외로워 보일지 몰라도
> 나는 천국에 자신을 맡기고
> 세상을 떠돌았노라.
> 양식 자루에는 쌀이 몇 됫박 있고
> 화덕 옆에는 장작이 한 단 있다.
> 깨달음인지 미망인지,
> 뭘 보고 알 수 있냐고 묻는다면
> 할 말이 없다.
> 부와 영광은 한갓 먼지일 뿐.
> 저녁 비가 내리니, 화답하여
> 오두막에 앉아 다리를 뻗노라.

료칸은 이해하는 가슴 속에 머물러 있다. 더 이상 세상에서 구하지 않는다. 그는 도를 믿는다. 그 자신의 존재가 곧 깨달음이다. 그리고 세상에 대한 그의 반응은 스스럼없고 자비롭다.

30년 동안 영적인 생활을 열심히 추구했던 한 기독교 수사는 이렇게 이야기한다.

> 나는 아빌라의 성녀 테레사나 십자가의 성 요한과 같은 신비주의자들의 열망에 늘 감동받곤 했다. 실연과 집안 문제를 겪은 후 한 수도회에서 1년을 지낼 때, 나는 그들의 어록을 읽고 또 읽었다. 나는 내가 영혼의 어두운 밤을 지나가고 있는 중이라는, 낭만적인 생각을 가지고 있었다. 하지만 그것은 끝이 없었다. 이렇다 할 만한 사건도, 신비적인 계시도 없었

다. 수도회를 나와서 사회 사업가가 되었을 때도 나는 기도 생활과 묵상 수행을 계속했다. 하지만 그것은 여러 해가 지날 때까지 평범하고 어두운 상태로 남아 있었다. 이제 나는 내가 그때 좀 우울하고 외로웠음을 깨닫는다. 그것은 별로 신비할 것이라곤 없는 그저 그런 것이었다.

그러다가 10년 전에, 나는 인도에 아슈람을 가지고 있는, 성스러운 비데 그리피스Bede Griffiths 노신부와 함께 은거 수련을 하게 되었다. 그는 백발에다 요가 수련을 할 때 입는 오렌지 색 승복 차림이었다. 그는 긴 겨울을 난 뒤 피어난 한 송이 수선화처럼 그 존재로부터 깊은 기쁨의 빛을 발하고 있었다. 우리는 이야기를 나눴는데, 그는 내가 영적 구도의 길은 어떻게 전개되어야만 한다는 식의 한 편의 시나리오를 써놓고 있다고 지적해주었다. 그는 내 얼굴을 손으로 감싸며 내 안으로 깊은 사랑을 보내면서 말씀하셨다. "당신만의 독특한 자신이 되시오. 신께서 원하는 것은 그것뿐이오." 나는 울었고, 춤을 추었다. 그리고 내가 되고자 했던 모든 것을 비웃을 수 있었다. 지금까지도 이전과 마찬가지로 여러 해 동안 기도와 묵상 수련의 생활을 계속해오고 있지만, 나는 우울해하지 않고, 내 삶을 사랑하게 되었다. 큰 체험 같은 것은 하지 않았지만 자신을 사랑함으로써 모든 것이 변했다.

선가의 전통에는 이런 일화들이 가득하다. 협산夾山 선사의 어떤 제자는 처음에 스승과 함께 살다가 그의 가르침이 자신에게 맞지 않는다는 것을 깨닫고 순례를 떠났다. 하지만 그는 가는 곳마다 자신의 스승 협산이 최고의 스승이라는 평을 들었다. 마침내 그는 스승에게로 돌아왔다. 옛 스승을 만나자 그는 이렇게 따졌다. "당신은 왜 깊은 가르침을 나에게 내놓지 않으셨습니까?" 그러자 스승은 부드럽게 웃으면서 대답했다. "네가 밥을 지을 때 내가 불을 붙이지 않았더냐? 네가 음식을 나누어줄 때 내가 그릇을 내밀지 않더냐? 내가 너를 언제 따돌렸단 말이냐?" 이 말에 제자는 문득 깨달음을 얻었다.

우리가 찾아 헤매는 거룩한 완성은 언제나 여기에 있다. 노리치의 줄리언Julian of Norwich은 자신의 기도문 속에서 이 완성을 이렇게 묘사했다. "또한 만물이 평안할지라, 또한 매사가 편안할지라." '있는 그대로의 것들'의 완전성을 인식하는 것은 가슴의 혁명적인 열림이며, 만물의 배후에 있는 거룩한 온전함에 대한 경외다. 그것은 언제나 여기에 있으며, 우리는 어떤 상황 속에서도 그것에 눈뜰 수 있다.

이런 의문이 일어날 수도 있다. "나에게는 왜 깨달음이나 완성을 맛보는 기회가 오지 않는가?" 진실은, 아마도 그것이 우리에게 왔지만 우리가 그것을 알아차리거나 알아보지 못했으리라는 것이다. 그것은 눈에 보이지 않게 우리를 둘러싸고 있으면서 생명을 지탱해주는 공기와도 같다.

말레이 반도의 거대한 우림을 가로질러 수도원을 가지고 있는 아잔 붓다다사가 하루는 제자들을 나무 그늘 아래로 초대했다. 그리고 그는 제자들에게 매순간에 가장 단순한 방법으로 열반을 찾아보라고 가르쳤다. 그는 이렇게 말하곤 했다. "열반은 내려놓음의 후련함이며, 삶의 집착도 저항도 없을 때 경험하는 본래적 기쁨이다."

집착과 혐오가 밤낮으로 끊임없이 우리에게 붙어 있으면 아무도 견뎌낼 재간이 없다는 것은 누구나 알 수 있다. 그런 조건하에서는 생명체는 죽지 않으면 미쳐버릴 것이다. 그러나 우리는 그렇게 되지 않고 살아간다. 왜냐하면 자연스럽게 후련함과 온전함과 편안함을 느끼게 되는 시간이 있기 때문이다. 사실은 이런 시간이 집착과 두려움의 불이 타오르는 시간보다 길다. 우리를 살아 있게 하는 것은 바로 이것이다. 우리는 원기를 회복시켜 우리를 건강하게, 살아 있게 만들어주는 휴식의 시간을 갖는다. 이 일상 속의 열반에게 감사를 느껴야 하지 않겠는가?

우리는 내려놓는 방법을 이미 알고 있다. 밤에 잠들 때마다 누구나 그것을 한다. 그리고 이 내려놓음은 한숨 잘 잔 잠처럼 맛있다. 이렇게 자신을 엶으로써 우리는 온전한 실재 속에서 살 수 있다. 약간의 내려놓음은 약간의 평화를 가져온다. 더 큰 내려놓음은 더 큰 평화를 가져다준다. 문 없는 문을 들어서면 우리는 온전한 순간들을 소중하게 여기기 시작한다. 세상의 자연스러운 리듬을 신뢰하기 시작한다. 잠을 신뢰하듯이, 숨이 스스로 호흡을 이어가는 것을 신뢰하듯이.

수행에 15년을 바친 어떤 심리학자이자 치유가는 한 수련회에서 다시금 대인 관계의 문제에 부딪혀 괴로워하고 있었다. 집착하고 갈망하고 비난하는 느낌들이 자꾸만 올라오곤 했다. 우리는 함께 대화했고, 나는 그에게 자신을 향해 자비심을 보내는 명상을 며칠 동안 해보도록 권했다. 처음에 그는 다른 사람들처럼 저항했다. 그는 자신에게 주의를 돌리는 것을 불편해했다. 여러 날 동안 자신에게 자애와 사랑의 의도를 계속 보내는 것은 거북하고 어색한 일이었던 모양이다. 하지만 수련회가 진행되는 가운데 점차 그의 가슴이 부드러워졌다. 자신과 타인에 대한 용서의 마음이 생긴 것이다. 세상이 더 아름답게 보이기 시작했다. 그러다가 깨달음이 왔다.

나 자신을 사랑해야만 할 사람은 나이다. 아무도 나를 온전하게 만들어 줄 수 없다. 오로지 나만이 그런 사랑을 줄 수 있다. 이제 나는 이 온전함이 나와 모든 곳의 존재들에게 언제나 열려 있음을 안다. 이 앎이 나로 하여금 나 자신과 타인들에게 새로운 평화와 자애를 가지고 살 수 있도록 해준다. 그것은 가장 단순한 방법으로 내 삶 전체를 바꿔놓았다.

다시 말하지만, 영적 수행의 교훈은 지식을 얻는 데 있는 것이 아니라 어떻게 사랑하느냐 하는 데에 있다. 우리는 자신에게 주어진 그대로를 사랑할 수 있는가? 자신과 타인들을 사랑할 수 있는가? 우리는 아침마다 태양이 가져다 주는 밝음을 볼 수 있는가? 그렇지 못하다면 자신을 열기 위해서, 내려놓기 위해서, 우리 본래의 완전성 속에서 쉴 수 있게 하기 위해서 우리는 몸과 가슴과 마음으로 무엇을 해야만 하는가? 문은 열려 있다. 우리가 찾는 것은 바로 눈앞에 있다. 오늘도 그렇고, 내일도 그렇고, 날마다 그렇다.

명상 지도자인 래리 로젠버그는 한국의 선사인 숭산崇山 스님 밑에서 수행하기 위해 한국에 갔다. 그는 한국의 여러 절을 돌아보는 순례 여행을 했는데, 그러던 어느 날 한 외진 산기슭에서 웅장한 탑이 있는 절을 만나게 되었다. 그 옆에는 '한국에서 가장 아름다운 불상이 있는 곳'이라는 안내문과 함께, 산 위로 이어진 천 개의 계단을 가리키는 화살표가 그려져 있었다. 래리는 곧장 천 개의 계단을 숨이 차서 올라갔다. 사방에 펼쳐진 경관은 숨을 멎게 했다. 단순한 선종 풍의 돌탑은 산 아래의 우아한 탑과 필적할 만한 아름다움을 갖추고 있었다. 하지만 불상이 있어야 할 단 위에는 아무 것도 없었다. 푸른 산들로 에워싸인 멋진 풍경만이 펼쳐져 있을 뿐이었다. 그는 텅 비어 있는 단상 가까이 다가갔다. 거기에는 이런 글이 쓰여 있었다. "여기서 붓다를 못 만나셨다면 내려가서 수행을 더 하시는 게 좋겠습니다."

8장　　견성 너머 : 깨달음의 지도地圖

9장　　깨달은 후에도 삶은 계속된다

10장　　더러운 빨랫감

3부

깨달은 후에도 삶은 계속된다

8장 견성 너머 : 깨달음의 지도地圖

한 목사의 딸이 아버지에게 설교의 내용을 어디서 얻느냐고 물었다. "하나님에게서지." 그가 대답했다. 그러자 딸이 다시 물었다. "그럼 왜 설교문을 막 지우고 고치세요?"

앤터니 드 멜로Anthony De Mello

온전히 깨달은 자가 우물에 빠진다. 어찌 된 일인가?

전해오는 선가의 공안 중에서

견성 너머에는 무엇이 있는지 알 수 있을까? 철인 소크라테스는 사형 집행을 앞두고 감방에서 기다리고 있을 때, 동료 죄수가 시인 스테시코루스가 쓴 복잡한 노랫말을 흥얼거리고 있는 것을 들었다. 그는 동료 죄수에게 그 시의 내용을 가르쳐달라고 부탁했다. "하지만 뭣 하려고?" 그 동료가 물었다. 소크라테스는 이렇게 대답했다. "한 가지라도 더 알고 죽으려고."

영적 삶도 마찬가지이다. 거기에는 우리가 누구이든지 간에 이해의 성숙과, 우리 존재의 지속적인 개화가 수반된다. 이것이 '깨달음 이후'의 지혜이다. 중국의 허운虛雲 스님이 120세의 나이로 죽기 전에 말했듯이, "큰 견성 이전에는 작은 견성이 많이 있다. 그리고 진짜 깨달음에 이르는 과정에는 큰 견성이 많이 있다."

모든 전통의 신비주의자들은, 깨어남이 아무리 강력하더라도 그 깨달은 현실 속에서 사는 능력은 반드시 지나가버린다고 가르친다. 처음에는 그렇게 보이지 않을 수도 있다. 견성은 우리 안에 너무나 불가항력적인 이해와 해방감을 일깨워놓기 때문에, 그것이 단지 첫 번째 단계에 지나지 않는다는 것을 깨닫기가 어렵다. 하지만 사실상 모든 영적 전통에서 깨어남의 진행 과정을 그린 지도나 혹은 설명을 찾아볼 수가 있다.

때로 이 영적 개화 과정은 갈수록 더 높은 차원의 계시로 들어가는 것으로 묘사되기도 한다. 기독교 신비주의자인 십자가의 성 요한은 카멜산을 오를 때 높이 올라가면 갈수록 모든 것이 더욱더 확연하게 보인다고 적고 있다. 때로는 티베트의 족첸(Dzogchen, 티베트 불교의 4대 종파 중 가장 오래된 닝마파의 가르침) 스승들이 그 필요성을 강조하듯이, 그것은 첫 번째 깨달음을 정착시켜가는 과정으로 간주된다. 선가에서 말하는 심우도의 마지막 그림에서 소를 찾은 이와 소는 함께 저잣거리를 돌아다니며 축복을 해준다. 하지만 그들의 여행은 결코 끝나지 않았다. 아니, 그들의 모험은 이제 막 시작된 것이라고 말할 수도 있을 것이다. 모든 전통은 저마다 가슴이 깨어난 이후에 삶이 어떻게 흘러가는지에 대한 고유한 이미지를 제시하고 있지만, 그 모두가 최초의 열림은 단지 시작일 뿐이라고 입을 모은다.

깨 어 남 은   과 정 의   시 작 일   뿐

불가에서 가장 잘 알려진 깨달음의 지도는 동남 아시아 원로들의 테라바다(즉 소승 불교) 전통이 제시하는 지도이다. 원로들의 지도에서는 깨달음을 '고귀한 지혜'의 네 가지 점진적 단계들로서 설명한다. 각 단계는 새로운 차원의 자유를 가져다준다. 첫 번째 단계는 '합류'라고 불린다. 합류는 깨달음의 절대적 자유를, 무상한 세상의 모든 조건들을 초월한 가슴의 자유를 처음으로 맛볼 때 일어난다.

선가의 견성과 마찬가지로, 합류는 사물에 대한 이해에 극적인 변화를 가져온다. 이 최초의 깨달음에서 수행자는 분리된 자아라는 환영을 꿰뚫어보고, 몸과 마음을 나로 생각하는 동일시를 벗어나서 시간을 초월한 열반의 평화 속으로 깨어난다. 이를 통해 삶의 방향은 영원히 바뀌고, 우리는 개울물이 나뭇잎을 바다로 실어다주는 것만큼이나 확실하게 우리를 더 큰 자유의 바다로 실어다줄 물줄기에 합류하게 된다.

하지만 진리를 깨우치더라도 인격을 변화시키고 이와 같은 새로운 이해를 삶 속에 체득하기 위해서는 더 많은 정화가 필요하다고 원로들은 말한다. 이리하여 합류로부터 두 번째 단계, 곧 '귀환'으로의 여행이 시작된다. 종종 여러 해가 걸리는 심도 깊은 과정을 통해 우리는 한정되고 두려워하는 자아의 느낌을 재창조해내는 집착과 혐오의 악습을 발견하고 그것을 풀어낸다. 두 번째 단계를 성취하기 위해서는 욕망과 두려움, 관념과 이상에 매달릴 때 찾아오는 고난에 끊임없이 정성스러운 주의를 기울여야 한다. 인간의 삶 속의 이런 힘들을 이해하고 있으면 그것은 우리를 지배할 힘을 잃어버린다. 마침내 깊은 깨달음 속에서 욕망과 집착과 분노와 두려움의 막강하던 힘이 눈에 띄게 떨어져나가버린다. 우리는 두 번째 단계를 성취한 것이다.

세 번째 단계를 원로들은 '불귀不歸'라고 부른다. 이 단계에서 우리는 남아 있던 욕망과 집착과 분노와 두려움으로 되돌아가지 않도록 자유로워져서, 다시는 그것들의 지배를 받지 않게 된다. 이 세 번째 단계를 지나가는 몇 안 되는 매우 드문 사람들은 깊은 고요와 비어 있음 속에 오랜 기간 잠겨 있음으로써 그것을 성취한다. 지혜가 성숙하면, 설령 가슴 속에서 무엇에 매달리려는 미세한 움직임이 일어나도 그것을 다음 순간에 버릴 수 있다. 이 단계에서 수행자는 지금의 현실 속에, 그리고 자유 속에 몸을 담그고 쉰다. 가슴의 깊은 평화는 좀처럼 거의 깨지지 않는다.

마지막으로 네 번째이자 가장 비범한 단계인 '대각大覺'이 찾아온다. 여기서는 미세한 욕망 – 심지어는 환희, 자유, 명상 그 자체에 대한 욕망마저 – 의 마지막 흔적이 떨어져나간다. 이제 그는 순수한 존재를 베일로 가리는 자만, 분별, 불안, 분리의 자취로부터 해방되어 자아와 전혀 동일화하지 않는 상태가 된다. 우리의 진정한 본성의 빛이 생애 전체를 통해 거침없이 방사된다.

이와 같은 원로들의 지도는, 분명하고도 심오한 깨달음을 체험한 사람이라도 여전히 욕망과 분노와 착각 속에 빠져 있을 수 있음을 보여준다. '합류'한 사람은 삶 속에 그것을 체득하지 못한 상태에서도 견성과 깨달음에 대해 실로 영감에 찬 가르침을 펼 수도 있다. 이 때문에 다음 단계의 깨달음이 필요한 것이다.

대부분의 영적 지도자들은 최초의 견성 이후에도 여전히 두려움, 혼란, 영적 태도의 상실, 서투른 행위 등이 한동안 일어날 수 있다는 점에 동의한다. 아무리 엄청난 진리의 계시를 받았더라도, 자유와 은총의 첫 느낌이 아무리 심오하더라도, 그것을 숙성시키는 기간이 따라야만 한다. 지난 세월 동안 나는 이것이 적용되지 않는 서양인을 한 사람도 보지 못했으며, 대부분의 아시아인 스승들에게도 이것은 사실인 것으로 보인다. 이 진실을 인식하지 못한다면 우리는 다만 자신을 속이고 있는 것이다. "우리 아들은 공부가 끝났어." 물라 나스루딘(수피 우화의 주인공)의 어머니가 자만심에 가득 차서 이렇게 말했을 때, 나스루딘은 이렇게 대꾸한다. "신께서 틀림없이 공부거리를 더 보내주실 거예요." 우리 모두에게도 마찬가지다.

깨달음을 성취한 실제적 징표와 수단은 다양하므로, 무엇을 합류로 보아야 할지에 대해서는 원로들 사이에서도 의견이 매우 분분하다. 어떤 계보의 가르침에 따르면 그것은 가장 깊은 명상을 통해서 일어난다고 한다. 그것은 몸이 견고하다는 믿음을 해체시키고 몸과의 모든 동일시를 풀어놓는다. 다른 계보에서는 합류란 마음과의 동일시에서 해방되는 것이라고 한다. 또 어떤 계보에서는 합류는 깊은 명상과는 무관한 것이며, 그것은 모든 집착을 내려놓는 훈련을 시작하면 첫 달 안에 자연스럽게 찾아오는 것이라고 말하기도 한다. 어떤 스승들의 말에 따르면, 스승과의 단 한 번의 만남, 혹은 늘 거기에 있는 무아의 완전한 경지를 보는 한 순간만으로도 합류의 단계를 일깨울 수 있다고 한다. 어떤 이들은 선가의 공안을 들고 오랫동안 씨름한 이후에만 합류의 단계에 들 수 있다고 한다. 심지어는 같은 수도원 내에서도 스승들이 제자가 실제로 그런 단계에 이르렀는지를 놓고 논란을 벌이기도 한다.

어쩌면 이 모든 방식을 수긍하고 존중해주는 것이 최선일지도 모른다. 합류는 작은 자아의 느낌을 진정으로 놓아버리고 신뢰와 자유에 자신을 온전히 열면 언제든지 일어난다. 어쩌면 그것은 루이 암스트롱의 말과 같은 것일지도 모른다. "재즈를 말로 설명해줄 수는 없다. 그냥 들어보면 안다."

합류의 과정을 지나 그 다음 과정을 가던 한 구도자는 모호하지 않고 적확한 가르침을 얻기가 갈수록 더욱 힘들어지는 것을 발견했다. 서양인 중에서도 가장 열성적인 수행자 중의 한 사람으로 알려진 한 불교 지도자는 내게 이렇게 말했다.

> 여러 해 은거 수련을 한 후에 나는 미얀마로 갔다. 스승은 우리가 최선의 노력을 다하도록 채찍질해주었고 나는 여러 단계의 통찰을 거쳐 다르마(즉 불법佛法)의 놀라운 깨달음을 경험했다. 그것은 합류의 과정처럼 느껴졌고, 스승도 그것을 확인하신 듯했다. 그것은 경외와 영감에 찬 시간이

었고, 그 차원의 의식 상태의 효과는 오랫동안 지속되었다. 그래서 나는 이제 다음 단계의 깨달음으로 바로 나아가는 것은 당연한 일이라고 생각했다. 그 다음 해에도 나는 수행에 전념했다. 하지만 새로운 일은 일어나지 않고, 단지 이미 경험한 것을 자꾸만 반복해서 건드리고 있는 것 같았다. 나는 좌절감에 빠졌고, 더욱 밀어붙일수록 그 뒤에 이어지는 집착은 정말 얼마나 더 깊은 것인지만 느낄 수 있을 뿐이었다.

나는 다음 단계에 다다르기 위해서 무엇을 해야 할지에 대해 몇몇 스승에게서 직접적인 대답을 얻어보려고 애썼다. 하지만 그 모든 대답이 놀랍게도 애매모호하고 불분명했다. 결국 나의 스승은 자신의 다음 단계 수행은 여러 해에 걸쳐 계속된 자기 정화였다고 말해주었다. 이 시점에서 내가 알고 있는 것은, 그저 다르마의 길을 계속 따르는 것뿐이다. 하지만 얼마나 왔는지, 또 얼마나 더 가야 하는지를 우리가 과연 정확히 알 수 있는 것인지에 대해서는 나도 잘 모르겠다.

겸손과 어두운 밤

기독교의 묵상 전통에 따른 지도에서는 더 높은 영적 수행의 길을 갈수록 깊어지는 겸손과 정화의 과정으로 그리고 있다. 십자가의 성 요한은 은총을 처음으로 경험한 후에는 '신성'과 연결되는 감각을 잃어버리는 길고 고통스러운 기간이 따른다고 가르친다. 그러한 어두운 밤은 성스러운 여행에 필요한 단계라는 것이다.

성 요한에 따르면, 먼저 세속적인 일들에 대한 입맛을 잃는 '감각의 어두운 밤'이 찾아온다. 이것은 심각한 상실의 기간이다. 과거에 위안을 주었던 모든 것들이 의미를 상실한다. 가장 찬란한 영광을 맛보고 나서 우리는 가슴의 길에 대해 분명히 알지도 못 한 채 메마르고 황폐한 땅으로 들어간다. 십자가의 성 요한은 이 기간을 자만과 탐욕과 노여움으로부터 인격을 정화하는 인내의 시간으로 묘사한다. 이 기간에 우리는 신성으로부터 떨어져나오면서부터 비롯된 세상의 슬픔에 대한 깨달음을 심화시킨다.

'감각의 어두운 밤' 다음에는 '영혼의 어두운 밤'이 찾아온다. 여기서는 더욱 깊은 정화와 복종이 요구된다. 이곳은 〈구약 성서〉에 나오는 욥의 심판에서 보는 것과 같은 혼란과 비탄의 연옥이다. 이 정화의 과정으로부터 오로지 '신'만을 향하는 열정적 사랑과 열망이 일어난다.

영혼의 어두운 밤을 잘 겪어내는 이에게는 커다란 보상이 기다리고 있다. 성 요한은 이 '찬란한 어둠'에 깊이 복종한 영혼에게 부어지는 엄청난 은총의 달콤함은 형용하기가 힘들다고 노래한다. 이 긴 여행에서 중요한 것은 겸손한 인내와 끈기이다. 성 요한은 이렇게 말한다. "가슴의 사랑은 어두운 밤길을 인도하는 촛불이다."

여러 해에 걸쳐 '신성'에 가슴을 열고 묵상 수행을 했던 한 명상 지도자는 어두운 밤을 이렇게 맞았다.

> 가톨릭과 불교 사원에서 여러 해를 지내고 나서 혼자서 장기간 은거 수행을 하던 중에 설명하기 힘든 일이 일어났다. 굳이 가장 비슷한 설명을 찾는다면 성 어거스틴 St. Augustine의 말을 빌리는 것이다 — 나는 신께서 나 자신보다 더 가까이 계시는 것을 보았다. 신은 광활한 대양과 같았고, 나 자신으로 익히 경험해온 모든 것은 한갓 얇은 막에 불과했다. 그것은 실체도 없이 수면에 떠다니다가는 사라져버렸다……
>
> 이와 같은 깨달음과 함께 온 지복과 성스러운 열림이 몇 달 후에 지나가버리고 나자, 나는 깊은 무기력감과 두려움에 빠져버렸다. 그것은 지옥 기간의 시작이었다. 거대한 감정의 분출이 있었고, 그 다음에는 아무런 느낌도, 의미도 없는 죽은 것 같은 느낌 속에 묻혀버렸다. 나는 불교

센터를 떠나 딸이 사는 오하이오로 돌아와서 아무 의미도 없는 청소부 일을 했다. 나는 후두염과 천식을 앓았다. 끝없는 내면의 고통과 상실감이 나를 절망감에 빠뜨려놓아서, 나는 겉으로는 정상인 것처럼 보여도 속으로는 거의 자살 충동을 느끼거나 미쳐버릴 지경이었다. 당연히 기도와 묵상이 불가능하게 되었다.

이런 시련 속에 몇 달이 지나자 나는 마침내 기진하여 욕실 바닥에 쓰러진 채 신께 자비를 빌었다. 더 이상 버틸 수가 없었다. 그때 문득 한순간에, 고문당한 나의 온 존재가 마치 욕조 속의 물이 빠져나가는 것처럼 나에게서 빠져나갔다. 나는 두 시간 동안 지복과 환희와 평화 속에 앉아 있었다. 나는 그 모든 고난이 다 신의 계획이었음을 알았고, 신에 대한 나의 신뢰를 기억해냈다. 그리고 이 슬픔이 내 길의 일부였음을 기억해냈다. 두 시간 동안의 휴식 끝에 나는 내가 그것을 감당할 수 있으며, 그것이 신의 뜻이라면 나는 그것을 원한다는 것을 인정할 수 있었다. 내가 그것을 본 순간, 놀랍게도 그 모든 것이 즉시에 돌아왔다 — 그것은 마치 욕조가 다시 차는 것처럼 밑바닥에서부터 차올라왔다. 모든 것이 정확히 이전과 같아졌다. 이전과 똑같이 고통스럽고 끔찍했다. 하지만 신의 자비를 느낀 그 짧은 순간은 모든 것을 다르게 만들어놓았다. 나는 내가 그것을 감당할 수 있다는 것을 알았다. 그리고 신께서 나에게 주는 것이라면 무엇이든지 살아내기 원한다는 것을 알고 있었다. 신께서 그때 보여주신 친절과 은총에 대한 끝없는 감사가 솟아났다. 신은 어머니와 같은 부드러움으로, 우리가 떨어지면 잡아서 도와주려고 보이지 않게 우리 뒤를 따르고 있다. 신의 은총 속에서 사는 것 외에 다른 선택이 없음을 배운 것은 그 고통의 가장 깊은 바다에서였다.

성 요한이 '어두운 밤'이라는 표현을 써서 말했듯이, 아빌라의 성 테레사는 '내부의 성城'이라는 이미지를 써서 '영혼이 성 한가운데의 신의 자리로 다가가는 동안' 신비와 겸손에 대한 이해가 성숙되어야 함을 이야기한다. 그녀는 오랜 세월에 걸친 영혼의 여정을 일곱 단계, 혹은 '내면의 집'으로 그린다. 각 단계는 부와 명예의 위험과 두려움으로부터의 점진적인 정화를, 곧 '세속적 위안거리'로부터의 해방을 가져다준다. 십자가의 성 요한과 마찬가지로 그녀 또한, 경험 많은 묵상자들은 오로지 사랑과 기도에 대한 끊임없는 열정에만 의지하여 고독과 슬픔과 현혹의 단계를 통과해야 한다고 말한다. "중요한 것은 생각을 많이 하지 말고 사랑을 많이 하는 것이다." 그녀는 꾸준한 사랑과 은총의 오랜 여정을 통해 마침내 영적 재탄생에 접어들 수 있다고 말한다. 영혼은 '신성'의 고치 속의 낡은 방식에서 벗어나와 날개를 펼쳐내어 나비가 되는 것이다.

하지만 날개를 달고 깨어난 이후에도 구름은 단지 더 섬세해질 뿐이다. 〈무지의 구름〉을 쓴 14세기의 신비주의자는 "수도자는 묵상을 통해 슬픔을 정화하지만…… 이 삶에서는 결코 완전한 안심의 경지에 도달하지 못한다"고 주의를 준다.

길은 직선이 아니다

이같이 영적 단계들을 체계적으로 그려놓은 지도들은 이 길이 단순히 직선적으로 진보해가는 것처럼 보이게 할 수 있다. 마치 영적 삶이란 일정 시간에 걸쳐 자기를 단계적으로 계발해가는 어떤 과정이라는 듯이 말이다. 어떤 면에서는 지도들은 정확하다. 그리고 영적 수행이 진행되는 여러 해 동안에 우리는 점진적으로 정화되고 열리고 내려놓고 안정된다. 하지만 일어나는 일들은 직선적인 순서로 일어나지 않는다. 미얀마와 티베트의 사원에서나 기독교, 유태교, 수피 신비주의자들의 이야기에서나 구도의 길이 단순히 직선적인 사람은 거의 발견할 수가 없다.

인간의 가슴의 개화는 심미적이고 신비스럽다. 우리는 깨달음의 길이 질서 정연하고 예측 가능하기를 바라지만, 가슴의 길은 오직 여로에 올라야만 보인다. 자유를 붙잡아서 제시간에 가져올 수는 없다. 성숙한 혼에게는 자유란 여행 그 자체이다. 그것은 하나의 미궁, 원환, 낱낱의 꽃잎의 펼쳐짐, 깊어지는 나선, 고요한 하나의 점을 중심으로 돌아가는 춤, 만물의 중심과도 같다. 사물은 주기를 따라 늘 변해간다 — 오르막과 내리막, 열림과 닫힘, 사랑과 자유로의 깨어남, 거기에 따르는 새롭고도 미묘한 혼선들. 이 커다란 나선의 길에서 우리는 출발했던 곳으로 거듭 거듭 되돌아온다. 하지만 매번 더욱 충만하고 열린 가슴으로 돌아온다.

유태교 신비주의자들은 가장 고양된 신비 상태도 일상적 기도의 단순성으로 되돌아오기 마련이라고 말한다. 끝없는 깨어 있음으로 이끌어준다는, 카발라에서 말하는 '비나binah' 혹은 '코크마cochma'라고 하는 최고의 명상법도 헌신과 관용의 일상적 삶 속으로 다시 연결되어야만 한다. '신성'의 가장 높은 경지는 어김없이 우리를 가족과 기도와, 매주 안식일에 촛불을 켜는 행위로, 그리고 봉사와 용서를 경건히 실천하는 삶으로 다시 데려온다. "위에서 그러하듯이 아래서도 그러하다"는 것이 신비주의자들의 공식이다.

성 테레사에게도 순환적인 주기가 있었다. 열성적이고 사심 없는 내면의 삶은 '신성'과의 합일로 마무리되지 않는다. 그녀는 우리가 그 빛을 세상에 가져오려고 거룩한 근원으로부터 다시금 되돌아온다고 주장한다. '이것으로부터 새 생명을 받기 때문'이다. '깨달음이 우리에게 맡기는 영광스러운 심부름은 그것을 체득하는 것'이다. 그리하여 이 세상에서 거룩한 삶을 살 수 있도록 말이다. 내면으로의 여행의 결실은 '우리의 선한 행동'에 달려 있다. 신비는 '오직 우리가 돌아가서 헌신할 힘을 주기 위해서만' 열린다. 심우도의 목동처럼 우리는 지복을 가져다주는 손을 가지고 다시 저잣거리로 돌아온다. 만나는 모든 이들에게 깨어난 가슴의 축복을 가져다주기 위해서 우리는 돌아오는 것이다.

지 도 보 다 는 시 詩

가슴은 연꽃이 피듯이 깨어난다. 연꽃의 아름다움과 향기는 자신을 채우고 정원을 채운다. 하지만 꽃의 성질은 낮에 피고 밤에는 오므리는 것이다. 이러한 과정을 어떻게 지도에 그리고 묘사할 수 있을까? 물론 싹이 올라오는 단계가 있고, 그 다음에 봉오리가 나오고, 꽃이 핀다. 하지만 이런 식의 설명은 말해주는 부분보다 빠뜨리는 부분이 더 많다. 거기에는 진흙 속에서 뿌리가 영양분을 빨아올리고, 잎이 햇살을 마시고, 벌이 와서 꽃가루를 묻히고, 주변에 함께 피어 세상을 아름답게 하는 다른 연꽃들에 대한 이야기는 없다. 거기에는 밤 사이에 일어나는 성장과 아직 햇살을 기억해내지 못한 수면 아래의 봉오리에 대한 이야기는 없다.

나선형으로 펼쳐지는 이 신비는 너무나도 유기적이므로, 많은 전통들이 그 속내를 묘사하기 위해서 시를 동원한다. 직접적으로 묘사하기가 거의 불가능한 의미를 품어내는 시의 힘은 신비하다. 선가에서는 깨달음의 경지를 산문적으로 묘사하는 법이 거의 없다. 달을 가리키는 손가락과도 같은 비유와 이미지, 혹은 유명한 심우도와 같은 이야기가 전해질 뿐이다. 눈 위에 서 있는 백학이나 한밤중의 검은 까마귀의 이미지는 듣는 자의 귀가 열려 있기만 하다면 수백 페이지의 추상적인 설명보다도 더 정확하게 꼬집어서 깨달음의 마음을 전달해줄 수 있다.

붓다는 새벽 별을 보고 깨달음을 얻었다. 전하는 바에 의하면 그의 첫 마디가 시였다고 한다.

이 슬픔의 집을 지은 자
더 이상 짓지 않게 하리라……

인도의 신비주의자인 까비르는 진흙과도 같은 이 몸뚱이 안에서 일어나는 깨달음의 마술을 이렇게 노래한다.

이 질그릇 속에 골짜기와 소나무 산들이,
그리고 골짜기와 소나무 산을 지은 이가 있네!
일곱 대양이 모두 그 안에 있고,
무수한 별들이 있네.
금을 시험하는 산酸이 있고,
보석을 감정하는 이가 있네.
또, 아무도 건드리지 않는 현絃에서
울려나오는 음악과,
모든 물의 원천이 있네.

그대 진실을 원한다면 내 알려주지
듣게, 친구여, 내 사랑하는 '거룩한 분'이 이 속에 계시다네.

선가에서는 시적인 공안의 언어로써 깨달음을 일궈낸다. 수행자가 심오한 시구나 공안을 끊임없이 반복해서 떠올리며 그것을 참구參究하면 마침내 마음이 활짝 열리게 된다. 그런 후에는 수행자가 발견한 자유를 더욱 깊이 체득하게끔 하는, 혹은 잘못된 이해로 빠져들 수 있는 부분에서 길을 밝혀줄 다른 공안들이 주어진다. 이것들이 모여서 수행하는 삶의 시적인 지도가 그려진다. 이런 공안과 일화들은 수행자로 하여금 깨달음의 세계를 다음의 공안들과 융화되게 한다. 선사는 이렇게 다그친다. "물에 젖지 말고 바다 밑에서 진주를 캐오라" 혹은 "한 손바닥이 내는 손뼉 소리를 내어보라" 혹은 "굽은 것 속에 곧은 것은 무엇인가?"라고 말이다.

수행자는 이런 질문과 시와 일화 등을 관념적인 마음으로 대해서는 안 된다. 안일한 대답은 단방에 무너진다. 이 공안들의 대답은 오로지 우리가 지금의 현실 속에서 사는 능력을, 연꽃처럼 펼쳤다 오므렸다 하는 능력을, 어두운 숲속으로 들어가고 저잣거리에서 춤추는 힘을 깊이 쌓아갈 때만 찾아온다. 그 대답들은 어떤 이상적 상태를 가리키는 것이 아니라 도道의 유연성을, 연꽃의 자연스러움을 가리킨다. 그것은 두려움과 자의식과 세속적이고 영적인 집착을 놓아버리고, 자유롭게 자기 자신이 되는 길을 가르친다.

공안의 궁극적 목표는 다음과 같은 일화에서 잘 드러난다. 이것은 자신의 영적인 진전을 현대적 유머를 가미하여 스승께 진지하게 보고하는 어느 제자에 관한 일화이다. 제자는 첫째 달에 이렇게 썼다. "저는 의식이 확대되어 우주와 일체가 되는 경험을 합니다." 스승은 그것을 힐끗 보고는 던져버렸다. 다음 달에 제자는 이렇게 보고했다. "저는 마침내 '신성'이 만물 속에 깃들어 있음을 깨달았습니다." 스승은 여전히 실망한 기색이었다.

세 번째 보고서에서 제자는 들떠서 설명했다. "일一과 다多의 놀라운 신비가 제 눈앞에 계시되었습니다." 스승은 하품을 했다. 다음 보고서에서는 이렇게 말했다. "아무도 태어난 적 없고 아무도 산 적 없고 아무도 죽은 적이 없으니, 자아는 없습니다." 스승은 단념한 듯이 팔을 벌렸다.

그후 한 달이 지나고, 두 달이 지나고, 그러다 다섯 달, 마침내 1년이 지나갔다. 스승은 제자에게 공부의 진척을 보고하라고 재촉했다. 제자는 이렇게 보고했다. "저는 그냥 제 삶을 살고 있습니다. 공부요? 그게 무슨 상관인가요?" 이것을 보고 스승은 소리쳤다. "이크, 마침내 해냈군."

이 일화는 있는 그대로의 완전함에 대한 선가의 가르침을 보여준다. 눈 속의 백학은 눈 위에 서 있는 백학이요, 한밤중의 검은 까마귀도 그냥 그것 자체인 것이다.

이 상 은 현 실 이 아 니 다

그렇다면 시와 유머를 포함하지 않는, 문자 그대로 일정하게 쭉 뻗어 올라가는 길을 그린 지도들을 따라 수행한다면 어떻게 될까? 거기에는 도저히 다다를 수 없는 이상의 구름 속을 헤매게 될 위험성이 있다. 그런 지도가 우리의 실제적인 수행 생활에 어떻게 작용하는지에 대해, 티베트 불교의 열 가지 부미Bhumi를 예로 들어 살펴보자.

부미란 불성佛性을 깨닫는 열 가지 단계로서, 다음 순서로 진행된다. 1단계 기쁨, 2단계 순결, 3단계 빛남, 4단계 찬란함 등등. '기쁨'의 단계는 '합류' 이후에 시작된다. 이 단계는 순수하고 고귀하지만 여기에는 자비의 맹세와 모든 지각 있는 존재에 깨달음을 가져다주기를 비는 기원과 같은 평범하고 인간적인 수행법도 포함되어 있다. 하지만 두 번째 부미를 얻은 수행자는 과거와 미래를 또렷이 투시할 수 있어야 하고 백가지 형태의 깊은 명상에 들 수 있어야 하며, 몸을 분신하여 여러 장소에 동시에 여러 형태로 나타날 수 있어야 하며, 가는 곳마다 수많은 붓다와 보살이 그를 둘러싸게 할 수 있어야 한다. 3단계에서 열 번째 단계까지는 이보다 더 기적적이고 놀라운 능력들이 언급되고 있다.

티베트에서 온 늙은 라마승에게 이 열 가지 단계가 실제 수행의 일부로 적용되는지를 물어보자 그는 "물론 그건 실제로 있지" 하고 대답했다. 하지만 그의 전통에서 누가 그것을 성취했는지를 물어보자 그는 안타까운 듯이 대답했다. "이렇게 어려운 시대에는 심지어 두 번째 단계를 성취한 라마조차 단 한 명도 손꼽을 수가 없다네."

물론 이런 단계들에는 이런 대화를 통해서 이해할 수 있는 것보다 더 심오한 원형적 의미의 진실이 담겨져 있다. 은총이나 깨달음의 순간에 우리는 실제로 붓다에 둘러싸이게 된다. 만나는 모든 존재들 속에서 '불성'을 보는 것이다. 그리고 우리 몸 속에서 모든 존재들이 서로 연결되어 있음을, 생명의 거미줄이, 열대 우림이, 소나무와 버섯, 미토콘드리아가 우리 자신임을 경험할 때마다 우리는 분신을 만들어내는 것이다. 달리 말하자면, 이처럼 표면적으로는 산문적인 지도들조차도 그것을 풍부하고 해석 가능한 의미를 지닌 시처럼 읽는 것이 더 나을 수도 있다.

선사 노먼 피셔는 이상과 현실의 차이를 이렇게 설명한다.

> 이상은 우리의 깊은 종교적 본성을 반영한다. 하지만 우리도 알다시피, 이상이 너무 지나치게 높거나 이를 잘못 받아들이면, 달리 말해서 그것을 이상이 아니라 구체적인 현실로 받아들이면 독이 될 수도 있다. 이상은 우리로 하여금 자신을 능가하도록 고무해주어야 한다. 진정 인간이고자 한다면 우리는 자신을 능가하고자 하는 열망을 가져야 하며, 사실 그것은 또한 결코 실현될 수 없다. 왜냐하면 다름 아니라 우리는 실로 인간이기 때문이다.
>
> 이상은 영감의 도구이지 그 자체로서 현실이 아닌 것이다. 이 점이 너무나 자주 간과됐다는 사실이 우리의 문명이 유감스러운 종교사를 가지게 된 이유를 설명해준다.…… 올바로 이해한다면, 이상은 우리에게 마음을 가볍게 해주고 방향 감각을 줄 것이다.

깨어남에 대한 두 가지 전망

직선적으로 올라가는 길과 나선상의 전개를 비교해보면 영적 성취에 대한 두 가지의 매우 다른 관념을 발견하게 된다. 직선적인 길은 완성된 인간으로서의 이상적인 모델, 즉 붓다 혹은 성자나 현자를 제시한다. 이 모델 속에서는 모든 탐욕, 분노, 두려움, 분별, 착각, 개인적 에고와 욕망 등이 영원히 뿌리 뽑혀 완전히 제거된다. 남는 것은 절대적으로 흔들리지 않는, 찬란한 빛을 발하는 순수한 인간으로, 그는 어떤 어려움도 경험하지 않으며 이 깨달은 성자는 도道, 혹은 신의 뜻만을 따를 뿐 결코 자신의 뜻을 좇지 않는다. 만일 이것이 우리가 품은 이상이라면 동시에 그러한 존재는 매우 희귀하거나, 이 시대의 지구상에는 존재하지 않을지도 모른다는 사실을 인정해야만 한다.

좀더 순환적인 깨달음의 모델은 정체성 변화에 의한 자유를 제시한다. 이 모델에서도 우리는 진정한 본성을 깨닫고 시간을 초월한 영혼의 자유 속에서 쉬게 된다. 우리는 진정한 실재가 몸과 마음 너머에 있음을 안다. 하지만 동시에 우리는 이 몸과 마음 속에서 살고 있으므로 삶의 일상적인 패턴은 계속될 것이다. 유태교나 기독교 그리고 이슬람교의 선지자들, 혹은 세계 토착 문화의 원로들 중에서 깨달은 사람들은 신성함과 동시에 결함이 뒤섞인 인간성을 함께 지닌 복합적인 인물들이다. 하지만 다른 점은, 그들은 과거의 문제들에 더 이상 집착하지 않기 때문에 그것들이 편안하고 해롭지 않은 것으로 남아 있다는 점이다. 성자 스리 니사르가닷타Sri Nisargadatta가 말하듯이.

> 고통과 어려움, 심지어는 성급함과 초조함도 일어날 수 있다. 하지만 이런 것들은 나와 아무런 상관도 없다. 나는 태어나지도 않았고 죽지도 않

을 것이다…… 이 몸과 마음은 조건에 따라 한정되지만, 내 삶은 무시간 속의 영원한 개화이다.

완벽한 이상을 붙잡든, 인간성 속의 자유를 붙잡든 간에 깨달음이란 각각의 전통 속의 각자가 붙들고 씨름해야 할 신비이다. 이 신비의 풀이는 결국 가슴 속에서 그 답을 찾을 수 있을 것이다. 반대 극들이 이해되고 융화되어 품어질 수 있는 곳은 바로 이곳이다. 오로지 가슴만이 우리의 완진성과 인간성을 한꺼번에 품을 수 있다.

결국 우리는 지도들과 기대를 뒤로하고 가슴을 깨어 있는 의식과 사랑을 향해 열려 있게 해야 한다 — 거기서 무엇이 오든 간에. 이 깨어난 가슴으로 살면 우리는 모두가 보살이요, 신의 종이 된다. 우리는 깨달음의 경지에 대한 이런저런 주장에 관심을 빼앗기기보다는 모든 존재와 함께 매순간 깨어 있을 것을 다짐해야 한다. 이것은 인내와 자비와 지혜와 관용의 길이며, 지금의 현실 속에서 살고자 하는 의지의 길이다. 오직 여기에서만 자유를 찾아 시간을 초월한 완전함 속에 머물 수 있다.

스즈끼 선사는 이렇게 말한다. "엄밀하게 말해서, 깨달은 사람은 없다. 오직 깨달음의 행위만이 있다." 깨달음을 주장하는 자아가 있다면 그것은 깨달음이 아니다. 대신 그는 이렇게 말 잇는다. "우리가 이야기하고 있는 것은 순간 순간의 깨달음, 깨달음 다음의 또 다른 깨달음에 대해서이다."

9장 깨달은 후에도 삶은 계속된다

> 신을 사랑하는 자가 늘 안전하게 보호 받는지에 대해서는 아는 바가 없다. 하지만 떨어지고 다시 올라오는 중에도, 신께서 늘 한결같은 귀한 사랑으로 지켜주신다는 것은 알고 있다.
>
> 노리치의 줄리언

> 산꼭대기에 영원히 머무를 수는 없다. 다시 내려와야만 한다……우리는 올라가고, 본다. 우리는 내려오고, 더 이상 못 본다. 하지만 보았다. 자신을 경영하는 기술이 있다…… 높이 올라가서 본 것을 기억해내는 것이다. 더 이상 보이지는 않아도 최소한 알고 있을 수는 있다.
>
> 르네 도말 René Daumal

붓다가 깨달음을 얻던 날 밤, 중생을 제도하기로 맹세를 한 후 그는 악과 환영의 신인 마라의 무리의 공격을 받았다. 그는 보리수 아래에 앉은 채 마라의 강렬한 욕망과 쾌락의 유혹에 흔들리지 않고 명상을 할 수 있었다. 그리고 그는 자비의 가슴으로 마라가 풀어헤쳐놓은 분노와 공격성을 극복했고, 마라는 물러났다. 그러고 나서 '깨달은 이'는 자리에서 일어나 인도 전역을 돌아다니며 45년 동안 가르침을 펼쳤다.

하지만 이후의 붓다의 생애에 대한 이야기에 의하면 마라의 퇴각은 일시적이었다고 한다. 그 이후에도 마라는 여러 번 붓다를 유혹하거나 싸워서 무너뜨리려고 돌아왔다. 붓다는 마라가 나타날 때마다 그를 알아보고 유혹이나 두려움과 의심에 빠지지 않았다고 한다. "마라, 또 너냐?" 하고 붓다가 물으면 정체를 들킨 마라는 다음 기회를 노리며 꼬리를 감추었다고 한다.

다른 경전들에서는 붓다와 마라가 실제로 친해졌다고 한다. 어느 한 경전에 의하면 붓다가 동굴 안에 앉아 있을 때 마라가 다시 나타났다고 한다. 동굴 밖에 있던 제자들은 겁에 질려 마라를 스승의 적이라고 부르며 없애려고 했다. 그러자 마라가 제자들에게 다그쳤다. "붓다께서 그에게 적이 있다고 하더냐?" 이 말에 기가 꺾인 제자들은 내키지는 않았지만 붓다에게 마라가 찾아왔음을 알렸다. 붓다는 반갑게 응대했다.

"오, 내 옛 친구가 오셨군. 잘 지냈는가?" 붓다는 마라에게 차를 대접하고 마주 앉았다. 마라는 자신이 늘 악역만 맡아야 한다는 것이 얼마나 힘든 짓인지를 하소연했다. 붓다는 그의 이야기에 고개를 끄덕이며 듣고 있다가 이렇게 물었다. "붓다가 되는 것은 쉬운 줄 아는가? 사람들이 나의 가르침을 가지고 뭘 하는지 아는가? 절에서 붓다의 이름으로 어떤 짓을 하는지 아는가? 붓다든 마라든 어느 쪽이나 어려움은 있는 법일세. 예외가 없어." 어떤 경전에서는 마라가 붓다 그 자신임을 깨닫는 것으로 이야기가 끝나기도 한다.

피할 수 없는 이행移行

어떤 경전을 읽든 간에 마라는 늘 나타난다. 깨달은 채로 고스란히 은퇴하기 같은 것은 없다. 우리를 변화라는 진실 밖으로 데려다주는 깨달음의 체험 같은 것은 없다. 모든 것은 나름의 주기 속에서 숨쉬고, 변한다. 달, 주식 시장, 우리의 가슴, 돌아가는 은하계, 모두가 생명의 리듬에 따라 팽창하고 수축한다. 모든 영적 삶도 얻음과 잃음, 환희와 고통의 엇갈림 속에 존재한다. 우리로서는, 아니, 붓다라고 해도, 이 진리에 자신을 내맡기는 것만이 끝없는, 자유의 세계로 깨어나는 길이다.

수행하는 거의 모든 사람들에게, 깨달음과 열림의 주기 뒤에는 두려움과 위축의 시기가 뒤따른다. 깊은 평화와 새로이 발견된 사랑의 시간은 종종 상실과 닫힘, 두려움, 혹은 배신에 의해 엇갈리다가, 또다시 환희와 평정으로 돌아오곤 한다. 가슴은 신비롭게도 꽃처럼 펼쳤다 오므렸다 하는 성질을 보여준다. 이것이 우리의 본성이다.

단지 놀라운 점은, 이 진실이 얼마나 환영받지 못하는가 하는 것이다. 어떤 체험이, 어떤 위대한 깨달음이, 혹은 충분한 기간의 정진 수행이 우리를 마침내 들어올려서 삶의 거친 손길이 닿지 않는 곳으로, 속세의 몸부림을 초월한 곳으로 데려가주기를 원하는 것이 모든 사람들이 마음 속 깊이 바라는 소원인 것 같다. 우리는 영적 노력을 통해서 인간적 고통의 상처가 없는 곳으로, 그것을 다시는 겪지 않는 곳으로 갈 수 있다는 어떤 희망에 매달린다. 우리는 어떤 경험이 늘 지속되기를 기대한다. 하지만 변하지 않는 것은 진정한 자유가 아니며, 가슴의 확실한 내맡김이 아니다.

지혜로운 항해자들은 정박한 항구가 아무리 아름다울지라도 거기에 영원히 머물 수는 없음을 배운다. 그렇게 한다는 것은 숨을 참는 것과도 같다. 그것은 자신의 과거로부터 감옥을 만들어내는 것이다. 한 선사는 이렇게 말한다.

깨달음은 단지 시작일 뿐, 여행의 첫걸음이다. 그것을 자신의 새로운 정체로 알고 붙들고 있어서는 안 된다. 그러다가는 즉시 탈이 난다. 깨달은 후에는 곧 분주한 삶 속으로 돌아가서 여러 해를 살아야 한다. 그때에만 배운 것이 소화된다. 그때에만 온전한 내맡김을 배울 수 있다.

심우도의 목동처럼 우리는 깨달음을 완성하기 위해서 저잣거리로 다시 돌아가야 한다. 산에서 내려오다가, 우리는 자신의 낡은 습관이 편하게 길이 든 옷처럼 얼마나 쉽사리 제자리로 되돌아올 수 있는지를 깨닫고는 놀랄지도 모른다. 크나큰 변화를 겪어 마음이 평화롭고 흔들리지 않는다고 할지라도 어떤 부분은 되돌아와서 어김없이 우리를 시험할 것이다. 삶을 어떻게 대면해야 할지, 가족과 사회 속에서 어떻게 살아야 할지 몰라 혼란스러워질 수도 있다. 영적 삶을 일상적 존재와 일상적 일에 어떻게 끼워 맞출 수 있을지가 걱정이 될 수도 있다. 달아나서 단순한 은거 생활로, 절 생활로 돌아가고 싶어질 수도 있다. 하지만 어떤 중요한 것이 우리를 세상으로 다시 끌어당긴 것이다. 힘겨운 이행 과정도 그것의 한 부분이다.

어느 라마승은 이렇게 회고한다.

> 집으로 돌아오자 인도와 티베트에서 보낸 12년의 경험은 마치 꿈이었던 것처럼 느껴졌다. 서구의 가족과 일터로 돌아와서 겪는 문화적 충격 속에서 그 초월적인 경험들의 기억과 가치는 가물가물한 꿈처럼 흔들리고 있었다. 낡은 습관들이 놀라울 정도로 빨리 돌아왔다. 나는 짜증이 나고 혼란스러워졌다. 몸을 돌보지 않고, 돈과 애인에 대해 걱정하기 시작했다. 상태가 나쁠 때는 내가 배운 것이 말짱 도루묵이 된 것이 아닌가 겁이 나기도 했다. 그러다가 나는 지나간 깨달음의 기억 속에서 살 수는 없다는 것을 문득 깨달았다. 영적 수행이란 바로 지금 하고 있는 그것임이 분명하다. 그밖의 모든 것은 환상이다.

모든 영적 삶은 한 상태에서 다른 상태로, 한 세계에서 다른 세계로 옮겨가기 위한 준비이다. 현명하게 이행해갈 수 있는 힘은 초심자의 마음을 유지할 수 있는 능력에 달려 있다. 변화는 적이 아니다. 변화는 마라처럼 돌아와서 가슴에게 더욱 깊은 차원에서 존재하고, 그곳에 내맡기라고 재촉한다.

영적 체험을 소화해내는 것은 여러 해가 걸리는 과정이다. 세 달 동안 비파사나 수행을 한 수행자들은 그들이 깨달은 것을 삶 속으로 가져오기를 터득하는 동안, 환희와 실망과 새로 발견한 지혜가 교차하는 이행 과정이 열두 달 동안은 지속되리라는 주의를 받는다. 주먹구구 식으로 계산하자면 5년, 10년, 15년 동안 아시아로 여행하거나 사원에서 생활한 사람들에게는 다시 자신의 삶으로 온전히 발을 디뎌놓는 데 대개 5년이나 10년의 이행 과정이 필요하다.

한 비파사나 지도자는 5년의 주기를 이야기한다. 그녀에게는 5년 동안의 정진 수련이 광활한 내면 세계를 열어서 심오한 깨우침을 주었다.

> 아마도 과거의 슬픔을 건드릴 수 있으려면 지난 5년 동안의 가슴의 안정과 자양분이 절대적으로 필요했던 모양이다. 마침내 슬픔이 찾아왔을 때, 이후의 5년은 그 반대 극이었다. 고통과 고뇌라는 우물의 깊이는 그 이전의 황홀경의 그것과 맞먹었다. 아마도 나는 양쪽을 다 경험할 필요가 있었던 것 같다.

이와 비슷하게, 어느 가톨릭 수녀원장은 수도원에 처음 왔을 때에는 엄청난 은총을 느꼈지만 그 다음에는 고된 시련을 겪어야 했다.

> 우리 수도원의 생활은 단순하고 건전했다. 그리고 나는 거기에 나의 모든 사랑과 에너지를 바쳐 투신했다. 그것은 매우 강하고 방어적인 성격을 가진 내가 나의 모든 능력을 총동원한 투신이었다. 가슴 깊은 기도와

묵상의 체험들이 나를 오래도록 지탱해주었다. 몇 년이 지나자 나는 자매들을 신뢰할 수 있다고 느꼈다. 그래서 나는 잠시 쉬었다. 이때쯤 나이 든 수녀가 죽었다. 나는 그녀와 가까웠고, 그녀의 죽음이 여러 가지 기억들을 떠올리게 했다. 내 쌍둥이 형제가 출산중에 죽은 것, 사경을 헤매시던 어머니, 아버지와의 거리감과 미움과 사별 등등. 나는 그 슬픔으로 인해 내 삶이 얼마나 갈기갈기 분열되어 있었는지를 깨달았다. 그리고 수도원에서조차 슬픔과 공허함을 피해서 피상적인 삶을 살아왔음을 깨달았다. 나는 마침내 그것을 멈추었다. 이 깨달음은 여러 해가 걸릴 치유 작업을 시작하게 만들었다. 그것은 모두, 슬픔과 수도원과 내 삶의 고통과 그리고 세상의 고통이 모두 하나의 신성한 가슴 안에 품어지게 할 그런 자리를 찾기 위해서였다.

충 돌 과　　마 찰

가슴이 성숙하기 위해서는 이처럼 열리고 닫히는 순환적 일상이 좋은 약이 된다. 하지만 어떤 경우에는 순환만이 아니라 충돌도 일어난다. 올라가는 만큼 떨어질 수도 있다. 이 역시 큰 순환 주기 속의 또 하나의 자연스러운 일부로서 영적 삶의 지도에 포함되어야 한다.

앞의 8장 첫머리에 나왔던 선가의 공안은 첫 견성을 한 수행자에게 던져지는 질문이다. "온전히 깨달은 자가 우물에 빠진다. 어찌 된 일인가?" 한 선사는 제자들에게 이렇게 경고한다. "모든 강력한 영적 체험에는 불가피하게 내리막이 뒤따른다. 그것은 깨달은 것을 몸으로 체득하기 위한 몸부림이다." 우리가 떨어지는 우물은 자신의 체험과 영적 이상에 집착하거나, 스승이나 자신의 길, 자아에 대한 과장된 관념에 매달림으로써 생긴다. 우물은 우리의 심리적이고 감정적 삶에서 마무리되지 못한 부분일 수도 있다. 자신의 그림자를 인정하기를, 인간적인 요구와 고통과 자신의 어두운 부분을 끌어안기를, 자신이 언제나 한 발을 어둠 속에 딛고 있음을 인식하기를 거부하는 태도 말이다. 우주는 우리가 그 밝은 쪽뿐만 아니라 어두운 쪽에 대해서도 가슴을 열기를 요구한다.

    수피 교단의 한 지도자는 스물세 살 때 신에 대한 기도와 노래와 찬양으로 가득한 이 전통에 입문했다. 그녀는 가진 것을 다 팔고 기도로 충만한 황홀경의 수피 교단에서 10년 넘게 살았다. 그것은 그녀의 삶에서 찬란하고 가슴이 열린 시기였다. 그러다가 그녀는 결혼을 하기로 마음먹고 세상으로 돌아왔다.

    나는 가슴을 열고 사랑하는 법을 배웠다. 황홀경과 환희의 놀라운 체험을 했다. 우리의 기도 생활은 그것만으로 가득했다. 교단을 떠났을 때 나는 무엇을 해야 할지 아무 것도 몰랐다. 나는 스승들이나 수피 동료들의 도움 없이 내 삶을 살아야 함에 두려움과 외로움과 부러움을 느꼈다. 나는 나의 고통과 요구에 직접 대처해본 경험이 없었다. 내 수피 동반자의 경우는 나보다 더했다. 그는 분노와 좌절과 그리고 생활인으로서 필요한 삶의 요구를 제대로 처리해내지 못했다. 그러자 그는 나를 떠났다. 나는 작은 집에 홀로 남겨졌다. 나는 올라갔던 만큼 더 깊이 떨어졌다. 그가 떠나자 일찍이 나로 하여금 치유를 위해 수피 교단을 찾게 했던 그 절망과 고통들, 즉 언니의 익사, 잇따른 어머니의 가출에서 시작된 절망감이 파도처럼 다시 나를 덮쳐왔다. 오 맙소사, 그것은 정말 힘들었다. 터널은 끝이 보이지 않았다. 터널 가운데는 오직 암흑뿐이었다. 그것이 한밤중이든, 여름이든 겨울이든 상관없었다. 이런 상태가 1년 동안 지속되었다. 할 수 있는 일이라고는 단지 내가 눈물을 실컷 쏟고 분노를 실컷 터뜨리고 나서 자신으로 돌아올 때까지 그저 내 이야기를 들어주고 나를 붙잡아줄 수 있는 사람을 찾아다니는 것이었다. 그러는 동안에 고통스럽기는 했지만 나는 많이 치유되었고 좀더 성숙해질 수 있었다. 그때 좀더 넓은 전망과 영적 인도가 있었더라면 얼마나 좋았을까?

널리 알려진 지도자들조차 산산이 흩어진 자신을 경험하지 않는 것이 아니다. 20년 동안 구도의 길을 걸어온 한 미국인은 마침내 인도의 한 구루에게서 충만한 자유를 얻었다. 그는 1년 동안 '고요와 사랑 속에 흠뻑 젖은 완벽한 상태에서 편안히 쉬면서' 황홀경 속에서 살았다. 아내가 임신을 하자 그들은 미국으로 돌아왔다. 그리고 이내 그가 발견한 영적 환희는 그의 주변에 친구들과 구도자들을 불러모았다. 2년도 안 되어 그는 명상 센터와 수백 명의 제자들과 매일 모이는 그룹을 가지게 되었다. 그의 길은 완벽하게 펼쳐지고 있는 듯이 보였고, 그는 자신이 세상의 고난을 초월한 줄로 알았다. 갑자기 위기가 닥쳐오기 전까지는 말이다.

나는 지혜롭지 못하고 불안정한 제자들이 늘 걱정되었다. 수많은 사람들을 고통스럽게 하는 것은, 공空과 자유에 대한 최초의 심오한 깨달음을 얻은 후에 다시금 분리 속으로 빠져드는 경향이 있다는 점이었다. 그런데, 어쩌다가 그 일이 나에게 일어나버렸다! 나는 혼란과 공포와 절망 속에서 그 모든 것을 동시에 겪게 되었다. 그 모든 일은 인도에서 옮아온 기생충 때문에 매우 아팠을 때부터 시작됐다. 게다가, 두 가지의 번창하는 사업에 여러 해 동안 모았던 돈을 투자했는데, 부도와 배신으로 이를 몽땅 날려버렸다. 하루아침에 '구루'께서 환자에다 가난뱅이까지 된 것이다. 나는 끔찍한 공포에 사로잡혔다. 집안은 싸움터가 되었다. 우리는 집을 비워주고 돈 때문에, 자잘한 일용품 때문에 걱정하면서 살아야 했다. 어머니와도 관계가 나빠졌다. 그러면서도 나는 이런 느낌 속에서 살아서는 안 된다고 생각했다. 나는 정상까지 갔었지 않은가? 나는 게임의 비밀을 꿰고 있다고 생각하지 않았는가?

마침내 나는 가르침을 중단해야 했다. 모든 자신감을 잃어버렸다. 나는 이해하려고 애쓰기를 포기한 아이와 같은 지경에 이르렀다. 그저 그때 그때를 간신히 넘기면서 완전히 주저앉아버렸다. 어떤 의미에서는 그것이 내 영적 삶이 처음으로 진짜가 된 때이기도 했다.

유명 인사가 된다고 해서 이런 식의 파산으로부터 보호받지는 못 한다. 유명해진다는 것은 오히려 그것을 가까이 불러들이는 것이다. 장신의 체구에 금발을 꼬아 올린 요가 수행자 바가완 다스Bhagawan Das는 인도에서 맨발로 걸어다니며 동굴에서 명상을 하고 황홀경 속에서 신의 이름을 찬양하며 7년을 살았다. 그는 람 다스Ram Dass를 그의 스승인 님 카롤리 바바Neem Karoli Baba에게 인도했던 사람이다. 람 다스가 쓴 1960년대의 고전인 〈지금 여기에 있으라Be Here Now〉에 나오는 이야기다. 바가완 다스는 나중에 람 다스와 함께 서구 전역을 다니면서 큰 영적 집회에서 노래를 부르고 가르침을 폈다.

미국으로 돌아온 나는 수천 명의 군중이 쳐다보는 무대에 서서 아기들의 이름을 지어주고 사람들을 축복해주었고, 사람들은 내 발 아래 엎드렸다. 나는 후원자들과 영화 배우들을 거느리고 왕이 된 기분이었다. 하지만 나는 아직도 어린 아이였다. 맨해튼의 저택에 사는, 호랑이 가죽 위에 앉아 있는 스물다섯 살짜리 구루였다.

당신이 우주의 여신 성모와 놀면, 그녀도 당신과 논다. 왜냐하면 그녀는 모든 것이기 때문이다…… 그녀는 모든 욕망, 분노, 정욕이요, 모든 것이다. 당신이 이름과 명성을 얻고자 하면 가질 수 있다 — 어머니께서 주신다. 하지만 내가 수행에서 얻은 것은 성자들과 함께 하는 은총으로부터 온 것이다. 성자들의 축복을 통해 그 은총의 공간을 지니게 된다. 그런데 탐닉에 빠지기 시작하자 나의 진정한 수행은 중단되었고, 그로부터 모든 것을 잃어버렸다.

영적 삶은 단방에 끝나는 그런 게임이 아니다. 그것은 지속적인 과정이다. 정말 파티와도 같았던 3년 간의 '영적 삶' 이후에, 나는 그것에 넌더리가 났고, 집에서 아이들과 함께 있고 싶어졌다. 나는 세상으로 돌아와서 샌타 크루즈에서 쓰던 차를 팔고 사업가가 되었다. 그리고 점차 성스러운 느낌을 완전히 잃어버렸다.

20년 후에 한 친구가 미국을 방문한 한 성자에게 나를 데리고 갔다. 나는 세 시간 동안 깊은 명상에 빠졌다. 그때 내 구루의 목소리가 들려왔고, 나는 신의 이름을 노래하고 싶어졌다. 그리하여 이것이 지금까지 내가 해오고 있는 것이 되었다. 하지만 이번에는 좀더 주의를 하고 있다. 나는 내가 누구와 시간을 보내는지를 알고 있다. 자신이 뭔가를 얻었다고 생각할 때는 조심할 필요가 있다. 그것을 잃어버릴 수도 있기 때문이다. 영적 맹세와 수행 생활을 지켜야만 한다. 이제 나는 그저 진짜 인간적인 존재가 되고자 애쓴다. 그리고 내 경험으로부터 다른 사람들이 배울 수 있다면, 그것은 모두가 이유가 있어서 일어난 것일 뿐이다.

퇴 보 를 존 중 하 기

기독교 신비주의자인 노리치의 줄리언은, 신을 사랑하는 사람들 중에 퇴보로부터 보호받는 자를 알지 못한다고 말한다. 그녀는 퇴보 또한 신의 뜻이라는 이해를 피력하고 있는 것이다. 우리가 이것을 이해하든 말든 간에 마라는 돌아온다. 퇴보는, 그리고 그 결과인 겸손은 축복의 또 다른 형태로 볼 수 있다.

우리가 거두는 성공은 대개가 반쪽의 것이다. 그러면 우리의 덜 발달된 측면, 즉 심리학자 카를 구스타프 융Carl Gustav Jung이 지적했듯이 '우리의 그림자'가 조명된다. 이것은 우리의 거칠고 덜 길든 측면이다. 오직 퇴보를 통해서만 배울 수 있는 어떤 진실들이 있다. 복종의 겸손과 완전성을 가져다주는 진실 말이다. 가슴이 무방비 상태로 열려 있을 때, 우리는 자아가 없는 삶의 신비에 다가간다. 우리는 모두 경작기와 휴경기와 부식腐植을 위한 기간이 필요하다. 우리 안의 무엇인가가 속도를 늦추고 뒤에서 우리를 부르는 것만 같다. 그리고 그 시간을 통해 더 깊은 지혜와 아름다움이 드러날 수 있다.

우리는 이것을 오르페우스의 신화에서 배울 수 있다. 그는 뮤즈의 아들이어서 인간이 만들어낸 것들 중 가장 아름다운 음악을 만들어낼 수 있었다. 하지만 결혼한 지 얼마 안 되어서 그의 사랑하던 아내 에우리디케가 죽어버린다. 비탄에 빠진 오르페우스는 그녀의 영혼을 따라 지하세계로 간다. 그는 죽음의 신 앞에서 리라를 뜯으면서 불멸의 사랑을 노래한다. 시인 릴케는 이렇게 묘사하였다.

> 너무나 사랑받은 여인이 있어, 하나의 리라에서 모든 여인들의 울음보다 더 깊은 슬픔이 흘러나와 온 세상을 비탄에 빠뜨렸네. 숲과 계곡…… 들판과 시냇물과 동물들, 온 세상이 다시 나타나 슬퍼하네…… 그토록 깊이 그녀는 사랑받았네.

오르페우스의 노래는 너무나 감동적이어서 하데스는 에우리디케가 빛의 세상으로 되돌아가도록 허락한다. 그러나 거기에는 단 한 가지 조건이 있다. 집으로 가는 먼 길 내내 오르페우스가 에우리디케를 보려고 돌아서거나 뒤돌아봐서는 안 된다는 것이다. 결국 두 세계를 중재하는 신 헤르메스의 인도를 받아, 에우리디케는 오르페우스를 뒤따라 말없이 천천히 빛의 세계로 돌아간다. 릴케는 그 대목을 이렇게 묘사한다.

> 그는 혼자 말했다. 그들이 뒤따라와야 할텐데
> 하지만 그들의 발자국 소리는
> 불길하게도 희미하다.
> 힌 번만, 딱 한 번만 돌아볼 수 있다면

오르페우스가 기어이 실수를 저지르고야 말았듯이, 그리하여 에우리디케를 영원히 잃고 말았듯이 돌아보는 것, 그것은 가슴의 길이자 인간의 본성이다. 우리는 빛의 세계에서만 살 수가 없다. 가슴은 자신이 열리기 위해서는 모든 진실, 자신의 모든 것을 건드려야만 하는 것을 알고 있다. 설사 그것이 사랑하는 대상을 잃는 위험을 무릅쓰는 것일지라도. 결국 우리의 가장 깊은 비밀을 제대로 노래하려면 오르페우스의 음악은 상실과 슬픔의 영원한 곡조를 담고 있어야만 한다.

전통에 의하면 마무리하지 못한 일들을 존중하지 않으면 카르마가 우리에게 그것을 상기시킬 것이라고 한다. 풀지 못한 갈등은 다시 일어날 것이고, 우리는 자기 안의 외면해온 것들을 향해 고개를 돌리지 않을 수 없게 되리라는 것이다. 간단히 말해서, 삶의 사연들은 우리의 주의를 얻기 위해 우리에게 끝없이 집적댈 것이다. 퇴보도 진보와 마찬가지로 존중받아야 한다. 때로는 그저 그것을 인정하는 것만으로 충분하다. 한 선사가 말하듯이.

내가 올바른 깨달음을 얻었음을 스승께서 인정하셨던 그 정진 수련 이후 몇 달을 환희 속에서 지내다가, 나는 어느새 좌절에 빠져버렸다. 나중에 나는 단지 토니 패커Toni Packer를 만나보기 위해서 다른 수련회에 참가했다. 어느 날 저녁 강연에서 그녀는 큰 열림을 경험한 후에 사람들이 종종 좌절에 빠지게 된다는 사실을 언급했다. 이것을 듣는 순간, 나의 좌절은 한결 가벼워지기 시작했다. 마치 일어나고 있는 일을 그대로 받아들이는 데에 누군가의 허락이 필요하기나 했던 것처럼 말이다. 그러고 나자 멈춰버렸던 순환 주기가 다시 가동되기 시작했다.

퇴보는 내면과 외면, 양쪽으로의 변화의 시작이다. 때로 영적 퇴보는 얼른 해결되지 않는다. 다음 단계로 가는 데 몇 해가 걸릴 수도 있다. 가톨릭 수사이자 지도자이기도 한 어떤 이는 10여 년의 수도원 생활 후에 다시 세상의 일과 인간 관계 속으로 돌아갔는데, 그때 어떤 일이 일어났는지를 이야기한다.

수도원의 하루는 기도와 침묵, 경건한 공동체 생활과 독거 생활의 조화로운 리듬으로 이루어져 있다. 내가 그곳을 떠난 것은 내 속에 있는 아직 청산하지 못한 것들 때문이었다. 나는 은둔 생활의 아름다움과 황홀에다가 나의 정열과 육체적 존재, 나의 인간성을 포함시키고자 했다. 그것은 부분적으로 성공했지만 결국 가능하지 않음을 느꼈다. 수도원을 떠나자 처음의 황홀감은 이내 밤 같은 어둠에 덮여버렸다. 나는 침묵하고 귀기울이고 기도에 자신을 맡기는 법을 배웠다. 그 점에서 내 영성靈性은 성숙해 있었다. 하지만 내 삶의 많은 부분들이 아직도 미숙했다.
    나는 돌아가지도 못 하고, 앞으로 가지도 못 했다. 그래서 나는 다른 이들에게 봉사하기로 마음먹었다. 나는 국을 끓이는 주방에서 일했다.

그리고 애인이 생겼다. 우리는 함께 살려고 노력했다. 나는 의심과 자살을 부추기는 우울증을 뚫고 지나가도록 영성의 힘에 의지해야만 했다. 그것은 내 삶에서 가장 힘들었던 3년이었다. 이제 나는 그것이 나의 영적 천직은 봉사의 삶임을 깨닫게 하기 위해 꼭 필요했던 과정으로 이해한다. 그 과정을 통해서 비로소 나는 삶이 내게 가져오는 것을 신뢰하는 법을 배웠다. 이제 나는 내가 겪었던 모든 일에 감사한다. 그것은 나를 신께 더 가까이 데려갔다.

내려놓기

우리가 다시 태어날 때마다 불가피하게 일어나는 진보와 퇴보, 팽창과 수축의 순환 속에는 영적 목표를 향해서 힘써 밀어붙여야 할, 분투해야 할 순간들이 있을지도 모른다. 하지만 그보다는 내려놓기, 혹은 삶의 변화를 감사히 받드는 가슴을 발견하는 것이 더 자주 요구되는 일이다.

언젠가 스즈끼는 불교의 모든 가르침을 세 마디의 말로 함축했다. "늘 그렇지는 않다." 조건은 언제나 변한다. 우리는 정상에서 내려온다. 마라는 돌아온다. 변화의 진리를 받드는 태도는 어둠과 퇴보의 경험을 더 큰 전체의 일부로서 포용할 수 있게 한다.

서양의 한 라마승은 7년에 걸친 침묵의 은거 수행을 마치고 나와서 또 다른 7년을 여행하면서 가르쳤다.

가장 크게 놀랐던 것은 내가 아직도 신뢰하는 법을 더 배워야 한다는 사실을 깨달았을 때이다. 오랫동안 나는 영적 삶이란 특별한 깨달음과 완전한 어떤 상태에 이르기 위한 것이라고 생각했다. 그러나 사실 영적 삶이란 집착을 버리기 위한 것이었다. 삶은 우리의 행위에만 좌우되지 않는다. 세속적인 삶에서건 영적인 삶에서건, 우리가 붙잡으려고 애쓰는 그 커다란 환영은 언젠가는 가짜임이 드러난다. 내려놓기를 배우면, 만물의 근본 바탕, 우리의 모든 계획 이전에도 이후에도 진실인 그것에 대한 엄청난 신뢰감을 얻게 된다. 모든 것은 찼다가 기우는 법이다. 이것이야말로 진정한 완전함이다. 이것만은 신뢰할 수 있음을 나는 깨달았다.

해탈을 구하는 모든 전통과 수행법을 살펴보면, 가슴이 할 일은 매우 단순함을 알게 된다. 삶은 그저 주는 것을 줄 따름이다. 그리고 우리의 할 일은 그 앞에 절하고 이해와 자비로써 그것을 맞아들이는 것이다. 쟁취해야 할 월계관 따위는 없다. 카리스마 넘치는 스승이나 영적 성취는 우리를 그에 대한 갈구로 몸부림치게 만들어, 지금 여기에 있는 자신의 '불성'을 보지 못하게 만드는 함정이 될 수 있다. 테라바다, 즉 소승 불교 교단의 최초의 미국인 주지 스님인 아잔 수메도Ajahn Sumedho는 특별한 어떤 것을 얻으려고 너무 애쓰지 말라고 경고한다.

> 강박적인 생각과 집착에 사로잡힌 마음을 가진 이들은 그저 명상을 단 한 마디, 곧 '내려놓기'로 간단하게 생각하라. 이 수행법을 마친 후엔 저 수행법, 이것을 얻은 후엔 저것을 얻어야 하는 것이 아니다. 갈구하는 마음은 불경을 읽고자 하고, 팔리 어와 산스크리트 어를 배우고, 다음엔 마디야미카(모든 대립을 멀리하는 입장의 철학)와 프라즈나 파라미타(〈반야바라밀다〉를 가리킴)를 배우고, 히나야나(소승 불교)와 마하야나(대승 불교)와 바즈라야나(밀교 성격이 강한 티베트와 몽골의 불교)의 계戒를 받고 책을 써서 불교계를 떠들썩하게 하는 저술가가 되고 싶어한다.
> 불교계의 세계적 권위자가 되어 국제적인 대회의에 초청을 받는 대신에, 왜 그저 '내려놓고, 내려놓고, 또 내려놓지' 않는가? 나는 여러 해 동

안 오직 이것밖에 수행하지 않았다. 뭔가를 이해하려고 하고, 생각해내려고 할 때마다 나는 그 욕망이 사라질 때까지 "내려놓으라, 내려놓으라, 내려놓으라"고 자신에게 일렀다. 그러니까, 나는 여러분이 엄청난 고난 속에 빠지지 않도록 구해줄 매우 간단한 방법을 가르쳐드리고 있는 것이다. 국제 불교 회의에 참석해야 하는 것보다 더 불쌍한 일은 없다. 여러분 중에는 세상을 향해 대자 대비한 마음을 발하는 거룩한 붓다나 미륵불이 되고 싶어하는 분이 있을지도 모르지만, 그러지 말고 그냥 "내려놓으라, 내려놓으리, 내려놓으리"는 말밖에 되뇔 줄 모르는 지렁이가 되라. 우리의 길은 히나야나, 곧 '소승小乘'이라고 부른다. 그래서 우리는 이 궁색하기 짝이 없는 수행법밖에는 가진 것이 없다.

내려놓기는 티베트의 유명한 요가 수행자이며 성자인 밀라레빠의 일대기에서 그 핵심을 차지한다. 밀라레빠는 깨달음을 얻은 지 한참 뒤에 동굴 밖에 있는, 그가 지복감에 젖은 채 수행을 했던 곳으로 땔감을 모으러 나간다. 그가 동굴로 돌아와보니 컵만한 크기의 눈을 부라리는 쇠로 된 거인 악마들이 일곱이나 있었다. 어떤 악마는 보리를 갈고 있고, 어떤 놈은 불을 피우고 있으며, 어떤 놈은 요술을 부리고 있었다. 밀라레빠는 그들을 보자마자 겁에 질렸다. 그는 붓다를 명상하고 악을 굴복시키는 주문을 외웠지만 두려움을 가라앉힐 수가 없었다. 그는 이렇게 생각했다. "이들은 이 지방의 신들인지도 모르겠다. 내가 여기서 오래 지냈지만 그들을 찬양해준 적이 없었구나." 그래서 그는 곧 찬양의 노래를 불렀다.

    너희, 여기 모인 인간 아닌 악마들은 장애물이다.
    이 우정과 사랑의 감로수를 마시고 가거라.

요술을 부리고 있던 악마들 중 셋이 사라졌다. 남아 있는 악마들이 마법적 장애물임을 깨달은 밀라레빠는 자신감에 찬 노래를 불렀다.

너희 악마들이 오늘 이렇게 와준 것은 참 좋은 일이다.
내일도 와야 한다.
가끔씩 우리는 이야기를 나눠야 한다.

이 노래에 다시 세 악마들이 무지개가 사라지듯 사라져버렸다. 남은 한 명의 악마는 인상적인 춤을 추었다. 그래서 밀라레빠는 생각했다. "이놈은 사악하고 힘이 세군." 그래서 그는 깨달음의 절정을 노래했다.

너 같은 악마는 날 협박할 수 없다.
너 같은 놈이 그럴 수 있다면
자비심을 일으키는 것도 별 의미가 없으리.

악마야, 네가 더 있겠다면 난 괜찮다.
친구가 있으면 데리고 오너라.
우리 사이의 차이점에 대해 이야기하자.

바즈라다라와 붓다시여,
이 비천한 자가 온전한 자비를 갖도록 축복을 내려주소서.

이렇게 노래하고 밀라레빠는 우애와 자비심으로 몸을 돌보지 않고 악마의 입 속에다 자신을 들이밀었다. 그러자 악마는 그를 잡아먹지 못하고 사라져버렸다.

티베트 사람들은 악마를 먹이고 대접하면 이롭다고 말한다. 악마가 찾아오면 우리는 그것이 삶 자체의 춤사위의 일부분임을 인정해야 한다. 그들이 우리를 위협하면 위험에 처하는 것은 단지 우리의 환영일 뿐이다. 삶의 경외스러운 변화의 힘 앞에 더 깊이 고개 숙여 절할수록 우리는 더 지혜로워지며, 그것을 포용할 때, 그것은 무지개로 변한다. 그 일곱 가지 빛깔은 깨어난 가슴 속에서 빛난다.

노리치의 줄리언이 말하는 것처럼, "떨어지고 다시 올라오는 중에도 늘 한결같은 귀한 사랑 속에 안겨 있다." 변화에 대해 저항을 내려놓는 그만큼만 우리는 주변과, 그리고 자신의 진정한 본성과 조화롭게 살 수 있다. 어떤 상황에서건 깨어남은 신뢰를 필요로 한다. 삶의 거대한 순환에 대한 신뢰, 무엇인가 새로운 것이 결국은 태어나리라는 믿음, 무엇이든 있는 그대로 완벽하다는 믿음을 말이다. 지혜로운 내려놓음은 삶으로부터 초연히 물러나는 것이 아니다. 그것은 삶 그 자체를 온 가슴으로 껴안는 것이다. 지금의 현실 앞에 온전히 가슴을 열고자 하는 의지이다.

이것이 도道의 지혜이다.

> 행위에 급급하면 실패한다.
> 잡으려고 애쓰면 놓친다.
> 그러므로 도인道人의 행위란
> 일이 일어날 대로 일어나게 하는 것이다.
> 그는 시작이나 끝이나 마음에 흔들림이 없다.

은밀한 포옹

쉽게 보이지만 내려놓기는 높은 단계의 수행법이기도 하다. 삶의 큰 시험이나 마지막 순간에도 내려놓기가 요구된다. 가슴이 그 비밀을 배우는 것은 여기서이다. 내려놓기란 또한 진실을 껴안는 것임을 배우는 것이기 때문이다.

사원에서 여러 해 수행한 어느 불교 지도자는 고통스러운 이혼과 그녀의 자녀 한 명까지 죽음으로 잃게 되자 깊은 비탄에 빠지면서 그간의 모든 수행을 재검토하게 되었다.

나는 완전히 나가떨어졌다. 몇 날을 울었다. 무엇을 해야 할지, 어떻게 살아야 할지를 몰랐다. 아무리 열심히 명상을 해도 뚫고 나갈 수 없는 공부거리가 끝없이 내 앞을 가로막았다. 나는 세상의 시련, 내 마음의 시련을 진정으로 직면해야만 했다. 이 기간 동안에 나는 진실의 내용이 무엇이든 간에, 그 앞에 가슴을 열고 내려놓는 것이 얼마나 중요한 것인가를 깨달았다.

퇴보가 시작되면 거기에 자신을 바쳐야만 한다. 붓다는 자비심으로 마라의 고통에 공감했을 때야 가슴의 자유를 얻었다. 합기도合氣道와 같은 무술에는 비밀의 가르침이 있다. 상대방의 에너지 속으로 들어가는 것, 상대의 공격을 끌어안고 그것과 함께 움직이는 것이다. 이렇게 끌어안음으로써 우리는 모든 것과 화해하고 평화를 이룬다. 나와 상대방, 양쪽이 모두 다 보호된다.

랠프 월도 에머슨Ralph Waldo Emerson의 장난기 어린 경구가 이것을 잘 지적한다. "개가 사납게 쫓아오면 휘파람을 불어주라." 저항하면 겁에 질리고 움츠러들지만 품어 안으면 변화한다. 이것이 가슴의 진실이다.

  마라를 각별한 친구처럼 잘 대접할 때, 퇴보가 가져오는 두려움과 혼란과 갈등은 어느 새 우리 편으로 변한다. 겸손하고 방어하지 않는 가슴은 오히려 안전 장치가 된다. 내려놓기를 통해 신뢰가 생긴다. 몸부림을 그치면 진정한 힘이 깨어난다. 자비로운 가슴에서 지각 있는 존재들에 대한 사랑이 완성된다. 정상에만 머무는 것은 불가능하다. 하지만 만물과의 일체감과 평화를 찾는 것은 가능하다. 변화하는 모든 계절을 이 은밀한 포옹으로써 만나면, 우리가 있는 사리는 그곳이 어디든지 간에 거룩한 땅이 되고 깨달음의 자리가 된다.

10장 더러운 빨랫감

> 내가 '살아 있는 붓다'라고 알려져 있기 때문에, 사람들은 흔히 내가 오로지 영원한 행복과 평정심 속에 머물며 근심 같은 것은 하지 않으리라고 생각한다. 미안하지만 사실은 그렇지 않다. 나는 고승이자 깨달음의 화신으로서, 조금 더 잘 알 뿐이다.
>
> 칸주 쿠투슈 툴쿠 린포체 Kanju Khutush Tulku Rinpoche

> 진정 위대한 존재로 느껴지는 인물을 대할 때, 우리는 그 앞에서 얼어서 긴장하기보다는 그가 오로지 자신의 약점을 통해서 위대성을 성취했으리라는 사실에 감동해야 하지 않겠는가?
>
> 프로이트의 전기 작가, 루 앙드레아스 – 살로메 Lou Andreas – Salomé

라다 라자고팔 슬로스 Radha Rajagopal Sloss는 최근에 출판된 자신의 저서 〈그늘 속의 삶들 Lives in the Shadow〉에서 크리슈나무르티와 함께 지내온 시절의 뒷이야기를 전해준다. 그녀는 전세계 수만 명의 제자들을 일깨워준 그의 타고난 용기에 대해, 그리고 그녀의 계부로서 여러 해 동안 자신을 사랑해준 일들을 기록하고 있다. 하지만 그녀는 또한 크리슈나무르티가 절친한 친구이자 사업상 매니저였던 그녀의 아버지 몰래 어머니와 20년 동안이나 정사를 벌였던 사실을 처음 알았을 때 받았던 엄청난 충격에 대해서도 이야기하고 있다. 그밖에 그녀는 크리슈나무르티가 그러고도 여전히 강박적으로 다른 여자를 남몰래 원했던 사실, 은밀한 낙태와 이중 인격적인 은폐, 갈수록 심해지는 사치벽, 자신의 수행원들과의 오랜 법정 투쟁을 야기한 그의 오만함과 경직성에 대해서도 언급하고 있다. 이런 사실들은 그를 잘 아는 다른 사람들을 통해서도 알려져 있다. 하지만 라다가 이에 대한 그의 입장을 물었을 때, 크리슈나무르티는 화를 벌컥 내며 반발했다. "나에게는 에고가 없다."

이런 이야기와, 이와 비슷한 많은 일들을 우리는 어떻게 보아야 할까? 모든 영적 스캔들은 그저 특수한 상황의 실패 사례에 지나지 않는 것인가, 아니면 거기에는 거의 원형적인 어떤 힘의 역학이 존재하는 것일까? 만일 그것을 알 수 있다면 영적인 길의 이러한 뒷골목들을 좀더 의식적으로 헤쳐나가는 데 도움이 될지도 모른다.

사 리 분 별 의 지 혜 얻 기

자신이나 타인의 실패담을 들먹이기 이전에, 비교하고 노여워하거나 자신을 합리화하려는 태도가 아니라, 사려 깊고 열린 태도를 지니고 이 영역에 발을 디딜 수 있도록 우리의 눈과 가슴을 먼저 살펴보는 것이 중요하다. 이런 때 필요한 것은 사리 분별의 지혜이다.

〈깔라마 수트라〉에서 붓다는 수행자들에게, 어떤 것이 지혜롭고 건전한 것인지, 어떤 것이 지혜롭지 못하고 불건전한 것인지를, 어떤 경전이나 가르침이나 권위에도 의존하지 말고, 각자가 홀로 정직하게 살펴보라고 가르친다. 알코올 중독자들의 모임(Alcoholics Anonymous, 알코올 중독자들의 자가 집단 치료 모임)에서 '대담하고 도덕적인 자산'이라고 부르는 이것은, 배우는 이에게나 가르치는 이에게나 보람 있고 요긴한 훈련이 될 것이다.

사리 분별의 지혜란 명철하게 보는 것을 의미한다. 옷이 더러워져서 빨아야 할 필요가 있는지를 식별할 때와 마찬가지로, 어떤 문제를 대하는 첫 단계는 현재 상태에 대한 정직한 감정鑑定이다. 영적 단체의 문제를 대할 때, 우리는 우리의 믿음, 우리의 단체, 우리의 스승, 그리고 우리 자신에 대해 의문을 제기할 수 있는 용기를 가져야 한다. 고통스러운 진실을 직시하고, 늘 상호 연결성에 대한 이해와 자비심을 지닌 채 자신과 타인을 향해 말함으로써 분리를 종식시켜야 한다. 처음에는 두려울 수도 있지만 이 단계의 실천만으로도 놀라운 치유가 일어난다. 우리는 진실을 믿을 수 있다는 것을, 그리고 진실이 자유를 가져옴을 깨달아야 한다.

아무리 대담하더라도 사리 분별의 지혜는 또한 자비심에 기초해야 한다. 자비심은 문제만이 아니라 그 이전의 원인과, 상황을 오도해온 숨은 의도까지도 통찰하게 해준다. 그것은 가혹한 심판의 눈으로 보는 것이 아니기 때문에, 그것이 교묘한 의도에 의한 것인지, 순간적인 미혹에 의한 것인지도 분간해낼 수 있는 것이다. 그뿐만 아니라 사리 분별의 지혜는 모든 전통과 모든 스승들이 장점과 단점을 동시에 지니고 있음도 알고 있어서, 좋은 것은 취하고 나쁜 것은 버릴 수 있다.

또한 사리 분별의 지혜에는 겸손과 호의가 있다. 그것은 완벽을 요구하지 않으며, 양쪽 측면을 동시에 보고자 하며, 모든 상황에서 배우고자 하며, 어려움을 인정하고 그 원인을 이해하고자 한다. 그러면 이런 열린 태도를 지니고 영적 지도자들이 그들의 여정에서 부딪히게 되는 주된 문제들을 몇 가지 살펴보기로 하자.

문 제 가   잘   발 생 하 는   주 요   영 역

영적 단체에서 위험하게 여기는 분야 중의 하나는 권력의 남용이다. 이것은 스승이나 지도자가 그 단체의 모든 힘을 마음대로 휘두를 때 발생하기 쉽다. 스승이 원하는 바가 최고의 권위일 때, 제자들이 스승의 한마디 한마디를 깍듯이 받들어 모실 때, 의문을 제기하는 것이 저지되고 반응을 경청하는 것이 이루어지지 않을 때, 스승은 쉽사리 제자들의 목숨을 좌지우지할 수 있게 된다. 그것이 모두 제자들을 위한 것이라는 미명하에 말이다. 부지불식간에 중독된 권위가 지혜를 대신하고, 사랑은 스승이 정하는 바에 따라 분배되는 하사품으로 변질되어간다. 권력이 남용되면 파벌과 알력 싸움이 생긴다. '남겨지는' 자들이 있고, 버림받거나 처벌받는 자들이 있다. 파벌과 가신 그룹, 비밀과 권력 투쟁이 생긴다. 가장 고통스러운 것은, 권력의 남용이 망상증과 사교邪敎 집단과 여타의 끔찍한 일들을 만들어낸다는 것이다.

스승과 단체의 두 번째 문제 영역은 돈의 오용이다. 영적인 삶에서 발견하게 되는 은총은 후덕한 너그러움을 일깨워주어서, 성공한 단체에는 돈이 흘러들어오기 시작한다. 신을 위해, 사원을 짓기 위해, 지도자의 신성한 사업을 위해서. 대부분의 종교 전통은 단순한 생활 방식에 젖어 있으므로 그 지도자들은 돈을 만지는 데 미숙하다. 수행의 핵심을 놓치지 않고 끊임없이 매달리지 않는 이상, 지도자는 이 물질주의적인 사회에서 너무나 쉽게 돈의 마력에 휩쓸려서 이내 경호원에 둘러싸이고, 영성이라는 미명하에 필요에서부터 욕망으로 빠져들어가버린다. 최악의 경우, 단체 구성원들에게는 금욕 생활과 무보수 봉사를 요구하면서 다른 한편으로는 비밀 구좌 개설과 호화 생활, 헌금 사기 등의 행각으로까지 폐단이 이어질 수 있다.

세 번째로 흔한 폐해는 성 문제이다. 불행히도 이 시대에는 성적 에너지의 오용이 너무나 널리 번져 있어서, 스승이 이 부분에 대해 깨어 있지 못할 때 이것은 쉽게 그 단체의 문제로 불거질 수 있다. 대부분의 영적 가르침이 요구하는 금욕주의와 스승의 욕망이 부딪힐 때 생긴 양면성은 은밀한 스캔들을 만들어낸다. 스승에게 접근하는 대가로 교환되는 섹스, '탄트라tantra의 이름으로' 제자가 스승에게 바치는 섹스 등, 다양한 형태의 성적 착취가 일어난다. 이러한 관계는 불필요한 고통을 야기한다. 극단적으로는 이런 성적 비행이 비밀스러운 규방閨房을 만들어내고, 아동 학대와, 심지어는 자신의 특별한 힘이 제자를 보호해줄 것이라고 공언한 스승에게서 제자들이 에이즈를 옮는 일도 있었다.

네 번째 문제 영역은 술과 마약의 남용이다. 현대 문화는 온갖 중독에 빠져 있어서, 이것이 영적 단체에까지 번져들어온다. 어떤 영적 전통에서는 술 취한 상태를 영적 변성에 비유하면서 찬양한다. 문자 그대로 해석한다면 이것은 공공연한, 혹은 은밀한 중독에 대한 핑계와 변명으로 악용될 수 있다. 알코올 중독, 혹은 마약에 중독된 스승들은 그의 단체를 모두 타락시키고 중독 문화에 빠지게 된 제자들의 삶에 큰 고통을 안겨준다.

문제는 왜 일어나는가

선한 의도를 지닌 사람들의 단체에 어떻게 이러한 문제가 일어나는 것일까? 분명히 무엇인가가 매우 잘못된 것이다. 어떻게 해서 일이 그르쳐지는지에 대한 개괄적인 조망을 가지기 위한 하나의 방법은 신화의 세계로 눈을 돌려보는 것이다.

그리스 신화에는 우리가 자신의 본분을 잊어버릴 때 어떤 일이 일어나는지에 대한, 진보(상승)와 퇴보(추락)의 이야기가 풍부히 담겨 있다. 가장 시사적인 이야기들 중의 하나는 이카루스에 대한 이야기이다. 그의 아버지 다이달로스는 모든 예술가와 공예가들 중에서도 가장 머리가 뛰어났다고 한다. 아테네 출신인 그는 크레타로 가서 미노스 왕의 주문대로 무서운 미노타우로스를 가두어놓을 놀라운 미궁의 함정을 설계했다. 하지만 다이달로스가 미노스 왕의 눈 밖에 나자 그와 아들 이카루스는 감옥에 갇히게 되었다. 처음에는 자신이 설계했던 미궁에 갇혔다가, 나중에는 바닷가에 있는 돌 탑 위에 갇혔다. 다이달로스는 곧 그곳을 탈출할 방법을 생각해냈다. 부자는 빵 조각을 모아두었다가 그것으로 갈매기를 탑 안으로 유인하여 꾸준히 갈매기의 깃털을 모았다. 그리고 한편으로는 촛농도 모았다. 다이달로스는 깃털을 실로 꿰고 촛농으로 붙여서 한 쌍의 날개를 만들고, 나는 방법을 터득했다. 그리고 이카루스를 위해서 또 한 쌍의 날개를 더 만들었다.

마침내 그들은 자유를 찾아 여행을 떠날 채비를 끝냈다. 다이달로스는 아들의 어깨에 날개를 달아주면서, 너무 높이 날아오르지 말라고 경고했다. 태양에 가까이 가면 그 열기가 촛농을 녹여버릴 것이기 때문이었다. 마침내 두 사람이 섬의 상공을 날아오르자 어부나 목동들은 그들을 쳐다보고 신들로 오인했다.

크레타 섬이 뒤로 사라지자 이카루스는 자신의 날개가 대견해지기 시작했다. 그는 높이 솟아올라 비상의 자유를 만끽하기 시작했다. 그는 높이, 더 높이 태양에 더 가까이 다가갔다. 마치 천국을 손으로 만질 수 있을 것만 같은 기분이었다. 하지만 곧 열기가 촛농을 녹이기 시작했고, 날개에서 깃털이 빠지기 시작했다. 이카루스는 살려달라고 외치면서 나뭇잎처럼 떨어져 바다에 빠져 죽었다. 수면에는 다만 깃털이 몇 개 떠 있을 뿐이었다. 고향으로 돌아온 다이달로스는 좌절과 시름에 잠겨 자신의 날개를 아폴론의 신전에 걸어놓고 다시는 날지 않았다.

우리 또한 다이달로스처럼 우리 스스로 만들어놓은 삶의 미궁 속에 갇혀 있는 것인지도 모른다. 오래고 꾸준한 수행 끝에 우리는 거기서 빠져나갈 수단을 만들어낼 수도 있을 것이다. 그 같은 한계를 알고 있는 우리의 한 부분에 의하면, 우리는 이 자유의 비상이 지닌 위험 수위 안에서 항해할 수 있다. 하지만 자신이 인간임을 잊어버리면, 우리의 한 부분이 끝없이 솟아오를 수 있다고 생각하면, 우리는 버림을 당해 어쩔 수 없이 깊고 어두운 바다 속으로 추락하고 말 것이다.

신과의 동일시 그리고 중독

이카루스의 신화에서 보듯이, 비상은 신의 영역이지 인간의 영역이 아니다. 수행을 하다 보면 우리의 의식은 정말 신이나 어떤 원형, 곧 이상적인 가능성과 동일시할 수 있다. 이것은 가치 있는 일일 수 있지만, 단지 그것이 수반하는 것이 무엇인지를 이해하는 한도 내에서만 가치가 있을 수 있다. 원형적 동일화란 붓다나 예수, 또는 완벽하게 순수한 스승과 같은 완전한 존재가 되려고 하는 것을 의미한다. 신의 세계는 매혹적이다. 자유의 맛을 보면, 그 체험은 우리를 휩쓸어가버릴 수 있다. 하지만 자신이 거기에 머물 수 있다고 믿고 땅으로, 시간적 현실로, 인간으로서의 삶으로 돌아오지 않는다면 문제가 일어난다. 심리학에서는 이러한 역학을 '자만inflation'이라고 부른다.

스승의 지위가 남용되는 대부분의 경우, 스승이 의도적으로 부정직한 것은 아니다. 스승을 완전하다고 믿고 싶어하는 제자들에게 둘러싸이면 그들은 그 압박감을 해소할 나름의 방법에 의지하게 된다. 곧, '스승'으로서의 권위에 동화되는 것이다. 스승과 제자들 양쪽에 의해 동시에, 양쪽 다 선의에서 출발하여, 집단 중독이 진행된다. 하지만 이 비현실적인 기대의 분위기 속에서 스승은 외부와의 연결이 단절되고 감각을 잃어버리기가 쉽다. 마치 추락하기 전의 이카루스처럼, 그들은 자신이 영원히 날 수 있을 것처럼 느낀다.

단절과 부인

한 단체가 세상으로부터 자신을 단절시키거나 사교 집단 같은 폐쇄성을 지향하기 시작하면 현실적인 자기 점검이 불가능해진다. 마찬가지로 스승이 완전한 존재로 떠받들어지기 시작하면 스승은 솔직하고 대등한 관계를 가질 수 있는 도반이나 동반자로부터 단절된다. 이렇게 되면 단체의 구성원들은 실제로 벌어지고 있는 상황에 대한 정확한 통찰력을 잃어버리기가 쉽다. 동료 대신 자기를 숭배하는 제자들에 둘러싸인 스승들은 친밀한 인간 관계에 대한 내적 요구를 묵살함으로써 고독의 제물이 되기 쉽고, 더 나쁜 경우는, 맹목적인 자기 확신과 자만에 빠져 아량을 잃어버린다. 자만에다 단절까지 합해지면 그것은 착각과 세뇌의 온상이 되어 수행 단체로부터 사교 집단으로 변하는 지름길이 된다.

문화적인 압력도 종종 이런 문제에 한몫을 거든다. 우리의 권위주의 문화는 자신의 몸과 느낌을 불신하고 권위를 찾아, '더 잘 아는' 이의 말씀을 따르도록 우리를 길들여놓았다. 맹목적인 추종자 단체의 저변에는 이 혼란스러운 세상에서 진리를 아는 누군가를 찾아 구원받고자 하는 우리의 갈망이 깔려 있다.

이상화와 단절은 집단적 부인否認의 문화를 형성시킨다. 이상화는 사람의 눈을 멀게 하여 눈앞의 증거를 보지 못하게 한다. 그리고 단절은 그 사실을 지적해줄 사람이 없음을 뜻한다. 때로 영적 단체가 어떤 것을 부인하는 수준은 가히 충격적이다. 특히 외부로부터 열린 눈으로 들여다보는 사람들 앞에서, 그들은 지도자의 비리를 부인하고, 가르침의 사교적인 요소를 부인하며, 많은 내부인들이 그 체제 속에서 자신을 상실하고 내면의 지혜를 잃어버린 사실조차 부인한다.

나는 고대로부터 내려오는 전통적 계보의 어느 카리스마 넘치는 스승에 관한 이야기를 들었다. 그는 전국에 있는 문하의 모든 유부녀들에게, 그들은 자신의 은밀한 연인이므로 온몸을 면도하고 기름을 바르고 자신이 방문하기를 기다려 '드높은 가르침'을 전수받으라고 일렀다. 어떤 세계적으로 유명한 랍비는 알코올 중독에다 중독적인 찬송까지 가미하여 손에 잡히는 모든 여성과 소녀들을 희롱했다는 이야기도 들었다.

'이기심을 무너뜨리기 위해' 제자들의 목숨을 제멋대로 쥐어흔드는 오만하고 폭군 같은 스승이든, 아린 아이들을 성폭행하고 조직적으로 은폐하는 신부이든, 여러 해 동안 추행과 폭행을 일삼다 젊은 스님들로부터 얻어맞고 쫓겨난 미얀마의 스승이든 간에, 단절과 부인의 고통스러운 상처는 여러 해 동안 아물지 않고 남아 있을 수 있다.

대부분의 전통에서는 스승의 지위를 남용하지 못하도록 경고하고 있다. 하지만 단체 내부의 많은 추종자들은 이런 경고가 바로 자신들에게도 적용되리라고는 믿지도, 상상하지도 못 한다. 그들은 아버지의 경고를 무시하고 무모하게 날아오르는 이카루스와도 같다. 자기를 기만하는 인간의 능력은 깨어나는 능력만큼이나 엄청나다. 스승에 대해 의문을 제기하는 것은 자신의 그늘과 상처를 건드리는 것이기 때문에, 제자들은 고통스러운 진실이 확연히 드러나 있음에도 불구하고 비리의 존재를 부인하고 이전과 같이 지내려고 한다. 심지어 제자들은 스승의 비리를 분명히 전해 듣고도, 혹은 돈과 권력과 섹스의 남용 사실이 전국적으로 폭로되어도 그것을 믿지 못한다. 한편 망상에 빠진 스승들은 장황한 말로써 자신의 행위를 정당화한다. "나는 돈과 권력을 모두의 이익을 위해서 썼다"든가, "그것은 섹스가 아니라 탄트라의 가르침이다" 또는 "나는 많은 사람들에게 도움을 주므로 나 자신도 약간의 후원과 위안이 필요하다"는 등의 이유를 든다. 비상의 유혹은 그만큼 저항하기가 힘들다.

카리스마와 지혜의 혼동

영적인 착각을 일으키는 또 다른 이유는 카리스마를 진정한 지혜와 혼동하기 때문이다. 어떤 영적 지도자들에게는 비범한 의식 상태를 이끌어낼 수 있는 능력이 있다. 이것이 사람들의 기대에 부응하여 확장되기 시작하면, 이런 카리스마적인 목사나 신부, 선사, 신비주의자, 랍비, 구루 등은 쉽게 지복감과 초월감을 이끌어낼 수 있다.

이러한 영적 힘은 지혜나 깨달음이나 신의 사랑을 보여주는 확실한 징표로 잘못 받아들여지기 쉽다. 우리는 힘과 카리스마는 단지 힘과 카리스마일 뿐이며, 이런 에너지는 선동적인 정치가나 연예인들도 쉽게 동원할 수 있는 것임을 쉽게 잊어버린다.

카리스마적이기는 하지만 지혜롭지 않을 수는 얼마든지 있다. 거꾸로, 지혜는 반드시 화려하거나 강력한 것이 아니다. 그것은 소박하고 겸손한 가슴에, 가장 평범해 보이는 삶 속에서 드러날 수 있다. 특별한 어떤 영적 권능을 내세우며 떠받드는 영적 단체라면 추종자들은 각별히 깨어 있어야만 한다. 비밀의 가르침이나 고대로부터 내려왔다는 비전의 계보가 새삼스럽게 부각된다든지, 어떤 특별한 그룹의 사람들이 선택되어 구원을 받거나 깨달음을 얻는다는 등의 소문이 퍼지기 시작하면 그 단체는 사교 집단으로 변질될 시기가 무르익은 것이다.

물론 이것은 언제나 실제로 그렇게 된다는 것은 아니다. 하지만 맹목적인 카리스마의 무대에서 흔히 발생하는 전형적인 위험의 징조다. 지혜로운 전통들에는 이러한 오도를 예방하는 안전 장치가 있다. 그것은 흔히 원로들이나 존경받는 스승들이 네트워크를 형성함으로써 각자의 영적 상태나 행동을 상호 감시하고 감독할 수 있게 하는 것이다.

세속적 권력의 유혹

십자군 전쟁으로부터 이슬람교의 성전(聖戰, 지하드)에 이르기까지, 부패한 교직자들과 폭압적인 주교로부터 면죄부에 이르기까지 서양의 조직화한 종교들이 권력을 악용한 역사는 잘 알려져 있다. 하지만 어째서인지, 우리는 동양의 종교나 명상 수행의 전통은 이런 형태의 부패로부터 거리가 멀다고 생각해왔다. 하지만 일본, 한국, 스리랑카, 중국, 티베트, 미얀마 등 모든 나라들의 종교가 드물지 않게 권력을 악용해온 역사를 가지고 있다. 〈선가의 전쟁The Zen of War〉에서 브라이언 빅토리아Brian Victoria는 사와끼 고도, 하라다 다이운 등 카리스마 넘치는 일본의 많은 선사들이 제2차 세계 대전중에 선불교의 가르침을 왜곡하여 전쟁과 살육을 옹호했던 사실을 고통스러울 정도로 상세히 묘사하고 있다. 선사들은 수백 년 동안 불교의 이름을 빌려 '자비의 선전善戰'에서 비일본인들을 군사적으로 학살하는 일에 합류하도록 수행자들을 부추겼다. 군사적인 살육은 깨달음을 표현하는 방법들 가운데 하나로 해석되었고, 큰 절들은 병력을 동원하고 무기 살 돈을 대고 출정을 축복해주었다. 심지어는 교단들 사이에서도 서로 권력을 키우기 위해 다투다가 전쟁을 벌이는 경우까지 있다.

이와 마찬가지로 티베트에서도 교단과 종파와 승려들 간의 싸움이 역사의 일부가 되어 있다. 〈내 적들 앞에서In the Presence of My Enemies〉의 저자이자 전직 티베트 재무부 장관이었던 치폰 슈구바Tsipon Shuguba는 중국이 티베트를 점령하기 이전의 수십 년 동안에 일어났던 권력 분쟁과 싸움을 묘사하고 있다. 세라Sera와 같은 큰 교단, 레팅 린포체(Reting Rinpoche, 달라이 라마의 섭정)와 같은 고승들과 수백 명의 승려들이 말과 총과 대포를 동원한 싸움에 개입했으며, 이로 인해 많은 승병들이 죽었다. 교파 싸움과 권력 투쟁 또한 망명중인 티베트 사회에서도 여전히 '올바른' 종교를 실천하기 위한 것이라는 미명하에 계속되었다.

많은 기존 종교의 교단들이 막대한 재산과 미술 소장품, 국제적 명성과 정신적 영향력을 가지고 있다. 숙제는, 이 모든 것을 화려한 대의 명분에 사로잡히지 않고 유지하는 방법을 찾는 것이다. 지혜로운 영적 지도자라면 비단 옷을 입고 왕과 담소하든, 누더기 옷을 입고 홀로 사막에서 살든 상관없이, 단순한 정신과 자유로운 가슴을 지닐 것이다. 모든 존재에 대한 진정한 사랑을 지닌 사람이라면, 진리 속에 파묻혀 사는 호사에 비하면 정치적 권력 따위는 보잘것없는 무용지물임을 알 것이다.

인 간 성 을   배 제 한 다 는   것

인간의 세속적인 갈망에 대한 부인은 전세계의 영적 전통들에 널리 받아들여지는 이상화의 한 형태라서, 그것을 있는 그대로 다시 들여다보아야 할 필요성이 대두되고 있다. 동서양을 막론하고 일부 영적 전통들에서는 개인적인 요구나 욕망은 아예 가지지 않는 것이 최선이라고 가르친다. 이 환상적이고 완벽주의적인 이상은 평범한 일상의 인간 관계와 요구의 가치를 인정하지 않고, 영적인 존재가 그들의 국한된 종교적 역할 밖의 삶을 가짐으로써 얻을 수 있는 이득을 부인한다. 이런 이상에서는 스승이나 수도원장이나 지도자들이 세상을 초월하고 성자와 같은 단순함과 금욕적인 순수함을 유지하기를 기대한다.

단순한 삶을 선택하는 것은 큰 덕목이기는 해도 금욕적인 삶을 실천하는 것이 욕망을 부인하는 것과 혼동되어서는 안 된다. 금욕주의 그 자체는 단순한 삶을 의식적으로 선택하는 것이다. 음식과 의복과 행동의 단순함은 내적 포기를 배워 바깥 세상의 유혹으로부터 자신을 해방시키기 위한 의도적인 방법이 될 수 있다. 독신주의도 마찬가지로 포기의 한 표현 방식으로서 선택할 수 있다.

수녀나 신부나 승려들은 성적으로 짝지어진 관계의 영향권에서 벗어남으로써 기도와 헌신과 단체 생활에 삶을 온전히 바칠 수 있게 된다. 이런 의미에서 의도적인 금욕과 독신의 길은 가치 있고 존중할 만하다. 이것이 건전한 순수성을 지니고 있음을 보여주는 표시는 다음과 같다. 즉 이런 역할을 자임한 사람이 자신의 욕구를 그저 억눌러버리거나 그것의 존재를 부인하지 않고, 성애와 인간적 친교와 모든 종류의 감정을 충분히 인정하되, 그것을 풍성한 영적 삶 속으로 포용하는 것이다.

우리의 영적 시각 속에 인간성을 거부하는 태도가 자리잡을 때 문제가 일어난다. 구도자들에게는 이것이 청교도적인 두려움을 가지고 자신을 경험으로부터 스스로 단절시키는 것을 의미한다. 스승들에게도 마찬가지이다. 오랫동안 사람들로부터 사심 없고 죄를 짓지 않는 순수성에 대한 기대를 받다 보면 자신의 그늘진 면을 억압하게 되거나, 그것에 대해 무지해질 수 있다.

이처럼 그릇된 이상화에 사로잡힌 지도자에게는 인간적인 요구, 성욕, 슬픔, 취약성 등이 쉽게 간과될 수 있다. 이런 이상에 치우친 영적 체계들은 이런 현실에 어떻게 대처해야 하는지에 대한 실제적 도움이나 가르침을 거의 주지 못한다. 하지만 우리의 경지가 아무리 순수하고 고상하더라도 간과된 인간성은 돌아올 것이며, 충족되지 않은 요구는 다시 나타날 것이다. 이카루스의 몸은 인간의 무게를 가지고 있고, 마라는 고맙게도 때를 잊지 않고 우리를 방문해준다.

육신의 요구와 인간적인 요구를 인정하지 않으면 그것은 악마로 만들어져서 타인에게 투사될 수 있다. 이것이 망상증에 불을 붙이고 마녀 사냥과 종교 재판을 만들어낸다. 수행 단체는 삶의 많은 측면들에 대해 두려워하며 살 것이다. 지혜와 거룩함으로 널리 알려진 한 가톨릭 대수녀원장이 수십 년 전에 한 묵상 수도원을 창설했다. 그녀는 수녀들과 성직 지망자들이 몸과 감정의 에너지를 돌볼 필요가 있음을 알고 있었다. 하지만 그녀는 이 때문에 처벌을 받았다. 교회 당국은 명상이니, 호흡 요법이니, 개인 치료니 하는 '이단적인 방법들'이 일상적인 기도와 침묵에 병행하여 행해진다는 소문을 듣고는 그 수도원을 갑자기 폐쇄시켜버린 것이다. 그녀는 "우리 수도원이 성스러운 것에다 호흡과 몸을 포함시켰다는 이유로 어떤 일을 겪어야 했는지는 믿을 수가 없을 정도다"라고 말했다. 하지만 토마스 머튼은 그의 영적 지도자의 허락하에 불교 명상법을 수행했다. 다른 데서와 마찬가지로 영적 '당국들'도 그 이해와 시각이 천차 만별인 것이다.

우리의 온전한 인간성에 대한 좀더 겸손한 접근법은 미니애폴리스에 있는 커다란 참선 수행 단체의 한 센터에서 가족과 함께 살고 있는 선사 다이난 카타기리의 삶에서 엿볼 수 있다. 그가 치명적인 암 선고를 받았을 때, 많은 제자들이 그를 도우러 왔다. 하지만 그들은 한편으로 스승마저 평범한 인간의 약점을 지니고 있다는 생각에 두렵고 혼란스러웠다. 하루는 스승이 제자들을 곁으로 불러모았다. "너희들이 나를 주시하고 있다는 것을 알고 있다. 너희들은 선사는 어떻게 죽는지를 보고 싶은 거지. 내 보여주마." 그러면서 그는 발버둥질을 하고 팔을 내두르면서 소리쳤다. "난 죽고 싶지 않다, 난 죽고 싶지 않아!" 그러고 나서 그는 몸부림을 멈추고 제자들을 올려다보았다. "나는 내가 어떻게 죽을지를 모른다. 어쩌면 고통과 두려움 속에서 죽을지도 몰라. 기억해라. 옳은 방법 따위는 없다." 여기에 다른 사람들의 삶으로부터 자신을 분리시키지 않은 스승, 시간은 일어날 일을 일어나게 한다는 것을 안 스승이 있다.

스승과 그 단체가 인간적인 요구와 감정을 내놓고 인정하는 태도 속에서 살면 그들은 그 방식 속에서 편안함을 발견할 것이다. 물론 여러 가지 문제가 발생하겠지만, 그것은 모두가 언젠가는 부딪혀야 할 흔한 문제로 인식될 것이다. 하지만 단체의 정신이 비판에 대한 두려움에 젖어 있으면 비밀주의와 위선이 번져 있게 되고, 그러다가 그 초인간적인 가면에 금이 가면 그보다 훨씬 더 큰 손상을 입을 것이다. 이것은 독신주의를 지키는 단체이든, 재가 수행을 하는 단체이든 상관없다. 성직자든 평신도든, 누구도 감정과 인간 관계가 일으킬 수 있는 폭풍우 앞에서는 흔들리지 않을 수가 없다. 이 폭풍우야말로 우리가 수행해야 할 비옥한 토양 중의 하나이다.

문화 충돌의 혼란

서양에 전파된 아시아의 수행 전통들은 또 다른 문제를 지니고 있다. 그것은, 이종 문화간의 혼선이다. 단정한 복장을 중시하고 성을 엄격히 구별하는 사회에서 온 스승은 갑작스럽게 미국 문화에 무방비로 노출되면 무엇이 옳은 것인지에 대한 감각을 잃어버릴 수 있다. 서양의 제자들도 혼란스럽기는 마찬가지이다. 티베트에서 온 지혜롭고 존경받는 나이 든 라마인 칼루 린포체Kalu Rinpoche의 일화가 그 같은 경고를 던져준다. 그는 여러 면에서 매우 훌륭한 스승이었다. 하지만 그는 젊고 신실한 제자이자 통역자였던 준 캠벨June Campbell을 자신의 섹스 파트너로 삼음으로써 본의 아니게 그녀를 오랜 시련 속에 빠뜨렸다. 그녀는 〈허공 속의 여행자Traveler in Space〉라는 저서에서, 자신이 목격한 티베트 불교 문화 전반에 걸쳐있는 여성 모독적인 태도와 그 혼란과 고통에서 벗어나기 위해 몸부림쳤던 20년의 세월을 술회하고 있다.

서양인으로서 티베트 불교 신도이자 지도자인 한 여성은 스승과 제자의 관계에 대한 문화적 차이를 이해하려고 애썼지만, 결국 자신의 결론에 만족해야만 했다.

나는 유년기에 희롱을 당한 적이 있고, 여성의 권리를 위해 싸운 경험이 있기 때문에 그것을 이해할 수가 없었다. 마하 무드라Maha Mudra의 최고 경지인 바즈라야나 수행을 한, 깨달은 스승인 이 늙은 라마가 어떻게 해마다 사원에서 열서너 살밖에 안 된 소녀들을 뽑아 자신의 섹스 파트너로 맞아들일 수가 있단 말인가? 그의 아내는 이것을 어떻게 받아들일까? 인도나 티베트가 별세계라는 것은 나도 안다. 젊은 아내를 갖는 것은 라마에게 힘을 북돋아주는 '장수법'이라는 말도 들었다. 권력을 가진 남성들은 언제나 이것을 믿었다. 그리고 아시아의 종교계나 정계의 주요 인물들은 늘 그렇게 해왔다.

그리고 아직도 봉건적인 티베트와 같은 사회에서는 이것이 그 가족에게는 영광이 된다는 말도 들었다. 그들은 아마도 가난할 것이고 그들은 이제 라마의 측근이 되어 더 잘 살게 될 것이다. 하지만 그래도 나는 의문이 가시지 않는다. 어린 소녀들은 어떤가? 그들은 어떡하라고?

나는 라마와 동침했던 몇 명의 서양 여자들로부터 이야기를 들었다. 어떤 이들은 그것을 좋아했다. 그들은 특별한 기분을 느꼈다. 어떤 이들은 자신이 이용당했다고 느끼고 그 때문에 수행으로부터 멀어졌다. 어떤 이들은 라마에게 어머니가 되어주었다고도 했다. 하지만 누구도 그것을 가르침으로 해석하진 않았다. 거기에 탄트라적인 요소는 없었다. 섹스는 라마를 위한 것이었지, 그들을 위한 것은 아니었다.

성애는 이 시대에 들어와서 복잡한 영역이 되었다. 우리는 현대 서양의 기준으로 전통적인 문화를 제대로 비판할 수 없다. 그렇다고 다른 문화

권의 스승이 서양에 와서 제자를 성적으로나, 다른 어떤 방식으로 봉사하게 해서도 안 된다. 이 문제에 대해서는 장기적인 관심이 기울여져야 할 것이다. 그러지 않으면 그것은 더 많은 상처와 고통을 만들어낼 것이다.

고난을 치유로 전환시키기

아서 왕의 전설에서 젊은 기사 파르시팔은 성배聖杯를 찾는 원탁의 기사단에 합류한다. 그의 조언자 고나먼드는 그에게 명예를 지키기를 당부하면서 두 가지를 명심하라고 일러준다. 첫째, 누구를 유혹하지도 말고 유혹당하지도 말아야 한다. 둘째, 성배가 있는 성을 찾으면 그 성배가 누구를 위한 것인지를 물어야만 한다. 여행을 하는 동안 그는 온 나라가 고통과 혼란을 겪고 있는 것을 목격한다. 하지만 마침내 성배가 모셔진 성에 도착했을 때, 그는 유혹에 완전히 넘어가버렸다. 그는 상처를 입은 피셔 왕을 만나, 원하는 모든 것이 다 주어지는 환상적인 연회에 초대받는다. 그는 자신의 사명을 잊어버리고 중요한 질문을 해야 한다는 사실도 까맣게 잊어버린다. 다음날 아침, 성과 왕은 흔적도 없이 사라져버리고, 파르시팔은 다시 여러 해를 방랑하면서 고난을 겪는다. 이 고난을 통해서야 그는 성숙해지고 성을 다시 찾아낼 수 있게 된다. 그리고 이번에는 질문을 잊지 않는다. "성배는 누구를 위한 것입니까?" 그가 묻자 피셔 왕은 대답한다. "성배는 성배의 왕(성배의 왕은 신을 말한다)을 위한 것이다." 피셔 왕이 이 신성한 진실을 다시 기억해내는 순간, 그의 상처는 치유된다. 그리고 그가 치유됨과 동시에 들판에서 썩어가는 것들과 나라 안의 혼란과 백성들의 고난이 모두 치유되면서 평화와 안정이 찾아온다.

자신의 고난과 깨어남이 모두 보다 높은 선을 위한 것임을 인식할 때, 우리의 원정은 깨달음으로 마무리된다. '신성'을 위해 모든 것을 바치지 않으면 채워지지 않은 욕망이 우리의 영적 탐구 속으로 끼어들어서, 영적 체험을 단지 에고를 확대시키는 데만 봉사하게 만들 수도 있다. 지도자가 영적 에너지에다 자신을 지나치게 동화시키면, 자신은 가르침을 주는 사람으로서 당연히 봉사를 받아야 한다고 믿게 될 수도 있다. 스승의 주위에 가르침 자체보다 그 사람에게 초점을 맞추게끔 하는 유혹이 있다면 우리는 주의를 게을리 하지 말아야 한다. 피셔 왕이 누구를 위해 봉사해야 할지를 잊어버릴 때, 그 봉사는 헛된 것이 되고, 그 왕의 영적 상처 때문에 모두가 고통을 겪게 되는 것이다.

진실을 겸손히 받아들이기

지혜로운 이들은 자신이 발견하는 영적 에너지가 어떤 것이든 그것은 자신의 것이 아님을 안다. 그것은 단지 우리에게 맡겨진 것일 뿐이다. 보살의 서원誓願이나 아시시의 성인, 성 프란체스코 St. Francis의 '평화의 기도'는 우리가 받는 모든 축복을 타인들을 위해 돌리라고 충고해준다. 지혜로운 이는 또한 자신이 어떤 때에는 다른 때보다 깨어남의 축복에 더 깊이 연결되어 있음을 안다.

몇 해 전에 나는 인도네시아에서 주술사와 치유가들을 만나러 다녔다. 나의 통역자는 자기의 아저씨가 유명한 치유가였는데 몇 년 뒤에 그것을 완전히 그만두었다고 이야기했다. 내가 이유를 물어보자 그는 이렇게 대답했다.

> 아저씨는 벼 농사를 짓는 사람이었는데 명상을 하다가 입신 상태에서 치유력을 얻었다. 그는 그날부터 사람들을 치료하기 시작했다. 신들의 에너지가 그를 도와서 환자가 어떻게 아픈지를 알 수 있게 했고, 어떤 약초

를 쓸 것인지, 어디를 만져줄 것인지를 가르쳐주었다. 20년 동안 이 신들은 아저씨를 도와주었는데, 어느 날, 갑자기 그들이 오지 않았다. 그래서 아저씨는 사람들에게 더 이상 치료를 해줄 수가 없다고 말하고 농사 일로 되돌아갔다.

여기에는 놀라운 정직성이 있다. 치료가나 의사나 영적 스승이, 상태가 좋지 않은 날이 있을 때 그것을 인정하고, "지금은 신들이 도와주지 않는군요" 하고 말하는 것을 상상하기는 어려운 일이다. 하지만 이런 때가 있다는 것은 누구나 알고 있다.

정 직 성 과   윤 리 적   기 반

모든 지혜로운 종교들에 의하면 인간적 덕목과 정직성과 성실성이 영적 삶에 꼭 필요한 것임을 인식하고 있다. 불교의 계율이든, 힌두교의 야마(권계勸戒)와 니야마(금계禁戒)이든, 이슬람교나 기독교, 유태교의 십계명이든 간에, 자신의 행동에 대한 경계와 주의는 모든 영적 발전의 토대가 된다. 그것은 단지 사람을 죽이거나 거짓말을 하거나 무엇을 훔친 후에는 명상이나 기도를 하기가 어렵기 때문이 아니라, 죽이고, 속이고, 훔치고자 하는 분노와 욕망에 그토록 사로잡혀 있을 때는 발견할 만한 자유도, 은총에 찬 삶도 없기 때문에 그런 것이다.

덕성과 자비심은 깨어 있음으로부터 자연스럽게 자라나지만, 그래도 도덕적 지침을 명시하는 것은 모든 사회의 건강을 위해서 요긴한 일이다. 이 지침은 제자들뿐만 아니라 스승에게도 적용되어야만 한다. 스승들이 그런 덕목들을 무시하면 그들은 피셔 왕과 마찬가지로 고난을 일으킬 것이 뻔하다. 엄격한 영적 규율로부터 수행자를 해방시키는 것이 목적인 선가나 탄트라 전통에서조차 덕행의 기본을 늘 강조한다. 그렇게 하지 않으면 그들이 가르치는 길은 가짜가 될 것이다.

다른 문화로부터 서양으로 건너온 영적 전통들은 스승의 행동 지침과 규율을 지워버렸을지도 모른다. 스승과 제자들의 행동 지침은 대개 그들을 후원하는 배후의 더 큰 단체에 의해 수호되기도 한다. 하지만 돈과 섹스와 권력과 음주와 마약이 버젓이 판치는 문화권으로 오면 이러한 낡은 규율들은 더 이상 중요하지 않게 보이는 것인지도 모른다. 외국의 스승들은 대중 문화를 방종으로의 초대로, 미국을 규율이 필요 없는 나라로 오해할 가능성이 있다.

붓다가 그의 승려들에게 충고했듯이, 영적 단체들은 지도자를 포함한 모든 구성원들에게 분명한 도덕적 지침을 제시해줌으로써 폐해를 방지해야 한다. 많은 단체들이 그렇게 하고 있다. 그렇지 않은 경우에는 제자들이 분명한 원칙의 명시를 요구할 책임을 져야 한다. 분명한 도덕률이 없이 영적 단체를 만드는 것은 배신 행위를 조장하는 지름길이다. 모든 위대한 전통들을 받쳐주고 있는 자비심과 사랑의 가치는 우리의 도덕적 헌신에 달려 있다.

배신 — 격렬한 입문

우리는 사리를 분별하는 지혜의 정신으로 이 영역을 살펴보았다. 과거의 실패를 반추하는 목적은 그것을 비난하는 것이 아니라 그것을 치유하고 보상해줄 이해와 깨달음을 찾기 위한 것이다. 아무리 많은 경고가 주어져도 배신은 여전히 일어나는 것이 사실이다. 놀랍게도 배신은 이 행로에서 자주 마주치는 주제다. 나와 함께 자신의 영적인 삶을 이야기했던 사람들 중의 절반이 어떤 형태로든 중대한 배신을 당한 경험을 이야기했다. 배신은 격렬하게 통과하게 되는 문이다. 그것은 환상과 순진성을 고통스럽게 부숴놓는다. 그것은 인간성의 진실, 빛이 던져놓는 그림자의 복잡한 진실 속으로의 달갑지 않은 입문식이다. 영적 배신의 교훈과 슬픔은 여러 해 동안 남아 있을 수 있다.

한 여성은 그녀의 요가 아슈람에서 유산으로 아기를 잃은 후에 배신의 쓰라린 교훈을 얻게 되었다. 그녀는 상심한 나머지, 여름의 뜨거운 열기 속에서 아슈람이 요구하는 힘든 섭생이 유산을 부추겼을 가능성에 대해 구루에게 물어보았다. 자신의 지도에 의문을 제기하는 데에 화가 난 스승은 수많은 제자들 앞에 그녀를 세워놓고 공포했다. "저 여자는 남편을 위해 다리를 벌려주고서 이제 와서 유산이 요가 때문이라고 주장하고 싶어한다. 유산된 것은 어쩌면 단지 그녀가 어머니가 될 자격이 없었기 때문인지도 모른다." 그 순간 여러 해 동안 흔들리지 않았던 믿음이 산산조각이 났다. 그녀는 아슈람을 떠났다. 비탄과 분노와 반성과 내적 다짐의 오랜 과정을 겪고 나서야 그녀는, 가장 큰 배신은 자신에 대한 권위를 남에게 맡겼던 것임을 깨달았다.

배신은 그 자체가 우리의 스승이 된다. 우리는 배신 앞에 절을 올려야 한다. 왜냐하면 그것이 우리를 진실로 다시 데려다줄 것이기 때문이다. 배신은 우리에게 사리 분별의 지혜를 배우고, 정직하게 말하고 자신의 생각과 잘못을 살펴보고, 용서하기를 애쓰도록 강요한다. 이처럼 풍부한 가르침을 주는 과제도 드물다.

요가 수행자인 암리트 데사이Amrit Desai의 크리팔루 요가 단체가 1994년에 풍비박산이 났을 때, 그의 제자들은 엄청난 배신감에 휩싸였다. 20여 년 간에 걸친 스승의 비밀 정사와 돈과 권력의 조작에 대한 폭로는 많은 사람들을 환영 속에서 깨어나게 했다. 하지만 그는 또한 창조적이고 현명한 스승이었기 때문에 제자들은 바로 그가 가르친 방법 — 자기 탐문, 균형, 자비 — 을 써서 상실감을 처리할 수 있었다. 여러 달 동안 험난한 회의를 연 끝에 스승을 떠나보내기로 결정하고, 제자들은 혼란과 좌절감을 안은 채 남아서 일하기로 했다. 그로부터 여러 해가 지나는 동안 단체는 재정비되어, 배신이라는 위기를 통해 배운 요가의 원칙과 건전한 영성을 위해 바쳐졌다. 그 스승 또한 이 과정을 통해서 중요한 교훈을 얻었다고 말한다.

도겐 선사는 선사의 삶이란 하나의 연속적인 실수, 즉 실수의 연발을 통해서 공부할 수 있는 하나의 기회라고 말했다. 권력의 남용과 배신을 통해 우리는 인간 세계에 어김없이 따라다니는 실패의 사례들을 만나게 된다. 그 결과, 말썽이 난 단체를 떠나든지, 남아 있든지 간에, 우리는 지혜와 자비의 실천을 진정으로 배우지 않으면 안 되게 된다.

더러운 빨래를 널면서, 우리는 너무 섣불리 심판하지 말자. 이상주의와 자만이라는 비개인적인 힘, 깊디깊은 환영과 두려움, 미묘한 자기 기만과 야망은 우리의 인간적 본성의 일부이다. 그리스의 희곡들, 인도의 여러 〈베다〉들, 아프리카 부족들의 신화들, 선가의 공안 등은 오랜 옛날부터 우리 인간의 운명을 결정지어온 이러한 힘들과 씨름을 벌인다. 그늘 없는 영적 삶, 마라가 결코 찾아오지 않는 그런 삶을 꿈꾸는 것은 태양이 늘 중천에만 떠 있는 하늘을 꿈꾸는 것이나 마찬가지이다.

인도에는 아흔 살 된 성자조차도 믿을 수 없다는 속담이 있다. 우리는 살아 있는 한 취약성을 지니고 있다. 위대한 조사 혜능은 우리의 마음이 얼마나 쉽게 바뀔 수 있는지를 이렇게 일깨운다.

'불성'에 관한 한 죄인과 성자 사이에 차이가 없다. 한 생각을 깨달으면 붓다가 되고, 한 생각을 어리석음에 빠지면 다시 범부가 된다.

영적 수행중의 더러운 빨래를 이해하기 위한 최선의 노력은, 그것을 진실에 다가가는 것으로 보는 것이다. 깨달음이 망상 앞에 무릎을 꿇을 수 있는 것과 마찬가지로, 아무리 깊은 상실 속에 빠져 있더라도 이해와 구원은 한순간에 회복될 수 있다.

진실의 순간에 우리는 헤어진 것과 화해할 수 있으며 배신을 치유하기 시작할 수 있다. 진실의 순간에 우리는 우리가 얼마나 상실했는지를 인정할 수 있으며, 그것을 고칠 수 있다.

실수와 약점으로부터 가장 심오한 교훈이 나온다. 가슴 깊은 곳으로부터의 대화 속에서, 자신을 되살피는 조용한 순간에, 심지어는 죽음을 맞는 자리에서도, 해탈은 우리를 기다리고 있다. 우리 자신과 타인들의 고난과 배신을 인정함으로써, 우리는 자비심의 큰 가슴으로 다시 태어날 수 있다.

11장 　 깨어남의 만다라 : 무엇을 소외시키고 있는가?

12장 　 이 몸이 곧 부처

13장 　 깨어난 감정과 일상 속의 완성

14장 　 가족 카르마

15장 　 많은 형제들과 자매들 : 공동체라는 선물

16장 　 모든 존재와 함께 깨어나기

17장 　 지혜로운 자의 웃음

빨랫감 속에서 깨어나기

11장 깨어남의 만다라 : 무엇을 소외시키고 있는가?

> 불법佛法의 물줄기에 합류한 수행자는 규칙적으로 자신의 내면을 살피며 깨달음으로 나아간다. 이것이 내가 얻어낸 자유며, 내가 아직도 벗어나야 할 굴레다.
>
> 붓다

트라피스트 수도회의 늙은 수사인 테오파네Theophane 신부는 영적 삶의 진정한 선물을 발견할 수 있다는 '마법의 수도원'에 대해 이런 이야기를 전해준다.

거기에는 흥미로운 구경거리가 많이 있다는 것을 알고 있었지만 나는 작은 대답들은 더 이상 원하지 않았다. 내게는 큰 대답이 필요했다. 그래서 나는 안내인에게 '신의 집'으로 곧장 가자고 재촉했다.

나는 큰 대답을 기다리겠다는 각오를 단단히 하고 자리를 잡고 앉았다. 나는 하루 종일 말없이 기다렸고, 이윽고 밤이 이슥해졌다. 나는 '그 분'의 눈을 들여다봤다. '그 분'의 눈도 나를 보고 계시는 것 같았다. 밤이 아주 깊어서, 이런 목소리가 들려오는 것 같았다. "너는 무엇을 소외시키고 있느냐?" 나의 상상이었나? 곧 그 소리는 나를 둘러싸고 속삭이고, 울려퍼졌다. "너는 무엇을 소외시키고 있느냐? 너는 무엇을 소외시키고 있느냐?"

내가 정신이 이상해진 건가? 나는 간신히 몸을 추슬러 문 쪽으로 달려

갔다. 나를 안도시켜줄 사람의 얼굴이나 목소리가 필요했다. 근처에 수사들이 사는 방이 달린 복도가 있었다. 나는 어느 방의 문을 두드렸다.

"무슨 일이십니까?" 졸린 목소리가 들려왔다.

"나는 무엇을 소외시키고 있나요?"

"나를." 그가 대답했다.

나는 다음 문으로 갔다.

"누구요?"

"나는 무엇을 소외시키고 있나요?"

"나를."

셋째 방도, 넷째 방도 다 똑같은 대답이었다.

"저들은 모두 자신 속에 갇혀 있군." 나는 넌더리를 내면서 그 건물을 나왔다. 바로 그때 해가 떠오르고 있었다. 태양에게는 한번도 말을 걸어본 적이 없었지만 나는 또 묻고 있었다. "나는 무엇을 소외시키고 있나요?"

태양도 이렇게 대답했다. "나를." 그것이 나에게 결정타를 가했다.

나는 땅바닥에 엎드렸다. 그러자 땅도 말했다. "나도."

테오파네 신부는 영적 성장의 과정에서 부딪히게 되는 도전에 대해 이야기하고 있다. 즉 우리가 세상의 모든 것에 가슴을 열고자 한다면 어떤 것도 소외시켜서는 안 된다는 것이다. 자유와 깨달음은 오로지 우리가 있는 바로 이곳에서만 찾을 수 있다. 신을 사랑하고자 한다면 그의 모든 창조물 또한 사랑하기를 배워야만 한다. 우리 자신, 복잡하고 불완전한 우리 자신을 포함해서 말이다. 모든 것을 포용하는 정신이 만다라mandala, 곧 깨어남의 원환을 만들어낸다. 거기서 우리는 눈앞의 현실에 가슴을 열고 삶의 모든 차원을 포용하게 된다.

전체성의 만다라

'만다라'는 종종 매우 복잡한 그림으로서, 그것은 존재의 거대한 원환, 온전한 세계, 신성한 전체성을 의미한다. 성숙한 영적 삶의 목표는 이 신성한 전체성을 발견하여 우리 삶 속에 체득하는 것이다.

이 전체성 속으로 깨어나는 데에는 두 가지의 중심 원리가 있다. 첫째, 자유가 온전히 개화하려면 세속적 경험의 주요한 영역들이 모두 영적 삶 속에 포함되어야만 한다. 의미 있는 차원은 어느 것도 인식에서 소외되어서는 안 된다. 불교계의 원로들은 신성한 깨어 있음의 네 가지 토대를 일구는 것을 언급한다. 곧 몸, 느낌, 마음, 그리고 삶을 지배하는 원리들이 그것이다. 그리고 그들의 가르침은 이와 동일한 신성한 인식을 가족과 사회와 살림살이, 그리고 전체 세상과의 관계로 확대시킨다. 깨달음을 성취하는 것은 오직 이 모든 것에 대한 올바른 인식을 통해서이다. 이 부분에 대해서는 다음 장에서 더 자세히 논할 것이다.

전체성 속으로 깨어남의 두 번째 원리는 삶의 한 부분의 인식이 꼭 다른 부분들에도 적용되지는 않는다는 것이다. 올림픽에 출전하는 선수들이 아무리 신체적으로 인식이 발달하고 잘 조율되어 있다고 해도 그것이 정서적으로나, 정신적으로 성숙한 것을 의미하지 않는다는 것은 자명하다. 거꾸로, 지적으로 명석한 사람이라도 자신의 몸이나 감정을 다루는 데에는 무지해서 곤란을 겪을 수도 있다. 또 어떤 사람들은 자신의 기분을 잘 파악하고 인간 관계도 좋지만 자기를 제한하고 구속하는 자신의 관념에 대해서는 완전히 무지할 수도 있다.

영적 삶에서도 다르지 않다. 다양한 의식 상태를 넘나드는 기술을 갖춘 명상 지도자도 감정이나 인간 관계의 영역에서는 혼란스러워할 수도 있다. 신과의 친교를 즐기는 헌신적인 수사와 수녀들도 가족과, 혹은 자신의 몸과의 관계는 엉망일 수도 있다. 신체가 놀라울 정도로 유연하고 호흡과 생각을 잘 제어할 수 있는 요가 수행자나 구루들도 스스로 고난을 자초할 수 있는, 자신도 모르는 고정 관념을 가지고 있을 수도 있다. 성숙한 대부분의 승려, 수녀, 명상 지도자, 도인들도 결국은 자신들이 의식하지 못했던 삶의 전체 영역을 발견하게 된다. 그들의 영적 수행 자체가 기본적인 인간의 욕구를 부인하거나 도외시하도록 가르쳤을 수도 있다. 하지만 이들 차원이 그들의 수행에 포함될 때까지 그들은 감정적 문제로부터 신체적 문제에 이르기까지 모든 불필요한 고통을 겪을 것이다. 아직도 인식이 미치지 못한 부분들은 모두 고통과 갈등과 한계를 가지고 찾아올 것이다. 간디가 말했듯이, "삶의 한 부서에서 여전히 잘못을 저지르고 있으면서 다른 부서에서 일을 잘 할 수는 없다. 삶은 보이지 않는 전체로 이루어져 있다."

우리의 삶 중에서 영적으로 도외시한 영역을 들여다보면 우리는 종종 그 안에 깔려 있는 비판이나 두려움을 발견한다. 우리는 육신, 인간 관계, 미래의 계획, 돈, 성, 가족, 사회, 정치 등은 '영적이지 못하고' 위험하고 추한 함정이라고 믿고 있을 수도 있다. 이 두려움은 벽을 쌓아올려 우리의 가슴을 삶으로부터 단절시키고 세상을 나눠놓고 그 일부는 성스럽지 못한 것으로 보이게 만든다. 우리의 깨달음의 체험은 구획이 지어지고 완성되지 않은 채 남아 있다. 보기는 좋지만 발육이 저지된 분재盆栽 나무들처럼 말이다.

진실은, 이 내부의 경계를 허물어야만 한다는 것이다. 테오파네 신부의 이야기가 보여주는 것처럼, 자유는 두려워하거나 소외시킨 것을 향해 정직하게, 깊이 귀기울일 때만 찾아진다. 그리고 도외시한 것을 우리가 들여다보지 않을 때, 그것은 우리를 찾아올 것이다. 우리의 상실된 자아의 부분들의 외침에 귀기울이지 않으면 그것은 우리의 문을 시끄럽게 두드리며 그 존재를 드러낼 것이다. 결국 우리는 이혼이나 우울증, 질병, 혹은 이상한 실패 등을 통해서 그 목소리를 듣게 될 것이다. 그러나 만일 자신의 모든 부분들을 환영하고 귀를 기울이면, 그들은 삶의 비료와 자양분이 되어 우리의 정원을 풍성하게 하는 것을 발견할 것이다.

만물의 배후에는 일체성이 숨어있다. 지혜로운 가슴은 날숨과 들숨을 알 듯이 이것을 알고 있다. 그것들은 우리를 품고 있는 신성한 전체의 일부이며 깊이, 그리고 온전히 신뢰할 수 있다. 이 세계나 다른 세계의 에너지를 두려워할 필요가 없다. 두려워할 것은 단지 그것에 대한 우리의 혼란뿐이다. 임제종(臨濟宗, 1191년 에이사이榮西가 창시한 일본 선종의 일파)의 선사는 진정 지혜로운 자는 "불 속에 들어가도 타지 않는 자, 물 속에 들어가도 죽지 않는 자, 가장 깊은 세 지옥을 장터처럼 다닐 수 있는 자, 다치지 않고 유령과 동물의 세계에 드나들 수 있는 자"라고 했다. 존재의 어떤 영역도 우리 수행과 동떨어진 곳에 있지 않다.

명상 지도자인 비말라 타카르Vimala Thakar는, "삶을 사랑하는 자로서 삶의 그 어떤 부분을 빼놓을 수 있겠는가?"라고 말했다. 그래서 그녀의 단체는 간디의 정신에 깊이 심취하여 인도 구자라트의 가장 빈곤한 마을들에서 우물을 파서 관개 시설을 하고 새로운 작물을 심는다. 그녀의 친구이자 스승인 크리슈나무르티의 정신을 따라, 그녀는 전세계에서 명상 수행을 지도한다. 그녀의 명상과 기도에는 영적 수행과 정치, 자비와 정의, 자아의 지혜와 살림살이가 분리되지 않으며, 그 모든 것이 하나의 전체 속에 포함된다.

성숙한 영적 언어

영적인 길에 처음 들어설 때, 우리는 장애의 극복, 필요한 노력, 오염의 정화, 신을 찾는 열정 등을 종종 논한다. 하지만 이런 언어는 비록 이전에 우리에게 유용한 적은 있었지만 너무나 한 쪽에 치우쳐 있어서 한 쪽을 다른 쪽과 적대적인 관계로 만들어놓을 수가 있다. 예컨대 속세와 자유, 자아의 의지와 신의 은총, 죄악과 구원처럼 말이다. 그것은 배타주의에 근거한 언어이다.

지혜가 깨어나면, 가슴은 삶의 모든 모순을 포용할 정도로 서서히 커진다. 월트 휘트먼Walt Whitman은 이렇게 썼다. "나는 크다. 나는 수많은 것들을 품는다." 성숙한 가슴 속에서는 이 세상의 것들과 대치하지 않고 모두를 자비로 품어 안는 더 깊은 완전성이 싹터난다. 우리의 영적 삶은 자아와의 싸움이나 죄와 에고와의 전쟁이 아니라 자비와 자애에 관한 것이 된다. 우리의 영웅시英雄詩는 그 어떤 것도 소외시키지 않는 창조계 전체에 대한 겁 없는 사랑의 노래가 된다. 우리는 그리스인 조르바가 '총체적 파국'이라고 부른 것에 책임지고 응답할 수 있게 된다.

불교계의 심리학에서 이 같은 성숙은 독 있는 나무의 이미지를 통해 묘사된다. 이 나무는 세상의 고통을 상징한다. 마당에 서 있는 나무가 독 있는 나무임을 알게 되면 우리의 첫 번째 반응은 그것을 베어 없애버리는 것, 더 이상 해를 입히지 않도록 제거하는 것이다. 수행의 이 첫 단계에서는 우리의 언어는 갈등의 언어이다. 독과 불순물에 대한 두려움, 그리고 위험한 것을 제거하고 파괴하는 것이다.

하지만 자비심이 깊어지면 우리는 그 나무도 생명의 거미줄의 일부임을 인정하게 된다. 우리는 그 나무를 없애는 대신 그것조차 존중해준다. 다른 이들이 해를 입지 않도록 울타리를 두르고 독을 경고하더라도 말이다. 이제 우리의 언어는 두려움이 아니라 자비와 존중의 언어로 바뀐다. 우리 내부와 외부의 어려움을 이제는 자비로써 대한다. 이것이 수행의 두 번째 단계이다.

마지막으로, 지혜가 깊어갈수록 우리는 바로 우리 자신의 문제와 독이야말로 가장 훌륭한 스승임을 이해하게 된다. 가장 지혜로운 이는 이 독 있는 나무를 찾아 그 열매를 세상의 고통을 치료하는 약으로 쓴다. 정열과 욕망과 분노와 혼란의 에너지는 깨달음을 가져오는 열정과 힘과 명료함으로 바뀐다. 가장 깊은 자유와 자비가 일어나는 것은 세상의 고통을 직면함으로써임을 우리는 알고 있다. 한때 독이라고 이름 붙였던 그것이 이제는 수행의 동반자로 받아들여지는 것이다.

갈수록 자유로워지는 가슴은 우리가 씹지도 않고 삼켰던 가르침에 의문을 제기하고, 뜻을 분명히 하고 다듬을 수 있도록 용기를 가져다준다. 우리는 이상을 믿던 것으로부터, 우리 자신의 체험으로부터 나오는 지혜를 발견하는 쪽으로 바뀐다. 우리는 무엇이 자유를 기르고 보존해주는지에 대한 직접적인 깨달음을 얻는다. 이제 마침내 우리는 스스로 볼 수 있고, 알 수 있게 된다.

성숙해지면서 우리는 처음의 단편적인 언어로부터 풀려난다. 선악과 시비의 단순함을 넘어선다. 세상은 더 이상 흑과 백, 순수와 불순함 사이의 전장이 아니다. 그것은 제거되어야 할 독 있는 나무가 아니다. 신성에 대한 우리의 이해는 복잡성, 모순, 풍자와 유머도 포함한다. 가슴은 더욱 명료해져서 세상과 씨름하는 대신 이해할 수 있게 되고 독 있는 나무를 자르는 대신 오히려 그것에서 열매를 수확할 수 있게 된다.

우리의 이해가 더욱 명료해지면 무집착과 포기의 언어는 새로운 방식으로 이해된다. 오래된 불교의 가르침 중에는 "집착은 고통의 원인"이라고 한다. 예수도 "부자가 하늘 나라에 들어가는 것보다 낙타가 바늘 구멍에 들어가는 것이 더 쉽다"고 했다. 실로 집착과 욕망은 고통을 일으키는 주요한 원인이다. 하지만 성숙한 가르침은 더 완전해서 건전한 집착과 불건전한 집착을 구별하게 한다. 어머니는 자식을 향해 깊은 데서 우러나오는 집착을 가져야만 한다. 그러지 않으면 아이는 다치거나 고통을 당할 것이다. 고용주는 노동자들의 복지에 대해 건전한 집착을 가질 수 있다.

고통스러운 집착과 그렇지 않은 집착을 구별하는 법을 배우면 우리는 '헌신'의 의미를 더 명확히 알 수 있다. 지혜로운 헌신은 그 대상이 특정 인과의 배타적인 관계이건 어떤 덕목이건 기도이건 명상이건 신이건 신성한 길이건 간에, 제약이 아니라 우리 내면의 자유의 한 표현이 된다. 포기는 (실제로 버리더라도) 물건을 버리기 때문이 아니라 집착과 소유욕을 버리기 때문에, 두려움과 분노와 가슴 속의 망상을 버리기 때문에 자유를 가져다준다.

마찬가지로, 무집착과 사리 분별의 지혜는 하나의 전체로서 융화된다. 사리 분별의 지혜는 경계선을 긋고 예스와 노를 말하고 정의를 위해 일어서며 자비를 위해 행동할 수 있다. 그것은 지혜로운 무집착의 이타적이고 대담한 표현이 된다. 사리 분별의 지혜를 가지면 우리는 집착하거나 공격하지 않고 행동한다. 우리는 진실을 말하고 모든 존재를 이롭게 하기 위해 힘쓴다.

영적 길에서 성장해가면 욕망과 열정 또한 새로운 방식으로 이해된다. 윌리엄 블레이크William Blake가 썼듯이, "천국의 문을 들어가는 사람은 열정이 없거나 그것에 족쇄를 채운 사람이 아니라, 열정에 대한 이해를 키운 사람이다." 모든 욕망을 저주하는 대신 우리는 그것을 지혜와 감수성에 연관시킬 수 있다. 우리는 세상을 욕망이 빚어내는 연극으로 바라본다. 기술적인 욕망과 기술적이지 못한 서투른 욕망의 차이는 분명하다. 어떤 욕망은 고통을 일으키지만, 가족간의 사랑이나 음식, 보금자리 등에 대한 자연스러운 요구와 같은 욕망은 건전하다. 배우고 이해하고 신께 헌신하고자 하는 욕망은 우리를 깨달음으로 데려다줄 수 있다. 우리는 열정과 정열을 인간적인 에너지로서 존중할 수 있게 된다. 그것은 충동과 집착으로 이어질 수도 있지만 또한 헌신과 존재의 온전함을 위해 돌려질 수도 있다.

이 에너지들은 더 이상 두려워해야 할 끔찍한 죄가 아니다. 그것은 깨달음을 위한 약으로 바꿔놓을 수 있다. 삶의 에너지로 하여금 우리가 어디를 가든지 가르쳐주고 깨우쳐주게 함으로써, 우리는 세상에 사로잡히지 않고도 세상 속에 있을 수 있다. 간소한 삶을 살았던 소크라테스도 시장에 가는 것을 좋아했다고 한다. 한 제자가 묻자 그는 이렇게 대답했다. "나에게는 없어도 되는 모든 것들을 찾아서 구경하는 것을 나는 좋아한다." 아테네의 사치와 화려함은 그에게 적이 아니었으며, 그의 지혜는 그 한가운데를 여전히 유쾌하게 걸을 수 있었던 것이다.

성숙한 가슴은 심지어 분노와 증오의 힘과도 함께 일할 수 있게 한다. 우리는 증오의 깊은 고통으로부터 분노를 분간하는 것을 배운다. 우리는 그것을 모두 강력한 에너지로서 이해한다. 그래서 불교 성자인 샨티데바 Shantideva가 "억겁의 선업을 쌓아도 일순간의 분노에 무너진다"고 한 말에도 우리는 그것을 곧이곧대로 믿어버리지 않는다. 때로는 분노도 가치가 있다. 비폭력을 열정적으로 옹호하는 달라이 라마도 분노는 위험하지만 "자비와 책임감으로 절제된 긍정적 분노는 신속하고 유용한 행동을 불러일으키는 힘으로 작용할 수 있다"고 말한다. 자신의 노여움을 미워하고 두려워하면 끝없는 싸움만 불러일으킬 것이다. 우리의 과제는 이 에너지들을 이해하여 그것을 명료함과 힘으로 바꿔놓는 것이다.

중 도 中道

폭넓은 어휘를 통한 이해는 가슴이 더욱 유연하고 섬세해질 수 있음을 보여준다. 교조주의적이고 엄격한 종교적 열성은 방종하지도, 무서워하지도 않는 지혜로운 '중도'에 그 자리를 내주고 물러난다.

나의 스승 아잔 차는 자신이 이전에 가르쳤던 것과 모순되는 행동을 함으로써 유연성을 보여주었다. 이에 실망한 한 제자가 그 사실을 지적하자 아잔 차는 웃음을 터뜨렸다. "그것은 이와 같다. 내가 잘 아는 길이 있다. 하지만 이 길은 안개가 끼거나 어두울 수 있다. 어떤 사람이 이 길을 가다가 오른편에 있는 구덩이에 빠지거나 옆길로 새버리거나 할 것 같은 위험성을 본다면, 나는 '왼편으로 가라'고 소리친다. 마찬가지로 어떤 사람이 왼편으로 가다가 구덩이에 빠지거나 옆길로 새거나 할 것 같아 보이면, 나는 '오른편으로 가라'고 소리친다. 내가 너희를 가르칠 때 하는 일이 이것이다. 너희가 길을 잃게 되면 나는 '그 길도 버려라'고 말할 것이다."

중도는 반대 극들을 포용한다. 중도는 양극 사이에서 어느 한 쪽에도 사로잡히지 않고 양쪽의 진실을 인정한다. 그리하여 한 면에서는 상실과 병과 노화와 죽음으로 이어지는 불가피한 사건들로 해서 삶이 고통스러움을 알고, 다른 한 면에서는 삶은 또한 은총임을 안다. 삶은 은총과 축복으로 가득 차 있어서 신의 아름다움을 표현해낸다. 고난 또한 그 자체를 자비와 내맡김과 겸손을 가져다주는 은총으로 볼 수 있다.

깨달음은 우리가 자신의 경험에다 붙인 꼬리표를 떼어준다. 우리의 정체성에 관한 모든 관념들 — 불순한 존재이든 붓다이든 죄인이든 신의 자식이든 간에 — 이 지혜로운 가슴 속에서는 해체된다. 그렇다, 성숙한 가슴은 이기심과 죄의 세계를 안다. 하지만 그것은 또한 우리의 인간성을 본성적으로 선하고 복된 더 큰 현실 속에 포용한다. 성숙한 가슴은 우리의 신성한 본성, 우리의 '불성' 속에 머문다.

이러한 이해를 가지게 되면 우리는 자기 중심적인 태도를 버리라고 가르치는 영적 가르침을 더 잘 소화해서, 그것이 자신을 사랑해줄 필요성과 균형을 이루게 할 수 있다. 붓다는 〈사뭇타 니카야〉에서 이렇게 말한다. "열 개의 우주를 다 뒤져봐도 자신보다 더 사랑해줄 만한 것을 발견하지 못할지도 모른다." 때로는 자신을 내려놓을 필요가 있다. 하지만 때로는 자기 혐오와 자기 비하가 문제가 될 수도 있다. 가슴의 치유와 그것의 자유는 오직 우리가 거부했던 자아를 사랑함으로써만 일어날 것이다.

지혜로운 가슴은 불완전함 그 자체에 대한 자비심을 준다. '상처받은 치유가들'에 대한 연구가 스탠포드 대학교에서 행해졌다. 이 연구에서는 자신에 대해서는 아무 것도 알리지 않고 초연한 태도로 치료에 임했던 심리학자들과, 자신의 어려움과 상처를 환자와 터놓고 나누었던 심리학자들을 비교해보았다. 상처받은 치유가들은 환자들을 훨씬 더 잘 치유시킬 수 있었다.

지혜로운 가슴은 사물을 있는 그대로 평화롭게 받아들인다. 세상과 씨름하거나 그 속에 사로잡히지 않고 편안히 쉰다. 참을성 있는 사랑과 이해와 겸손의 거룩한 성품이 우리 것이 된다. 우리의 몸과 말과 마음은 '계절의 변화에 만족하는' 도인처럼 된다. 지금껏 찾아 헤맸던 사랑, 그것이 된다. 그리고 이 사랑 속에서 우리는 또한 자신으로 돌아온다.

선사 에드워드 에스피 브라운Edward Espe Brown은 〈타싸자라에서 빵 만들기The Tassajara Bread Book〉를 필두로, 선가의 정신에서 영감을 받은 요리책을 많이 집필했다. 그는 요리법을 설명하는 중에도 가슴의 진실을 전한다.

타싸자라에서 처음 요리를 시작했을 때, 문제가 생겼다. 비스킷이 원하는 대로 구워지지가 않았던 것이다. 요리법을 그대로 따르고, 변형을 시도하곤 했는데, 아무 것도 제대로 되지 않았다. 도무지 비스킷이 만들어지지 않았다.

나는 자라면서 두 가지의 비스킷을 만들어보았다. 한 가지는 비스퀵식이고, 다른 한 가지는 필즈베리(미국 식품 회사 이름) 식이었다. 비스퀵식은 반죽에다 우유를 섞고 팬에다 한 숟가락씩 떠서 놓는 방식이었다. 반죽을 홍두깨로 얇게 펼 필요도 없었다. 필즈베리 식 비스킷은 일종의 두꺼운 종이 깡통 속에 담겨져 나왔다. 그것을 테이블 모서리에다 두드리면 뚜껑이 열리는데, 그 속에 든 미리 만들어진 비스킷을 팬에다 굽기만 하면 되는 것이었다. 나는 필즈베리 비스킷을 정말 좋아했다. 무릇 비스킷 맛은 그래야 하지 않는가? 그런데 나의 비스킷은 제대로 되질 않았다.

비스킷 맛이 어때야 한다든가, 인생은 어떻게 보여야 한다든가 하는 우리가 가지고 있는 생각들은 놀랍고도 멋지다. 무엇에 비교해서? 필즈베리 깡통 비스킷에? 내가 만든 비스킷을 먹은 사람들은 자꾸만 집어먹으면서 그 맛을 극찬하곤 했지만, 나에게는 이 완벽한 비스킷에서 제 맛을 느낄 수 없었다.

어느 날 마침내 하나의 깨달음이 왔다. 무엇에 비교해서 '제 맛'이 아니라는 건가? 맙소사, 나는 필즈베리 깡통 비스킷을 만들어내려고 했던 것이다! 그러자 감춰놓은 어떤 기준에다 대고 비교함이 없이, 내 비스킷을 정말로 맛보는 절묘한 순간이 찾아왔다. 그것은 얇고, 밀 냄새와 버터 향기를 풍겼으며, 햇볕과 땅의 기운을 느끼게 했으며, 진짜였다. 그것은 비할 데 없이 살아 있었다. 사실 그것은 기억 속의 그 어떤 것보다도 훨씬 더 만족스러웠다.

이런 일들은 너무나 멋진 해방감을 선사한다. 감사하게도 우리의 삶이 그저 있는 그대로 훌륭하다는 것을 깨닫는 순간 말이다. 예쁘게 만들어 예쁘게 포장된 상품에다 교활하게 비교한 것이 그것을 못마땅한 것으로 만들어놓았을 뿐이다. 더러워진 그릇과 어지러운 느낌과 좌절과 불만 없이 비스킷 ― 인생 ― 을 만들려고 말이다. 그러다가 맛을 본다. 경험하는 지금의 순간이 얼마나 더 복잡하고 다면적인지, 얼마나 심오하고 불가해한지를 정말로 음미하게 되는 것이다.

소위 참선을 공부하는 수행자인 우리는 그럴듯하게 보이려고, 잘못을 덮고 혼란을 감추느라고 오랜 세월을 보냈다. 우리는 비스퀵 표 스타일로 참선을 수행하는 자들은 어떻게 보이는지를 알고 있었다. 그들은 고요하고 쾌활하고 기운차고 깊고 심오하다. 한 친구가 말했듯이 우리의 좌우명은 '멋있어 보이기'였다. 우리는 모두가 그렇게 해왔다. 좋은 남편으로, 아내로, 부모로 보이려고 애쓰는 것 말이다. 완성을 얻으려고. 필즈베리 비스킷을 만들어내려고.

아서라, 깨어나서 커피 향내를 맡아보라. 오늘의 특별 메뉴, 옛날 맛 비스킷을 먹어보지 않을 텐가?

전체성의 만다라 속에서 우리의 자리를 받아들이면 우리는 우리가 있는 바로 그 자리로 돌아오게 된다. 그리고 여기서 기쁨과 편안함과 간소함과 용기 그리고 T. S. 엘리엇Eliot이 말하듯, "애정을 주거나 말거나 할" 자유를 발견할 수 있다. 이어지는 장들에서는 이 전체성의 개화, 자기 자신으로의 귀향에 대해 이야기할 것이다.

12장 이 몸이 곧 부처

이 6척 길이의 몸 안에 모든 가르침이 있다. 그 안에 고통이, 고통의 원인이, 그리고 고통의 종식이 들어 있다.

붓다

바로 지금, 바로 여기에 앉아 있는 바로 이 몸……그것의 아픔과 쾌락이……온전한 인간이 되는 데, 온전히 깨어서 살아 있는 데 필요한 바로 그것임을 깨닫는 것도 요긴한 일이다.

페마 쵸드론Pema Chödrön

깨닫기 이전에 우리는 몸을 가지고 살아야 한다. 깨달은 후에도 여전히 우리는 몸을 가지고 살아야 한다. 다이난 가타기리 선사는 이렇게 말한다. "수행의 요점은 삶에서 달아나려고 애쓰는 것이 아니라 그것을 직면하려고 애쓰는 것이다 – 정확히, 그리고 온전히." 그는 초심자와 약간의 깨달음을 얻은 이들 모두에게 이 말을 하고 있다. 깨달음의 여정에서 어디를 걷고 있든지 간에 거기에는 몸도 포함되어야만 한다.

하지만 동서양을 막론하고 종교 전통들에서 이 진실이 홀대해왔음도 사실이다. 모든 전통에는 육체적 자아를 부인하고 혐오하기를 강조하고, 육신을 두려워하고 몸의 충동을 경멸하게 하는 측면이 있다. 내가 수행했던 미얀마 사원의 어떤 스승들은 제자들에게 요가, 스트레칭, 운동 등을 금한 채 몇 달 동안의 강화 수련에 모든 것을 바쳐서 '몸에 대한 모든 관심을 버리게' 한다. 많은 수행자들이 이런 가르침을 받아들였다. 스승의 가르침을 어찌 감히 불신하겠는가? 그리하여 여러 해가 지나고 마침내 지혜롭게 사는 것에 눈을 떴을 때, 그들은 잃어버린 몸과 건강을 회복하기 위해 무진 애를 써야만 했다.

힌두교, 이슬람교, 유태교, 기독교에서도 공히 육신을 두려워하고 경멸하는 청교도적인 무집착을 부추기는 스승들을 흔히 만날 수 있다. 우르술라 회의 어느 노수녀는 자신이 속한 수도원의 몸에 대한 관점을 이렇게 이야기한다.

> 나는 처음부터 여성의 몸에 대해 수치를 느끼도록 교육받았다. 교회에서 수련받은 몇해 동안 나는 내 몸의 모든 요소들을 무시하도록 강요받았고, 대신 죄 많은 육신을 희생하여 순교한 모든 성자들을 숭상해야 했다. 그것은 내 내면의 수치심을 더욱 깊숙이 강화시켜놓는 경직된 영성이었다.

한 옛날 이야기가 수행자들에게 이 잃어버린 연결감을 일깨워준다. 옛날 중국에 사랑스러운 두 딸과 홀아비가 살았다. 그런데 큰딸은 죽어버리고 작은딸 선조만 남았다. 선조는 아름다워서 많은 청년들이 그녀를 연모했다. 나이가 차자 아버지는 구혼자들 중에서 착하고 돈 많은 신랑감을 골랐다. 하지만 안타깝게도 선조는 오래 전부터 오추와 사랑에 빠져 있었다. 그들은 어릴 적부터 소꿉 친구였다. 어릴 때 선조의 아버지가 농담으로 그들이 서로 잘 어울리니 자라면 결혼해야 할 거라고 말했을 때, 그들은 그것을 진담으로 받아들였던 것이다. 그들은 서로 약속된 사이라고 생각하고 서로 깊이 사랑하게 되었다.

선조는 아버지로부터 다른 사람과 혼약을 맺게 되었다는 말을 듣고는 너무나 실망하여 거의 혼절할 지경이었다. 오추는 너무나 한탄한 나머지 몰래 도망가버리는 것만이 미어지는 가슴의 고통을 견딜 수 있는 길이라고 생각했다. 그날 밤 그는 마을의 나루터에 매여 있는 나룻배를 타고 강을 따라 노를 저어 갔다. 그때 덤불 속에서 누군가가 뛰어나오더니 강을 따라 쫓아왔다. 그것은 선조였다. 그들은 서로 부여안고 울었고, 선조는 배에 올라 오추와 함께 하류 쪽에 있는 어느 한적한 마을로 갔다.

그들은 거기서 결혼해서 5년을 살았다. 그들은 농사를 짓고 두 아이를 길렀다. 하지만 선조는 마음 한 구석에서 늘 아버지를 걱정하고 있었고, 아버지의 은혜를 져버리고 도망 온 데 대한 죄책감을 느끼고 있었다. 마무리되지 않은 과거는 그녀를 괴롭히며, 그것은 그녀의 행복 위에 슬픈 그늘을 드리워놓고 있었다. 그녀가 이것을 털어놓자 오추는 자신도 고향을 그리워하고 있다고 말했다. 그들은 당장 돌아가서 아버지에게 용서를 빌기로 결심했다. 그들은 큰 배를 빌려서 아이들을 태우고 강을 거슬러 올라가 어스름 녘에 마을의 나루터에 닿았다.

오추가 선조 아버지의 집으로 용서를 빌러 가자 선조의 아버지는 놀라고 씁쓰름한 표정으로 그를 맞이했다. 아버지는 딸이 배 안에 있다는 것을 믿으려고 하지 않았다. "자네가 떠난 날부터 딸아이는 아파서 말도 못하고 줄곧 침대에 이렇게 누워 있다네." 오추는 깜짝 놀랐다. "선조는 배에 타고 있습니다, 장인 어른. 두 손주를 데리고요. 나루터로 가서 직접 보세요." 그가 이렇게 항변했다. 하지만 아버지는 하인을 보내서 보고 오게 했다. 하인은 흥분한 채 돌아와서 이렇게 말했다. "예, 사실입니다요." 당혹한 아버지는 딸의 병상으로 가서 딸에게 자초지종을 이야기했다.

그러자 아프던 선조는 그 자리에서 기운을 차리고는 아무 말 없이 침대에서 일어났다. 그녀는 집을 나와 나루터로 걸어갔다. 아버지가 그 뒤를 따랐다. 그녀가 배에 있던 또 다른 선조와 아이들을 만나자, 그 둘은 얼싸안고 그대로 한몸이 되었다. 나중에 한몸으로 돌아온 선조는 여태껏 두 몸으로 살아오면서 내내 마치 꿈속을 사는 것 같은 느낌이 들었다고 말했다.

두 몸으로 나뉜 삶의 이 슬픈 이야기에서 우리는 무엇을 배울 수 있을까? 선조는 오로지 살기 위해서 자신의 한 부분을 뭉텅 잘라내야만 했다. 그리고 각각의 반쪽은 나름대로의 시련을 겪었다. 하지만 희망도 있다. 집으로 돌아온 선조의 결심은 우리에게도 귀향을 부추겨준다. 선조와 마찬가지로 우리 중의 많은 이들도 육신과 과거와 인생의 온전한 덩어리에서 잘려 나와 꿈의 세계 속에서 파편화한 삶을 살고 있음을 깨닫는다. 그것은 늘 이렇지는 않았다. 태어날 때 우리는 본래의 전체성을 지니고 있다. 엄마와, 우리 몸은 하나이다. 하지만 사회의 일원으로 성장해 가는 과정에서 우리는 이 전체성을 상실한다. 현대의 대부분의 가정이 그렇듯이, 존중심이나 애정 어린 양육이 결핍된 상황을, 또 가까운 사람들의 심판과 두려움을, 그리고 사회의 기대에 부응하려고 애쓰다가 빚어지는 불가피한 상실감과 문화적 파편화와 불만족을, 이 모두를 거듭 접하다 보면 우리는 자신의 신성한 육신과 가장 깊은 느낌으로부터 분리되기 시작한다. 이것은 마치 선조가 한밤중에 오추의 배를 좇아서 달리듯이, 종종 보이지 않게 암암리에, 부지불식간에 일어난다. 자신이 분리되어 있는 느낌은 들지만 정확히 무엇이 잘못되었는지를 모르는 것이다.

제임스 조이스James Joyce는 한 인물에 대한 짤막한 묘사를 통해 이 궁지를 잘 포착해준다. "더피 씨는 자신의 몸으로부터 약간 떨어져서 살았다." 참선 지도자인 조앤 톨립슨Joan Tollifson은 우리 몸의 진실을 단순히 긍정하는 것조차 얼마나 어려운 일일 수 있는지를 적고 있다. 그녀는 한쪽 팔의 팔꿈치 아랫부분이 없는 채로 태어났다. 그녀는 어릴 적에 아이들이 그것을 보고 얼마나 무서워했는지를 이야기한다. "어떤 사람들은 내가 신발 끈을 너무나 잘 맸다고 칭찬했다. 그보다 더한 것은, 어떤 사람들은 아예 알아차리지도 못 한 척하고, 아무 말도 하지 않았다." 엘리베이터에서 만나는 아이들이 그녀에게 어떻게 해서 팔이 없어졌느냐고 물으면, 부모들은 곧 아이들의 입을 막았다. "쉿, 그런 말 하면 못써."

그러다가 조앤은 명상을 만났고 그녀는 몇 해 동안 모범적인 참선 수행자가 되기 위해 앉을 때마다 한 쪽 팔로 반쪽의 둥근 무드라를 만들곤 했다. 하지만 어떤 면에서 그녀는 아직도 자신을 진정으로 보지 않고 있었다. "내가 진정으로 나의 팔을 처음으로 바라보았던 때를 아직도 기억한다. 스물다섯 살 때였다." 사실을 직시하는 용기를 가다듬는 데 그토록 오랜 세월이 걸렸던 것이다. 그녀는 이렇게 적었다. "그런데 그것을 직시할 때, 두려움은 몸에 있는 것이 아니라 머리 속에 있었다."

자신의 팔과 다리, 배와 가슴, 얼굴과 피부와 생식기와 머리카락을 자세히 들여다보는 것이 고통스럽긴 해도 그것을 외면하는 대가는 그보다 더 고통스럽다. 외면은 우리 자신과 이 땅, 우리 자신의 인간적 삶에 대한 느낌과 연결감의 상실을 가져온다. 그것은 천부적이고 직관적인 지혜를 잃어버리게 한다. 여러 해 동안 영적 수행을 하더라도 우리는 여전히 집으로 돌아가기 전의 선조와 같을 수 있다. 외면하고 방기해온 우리 자신의 부분들 때문에 만족과 행복이 억압된 상태 말이다.

어느 주지 스님은 암으로 인해 수술과 방사선 치료를 받고 나서 일어난 일을 이야기한다.

마침내 절로 돌아와서 새삼스러운 눈으로 절을 둘러보았을 때, 그저 안주하고 있는 오래된 수행자들과, 수행은 안 하면서 그저 살 곳이 필요해서 절에 의지하고 있는 사람들이 눈에 띄었다. 나는 보살의 서원을 했고, 그 당시에는 그것은 모든 사람을 무조건 돌봐주는 것을 의미했다. 나는 보살로서 모든 사람들이 절에 머물기를 원했다. 하지만 삶과 죽음의 진실에 직면했던 내 몸은 나를 그대로 놔두려고 하지 않았다. 나는 절 식구의 절반을 쫓아내버렸다. 결국 나는 몸의 지혜에 귀기울이지 않을 수가 없었던 것이다.

구체화한 삶과의 연결감이 상실된 것은 비단 개인의 차원에서 그치는 문제가 아니다. 이러한 상실감은 모든 것이 빨라지는 현대 상업주의 사회의 보편화한 단절 현상 속에 그 일부분이 되어 박혀 있다. 미국의 여류 시인 아드리엔 리치Adrienne Rich는 우리의 분주한 삶 밑바닥에 숨어 있는 슬픔을 이렇게 묘사한다.

아직도 거론되지 않고 있는 문제는, 고통을 슬퍼해주고 치유시켜주기는 커녕 재갈을 물려놓아야만 하는 그런 세상에서 상처 난 몸을 가지고 어떻게 살아가야 하느냐는 것이다. 문제는, 세상의 몸에 생긴 고통을 어떻게 하면 히스테리 없이 사람의 몸의 고통과 연결시킬 수 있을 것인가 하는 것이다.

한 서양인 라마승은 자신의 경우를 이렇게 이야기한다.

나는 나 자신에게서나 다른 사람들에게서 병적인 냉담함을 많이 보아왔다. 오랜 세월의 은거 수행은 많은 것을 접할 수 있게 했지만 한편으로 나는 어떤 것은 무시하고 외면해버리는 낡은 불교 문화에 젖어 있었다. 건강에 문제가 있는 명상 지도자들, 라마승과 비파사나 지도자들을 나는 무수히 만났다. 질병은 자연스러운 것이고, 붓다가 설한 사성제四聖諦의 일부라고 말할 수도 있을 것이다. 하지만 이 지도자들의 대부분은 오랜 세월 동안 자신의 몸을 돌보지 않았다. 나는 어땠나? 나는 내가 고요하고 초연한 것을 자랑스럽게 여겼다. 나는 그 모든 스트레스에도 불구하고 결코 흥분하거나 분노를 느끼는 것을 허용하지 않았다. 하지만 내 몸은 어떤가? 나는 그 모든 것을 어느 장기에다 모두 쑤셔 넣으면서 건강을 해치고 있었나? 25년이 지난 지금, 나는 이제야 내 몸을 존중하기 시작했다. 오랫동안 잃고 살았던 몸의 지혜를 되찾기 위해 휴식의 필요성, 운동의 필요성을 존중하기 시작한 것이다.

평생 진정한 존재감의 회복에 초점을 맞추고 글을 썼던 앨리스 밀러Alice Miller는 몸을 하나의 열쇠로 보고 이렇게 열정적으로 말한다.

우리의 어릴 적의 진실은 우리 몸 속에 고스란히 저장되어 있다. 그것을 눌러놓을 수는 있어도 바꿀 수는 없다. 지성을 속이고 감정을 조작하고 관념을 혼란시켜놓고 몸을 약으로 속일 수는 있다. 하지만 언젠가는 몸이 그 청구서를 내밀 것이다. 아이들만큼이나, 몸은 타락하지 않기 때문이다. 아직도 영적으로 온전한 아이들은 어떤 타협도, 핑계도 받아들이지 않는다. 몸은 우리가 진실을 외면하기를 멈출 때까지 우리를 끊임없이 고문할 것이다.

온전해지려면 몸을 되찾아야만 한다. 몸의 고통과 한계를 자기 것으로 껴안아야만 한다. 부모가 나치의 대학살에서 살아남은 생존자였던 한 고참 불교 수행자에게도 이것은 사실이었다. 그는 이렇게 말했다. "나는 정신적 충격의 구렁텅이 속에서 태어났다. 그리고 나는 내가 평생 숨을 죽인 채로 살아왔음을 깨달았다." 그것은 육신을 완벽으로 몰고 갔던 어느 요가 지도자에게도 사실이었다. 그러나 그녀는 깨달았다. "나는 내가 늙어가는 것에, 젊고 아름다운 모습을 잃어가는 것에, 나의 나약함과 취약함에 두려워 떨고 있었다. 나의 요가는 내 삶을 조종하려는 몸부림의 한 방편이었다."

어느 랍비는 몸을 온전히 추스릴 필요를 제대로 깨닫기까지 먼 길을 가야만 했다.

여성들은 몸에 대해 많은 두려움을 가지고 있다. 남성들도 마찬가지리라고 생각한다. 나는 내 영적 삶에서 이 부분의 깊은 상처들을 다루어냈다. 유태교의 가장 지혜로운 가르침에 의하면 성性과 육신은 신성한 것이며 그것을 학대하는 것은 신을 학대하는 것으로 여긴다. 오랜 세월 랍비로서, 치유가로서 살아온 나는 요즘 요가와 운동을 배우고 유태 민족의 춤을 배우기 시작했다. 나는 몸의 에너지가 곧 신의 에너지임을 깨달았다. 우리는 그것을 소중히 대해야 한다. 모든 것이 그것을 통해서 온다.

육화肉化된 깨달음

깨달음은 지금 여기, 바로 이 몸을 통해서 살아 있어야만 하며, 그렇지 않으면 그것은 진짜가 아니다. 우리는 이 몸과 마음 속에서 고통의 원인과 고통의 종식을 찾을 수 있다. 깨어남이 이 삶을 해방시켜줄 문이 되게 하려면 몸이 그 바탕이 되어야 한다.

육화한 깨달음이란 심신상의 특별한 성취나, 쿤달리니 요가의 숙달, 또는 성적인 탄트라나, 무지개 신체(티베트 밀교 전통에서 목격된다는 현상. 죽은 이의 몸이 무지개 빛깔의 빛으로 화하여 사라짐)를 단련하는 그런 것이 아니다. 물론 티베트의 어떤 라마들은 6,000미터나 되는 높은 산의 눈속에 벌거벗고 앉아서 몸을 중심으로 빙 둘러 주변 6미터의 눈을 녹일

정도로 몸에서 열을 낼 수도 있다고 한다. 가톨릭의 성자들은 성흔聖痕(예수의 십자가형 자국이 성자들의 손에 나타나는 신비 현상)과 기적적인 치유의 힘을 보여준다. 하지만 붓다는 "이런 힘은 진정한 기적이 아니다. 진실 속으로 깨어나는 것이야말로 기적이다"고 말했다. 육화한 깨달음이란 자신의 몸 속에서, 이 경이로운 삶 속에서, 오늘을, 있는 그대로 지혜롭게 사는 것이다.

서양인 수녀이자 불교 명상 지도자인 페마 쵸드론은 이러한 이해를 '도피하지 않는 지혜'라고 부른다.

> 여기에 있으면서, 앉아 명상하고, 일하고, 바깥을 걷고, 사람들과 이야기하고, 먹고 변을 보는 등의 단순한 일상을 사는 것이 사실은 온전히 깨어 있기 위해, 온전히 살아 있고, 온전한 인간이 되기 위해 필요한 모든 것임을 깨닫는 것은 도움이 된다. 우리가 지니고 있는 이 몸, 지금 이 방 안에 앉아 있는 이 몸, 어쩌면 아픈 바로 이 몸, 그리고 바로 지금 우리가 가지고 있는 이 마음이 우리가 온전한 인간이 되기 위해, 온전히 깨어 있고 온전히 살아 있기 위해 필요한 모든 것임을 아는 것도 도움이 된다. 그뿐 아니라 바로 지금 우리가 가지고 있는 부정적 혹은 긍정적인 감정 또한 우리에게 실제로 필요한 것이다. 그것은 마치 남부럽지 않게 좋은, 완전히 충만한, 에너지 넘치며 영감에 찬 삶을 살기 위해서 가질 수 있는 가장 큰 부는 무엇일까, 하고 두리번거리며 찾다가 그 모든 것이 바로 여기에 있음을 깨닫는 것과도 같다.

깨달음은 하나의 이상으로서 꽃피는 것이 아니다. 그것은 즐거움과 괴로움이 한데 뒤섞인 이 인간적 현실 속에서 기적처럼 꽃핀다. 어떤 도사도 이 진실을 벗어날 수 없다. 깨달음이 우리 몸의 취약성을 없애주는 것도 아니다. 붓다도 병을 앓고, 허리가 아팠다. 라마나 마하리쉬, 카르마파 Karmapa, 스즈끼 같은 성자들도 신성한 깨달음에도 불구하고 암으로 죽었다. 그들의 본보기는 우리가 병이나 또는 건강 속에서, 기쁨과 괴로움 속에서, 있는 그대로의 인간의 몸 안에서 깨달음을 찾아야 함을 보여준다.

어떻게 하면 이 삶의 실체를, 그것의 기쁨과 슬픔을 만져볼 수 있을까? 육화한 깨달음은 육신을 부인하지도, 매도하지도 않으며, 그것에 집착하거나, 그 쾌락에 정신 없이 빠져들지도 않는다. 육화한 깨달음 속에서 우리는 우리에게 주어진 삶 속에 존재하게 된다. 티베트인들이 말하는 '이 귀한 인간의 형체'를 존중하면서 살아간다.

티베트의 스승 총 카파Tsong Khapa는 이렇게 가르쳤다. "이 인간의 몸은 가장 귀한 보석보다도 더 귀하다. 너의 몸을 소중히 다뤄라. 그것은 오직 이번에만 너의 것일 뿐이다. 곧 사라져버릴 아름다운 것이다."

이처럼 존중심에 찬 태도는 육신의 삶 가득히 축복을 내려준다. 골웨이 키넬Galway Kinnell은 '성 프란체스코와 암퇘지'에서 이 축복을 이렇게 묘사한다.

꽃봉오리는
모든 것을 표상한다
내면으로부터 자기 축복의 꽃을 피우는 모든 것,
심지어 꽃피우지 않는 것까지도.
그것의 아름다움을
새삼 깨우쳐줘야만 할 때도 있지만,
꽃의 이마에 손을 얹고
그것이 얼마나 사랑스러운가를
말로써, 어루만짐으로써 일러줘야만

속으로부터 자기 축복의 꽃을

다시 피워내지만.

성 프란체스코가

죽은 암퇘지의 이마에 손을 얹고

말과 어루만짐으로

땅의 축복을 전해주자

암퇘지가 그 비대한 온몸으로

기억해내기 시작했던 것처럼.

흙 묻은 코에서부터 사료와 밥 찌꺼기와

거룩하게 말려올라간 꼬리에 이르기까지

미끈하고 완벽한 암퇘지의 아름다움을.

가톨릭 신부이자 지도자인 어떤 원로는 몸으로부터 배운 감사와 축복을 이렇게 이야기한다.

나는 가난하고 보수적인 집안에서 태어났는데 우리 가족은 술을 많이 마시고 어렵게 살았다. 남자들은 자기 몸을, 마치 몰기만 하고 돌보지 않는 트럭처럼 대했다. 교회에서는 더했다. 나는 내 몸을 대하기를 혐오스러워했다. 나는 커피를 즐겨 마시다가 나중에는 위스키로 살았다. 나에게 상담하러 오는 단순한 사람들을 살펴보면서 그들이 자신의 영혼뿐만 아니라 몸을 얼마나 고문하고 있는지를 발견하곤 하다가, 나는 점차 교회에서 설교하는 육신과 죄악에 관한 모든 허섭쓰레기들에 대한 믿음과 사랑을 버리게 되었다. 그렇게 고난을 자초할 필요가 없었다. 나는 예수께서 원수를 사랑하라고 가르치신 것을 깨달았다. 나는 비폭력을 맹세했고, 그것은 내 몸에 대해서도 적용된다. 나의 수행은 "나 자신을 고문하지 말라, 고통을 키우지 말라"가 되었다. 나는 이것을 남들에게도 가르치기 시작했다. 그것은 감사의 수행으로 변해갔다. 나는 아침에 일어나면 내 몸을 돌보는 것으로 하루를 시작한다. 그것은 가슴에 사무치도록 단순하다.

지혜로워지려면 육신의 신성함을 알아야 한다. 한 수행자는 심각한 암에 걸렸던 때를 이렇게 회상한다.

복부의 커다란 종기가 제거되었다. 그와 함께 내가 매달려 있던 삶의 확실성도 제거되었다. 나는 가르치는 일을 그만두고, 침술에서부터 심층요법에 이르기까지 암을 불러온 요인을 바꿔놓을 수 있다고 생각되는 것이라면 모두 찾아다녔다. 나는 내 몸 앞에서 겸손해졌다.

이것이 15년 전의 일이다. 나는 지금 그것이 가장 큰 전환점이었고, 가장 큰 깨달음이었다고 말할 수 있다. 이전에는 수행을 위해 몸을 사용했지만, 이제는 몸 속에서 살아야만 했다. 영적 생활 속으로만 쏟아부었던 모든 여성적 힘과 자양분과 이해를 모두 몸으로 돌려, 그것을 존중하고, 사랑해야만 했다. 가슴을 내 몸 속에 온전히 머물게 하는 것이 그 시기 나의 수행법이 되었다.

그것은 찬란한 경험이었다. 내가 처음 체험했던 깨달음의 완벽함과 은총조차도 몸 속에서, 감각 속에서, 매순간 속에서 사는 이 기쁨에는 비길 수가 없었다. 새로운 방식의 이 삶과 나는 사랑에 빠졌다. 그것이 나를 해방시켰다.

아 무 것 도 소 외 시 키 지 않 기

살펴보았듯이, 깨달음의 육화에서 가장 중요한 도전 중의 하나는 성적인 영역에 있다. 종교 전통들에서는 감각적 혼란의 위험성이 늘 경고되곤 했다. 우리가 이 몸과 그 쾌락에 빠지고 너무 집착하게 된다는 것은 사실이다. 우리의 문화는 몸을 극도로 착취해왔다. 하지만 이와는 반대로 영적 단체 내에서는 몸을 혐오하고 두려워하고 그것에 무지한, 반대의 위험성이 아마도 더 흔할 것이다. 붓다께서 가르치셨듯이, 이런 양 극단의 삶으로부터 중도를 발견할 수가 있다.

어느 요가 지도자는 제자들에게 이렇게 가르쳤다. "애쓰는 자들이여, 힘을 빼라. 그리고 너희 감각주의자들이여, 똑바로 살아라."

카를 구스타프 융은 우리의 동물적 신체와, 그것이 에로스를 거쳐 영성의 가장 높은 형태로 연결되는 것 사이의 균형을 강조했다. 그는 다음과 같이 말한다.

> 성적 본능은 의문스러운 것이어서 그 문제에 대해 그 어떤 법으로 규정을 해놓더라도 마찬가지일 것이다. 그것은 한 편으로는 인간의 원초적이고 동물적인 본성에 속해 있어서, 인간이 동물적 신체를 지니고 있는 한 남아 있을 것이다. 다른 한 편으로는 그것은 영성의 가장 높은 표현과 연결되어 있다. 하지만 그것은 영성과 본능이 진정으로 조화되었을 때만 꽃피어난다. 이 가운데 한 측면이라도 결여되면 균형이 깨어지고 쉽게 병적인 상태로 빠져서 상처를 입게 된다. 동물적인 면이 지나치면 추악한 문명인을 만들고, 문화적인 면이 지나치면 병든 동물을 만들어낸다.

경직된 영성에서는 성을 무턱대고 매도한다. 좀더 지혜로운 영성에 의하면 성의 남용은 고통의 원인이라고 가르친다. 십계명은 간음하지 말라고 가르친다. 불교의 계율은 부적절한 성관계로 고통을 자초하지 말라고 가르친다. 하지만 해를 입을 것에 대한 두려움은 쉽사리 몸과 성 전반에 대한 두려움으로 바뀔 수 있다. 이와는 대조적으로 한 수피 스승은 나에게, 그의 전통에서는 "스승이 더 높은 깨달음의 경지로 갈수록 더욱 섹시해진다"는 표현을 쓴다고 말해주었다. 이 말은 순전히 관능적인 의미에서가 아니라 더욱 몸 속에 있고, 깨어 있고, 살아 있음을 의미하는 맥락에서의 표현이다. 불교 지도자이자 하버드 대학교 심리학자인 잭 엥글러 Jack Engler는 유명한 트라피스트 수도회의 수사인 토마스 머튼 밑에서 초심자로서 수련했을 당시를 회고하면서 이렇게 말했다. "토마스 머튼은 내가 만난 사람들 중에 가장 섹시한 사람이었다."

나는 1980년대 초에 성을 영적 행로의 의식적인 일부분으로서 존중하고 이해하려는 시도로서 53명의 선사, 라마승, 스와미, 혹은 그들의 오래된 제자들을 만나서 성에 관해 인터뷰를 했다. 다음은 내가 당시 〈요가 저널Yoga Journal〉에 기고했던 기사 중의 일부분이다.

> 우리 문화 속의 어떤 그룹의 사람들과도 마찬가지로, 그들의 현실도 다양했다. 이성애자와 양성애자와 동성애자가 있는가 하면, 일부일처주의자와 일부다처주의자도 있었다. 독신으로 행복하게 사는 지도자도 있고, 독신으로 비참하게 사는 이도 있었다. 한 사람과 결혼해서 사는 사람도 있고, 무수한 내연의 관계를 가지는 이도 있었다. 난잡한 성생활을 하면서도 스스럼없는 지도자도 있었고, 영성의 일부로서 의식적이고 헌신적인 성관계를 유지하는 이도 있었다. 주변의 다른 사람들보다 성에 대해서 조금도 깨어 있지 못한 스승들도 많았다.

현명한 성관계는 친밀감과 연결감과 내맡김을 가져올 수 있음을 우리가 알고 있듯이, 지혜롭고 거룩한 독신주의 또한 동일한 결과를 가져올 수 있다. 양쪽의 선택 모두가 사랑과 깨어 있음의 표현이 될 수 있다. 육화한 깨달음은 탐닉과 자기 부정의 극단 속에서 헤매지 않고 몸에 대해 깨어 있어서 몸을 존중하게 한다. 힌두교와 탄트라 불교에서는 깨달음의 한 길로서 성에 가치를 부여한다. 유태교와 수피 전통에서는 성은 신성한 것으로 찬양된다. 육화한 관능과 에로스는 존중되고 변성된다. 한편, 같은 정신에서 독신주의 또한 가슴의 신성함 속에서 존중되고 변성될 수 있다. 결국 육신의 활기찬 생명은 두 가지 길을 통해서 모두 깨달아질 수 있는 것이다.

이 귀한 육신은 행위와 깨어남을 위한 거룩한 보물의 집이다. 거룩한 심장, 거룩한 귀, 거룩한 사지, 거룩한 가슴, 거룩한 손과 발, 거룩한 피부와 머리카락과 생식기, 허파, 피, 작은 세포들, 그리고 거룩한 생명의 숨결. 작가인 에두아르도 갈레아노Eduardo Galeano는 그것을 이렇게 표현한다.

> 교회는 말한다 : 몸은 죄악이다.
> 과학은 말한다 : 몸은 기계다.
> 광고는 말한다 : 몸은 사업이다.
> 몸은 말한다 : 나는 성휴일聖休日이다.

귀한 육신을 올바로 돌보면 그 자비가 모든 생명으로 넘쳐 흘러나온다. 돌보고 사랑하고 치유하고 사랑과 자유를 육화하려는 충동이 우리 안에서 자란다. 우리 안에서 분리된 세계들이 만나서 하나가 된다.

로버트 아이트켄Robert Aitken은 나이 팔십에 은퇴하기 전의 마지막 가르침으로서 100여 명의 불교 지도자들이 모인 자리에서 제2차 세계 대전중의 일본의 감옥에서 시작되었던 자신의 50년에 걸친 선가의 수행담을 이야기했다. 마지막에 청중 중의 한 사람이 그에게 공안을 한 가지 제시하며 그 답을 보여달라고 요청했다. 그는 이 이야기를 했다. 1951년에 그는 뉴욕에서 뇨겐 센사끼 선사 밑에서 수행하고 있었다. 센사끼 선사는 가장자리에서 한가운데를 향해 나선 무늬가 그려져 있는 멋진 도자기 그릇을 들어 보이면서 이렇게 물었다. "이 나선은 밖에서 안으로 들어가는가, 아니면 안에서 밖으로 나가는가?" 이것이 공안이었다. 제자들은 조용히 앉아 그 답을 명상했다. 각자 답을 제시할 시간이 되었다. 아이트켄은 약간은 떨면서 자리에서 일어나 큰 새처럼 양 팔을 벌려 사발의 모양을 만들었다. 먼저 그는 나선을 그리며 안으로 들어오듯이 한 쪽 방향으로 돌고, 다음에는 나선을 따라 밖으로 나가듯이 다른 방향으로 한 바퀴 돌았다. 그는 온몸, 온 존재로 사발이, 그 안과 밖이 되었다. 그것이 그의 대답이었다.

화신化身의 지혜

1998년 5월에 스피릿 록 명상 센터에서 우리는 1년 전에 심한 뇌졸중을 겪었던 람 다스의 치료비를 모금하기 위한 자선 모임을 가졌다. 거의 1년에 걸친 갱생 노력 후에 람 다스는 더듬거리기는 했지만 말을 할 수 있게 되었고, 그는 여전히 말을 하고 싶어 안달이었다. 그날 마지막 순서로서 그의 휠체어가 단상에 올려졌고, 그가 드디어 연설을 할 수 있게 되었다. 청중이 웃음을 터뜨리는 것을 보고, 그는 자신이 자신을 위한 자선 모임에 온 사람치고는 옷차림이 너무 볼품없었음을 깨달았다. 하지만 그것이 그가 이야기하려던 주제였다. 그는 자신의 곤경과 정체성의 의문에 대해 이야기했다.

나는 여러 해 동안 카르마 요가 수행자로서 봉사의 길을 수행해왔습니다. 나는 봉사를 행하는 것과 타인을 돕는 방법에 대해 책을 썼습니다. 그런데 이제 그게 거꾸로 되었습니다. 나는 일어나고 눕는 데 다른 사람들의 도움을 받아야 합니다. 음식을 먹고 똥을 닦는 데도 도움이 필요합니다. 말씀드리지만, 돕는 사람이 되는 것보다 도움을 받는 사람이 되는 것이 훨씬 더 어렵습니다.

하지만 이것은 그저 또 하나의 단계일 뿐입니다. 나는 마치 죽었다가 다시 태어나고, 또다시 태어나는 것만 같은 기분입니다. 1960년대에 저는 하버드 대학교의 교수였고, 교직을 그만두고는 티모시 리어리Timothy Leary와 함께 환각제의 복음을 전파하러 다녔습니다. 그러다가 1970년대에는 인도에서 나라는 사람은 죽고, 바바 람 다스라는 이름의 구루가 되어 돌아왔습니다. 그러다가 1980년대에 와서는 내 삶은 온통 봉사에 관한 것이 되었습니다. 세바Seva 재단을 설립하고, 병원을 짓고, 피난민들과 죄수들과 함께 일했습니다. 그러면서도 한편으로는 늘 첼로와 골프를 치고, MG를 몰았습니다. 중풍에 걸린 후에는 자동차는 길에 서 있고, 첼로와 골프채는 장롱 속에 처박혀 있지요. 이제 제가 첼로 연주를 못 하고 자동차를 못 몰고 인도에서 수행을 못 하는 사내가 됐다고 생각한다면, 자신이 끔찍이도 불쌍하게 느껴질 것입니다. 하지만 저는 그런 사내가 아닙니다. 중풍이 걸렸을 때, 저는 다시 죽었습니다. 그리고 지금 저는 장애를 가진 몸 속에서 새로운 삶을 살고 있습니다. 이것이 제가 있는 곳입니다. 여러분은 지금 여기에 있어야만 합니다. 해야 할 공부를 마쳐야만 합니다.

이것이 화신의 지혜이다. 그 지혜 안에서 우리는 기꺼이 삶 속으로 뛰어든다. 그 삶을 두려워하지도 않고 헤매지도 않는다. 다만 매순간이 가져다주는 것이 무엇이든 그 속에서 깨어 있고 자유롭다. 인도의 신비주의 시인인 까비르는 이렇게 썼다.

> 살아 있을 동안 경험 속으로 뛰어들라…… 그대가 '구원'이라고 부르는 그것은 죽기 이전의 시간에 속한 것이니.

삶 속으로 뛰어드는 데에는 거룩함, 신, 혹은 열반은 경험과 별개의 것이 아니며, 오히려 경험의 정수라는 급진적인 이해가 필요하다. 우리가 추구하는 그것은 다름 아닌 우리 자신이다. 〈반야심경般若心經〉에는 이 진실에 대해 이렇게 설한다. "색色은 공空과 다르지 않다." 한편 기독교 신비주의자인 시메온은 '우리 안의 그리스도가 깨어날 때 그리스도의 몸으로 깨어나기'에 대해서 말한다.

가슴을 열고 해방시켜줄 열쇠는 붓다가 여러 해 동안 자신의 몸과 싸운 후에 찾아왔다. 그는 6년 동안 인도를 방랑하면서 단식을 하고 온갖 힘든 고행을 하면서, 육신의 모든 욕망과 두려움을 이겨내기 위해 치열하게 싸웠다. 마침내 그는 지쳤다. 거의 죽을 지경이 되어 땅 위에 누워 있었다. 문득 그는 어릴 때 부왕의 정원에 있는 장미사과 나무 아래에 앉아 있던 기억을 떠올렸다. 그는 그 봄날 아침에 전혀 예기치 않게, 그 모든 일상 속으로 경이로운 온전함과 고요함과 가슴의 평안과 평화가 찾아왔던 것을 기억해냈다. 그는 놀라움 속에서, 자유를 찾아 헤맸던 자신의 영적 탐구가 전적으로 오도된 것임을, 자신의 몸과 세상에 대항해 싸운 결실 없는 싸움이었음을 깨달았다.

이 깨달음을 통해서 그는 중도를 발견했다. 세상과 맞붙어 싸우지도 않고 그 속에 엉켜서 빠져 헤매지도 않는 내면의 일체성 말이다. 그는 있는 그대로의 삶 속의 고난과 아름다움에 가슴을 열고 평화 속에 잠겼다.

그때 젊은 여인이 지나다가 수척한 성자를 보고는 들고 가던 우유죽을 한 사발 주었다. 붓다는 그것을 감사하게 마셨고, 영 속에서와 마찬가지로 몸 속에서도 기운을 차렸다. 그리고 그는 자신의 길에 대해 새로운 이해를 가지고 명상하러 돌아갔다.

이 이야기의 현대판 버전이 매사추세츠 대학교 의학 센터 지하에 있는 존 카바트 – 진 박사의 클리닉에서 일어났다. 그는 정신 집중을 기초로 한 스트레스 해소 프로그램을 시작하면서 의학 센터의 의사들에게 현대적인 첨단의 모든 수술과 치료를 행하고도 회복되지 않은, 더 이상 어쩔 수 없는 환자들을 그에게 보내달라고 요청했다. 그는, 나중에 나에게 말했듯이, "세상에서 가장 강력한 약, 곧 진실을 줄 수 있었기" 때문에 이 프로그램을 시작했던 것이다.

그래서 암 환자와 통증 환자, 뼈와 관절의 퇴행성 질병 환자, 허리가 아픈 환자 등, 몸과 싸우느라 안 해본 것이 없는 모든 환자들이 그에게 보내졌다. 카바트 – 진 박사는 그들에게 깊이 깨어 있는 방법을, 곧 자신의 병을 물리쳐야 할 적으로 보지 않고, 그저 몸에서 일어나고 있는 그것과 함께 있을 수 있는 방법을 가르쳐주었다. 이 받아들임과 돌봄을 통해 놀라운 결과가 생겼다. 일부 사람들이 스트레스와 통증과 질병에서 벗어난 것이다. 나머지 다른 사람들도 아직은 낫지는 않았지만, 자신의 몸과 함께 지내는 새롭고 애정 어린 방식을 배움으로써 삶이 바뀌었다. 이제 그의 프로그램은 미국 전역의 수백 개의 병원에 전파되어 있다.

육 화 한 용 기

충만과 지혜와 자비라는 육화의 열매는 대가 없이 오지 않는다. 나의 스승 아잔 차는 예순세 살 때 뇌수종과 당뇨, 뇌졸중과 심장 질환 등의 복합 증상으로 입원했다. 그는 심한 통증 속에 아홉 달 동안 입원해 있었으며, 종종 말조차 하지 못했다. 다음 해에 퇴원했을 때는 몇 가지 기능이 회복되어서, 제한적이기는 했지만 가르침을 재개할 수 있었다. 내가 방콕 근처에 있는 절에서 그를 뵈었을 때, 그는 그 시련 때문에 매우 노쇠해진 상태였다. 대화를 나누던 중에 나는 그가 옛날에 우리에게 종종 노쇠와 질병과 죽음은 불가피한 것임을 숙고하라고 훈계했던 것이 떠올랐고, 그것이 이제 그에게 얼마나 분명하게 일어나고 있는지를 분명히 깨달았다. 아잔 차는 나를 뚫어져라 바라보면서 말했다. "그것을 가볍게 생각하지 말게!"

영적인 헌신이 삶의 희비에 대한 면역을 가져다주지는 않는다. 영적 스승조차도 우리와 똑같이 노쇠와 병과 죽음을 맞는다. 헌신적인 수행이 우리에게 선사하는 것은 이 인간 세계에서 자비와 깨어 있음을 일깨우는 도구, 곧 가슴이 그것을 모두 껴안게 하는 방법이다.

삶의 모든 부분이 수행의 비옥한 텃밭이다. 내과 의사이자 치유가인 레이첼 나오미 레멘Rachel Naomi Remen은, 병이란 우리 영혼이 생명과 더 깊이 연결되게 하는 하나의 관문이자 초대장이라고 말한다. 그녀는 질병의 목적은 우리를 중요한 것으로 되돌아오게 하는 것, 우리를 깨어나게 하는 것이라고 한다. 영적 수행의 목적은 질병이나 죽음이 우리를 깨워주기를 기다리는 것이 아니라, 몸과 가슴과 마음에 평화를 가져오기 위해 우리가 지금 지닌 생명과 건강에 의지하는 것이다.

우리가 몸 속에 온전히 들어갈 용기를 지니지 못하면 삶이 나서서 우리를 밀어붙일지도 모른다. 마르셀 프루스트Marcel Proust가 상기시키듯이.

> 병은 의사를 가장 싫어한다. 선함과 지혜는 우리에게서 약속을 받아낼 뿐이지만, 고통은 복종을 받아내기에.

여러 해 동안 스승으로서, 학자로서 끊임없이 일해왔던 한 랍비는 어느 날 과로로 인해 심한 병에 걸린 것을 깨달았다. 병에서 회복되는 동안 그는 새로운 삶의 축복을 빌었다. 그리고 몸 속의 신성함에게 자신의 기도를 바치겠노라고 맹세했다.

> 처음에는 그것이 쉽지 않았다. 나는 몸을 오랫동안 무시해왔다. 하지만 나는 몸이 신과 만나는 데 매우 중요한 통로임을 깨닫게 되었다. 그것은 우리가 받은 선물이다. 나는 매일 아침마다 신께서 주신 감각을 매순간 경험할 수 있게 해달라고 빌기 시작했다. 나는 양생법으로서 운동을 하고 있었지만, 변화를 가져온 것은 그것이 아니었다. 변화를 가져온 것은 아침마다 우주의 에너지가 내 몸 속을 관통하는 가운데 살아서 존재하고자 하는, 나의 의지 때문이었다. 그것은 나의 기도였고 몇 달이 지나자 몸이 변했다. 이 의지를 통해서 내 삶은 바뀌었고, 나는 더 아름다워지고 더 축복을 받았다.

우리의 이 몸 속의 삶을 온전히 음미하는 것이 축복을 가져온다. 어느 선사는 이렇게 말한다.

> 나의 가르침은 사람들로 하여금 세상과 삶 속으로 정말 뛰어들도록 부추길 정도로 깊어졌다. 나는 그들이 삶 속으로 들어가서 수행을 몸으로 실천하고, 그것을 가슴으로 받들기를 원한다. 삶과 이 몸을 돌본다는 것은, 그것을 사랑하고 축복해주는 것이다. 특히 우리는 자신의 상처와 자신이 들어 있는 어둠에 축복을 줄 수 있는 방법을 찾아야 한다. 상처에 축복을 주는 데는 인내가 필요하다. 왜냐하면 우리는 그것을 존중하도록 배우지 못했기 때문이다. 하지만 몸을 정말 축복하면 자신에게 맞는 것이 무엇

인지를 깨닫게 된다는 것을 발견할 것이다. 우리는 자신에게 합당한 종류의 고통을 가지고 있다. 또한 자신에게 어울리는 즐거움을 가지고 있다. 그것은 모두 우리가 스스로 얻어놓은 정직한 경험들이다.

몸에 귀를 기울일 때, 몸의 지혜가 자라난다. 우리는 몸이 움직이고 싶어 하는 요구를 느낄 수 있고, 쉬고 싶어하는 주기週期를 존중해줄 수 있으며, 명상하고 춤출 수 있고 홀로 있고 싶어하는 요구를 존중해줄 수 있으며, 몸의 살이 있는 감각을 허용할 수 있으며 그 즐거움과 제약을 알 수 있다. 몸을, 몸의 상실과 취약성을 두려워하기보다는 그것을 존중해주라. 깨달음의 만다라가 몸을 배제하지 않고 포함시킬 때, 우리의 타고난 성품은 꽃을 피울 수 있고 가슴은 자유를 누린다.

랍비 브랏츨라브의 나흐만Nachman of Bratzlav은 자신의 제자들에게 늘 이렇게 일렀다.

> 지옥에 가기 싫거든, 일을 마치고 밤에 집으로 돌아오면 날마다 행주를 들고 춤을 춰라. 식구들이 잠을 깰까봐 걱정된다면 신발을 벗고 춰라.

육화한 용기는 병과 죽음의 망령이 찾아올 때까지 기다리려고 하지 않는다. 대신, 이 육체적 존재 속으로 기꺼이 들어가자. 이 순간의 현실을 위해 그릇된 이상을 제물로 바치자. 이 순간의 현실만이 우리가 가진 모든 것이다. 한 제자가 스승에게 깨달음의 진실을 열렬히 캐물었다. 스승은 근처에 있는 두 대나무 숲을 가리키며 제자에게 물었다. "왼쪽에 있는 대나무를 보라, 얼마나 큰가? 오른쪽에 있는 대나무를 보라, 얼마나 작은가? 저것이 생긴 그대로의 성품이다." 이 말에 제자는 깨달음을 얻었다. 진실을 받아들이는 것이 깨우침의 문인 것이다. 지금 이 순간, 무엇이 우리의 본성인가? 우리 또한 그것을 받아들일 수 있는가?

몸 으 로 살 기 와 빨 래 하 기

선사 하쿠인(白隱, 일본 선종의 하나인 임제종을 중흥시킨 고승)은 깨달음에 대해 이렇게 읊었다.

"얼음이 원래는 물이듯이, 만물은 원래 붓다다. 물 속에서 목마르다고 우는 자처럼, 곁에 있는 것은 거들떠보지도 않고 먼 곳을 찾아 헤매니, 얼마나 슬픈 일인가? 지금 이 자리에 없는 것이 진실로 무엇이란 말인가? 열반이 바로 여기 눈앞에 있고, 바로 이 자리가 순수한 연꽃의 나라이며, 이 몸이 곧 붓다이다."

하쿠인에게는 몸 속에서 깨어 있는 것이 곧 열반의 문이었다. 존재의 신성함은 온 가슴의 주의를 기울여 순간 속으로 온전히 들어감에 있다. 사원과 스승과 수행 등, 종교의 그 모든 외적 형식들은, 다만 우리를 영원한 지금으로 불러들여, 가슴을 엎드려 매순간을 만져보라고 부추기기 위한 것일 뿐이다.

중국에 이런 우화가 있다. 한 청년이 마을의 우물가에서 노인을 만났다. 노인은 나무 두레박을 내려 물을 퍼서 한 손 한 손을 바꿔가며 밧줄을 천천히 당겨 올리고 있었다. 그 광경을 보던 청년은 잠시 사라졌다가 도르레를 가지고 나타났다. 그는 그것을 노인에게 보여주면서 어떻게 사용하는지를 가르쳐주었다. "보세요, 이렇게 밧줄을 도르레에 감고 손잡이를 당기면 쉽게 물을 길을 수가 있어요." 노인은 그의 말에 이렇게 대꾸했다. "이런 도구를 사용하면 내 마음은 자신이 지혜롭다고 생각할 것이다. 마음에 꾀가 생기면 내가 하고 있는 일에 더 이상 가슴을 쏟을 수가 없게 될 것이고, 팔목만이 그 일을 하고 있게 될 것이다. 내 온 몸과 가슴이 함께 일하지 않는다면 그 일에는 기쁨이 없을 것이다. 내 일에 기쁨이 없다면, 그 물맛은 어떠리라고 생각하느냐?"

물은 우리의 영혼을 비춰준다. 선가에서는 풀잎 위의 이슬 방울에도 달과 하늘이 비친다고 말한다. 자잘한 일 하나 하나와 매순간들이 다 온 우주의 반영이며, 온 우주에 이바지한다. 아이를 잠자리에 눕히는 일, 청구서를 지불하는 일, 고객의 말에 귀기울이는 일, 주유소 직원에게 기름값을 내는 일, 편지를 쓰거나 메모를 하는 일, 사람을 만나서 함께 식사하는 일, 사업을 계획하는 일, 정원에 물을 주는 일 — 이 모두가 깨어난 가슴을 몸으로 표현하는 일이다. 우리가 이 진실을 잊어버릴 수 있다는 것이 도리어 참으로 놀라운 일이다.

여섯 살짜리 여자 아이가 엄마에게 매일같이 대학교에 가서 무슨 일을 하는지를 물었다. "난 미술과에서 일한단다. 사람들에게 그림 그리는 법을 가르쳐주지." 엄마가 대답하자 아이는 놀라면서 이렇게 물었다. "그럼, 사람들이 맨날 그걸 까먹는단 말이에요?"

우리가 까먹으면, 깨달음은 우리를 불러 깨워서 매순간의 단순한 활동을 축복해준다. 한 서양인 라마승은 3년 동안의 티베트 식 은거 수행을 마친 후에, 깨어서 땅을 든든히 딛고 살기 위한 수행법으로 사용했던 기도 속의 육체 노동에 대해 이야기한다.

불필요하고도 무척이나 복잡 다단한 서구의 삶과 무수한 일상사의 급류 속에서 영적인 생활을 유지해나간다는 것이 나에게는 가장 힘든 일이었다. 처음 5년이 가장 힘들었다. 서두르고 손에 넣기 위한 것 외에는 감수성이라고는 없는 사람들과 함께 지내면서도 내면에는 단순한 가슴을 간직하는 것이 말이다. 처음에는 마음이 불안정하고 거의 돌 것 같았다. 그 동안 했던 공부가 말짱 도루묵이 될까봐 두려워서 나는 마음을 안정시키고 수행을 지속하기 위한 방편으로 육체 노동에 의지했다. 나는 청소를 열심히 했다. 나의 전문 분야는 썻고 닦고 빨래하기였다. 아무튼 주변 사람들 중에서는 아무도 청소하기를 좋아하지 않았다. 그래서 누군가가 그것을 해주니까 모두가 좋아했다.

나는 접시를 닦을 때나, 계단을 청소할 때나 작은 소리로 자비의 만트라를 읊곤 했다. 그리고 내가 청소할 때 내 주변의 모든 존재들의 눈과 가슴도 정화되고 청소되어서 순수하고 깨끗해지기를 비는 기도도 했다. 그것은 아름다운 일하는 방법이었다. 몸으로 하는 단순한 노동은 세상 속에 머무는 신성한 방법을 터득하게 해주었다.

힌두교도와 수피들은 모든 행위를 '그 분'을 위해서 할 수 있다고 가르친다. 몸 속에서 깨어 있으면, 우리는 예수나 붓다의 옷을 개듯이 빨래를 개고, 자신이나 가족이 아니라 '거룩한 분'을 위해 식사를 준비할 수 있다. 수행의 만다라에 몸을 포함시키면 사소한 모든 행위를 손으로만이 아니라 가슴으로 하게 된다. 도미니크 수녀회의 어느 수녀는 이것을 '육화 신학Incarnation Theology'이라고 부른다.

나이 육십이 되어서, 나는 어렸을 적에 배운 단순한 것들로 돌아갔다. 시험지의 점수를 매길 때면 시험지를 읽으면서 그 학생들을 위해 기도한다. 혹은 어떤 환자에 대해 걱정을 하고 있는 자신을 발견할 때면 나는 묵주의 기도(가톨릭의 기도 형식)를 올린다. 예배, 감사, 기도. 나는 모든 것을 즐기려고 노력한다. 어려운 일조차도, 불의不義 앞에서 봉사할 때조차도. 그것이 지금 주어진 것이니까. 그것이 진실이니까. 내 삶은 만물과 연결되었고, 나는 매순간 잘 살고 있었다. 나는 내 에고가 한껏 자만에 부풀게 만드는 큰 일들은 믿지 않는다. 지금 여기가 아니면, 우리는 삶을 놓친 것이다.

우리를 몸으로, 가슴으로, 이 순간으로 되돌려줄 단순한 방법들이 많이 있다. 문에 들어설 때마다 기도하기, 먹기 전에 묵상하기, 전화를 받기 전에 잠시 멈춰서 의식적으로 호흡하기. 심지어는 텔레비전을 보기 위한 기도나 시구詩句도 만들 수 있다. 틱 낫 한Thich Nhat Hanh은 이렇게 말한다. "저녁 뉴스를 보면서, 나는 그것이 나의 이야기임을 안다. 고요히 숨을 들이쉬면서, 나는 우리 모두를 자비심으로 껴안는다." 호흡을 주시하면 만물이 몸 속의 제자리로 돌아간다.

참선을 하는 제자가 스승에게 말했다. "이제 남은 공부는 약간의 자질구레한 것들입니다." 그러자 스승이 소리쳤다. "하지만 모두가 자질구레한 것들이야." 몸 안의 존재는 우리에게 모든 것과 차례로 함께 하라고 일러준다. 간디는 이것을 '축복받은 일상'이라고 부르고, 매일의 일상의 반복을 날마다 뜨고 지는 해와 달, 별과 계절의 말없는 순환에다 비유했다. 참선은 이것을 오븐에다 빵을 굽는 것과 같다고 가르친다. 굽고 또 굽지만 빵은 저마다 맛이 다르다. 클로드 모네Claude Monet는 지베르니에서 35년을 살았다. 날마다 바뀌는 햇빛 아래서 몇 해 동안 똑같은 수련을 그리면서. 오늘의 햇빛을 신선한 눈으로 새롭게 보는 태도, 이것이 초심자의 마음이다.

몸으로 하는 실제적인 봉사의 이 소박한 친교는 마더 테레사의 봉사에서도 그 중심에 있었다.

> 나는 절대 대중을 돌보지 않고, 개인들을 돌본다. 나는 한 번에 오직 한 사람만을 사랑할 수 있다. 꼭 한 사람, 한 사람, 한 사람씩만. 그렇게 시작한다. 처음에 나는 한 사람을 택했다. 아마 내가 그 한 사람을 택하지

않았더라면 나머지 4만 2천 명도 택하지 못했으리라. 모든 일이 다만 대양 속의 물 한 방울일 뿐이다. 하지만 내가 그 한 방울을 떨어뜨리지 않았다면 대양은 그 한 방울의 물만큼 모자랄 것이다. 당신에게도 마찬가지다. 당신의 가족, 당신의 교회, 당신의 사회도 다 마찬가지이다. 그냥 시작하라. 하나씩, 하나씩, 하나씩.

신비주의자들, 스승들 그리고 도인들은 일상 속의 신성에 눈을 뜨라고 한결같이 말한다. 토마스 머튼도 우리에게 말했다. "삶은 이렇게 단순하다. 우리는 티끌 한 점 없이 투명한 세상에서 살고 있고, '신성'은 그 속에서 언제나 빛나고 있다. 이것은 그저 멋진 이야기나 우화가 아니다. 사실이다."

중동 지방의 이야기 가운데 이런 것이 있다. 한 사나이가 범죄자로 오인되어 감옥에 갇힌다. 그의 친구가 그를 찾아와서 기도할 때 까는 양탄자를 가져다주었다. 감옥에 갇힌 사내는 화를 내며 감방으로 돌아갔다. 그가 기대했던 것은 쇠톱이나 칼이었는데 기껏 양탄자를 갖다준 것이기 때문이다. 하지만 그는 이왕 생긴 것이니까 그것이라도 사용해보자고 생각했다. 그래서 그는 깔개 위에 엎드리고 기도를 하기 시작했다. 그는 날마다 양탄자에 새겨진 문양을 보았다. 그리고 거기서 흥미로운 문양을 발견했다. 그 문양은 자물쇠의 구조도였고, 그것을 보고 마침내 그는 감옥 문을 열고 탈출할 수 있었다.

내면의 자유는 하늘을 쳐다보아서는 발견되지 않는다. 그것은 우리 발밑에 아로새겨져 있다.

13장   깨어난 감정과 일상 속의 완성

비구들이여, 유쾌한 느낌과 중성의 느낌과 불쾌한 느낌을 구별해야 한다. 느낌 속에서, 느낌에 집중하는 태도를 몸에 배게 해야 한다.

〈대념처경大念處經〉

"스승님께서는 앉을 때는 그저 앉고, 먹을 때는 그저 먹으라고 가르치십니다. 그렇다면 선사는 같은 식으로 화를 낼 수도 있습니까?" 하고 제자가 물었다. 스즈끼 선사가 대답했다. "그러니까 그저 천둥처럼 화내고, 지나가고 나면 그로써 그만인 그런 것 말이지? 어허, 내가 그럴 수만 있다면."

스즈끼 선사

나는 보통은 굉장히 용감하단다. 헌데 오늘만은 웬일인지 머리가 좀 아파서 그런 것뿐이야.

트위들덤(〈이상한 나라의 앨리스〉에 나오는 등장 인물)

깨어남이 시작된 이후의 정서적 상태를 어떻게 이해해야 할 것인가? 어떤 전통에서는 깨달은 영혼은 결코 흔들리지 않는다고 말한다. 〈증일아함경增一阿含經〉에서 붓다는 이렇게 말한다. "단단한 바위가 바람에 흔들리지 않듯이 유쾌한 것도 불쾌한 것도, 원하는 것도 원하지 않는 것도, 감각의 인상이나 어떤 종류의 접촉도, 진정한 깨달음을 얻은 자의 영혼을 흔들어놓지 못한다." 나는 이것을 다양한 방식을 통해 배웠다. 한번은 내가 명상중에 울고 있을 때, 방문중이던 명상 지도자 디파마 바루아가 그런 울음은 요가를 수행하는 사람에게는 불필요한 것이라고 말했다. "명상 지도자는 울지 않아요." 그녀는 내게 말했다. 하지만 아잔 차는 이와 정반대로 말했다. "눈물은 명상의 일부이다. 가슴 깊은 울음을 울어보지 않았다면 명상을 시작도 못 한 것이다."

어떤 때 붓다는 비탄을 불필요한 집착이라고 비하한다. 하지만 또 불경에서는, 붓다의 설법은 "듣는 이의 가슴 속의 눈물과 부드러움을 일깨워내어 그들이 마음을 완전히 열고 경청하게 함으로써 가르침의 깊은 뜻을 이해할 수 있도록" 슬픔을 불러일으킬 것이라고 말한다.

감정에 대해서는 전통에 따라 저마다 달리 본다. 어떤 전통에서는 탐욕과 증오와 착각과 두려움의 무의식적인 패턴이 완전히 사라져야만 한다고 말하고, 다른 전통에서는 그것은 남아 있지만 지혜와 자비의 경험으로 바뀐다고 말한다. 하지만 지혜로운 모든 전통은 영혼의 깊은 자유에 대한 가능성을 제시한다. 우리는 삶의 격정과 그 힘 속에도 이 억누를 수 없는 영혼을, 그 흔들리지 않는 사랑을 발견해내야만 한다.

부 드 러 운   가 슴

몇 해 전에 나의 몇몇 친구들이 티베트 승려들로 이루어진 유명한 규토 탄트라 찬송 합창단을 초대해서 샌 퀜틴 감옥에서 공연을 하도록 주선했다. 샌 퀜틴 성가대도 거기에 화답하여 노래를 부를 예정이었다. 하지만 날짜가 다가올수록 주선자들은 두 그룹간의 문화적 차이를 메워주어야 할 필요성을 점점 더 느끼기 시작했다.

샌 퀜틴 성가대의 대원들은 모두 미국 흑인들로서 대부분은 운동으로 몸을 가꾼 거구의 사내들이었다. 그들은 감옥에서 지내는 동안 예수의 정신에 감동을 받아 다시 태어났고, 그들의 노래는 그들의 고난의 깊이와 그들을 일깨워낸 복음의 빛에 대한 증언이었다. 주선자들은 새로 깨어난 기독교인들인 이들에게 티베트의 승려들이 외국에서 온 한갓 이교도들로 비칠까봐 걱정스러웠다. 이 '이교도 승려들'이 도착했을 때, 그 격차감은 더욱 두드러져 보였다. 덩치 큰 미국 흑인들 틈에 낀 작은 자주색 승복의 동양 남자들은 마치 난쟁이 같아 보였다. 문제는 그 격차를 메울 방법이었다.

그런데 그 공연을 가장 적극적으로 후원했던 후원자가 영감에 찬 소개말로써 해결책을 내놓았다. "오늘 이 자리에 오신 대부분의 티베트 분들은 여러 해 동안 고된 감옥 생활을 했습니다. 공산권 중국의 군대는 그들이 믿음을 표현하지 못하도록 감옥에 가뒀을 뿐만 아니라 고문까지 했습니다. 하지만 결국 그들은 풀려나거나 감옥을 탈출했습니다. 그후 그들은 자유를 얻기 위해 지구에서 가장 높은 산맥인 히말라야를 넘어 걸어갔습니다. 어떤 이들은 신발이 없어서 누더기로 발을 감쌌습니다. 하지만 그들은 아직도 망명 생활을 하고 있습니다. 그들은 먼 타지에서 가족과 사회로부터 떨어져서 살아야만 하고, 언제 돌아갈 수 있을지조차 모릅니다. 그들에게 이 모든 고난을 견뎌내도록 한 것은 그들의 찬송과 기도였습니다. 이것이 오늘 그들이 우리를 위해 불러줄 노래입니다."

이 말에 곧 성가대와 티베트 승려들은 깊은 슬픔 앞에 힘없는 인간의 눈으로 서로를 바라보며 서로를 이해하게 되었다. 각 합창단은 가슴으로부터 우러나오는 노래를 서로에게 들려주었다. 공연이 끝나자 그들은 마치 오래 떨어져 살았던 형제들처럼 서로를 얼싸안았다.

이들이 부른 노래는 가슴 속의 감정을 표현해냈다. 그들의 몸부림과 인내, 자유에 대한 열망과 구원과 희망이 그 목소리 속에 실려 있었다. 느낌은 우리를 삶과 이웃에게 연결시켜준다. 느낄 수 있다는 것은 인간에게 주어진 비범한 선물이다. 느낌을 억누르지도 않고, 거기에 사로잡히지도 않으며 그것을 이해하는 것, 그것이 예술이다.

감 정 을   다 스 리 기

붓다는 유쾌한 느낌, 중성의 느낌, 불쾌한 느낌 등, 모든 범위의 느낌들을 하나 하나 일어나는 그 자리에서 인식하고 받아들여야만 한다고 가르쳤다. 그는 "모든 범위의 감정들을 인식하고 느낌 속의 느낌을 경험함으로써" 우리는 그 한가운데서도 평화를 발견하고 자유로워질 수 있다고 했다. 하지만 이 과정은 깨달음의 경험 이후에도 끝나지 않는다. 한 불교 지도자는 어느 선사 밑에서 했던 공부를 회상한다.

> 나는 공안을 참구參究하고 있었다. 스승께 점검을 받으러 가서도 나의 공안에 대해서는 이야기할 틈도 없었던 때가 많았다. 나의 수련에서 중심을 차지했던 것은 나의 감정이어서 그것에 대해 이야기해야 했기 때문이다. 그 감정이란, 때로는 기쁨이기도 했지만 그보다는 부모님이나 애인과의 관계에서 겪은 어려움과 힘든 느낌들이 더 많았다. 그는 내 말을 듣고 나와 함께 울어주었다. 그는 이렇게 말하곤 했다. "그래, 그게 얼마나 어려운 일인지 나도 안다. 나의 가족들도 때로는 그래." 나는 여태껏 그는 그런 말을 해서는 안 되는 것으로 생각했다. 하지만 그는 마음을 열고 나의 삶에 공감함으로써 나의 가슴을 열어주었다. 그는 너무나 인간적인 태도로 바로 그 자리에 기꺼이 함께 있어주었다.

나는 1974년에 불교 지도자이자 정신과 의사인 로버트 홀Robert Hall을 처음으로 만났다. 프리츠 펄즈Fritz Perls의 추종자들 중의 한 사람이었던 그는 1960년대에 샌프란시스코에서 게슈탈트(형태를 뜻하는 독일어. 심리학에 적용되어, 지각知覺의 대상을 형성하는 통일적 구조를 가리킴) 연구소를 공동 창설했다. 그후에 그는 몸과 감정에 대한 연구를 영적 연구와 결합시킨 최초의 학교들 중의 하나인 로미 스쿨Lomi School을 창설했다. 당시 새내기 심리학자였던 나는 그에게 이런 말을 했다. 나는 나를 찾아오는 환자들의 문제를 진단하고 그들의 병력을 파악하는 방법은 꽤나 잘 터득해가고 있지만, 자신 없는 부분은 그들이 변화해가도록 가장 잘 도울 수 있는 방법에 관한 것이라고 말했다. 그러자 로버트가 말했다. "난 그렇게 하지 않아요." "당신은 그러지 않는다구요?" 나는 믿을 수가 없어서 반문했다. "안 그래요, 난 그들이 지금의 현실과 함께 있을 수 있도록 돕습니다. 거기서 치유가 일어나지요."

자신의 느낌과 함께 있을 수 있는 능력이 없으면 우리는 자신의 문제로 끊임없이 남을 탓하게 된다. 제임스 볼드윈James Baldwin은 이렇게 말한다. "나는 사람들이 증오심을 그토록 단단히 붙들고 놓지 않는 이유들 가운데 하나가, 증오심이 없어지면 자신의 고통을 대면하지 않을 수가 없게 될 것임을 예감하기 때문이라고 생각한다." 자신의 진실과 함께 머물 수 있을 때만 우리의 수행은 진보를 보일 것이다.

강화 수련을 할 때 내면의 온갖 감정에 대한 깨어 있는 인식을 부추기기 위해서, 나는 때로 500가지 느낌들의 목록을 읊는다. 거기에는 이런 것들이 있다. 감사, 겁먹음, 겸손함, 고매함, 공감, 근엄함, 기쁨, 낙심, 냉담함, 냉철함, 따지기, 동정, 두려움, 명랑, 명예로움, 밀실 공포증, 반가움, 반목, 상심, 수줍음, 슬픔, 시기, 신경질, 애정, 야망, 양면성, 어리석음, 염려, 욕심, 우울, 원기 충천, 음미, 짜증, 졸림, 즐거움, 증오, 지복, 진퇴 양난, 집중, 초조, 쾌활, 탐닉, 평온, 호기심, 흡족함 등등을 들 수 있다.

깨어난 가슴 속에서, 우리는 온갖 느낌들로 이루어진 이 놀라운 삶의 모든 부분들을 부드럽게 어루만질 수 있는 능력을 발견한다. 다양한 리듬과 범주의 느낌들을 받아들이기 시작하면 우리는 도道의 '만 가지의 기쁨과 만 가지의 슬픔' 앞에 절을 올리게 된다. 마음 안팎의 상황을 일어나는 그대로 받아들이는 도인들은, "삶의 길을 치열하게 개척해나가지 않는다. 그들은 삶이 오면 오는 대로 기꺼이 받아들인다. 그들은 도道를 돕겠노라고 나서지 않는다."

마 음 과   가 슴

'연꽃 속의 보석'이란 우주적 자비의 만트라인 '옴 마니 파드메 훔'을 번역한 것이다. 이것은 여러 가지 의미를 가지고 있지만 이것이 상징하는 뜻들 중의 한 가지 설명은, 마음이라는 보석이 가슴이라는 연꽃 속에 머물 때 자비심이 일어난다는 것이다. 깨어난 마음은 다이아몬드와 같은 투명함을 지닌다. 이 투명한 통찰이 가슴의 부드러운 자비 속에 머물면 양쪽 차원 모두에서 해방이 성취된다.

불교계의 심리학에서 마음과 가슴은 종종 하나의 단어, '치타citta'로 묘사된다. 이 같은 마음 – 가슴은 많은 차원을 지니고 있다. 그것은 우리의 모든 생각들, 느낌과 감정들, 반응, 직관, 기질, 그리고 의식 그 자체를 담고 있다. 서양에서는 마음에 대해서 말할 때 보통 이성적인 사고 과정만을 가리킨다. 마음의 이 측면을 관찰해보면 생각과 아이디어와 이야기의 끝없는 흐름이 보인다. 이 분별하는 마음은 실질적인 효용성을 지니고 있는 반면, 우리를 세상으로부터 분리시켜놓기도 한다. 우리의 생각은 쉽사리 '우리'와 '그들', 선과 악, 과거와 미래를 만들어낼 수 있다. 생각은 또한 상상 속에서 문젯거리를 만들어내기를 좋아한다. 마크 트웨인Mark Twain이 말하듯이, "나의 삶은 끔찍한 불행으로 점철되어 있다. 그 중 대부분은 일어나지도 않은 것들이지만." 혹은 내 스승들 중의 한 분인 스리 니사르가닷타의 말을 빌리자면, "마음은 심연을 만들고, 가슴은 그것을 건넌다."

불교계의 심리학에서는 생각과 충동과 함께, 느낌을 또한 마음 – 가슴의 자연스러운 한 측면으로 설명한다. 처음에 우리는 각각의 경험과 함께 유쾌하거나, 중성이거나, 불쾌한 느낌이 일어나는 것을 발견한다. 유쾌한 느낌에 매달리거나 또는 불쾌한 느낌을 혐오하지 않고 그것을 주의 깊게 들여다보면, 우리는 이 기본적인 느낌들로부터 온갖 다양한 감정들이 일어나는 것을 관찰할 수 있다. 어떤 사람들은 감정이 위험하다고 믿고 있다. 하지만 감정 그 자체가 문제인 경우는 거의 없다. 고통이 생기는 것은 우리가 그것에 주의 깊은 인식을 보내지 못하기 때문이거나, 그것에 대해 우리가 결부시키는 스토리 때문이다. 고통스러운 느낌을 깨어 있는 의식으로써 인식하지 못하면 그것은 중독이나 증오로 곪거나 무감각으로 변질될 수 있다. 그리하여 결국 우리는 느낌으로부터 단절될 뿐만 아니라 가슴의 지혜로부터도 단절될 수 있다. 20세기의 기독교 신비주의자이자 철학자인 시몬느 베이유Simone Weil가 말하듯이, "위험한 것은, 우리 영혼이 먹을 양식이 있는지를 의심해야 한다는 것이 아니라 거짓으로 자신을 배고프지 않다고 믿게 해야 한다는 것이다."

내가 승복을 벗고 나서 처음으로 사귀게 된 여성은 대학 때의 친구였는데, 그녀는 최근에 하버드 대학교에서 강의를 맡았다. 나는 아직도 내적으로는 보시 그릇 속에 무엇이 들어오든 좋아하고 싫어함도 없는 승려인 것처럼 느끼고 있었다. 그녀가 저녁은 무얼 먹고 싶은가, 어떤 영화를 보고 싶은가 하고 물을 때마다, 나는 이렇게 대답했다. "자기가 하고 싶은 대로 해, 난 아무래도 상관없어." 그녀가 교외로 나가고 싶은지, 집에 있고 싶은지 물을 때도, 나는 아무래도 상관없다고 대답했다. 그것이 그녀를 미치게 만들었다. 그것은 단지 영적인 무집착이 아니었다. 그녀는 내가 무엇에 연루되기를 두려워하고 느낌에서 단절되어 있다며 내가 절에 들어가기 전부터 그랬다는 사실을 상기시켰다. 그것은 사실이었다. 나는 내가 무엇을 느끼고 있는지도 몰랐다. 그래서 그녀는 나에게 작은 공책을 주면서 내가 자신의 느낌을 인식하게 될 때까지 날마다 내가 좋아하거나 싫어하는 것을 열 가지씩 적어보게 했다. 나 자신의 느낌을 회복하는 것은, 오랜 시간이 걸리는 인생을 바꿔놓는 과정이었다.

느낌과 기질

깨어서 감정을 인식한다는 것은 그것을 느끼는 것을 뜻한다. 그 이상도, 그 이하도 아니다. 그 느낌을 바꿔놓아야 하는 것이 아니다. 느낌은 저 혼자서 늘 변한다. 자신의 기질을 바꿔놓아야 하는 것도 아니다. 우리가 직관적이든 철학적이든, 낙천적이든 고독하든, 그것은 아마도 늘 그대로 남아 있을 것이다. 마음의 폭은 넓어질 수도 있을 것이다. 하지만 우리의 성격과 기질은 아마도 그대로 남아 있을 것이다. 한 불교 지도자는 깨달음이 '인격적 변성'을 가져오리라고 기대했다고 말했다. 그러나 실제로는 그것이 '비인격적 변성'이었음을 알고는 놀랐다는 것이다. 변성은 가슴의 열림이지 인격의 변화가 아니다.

그는 이어서 이렇게 말한다.

> 지난 수십 년 간의 영적 변성은 여러 면에서 내가 상상했던 것과는 다르다. 나는 아직도 여전히 구태의연한 삶의 방식에 젖어 있는 변덕스러운 성격의 인간이다. 그래서 외면적으로 보자면 나는 처음에 스스로 기대했

던 것처럼 놀랍게 변화한, 깨달은 사람이 아니다. 하지만 내면에서는 커다란 변화가 있다. 나의 느낌과 기질과 가족 관계의 패턴을 여러 해 동안 다루어온 것이 내가 그것들을 지니는 방식을 완화시켜주었다. 내 삶을 깊이 이해하고 받아들이려는 노력 속에서 삶은 변화되고 사랑이 커졌다. 이전의 나의 삶이 가구로 꽉 차서 이리저리 부딪히고 자신을 심판하면서 살던 비좁은 차고와 같았다면, 지금은 마치 문이 활짝 열려 있는 비행기 격납고로 이사온 것과도 같다. 옛날의 물건들이 아직도 있다. 하지만 그것들이 이전처럼 나를 제약하지는 않는다. 나는 옛날과 같다. 하지만 나는 그 속을 마음대로 움직일 수 있고, 날아다닐 수도 있다.

앞서 살펴본 것과 마찬가지로, 카르마, 곧 우리의 역사를 무시할 수 있다고 생각하는 것은 잘못이다. 나는 이것을 20년 전에 스위스의 큰 수련 집회에서 처음으로 지도를 맡았을 때 분명히 깨달았다. 참석자들은 유럽 전역에서 모였다. 그들과 개별적으로 면담을 할 때, 나는 국적과 문화에 상관하지 않고 모두를 편견 없이 열린 마음으로 대하려고 애썼다. 그래서 나는 수련회가 끝나갈 즈음에 이르러, 그동안 나를 찾아왔던 거의 모든 독일 학생들이 삶의 몸부림과 분노와 자기 비판에 대해 상담을 하러 온 반면에, 프랑스 학생들은 거의가 의심과 삶의 동기 같은 존재론적 의문에 시달리고 있다는 사실을 발견하고는 매우 놀랐다. 이탈리아 학생들은 상담과 명상이 모두 감정으로 가득 충전되어 있었다. 그들은 한 사람도 예외 없이 손짓 발짓을 섞어가며 수련 과정이 얼마나 고통스럽고 아름답고 어렵고 멋진지를 열을 올리며 이야기했다. 각각의 모든 개인들은 독특했지만, 각자는 또한 보다 큰 문화적 전체성이라는 틀 속에 조건지어져 있었던 것이다.

그렇다면 감정적 깨어남이란 다른 사람이 되는 것이 아니다. 우리는 천성적으로 내성적이거나 외향적인 사람이 되고, 낙천적이거나 비관적인 사람이 되는 것인지도 모른다. 총사르 켄치 린포체Dzongsar Khyentsie Rinpoche도 이렇게까지 말한다. "스승은 때로 훌륭한 지도자가 될 수는 있지만 반드시 훌륭한 인간인 것은 아니다. 그는 성질이 급할 수도 있고, 가까이 하기 어려운 사람일 수도 있고 까다롭게 여러 가지를 요구하는 사람일 수도 있다." 람 다스에게 누군가가 오랜 영적 수행 이후에 그가 인격적으로 변화했는지를 물어보자 그는 웃으며 아니라고 대답했다. 대신 그는, "나는 내 노이로제의 감식가가 되었다"고 말했다.

성별이나 머리색이나 키와 마찬가지로, 인격과 기질은 이 삶에 우리에게 주어진 것이다. 그것이 유아기에 손상되었다가 내면의 작업을 통해 다시 회복될 수는 있겠으나 그것은 우리 천성의 일부이다. 불교계의 심리학에 따르면, 인격적 유형은 깨달음 이후에도 남아 있지만 그것은 지혜롭고 자비로운 가슴에 의해 기품을 띠게 된다. 욕심 많은 기질이 있고, 싫어하는 것이 많은 기질이 있으며, 망상에 사로잡힌 기질이 있다. 하지만 각각의 기질들이 모두 깨달음에 의해 세련되게 다듬어져 아름답고 명료하고 탁 트인 사랑을 표현하게 될 수 있다. 유머도 빠지지 않는다. 그래서 지금은 서양 임제종의 지도자가 된 조슈 사사끼佐佐木 선사는 왜 미국으로 왔느냐는 질문에 이렇게 대답했다. "나는 가르치러 미국에 온 것이 아니다. 놀려고 왔다. 나는 미국인들이 진짜로 웃는 법을 배우기를 바란다."

자신의 감정을 두려워하도록 가르치는 방법은 다양하다. 그리고 이 두려움 속에 우리를 가둬놓는 왜곡된 생각들도 많다. 어린 시절에 부딪히는 정서적 상처, 비판, 두려움, 수치심 등은 우리를 끔찍하게 위축시켜놓을 수 있다. 때로 우리는 영적 고독만이 최선의 해결책이라고 생각한다. 즉 너무 많은 것을 느끼지 말라든가, 너무 흥분하거나 화내지 말라고 한다. 그러지 않으면 깨달음으로 가는 배가 뒤집어질 것이라고 말이다. 그리하여 영적 수행은 수동적이고 자기 말살적인 생각들로 엉망이 되고, 열정과 생기를 잃어버린다.

진지한 구도자들조차 겉으로 나타나는 허위적인 태도를 내적 자유에서 우러나오는 평화로운 품행으로 오인한다. 우리는, 느낌과 욕망의 경험을 정말로 허용한다면, 자기 탐닉에 빠져버리거나 나태와 공격성에 압도되어버릴 것이라고 남몰래 믿고 있는지도 모른다. 이렇게 생각함으로써 우리는 불완전하고 작은 자아의 느낌을 우리의 진정한 본성과 혼동한다. 감정은 실로 강력한 힘이지만, 우리를 그 손아귀에서 풀려나게 하는 것은 두려움이나 억압이 아니다. 깨어 있음이 그 해답이다.

우리는 자신의 감정을 있는 그대로 보지 못했기 때문에 그 파괴적인 힘을 두려워한다. 우리는 감정을 스스로 인식하는 것과 그것을 행동으로 만족시키는 것의 차이를 구분하지 못한다. 하지만 우리의 길에 우리의 온전한 자신을 포함시키려면, 어떻게 하여 우리가 자신의 감정과 뒤엉켜 그것을 자신과 동일시하게 되었는지를 이해해야만 한다. 유년기의 상처와 좌절, 분노와 탐욕과 자만의 힘, 성적 갈망과 요구가 우리 안에 어떻게 조건지어져 있는지를 알아내기 위해서는 '두려움 덩어리'의 정체를 알아야만 한다.

이런 감정들이 의식을 지나갈 때마다 그것을 속속들이 경험하면서 그 각각의 감정에 대해 이렇게 물어볼 수 있다. "이것이 진정 나인가?" 자신의 느낌을 두려움 없는 너른 가슴으로 껴안을 수 있다면 외롭고 상처받고 악의에 차고 혼란된 느낌들은 그 포옹에 의해 변성된 모습으로 새로이 태어날 것이다.

우는 붓다, 성난 붓다

우리는 세상에 대항해서만이 아니라 우리 자신에 대항해서 가슴에 갑옷을 입히고 방어한다. 어떤 사람은 슬픔을 두려워하고, 어떤 이는 기쁨을 두려워한다. 어떤 이는 나약함을 두려워하고, 어떤 이는 강함을 두려워한다. 어떤 만화 속에서 두 명의 장군이 펜타곤(미국 국방부)의 복도를 나란히 걸어가고 있다. 한 장군이 다른 장군에게 귀엣말을 속삭인다. "간밤엔 정말 끔찍한 악몽을 꿨소. 마음이 온유한 자들이 지구를 차지하는 꿈이었소."

펜타곤과는 달리 깨달은 가슴에는 방어막이 없다. 그것은 삶의 모든 슬픔과 아름다움을 그대로 받아들인다. 라마 초감 트룽파는 이렇게 말했다. "세상을 변화시킬 힘을 지닌 것은 이처럼 열리고 부드러워진 가슴이다."

한 사회가 슬퍼하는 능력을 잃으면, 전사자들과, 빈민굴에서 허비되는 젊은 인생들과, 사라져가는 원시림과 고상한 미덕과, 인종 차별의 거대한 수용소로 변해가는 감옥을 슬퍼할 줄 모르면, 희망에 대해서도 그 가슴이 닫히고 만다. 슬퍼할 줄 모른다면 우리는 과거의 교훈을 배워서 그것을 새로운 사랑을 향해 가슴을 여는 데 사용할 수가 없다.

일본에서는 지장 보살이 이 열린 가슴의 화신 중의 하나이다. 지장은 성 크리스토퍼St. Christopher처럼 여행자와 아이들의 수호자이다. 그는 슬픔과 갱생의 성자이다. 선사 이봉 랭Yvonne Rand은 사산하거나 낙태된 아기들의 부모들을 위해 지장제地藏祭를 만들었다. 거기에는 먼 과거에 일어난 일도 포함되었다. 부모들은 기도를 올리고 잃은 아기들을 위해 작은 옷을 만들어 절 마당에 있는 아기처럼 생긴 지장 보살의 상像에다 입힌다. 이 제에 참여하는 부모들에게서는 놀라울 정도로 많은 눈물과 슬픔이 터져나온다. 그들 중 많은 사람들이 자신의 가슴 속에 그처럼 많은 감정이 들어 있었는지를 꿈에도 모르고 있었다.

  마찬가지로 베트남 참전 용사들의 추모 묘역도 전쟁을 통한 상실과 슬픔을 위한 공공의 제단이 되어 있다. 그것은 미국에서 성인이 내놓고 울음을 우는 모습을 볼 수 있는 얼마 되지 않는 장소 중의 하나이다. 날마다 천여 건의 참배가 행해지고, 여기에 바쳐지는 메시지나 기도나 시 등은 스미소니언 박물관이 수집해서 소장하고 있다. 그것은 몇 권의 책으로 출판되었다. 그 중의 한 책에는 다음의 글이 나온다. 이 글은 슬픔의 인식이 치유의 시작으로 연결됨을 증언한다.

  워싱턴 시의 검은 벽에 자네 이름이 새겨져 있다네. 많은 사람들이 날마다 그 옆을 지나치지. 그 중에서 참전 용사들은 눈에 띈다네…… 우린 남들의 시선 따위는 아랑곳하지 않고 그냥 서서 바라보면서, 우니까.
  자네가 아마도 여기에 있을 줄은 알았지만 자네 이름을 발견했을 땐 얼마나 화가 났는지 아는가? 자넬 구할 수만 있었다면, 하고 늘 한탄했었다네. 자네를 살릴 방법만 알았더라면 내 목숨이라도 바쳤을 텐데.
  자네의 죽음에 대한 번민을 오랜 세월 품고 있었다네. 하지만 이젠 자넬 그만 찾겠네. 이젠 다시 살아갈 수 있을 것 같네……

아시아의 절에는 평화로운 표정의 불상들이 모셔져 있다. 하지만 우는 붓다와 성난 보살들, 불타는 칼을 든 인물들도 있어서, 그것들은 모두 깨달음 이후에 나타나는 감정의 힘을 표현한다. 틱 낫 한과 달라이 라마 같은 스승들조차 때로는 분노가 일어난다는 것을 시인한다. 1991년에 미국의 이라크 침공이 틱 낫 한 스님에게 베트남전의 악몽을 상기시켰을 때, 그는 너무나 노여운 나머지 미국 강연 일정을 취소해버렸다. 그는 호흡을 가라앉히고 가슴을 안정시켜서 그 분노를 슬픔과 강렬한 자비의 힘으로 바꿔놓는 데 여러 날이 걸렸다고 적고 있다. 그리하여 그는 결국 미국으로 가서 문제의 뿌리에 대해 열렬한 강연을 할 수 있었다고 한다.

달라이 라마는 이렇게 썼다. "크나큰 불의不義 앞에서 나는 잠시 분노가 치밀기도 한다. 하지만 그때마다 나는 '그래 봤자 무슨 소용이 있는가' 하고 생각한다. 그러면 이 분노는 점차 자비심으로 변한다." 그의 가르침은 이 세상에서 행동하려면 큰 힘이 필요함을 강조한다. 하지만 성난 붓다는 증오의 칼이 아니라 강력한 자비의 칼을 휘두른다.

집단적으로든 개인적으로든, 이 무기를 조심성 있게 사용해야 할 때가 있다. 나는 한국의 한 선사가, 새로 온 여성 수행자와 사랑에 빠진 오래된 제자에게, 이 자비의 힘을 휘두르는 것을 본 적이 있다. 1년도 지나기 전에 이 여성 수행자는 갑자기 또 다른 남자를 좇아 이 수행자를 떠나가버렸다. 몇 달 동안 선사는 제자의 슬픔을 동정하고 그를 챙겨주었다. 그러다가 스승은 유럽과 한국 국내로 아홉 달 동안 가르침의 여행을 떠났다. 여행에서 돌아온 그는 선원禪院의 모든 사람들의 상태를 점검하는 일에 시간을 보냈다.

오래된 제자가 아직도 사랑을 잃은 슬픔에서 벗어나지 못하고 있다고 하자 선사는 보따리에서 매우 정교하게 조각된 염주를 꺼냈다. 그는 기뻐하는 제자의 손바닥을 한 손으로 받치고 그것을 그 위에 조심스럽게 내려놓았다. 그러고는 손을 들어 제자의 얼굴을 힘껏 후려쳤다. "그 여자를 내려놔!" 하고 외치면서.

그리고 스승은 절을 하고 나가버렸다. 그 자리에 서 있던 우리는 모두 충격을 받았다. 하지만 우리는 곧 그 제자가 이 한 방에 극적으로 변화한 것을 발견했다. 그는 이내 모든 것을 내려놓고 자신의 길을 갔다.

가슴이 힘을 지니면 우리는 느낌을 두려워하지 않고, 거기에 동화되지도, 그것 때문에 괴로워하지도 않고, 인간적인 모든 감정에 반응할 수 있다. 느낌들을 덧없고 비개인적인 힘으로 받아들이면 우리는 그것에 사로잡히거나 두려워 위축되거나 하지 않고 그것을 자유롭게 존중해줄 수 있다. 빌헬름 라이히는 느끼지 않으려고 안간힘을 쓰는 한 환자에게 어느 날 이렇게 지적했다. "당신은 가면을 쓰고 있어요." 여인이 반박했다. "하지만 라이히 박사님도 가면을 쓰고 있네요." 그가 대답했다. "그건 맞아요. 하지만 이 가면이 나를 '소유'하고 있진 않아요!"

브랜다이스 대학에서 사회심리학을 가르친 모리 슈워츠Morrie Schwartz는 베스트셀러 〈모리와 함께 한 화요일Tuesdays with Morrie〉의 중심 인물이다. 이 책의 내용은 그가 죽기 전에 친구인 미치 앨봄Mitch Albom에게 마지막으로 전하는 가르침이다. 책의 일부를 소개해 보겠다.

"나는 지금 경험에서 벗어나기를 하고 있다네."

모리 선생님은 여전히 눈을 감은 채 말했다.

"벗어나기요?"

"그래. 벗어나기."

"불교도들이 뭐라고 하는지 아나? 세상 것에 매달리지 말아라, 영원한 것은 없으므로."

"하지만 선생님, 선생님은 늘 삶을 경험하라고 말하지 않았던가요? 좋은 감정이든 나쁜 감정이든 모두를." 내가 말했다.

"물론 그래."

"경험하라고 하면서 또 벗어나라고 하는 말은 도대체 어떻게 된 거죠?"

"음. 자네도 거기에 대해 생각을 하고 있었군. 하지만 벗어난다고 해서, 경험이 우리를 꿰뚫고 지나가지 못하게 한다는 뜻은 아니야. 반대로 경험이 자네를 온전히 꿰뚫고 지나가게 해야 하네. 그렇게 해야만 거기서 벗어날 수 있어."

"뭐가 뭔지 모르겠어요."

"어떤 감정이든 결코 그것에 초연할 수는 없어. 예를 하나 들어봄세. 어떤 여자를 사랑한다고 해보세. 혹은 사랑하는 사람을 잃고 슬퍼하는 감정이든, 지금의 나처럼 치명적인 병으로 인한 두려움과 고통이든 어쨌든 느낀다고 하세. 우리가 감정을 자제하면 — 즉 그 감정들이 자신을 온전히 꿰뚫고 지나가게 하지 못하면 — 겁내느라 정신이 없어지고 마네. 고통이 겁나고 슬픔이 겁나지. 또 사랑에 뒤따르는 약해지는 마음이 겁나네.

하지만 이런 감정들에 온전히 자신을 던지면, 그래서 스스로 그 안에 빠져들도록 내버려두면, 그래서 온몸이 쑥 빠져들어가 버리면, 그때는 온전하게 그 감정을 경험할 수 있네. 고통이 뭔지 알게 되지. 사랑이 뭔지 알게 되네. 슬픔이 뭔지 알게 되네. 그럼 그때에서야 이렇게 말할 수 있지. '좋아. 난 지금껏 그 감정을 충분히 경험했어. 이젠 그 감정을 너무도 잘 알아. 그럼 이젠 잠시 그 감정에서 벗어날 필요가 있겠군' 이라고 말이야.

이 이야기가 죽어가는 것하고만 상관 있는 이야기라고 생각되겠지. 하지만 내가 지금껏 얘기해온 것과 비슷한 이야기야. 어떻게 죽어야 할지 배우게 되면, 어떻게 살아야 할지도 알게 되지."

일 상 속 의 완 성

성숙한 영성은 불완전 속에서 완전을 찾아야만 한다. 조사 승찬僧璨은 '불완전성에 대한 불안이 없을 때' 만 깨달음이 동튼다고 가르친다. 우리는 세상을 그 아름다움과 추함에 대한 두려움 없이, 있는 그대로, 가슴으로 만난다. 몸과 감정과 펼쳐지는 대로의 삶 그 자체에 대한 신뢰를 발견한다. 뭔가 다른 사람이 되려고 하는, 상상 속의 행복을 좇아 붙잡으려는 몸부림이 떨어져나간다. 티베트의 성자 겐둔 린포체Gendun Rinpoche는 이렇게 말한다.

> 행복을 찾겠다는 노력만이 그것을 찾지 못하게 방해한다. 그것은 아무리 좇아다녀도 잡을 수 없는 찬란한 무지개와도 같고, 개가 제 꼬리를 물려고 도는 것과도 같은 이치다. 평화와 행복이 어떤 실제적인 사물이나 장소로서 존재하지는 않지만 그것은 언제나 거기에 있고 모든 순간 우리와 함께 한다.
>
> 잡을 수 없는 것을 잡으려고 애쓰다가 우리는 진만 다 뺀다. 꼭 쥔 손의 힘을 빼고 손바닥을 펴는 순간 무한한 공간이 거기에 있다 — 그것은 열려 있고, 편안하며, 우리를 오라고 손짓한다.
>
> 이 탁 트임, 이 자유, 자연스러운 편안함을 즐기라. 더 이상 아무 것도 찾지 말라. 이미 그대 집 안의 화덕 앞에 평화롭게 앉아 있는, 위대한 깨달음의 코끼리를 찾겠다고 무성한 밀림 속으로 들어가지 말라.

〈내가 정말 알아야 할 모든 것은 유치원에서 배웠다All I Really Need to Know I Learned in Kindergarten〉의 저자인 로버트 풀검Robert Fulghum은 1960년대에 교토에 있는 유명한 임제종 사찰에서 고된 수행의 막바지 시기를 보낸 경험을 이야기한다. 그는 주지인 고하라小原 선사와 마지막 점검을 위한 면담을 했다. 선사는 참선이나 공안에 대해 이야기하는 대신, 되어야 할 것은 아무 것도 없다고 강조했다. 그러고는 그는 자신의 삶에 대한 이야기를 털어놓았다. 그토록 유서 깊은 큰 절을 운영하면서 느끼는 스트레스와 낮은 수준의 젊은 승려들과 운영비 조달의 어려움과, "나처럼 '거룩하지 못한' — 그는 미소지었다 — 아내와 자식들을 거느려야 하는" 어려움에 대해서 이야기했다. 그는, "나도 어떤 때는 하와이에 가서 골프나 치면서 지내고 싶다네"라고 하면서 다시 미소를 지었다.

"아는가, 내가 '깨닫기' 전에도 이랬었는데 깨달은 후에도 마찬가지라네." 선사는 풀검이 이 지혜를 소화할 짬을 잠시 주었다가 그만 집으로 가라고 말했다. 저자의 말을 빌리자면, "맑은 시냇물 속에 발을 담그고 있으면서도 마실 물을 애타게 찾는 목마른 사내"가 사는 집으로 말이다.

일상 속의 완성을 이해하지 못하면 영성은 우리를 삶에서 따돌려놓기 쉽다. 우리가 배운 완성에 대한 이미지는 우리에게 파괴적인 것이 될 수 있다. 그것은 에스키모 사냥꾼이 선교사에게 이렇게 묻는 것과도 같다. "하나님이나 죄에 대해서 아무 것도 몰라도 지옥으로 갑니까?" "아니요. 모르면 지옥을 가지 않습니다." 선교사가 대답했다. 그러자 에스키모가 천진하게 반문했다. "그렇다면 왜 나한테 그런 이야기를 했습니까?"

우리는 필즈베리 식 비스킷을 구우려고 애쓰는 에드워드 에스피 브라운처럼 궁지에 빠진다. 자신이 만든 비스킷을 제대로 음미하지 않고, 자신의 삶 속에서 깨어나지 않고 '멋지게 보이려고' 애쓰면서.

티베트 불교를 30년 동안 수행한 어느 수행자는 이렇게 말한다.

영적 수행을 해온 지난 세월 동안 내가 자신에 대해 무지했던 면들이 있다. 나는 늘 타인들의 기대에 맞추려고 애써왔다. 나 자신은 그 속에 보이지 않게 묻혀 있었다. 우리는 매우 사교적인 가족이었다. 외부에 있는 것은 모두가 다 중요했다. 나는 어릴 적부터 사회성을 기르도록 교육받았다. 내가 영적인 삶에 접근하게 된 것도 사회적인 이유 때문이었다 — 특별한 사람이 되려고, 잘 하려고 말이다. 나는 10년이 넘도록 주최자로서, 아니면 운영자나 후원자로서의 역할을 자청해서 발품을 팔았다. 라마들이 서양을 순회할 때면 안내자 노릇을 하고 무수한 수련회를 주최하고 기금 마련 사업을 벌였다. 나는 모든 사람들을 초대해서 나와 함께 지내게 했다. 분주하고 설레는 시간이었다. 티베트의 풍부한 영성에 늘 접해 있긴 했지만, 나는 점차 내가 다른 사람의 삶을 살고 있음을 깨닫게 되었다. 그러다가 자신에 대한 도취감이 사라지면서 슬픔이 커지기 시작했다. 다른 사람들을 도와야겠다고 느꼈지만, 내가 아프기 시작했다. 나는 점점 더 긴 기간 동안 명상을 하기 시작했다. 처음엔 죄책감을 느꼈지만 나는 혼자 있는 것이 좋았다. 나는 내가 생각했던 것보다 천성적으로 더 내성적이며 예술적이라는 것을 깨달았다.

그러다가 아시아 여행을 한 후에 집으로 돌아왔을 때, 내가 평범한 삶을 갈망하고 있음을 깨달았다. 나는 모든 것에 거절을 표시하기 시작했다. 그저 더 이상은 할 수가 없었다. 시골로 이사해서 동물과 정원을 돌보고 피아노를 치며 조용히 살았다. 이제 나는 분주히 놀아다니며 특별한 사람이 되려고 애쓰는 대신 두 곳의 수도원을 조용히 후원해주고 있다. 나에게 가장 자연스러운 일은 단순한 방법으로 지구를 돌보는 일이다. 나는 나 자신을 몰랐던 것이다.

평범함 속의 완성이란 자신에게, 사물의 있는 그대로에게 진실한 것이다. 우리가 정원으로 나갈 때 팬지가 수선화보다 키가 크기를, 혹은 장미에 가시가 없기를 바라는가? 유치원에서 아이들이 우리가 품은 어떤 완벽한 인간상에 걸맞는 사람이기를 바라는가? 아름다운 정원과 아름다운 인간을 만들어내는 것은 다양성임을, 우리의 영적 과제는 완성을 만들어내는 것이 아니라 우리의 일상이 그저 있는 그대로 완벽함을 깨닫는 것임을 우리는 아는가?

어떤 고참 라마승은 이렇게 말한다.

완성은 우리 주변 어딘가에 있는 것이 틀림없다. 어디에 있을까? 그것은 다음에 올 체험일까, 아니면 그 다음의 체험일까? 나의 진정한 수행은 어떤 특별한 것이나 비범한 일이 일어나기를 바라지 않는 인내심이다. 애쓰고 기대하는 나를 발견하는 순간 나는 위대한 완성을 잃어버린 것을 깨닫는다.

내가 아직도 통과해야만 할 가장 어려운 과제는 매달릴 만한 최후의 완벽한 조건 따위는 없음을, 그것이 근본적으로 덧없고 불안정한 것임을 깨닫는 것이다. 이것은 빨리 배워지지 않는다. 내려놓고 또 내려놓아 자꾸만 자꾸만 이 완벽한 일상 속으로 깨어나야만 한다.

이 평범한 인간적 완성에는 소박함이 있다. 우리는 자기가 어떤 사람이든 자신의 재능과 약점을 인정해야만 한다. 우리 중에 자신의 인간성 때문에 몸부림쳐보지 않은 사람이 어디 있겠는가? 풍선처럼 부푼, 초인간적 완성의 꿈에 매달리는 대신 우리는 자신에게 자애로운 공간을 허락하기를 배워야 한다. 평범함 속에 아름다움이 있다. 세상 속의 몸부림과 성공, 감정과 사건들의 불가피한 오고감을 편안한 자리에서 경험할 수 있도록 우리의 가슴을 맨 앞자리로 초대하라.

어느 수피 스승은 이것을 이렇게 표현한다.

나의 삶은 복잡하고, 아직도 많은 고통을 겪는다. 하지만 그것은 아무런 의미도 없다. 그것은 그저 삶의 일부분이며 덧없다. 나는 또한 세상의 고통을 매우 깊이 느끼고, 내가 할 수 있는 일을 한다. 하지만 세상이란 있는 그대로 그러함 또한 매우 분명한 사실이다. 나의 행위가 어떻게든 도움이 되려면 그것은 가슴의 평화로부터 우러나오는 것이어야만 한다. 나의 목표는 바로 그 모든 것의 한가운데서 평화를 보여주는 것이다.

찬양이나 비난에 초연하기

도가에서는 선을 만들면 동시에 악도 만들어지며, 옳음을 만들면 그름도 만들어진다고 가르친다. 옳고 그름을 분별하는 대신 '지친 영혼을 쉬게 함'이 어떤가? 이것이 도의 자유로움이다.

세상을 더 낫게 바꾸고 싶은가?
글쎄, 가능할까?

세상 일에 참견하면 일을 그르치고,
그것을 대상으로 대하면 손에서 빠져나갈 것이다.

도인은 사물을 있는 그대로 보나니,
바꿔놓으려고 애쓰지 않는다.
그는 그것이 제 갈 길을 가게 하고
그 돌아가는 중심에 머문다.

일상 속에서 완전성을 간파하는 마음에게는 찬양과 비난, 성공과 실패, 자만과 자기 비하는 우리의 경험을 흐려놓는 엉터리 훈수이자 훼방꾼으로 간주된다. 그리고 마침내 찬양과 비난 너머로 발을 디디면 거기에서 깊은 안도를 느낀다. 그로부터 비롯되는 가슴과 행동의 자유 속에서 많은 일들이 가능해진다.

그러한 해방의 한 본보기가 있다. 의사가 없는 인도의 벽지에서는 마을 사람들이 돈을 모아서 아이들을 의과 대학에 보내면서 나중에 의사가 되어 마을로 돌아오게 한다. 산간의 가난한 마을 의사의 진료실 앞에는

'캘커타 의대 의학 박사 낙방, V. S. 크리슈나' 라는 간판이 걸려 있다. 이것은 크리슈나 의사는 캘커타 의대를 다녔지만 자격 시험에 떨어졌다는 뜻이다. 그럼에도 불구하고 그는 고향으로 돌아와서 진료실을 열고, 자신이 학위가 없음을 떳떳이 밝히고 자신이 알고 있는 만큼의 의학 지식을 베풀고 있는 것이다. 그의 진료실은 꽤 붐볐다.

어쩌면 우리는 모두가 의사 크리슈나와 같은지도 모른다. 인간의 삶에는 수많은 성공과 실패에 대한 이야기가 담겨 있다. 자신을 수치심이나 자만에 사로잡혀 있게 버려둔다면 그것은 자신이 할 수 있는 것, 자신이 될 수 있는 것의 범위를 제한하는 것이다.

대부분의 영적 지도자들이, 찬양과 비난으로부터 자유로워지는 것은 오랜 시간을 요구하는 과정임을 알게 되었다. 우리는 오직 이 순간을 가지고 시작한다. 그 다음에는 훈련을 함에 따라 몇 시간에서 점차 여러 날 동안에도 타인과 자기 자신의 심판으로부터 자유로워질 수 있게 된다. 우리는 심판이 일어나고 사라지도록 그대로 내버려둘 뿐 그 속에 사로잡히지 않기를 배운다. 우리는 삶이 생각하던 것보다 얼마나 더 크고 놀라운 것인지를 깨닫는다. 삶이 어떻게 보여야 한다는 비판적인 생각을 버리고 삶의 춤사위를 그저 경험할 때, 휴식과 자유가 찾아온다. 어떤 사람이 가구 회사에서 다음과 같은 편지를 받았다.

친애하는 존스 씨,
당신이 아직 대금을 완불하지 못한 가구들을 회수하러 트럭을 보낸다면
당신의 이웃들이 어떻게 생각할까요?

그들은 다음과 같은 답신을 받았다.

그 문제를 저의 이웃들에게 물어봤더니 그들은 모두 이렇게 말하더군요.
그런 행동은 인색한 회사가 벌이는 비열한 수단이라고 생각한다고요.

찬양과 비난을 초월하여 산다는 것은 실수를 하지 않는 것을 의미하지 않는다. 일흔여섯 살인 루스 데니슨Ruth Denison은 서양에서 가장 존경받는 비파사나 지도자들 중에 한 사람이다. 역시 평생 비파사나를 수행해 왔던 그녀의 남편이 최근에 치매에 걸려서 집 밖을 배회하다가 자신이 어디에 있는지조차 모르는 지경에 이르렀다. 루스는 여러 달 동안 비파사나 센터와 집 사이를 네 시간 동안 운전해서 오가면서 그를 돌보느라 밤을 새우곤 했다. 하루는 그가 스토브를 돌보지 않고 내버려둬서 집에 불이 난 적도 있다.

이 기간 동안에 그녀는 강연과 수련회를 위해 오리건의 포틀랜드로 초청을 받았다. 진이 빠져서 도착한 그녀는 150여 명의 학생들이 운집한 강연장으로 들어갔다. 그녀는 먼저 학생들에게 현재의 경험을 직접 인식하기 위해 각자의 몸과 호흡을 느껴보게 했다. 그녀는 현재 일어나고 있는 일에 대해 깨어서 바라보는 법에 대해 강연을 했다. 그리고 남편의 치매와 최근에 있었던 화재에 대해 이야기했다.

그녀는 깨어서 인식하기에 대한 강연을 이어갔다. 그러다가 그녀는 말했다. "제 남편과 화재에 대해 이야기했던가요?" 그러고는 같은 이야기를 고스란히 반복했다. 그녀는 다시 주의 깊게 바라보기에 대해 조금 이야기하다가는 또, "오, 제 남편의 일과 화재 이야기를 해드려야겠네요" 하고는 세 번째로 같은 이야기를 시작했다. 많은 학생들이 자신도 치매 증상을 보이기 시작하는 이 여인에 대해 걱정하고 동요하기 시작했다.

몇 사람은 나가려고 자리에서 일어났다. 그들이 문으로 가기 전에 루스가 소리쳤다. "잠깐만! 명상 수행자인 당신들, 어디로 가려고 해요? 당신들은 자신이 무엇을 기대하고 있는지를 알아야 해요. 여기에 오셨을 때 여러분은 무엇을 기대했나요?" 그들은 그 자리에 멈춘 채 잠시 생각에 잠겼다. 그녀가 말을 이었다. "오늘밤에는 여러분들이 뭔가 특별한 것을 관찰할 기회가 생겼습니다. 오래된 비파사나 지도자가 실수하는 광경을 말입니다. 난 내가 방금 무슨 말을 했는지조차 모른답니다." 그들은 다시 자리에 앉았다. 루스는 강연을 이어갔다. "여러분은 어떤 일이 일어나더라도 그것에 대해 깨어 있을 수 있습니까? 그것이 여러분이 해야 할 수행입니다."

다행히도 루스의 기억 상실증은 오직 피로로 인해 그날 밤에만 일어난 일이었다. 그녀는 휴식을 취하자마자 왕성한 기억력과 에너지를 되찾았다. 하지만 그녀는 그날 밤 진정한 임재臨在의 본보기를 보여주었다. 그 어떤 일과도 함께 있을 수 있는 능력 말이다 – 그것이 심지어 자신의 방향 감각 상실일지라도. 그리고 깨어 있음으로써 그것을 자비심 안에 품을 수 있었다.

괴짜가 되기

타인들의 견해에는 아랑곳하지 않고 감정이 자유로워지고 가슴이 자신을 표현할 수 있게 되면 그 자유는 우리 성격의 모든 측면으로 확대된다. 만일 당신이 루스 데니슨을 만난다면 당신은 그녀가 괴팍스러운 노파라고 생각할지도 모른다. 영적 지도자들의 세계를 정직하게 들여다보면 그들은 대체적으로 괴벽스러운 사람들임을 발견할 것이다. 어떤 이들은 이상한 은둔자 같고, 어떤 이들은 내놓고 별난 티를 낸다. 어떤 이들은 명상 세계의 제비족이고, 어떤 이들은 명상 세계의 모범생이다. 어떤 이들은 느리고 주의 깊은 반면에, 어떤 이들은 잘 흥분하는 정열파이다. 정해진 모델은 없다. 괴벽이란 독자적임을 의미하며 진짜 자기 자신이 되는 자유를 찾는 것을 의미한다. 외면적으로는 달라 보이지 않더라도 내면에는 자기 자신만의 완벽한 화신이 될 수 있는, 바로 그런 겁 없는 능력이 갖추어져 있다.

화가 조르주 브라크Georges Braque는 주변 사람들에게 이렇게 권했다고 한다. "흔들리지 않는 진짜배기 지독한 괴짜가 되는 것은 우리의 권리이다." 한 선사는 "자기 자신과 삶을 신뢰하는 것"을 참선 수행의 극치이자 그 결실이라고 말했다.

> 한편으로는 욕망과 증오와 무지의 힘에 사로잡히지 않도록 선가의 가르침을 자신의 중심에 놓는다. 온전히 내려놓을 수 있을 때까지는 이것이 정화 과정이다. 하지만 그후에는 돌아와서 권위를 갖고 사신의 삶에 대해 절대적으로 진실할 수 있어야만 한다.

서양의 승려로서 태국과 서양에 대여섯 군데의 절을 세운 아잔 수메도는 자신이 처음 주지가 되었을 당시를 이렇게 회상한다.

> 나는 뭘 해야 할지, 어떻게 행동해야 할지를 전혀 몰랐다. 그래서 나는 스승처럼 되려고 애썼다. 나는 그를 매우 존경했으므로 절 운영도 그가 했던 식으로 하려고 했다. 하지만 그게 먹히질 않았다. 나는 그가 아니었기 때문에, 모든 게 엉망이 되어버렸다. 그때 나는 사람들이 그를 존경한 것은 그가 꾸밈없이 그 자신으로서 존재했기 때문이었음을 깨달았다. 그래서 나도 내가 해야 할 일을 깨달았다. 나 자신이 되는 것이었다.

영적 지도자들은 종종 카리스마가 넘치고, 전통은 강제적이므로, 초보자에게 영성이란 많은 제약을 뜻할 수 있다. 이것은 당분간은 자연스러운 일이다. 하지만 그것은 경직성으로 흘러갈 위험이 있다. '영적'이란 말이 고요하고 어지럽지 않음을 뜻한다고 생각한다면, 우리는 그것을 차분하고 온화한 분위기로써 모방할 수 있을 것이다. 한편, 스승이 방탕하고 술에 젖어 있다면 그 단체도 똑같은 방탕한 모습을 모방하려고 애쓰는 제자들로 가득 찰 것이다. 이 모두가 일종의 영적 물질주의이다.

불행히도 영적 세계 또한 우리 문화계의 다른 부분들과 마찬가지로 편협하고 제약적인 곳이 될 수 있다. 거의 대부분의 종교 단체와 영적 단체들이 무의식적으로 '집단적 사고 방식'과 '그 단체 특유의' 행태에 젖어드는 것 같다.

수녀가 된 지 오래된 클레어는 수녀가 된 초기의 몇 년이 어땠는지를 슬프게 이야기한다. "교회가 중요하게 생각하는 것은 나의 내적 삶이 전혀 아니었다. 중요한 것은 나의 예의 바름과 믿음 바로 그것뿐이었다."

모든 구성원들이 '최고'의 길을 찾았다고 믿고 있는 어떤 힌두교 단체에서도, 결국 그곳을 떠났던 한 수행자는 이렇게 말했다. "우리는 힌두교도가 되느라 너무나 애쓴 나머지 우리 자신이 되기를 잊어버렸다."

시인 커밍즈e.e.cummings는 말한다. "그대를 다른 사람으로 만들어놓으려고 안간힘을 다하는 이 세상에서 누구도 아닌 자기 자신이 된다는 것은, 인간이 하게 될 가장 힘든 전쟁을 시작해서 그 싸움을 죽을 때까지 결코 멈추지 않는 것을 뜻한다."

정서적, 육체적, 정신적 자유는 모방적이지도 않지만 그 반대, 곧 무의식적인 요구와 두려움의 산물도 아니다. 자신의 노이로제의 감식가가 된 람 다스처럼, 우리는 자신을 있는 그대로 알게 되지만 자기 연민이나 탐닉으로부터 자유롭다. 자신의 느낌을 진정으로 인식하되 그 에너지에 사로잡히지 않으면 우리는 선택의 자유를 갖게 된다. 어떤 환경에서도 지혜를 따를 자유를 얻는다. 진정한 해방을 맛본 자는 온전하고 전체적인 삶의 풍요를 향유한다.

우리는 라마야나(인도 고대의 서사시)로부터 셰익스피어에 이르기까지, 자타카 이야기(인도의 고대 우화)로부터 성경에 이르기까지, 지혜로운 인간의 이야기들 속에서 이 같은 폭넓은 전망을 발견한다. 이 자유에는 다른 것과 비길 수 없는 환희가 있다. 스즈끼 선사의 〈선심 초심Zen Mind, Beginner's Mind〉을 편집한 트루디 딕슨은 그녀의 스승 스즈끼 선사가 보여준 자유에 대해 이렇게 이야기했다.

> 그의 삶은 비범하다. 쾌활, 활기, 솔직함, 단순함, 겸손함, 평온함, 즐거움, 비범한 통찰력……. 하지만 제자들을 당혹하게 하고, 그들의 호기심을 부추기고 이를 깊어지게 하는 것은, 오히려 스승의 이런 비범함이 아니라 스승의 지극히 평범한 면들이다. 그는 그저 그 자신이기 때문에, 제자들에게는 거울이 된다. 그 앞에서 우리는 우리의 진짜 얼굴을 본다. 그리고 우리가 보는 그의 비범함은 우리 자신의 본성일 뿐이다.

존 재 의   행 복

일본에서 가장 사랑받는 선가의 시인인 료칸은 가식 없고 지혜로웠던 것으로 알려져 있다. 성 프란체스코와 마찬가지로, 그는 단순함과 아이들과 자연을 사랑했다. 그는 자신의 시를 통해 긴 겨울밤의 외로움과 눈물을 공공연히 드러내 놓았다. 또 봄에 피는 꽃을 보고 두근거리는 가슴을, 자신의 상실과 회한을, 자신이 배운 깊은 신뢰를 표현했다. 그의 감정은 마치 계절처럼 자유롭게 날아다닌다. 사람들이 깨달음에 대해 물으면 그는 그저 차를 따라서 내민다. 그가 탁발하러 마을로 내려가면 결국에는

아이들과 어울려 놀기가 일쑤였다. 그의 행복은 자신과 평화롭게 함께
하는 데 있었다.

> 오늘 공양은 끝났으니,
> 네거리에서
> 사당 근처를 돌아다니며
> 아이들과 논다.
> 작년에도 어리석은 중〔僧〕
> 올해도 마찬가지!

가슴의 정서적 지혜는 단순하다. 인간적인 감정을 받아들이면 놀라운 변
성이 일어난다. 부드러움과 지혜가 자연스럽게, 저절로 일어난다. 전에
는 남을 지배할 힘을 구했지만, 이제는 자신에 대한 힘이 우리의 힘이 된
다. 전에는 자신을 방어하려 했지만, 이제는 웃는다. 우리의 의존성과 필
요를 위해 여유 공간을 허락하면, 감추어져 있던 전체성이 드러난다. 두
려움을 내려놓으면 행복과 사랑이 절로 온다. 그것은 마치 샘물처럼 솟
아오르고, 존재 전체로 퍼져나간다.

나의 스승 중 한 분으로, 말레이 반도의 정글 출신인 아잔 줌니엔Ajahn
Jumnien은 가르침을 주러 미국으로 올 때 그러한 영혼을 가지고 온다. 오
렌지 색 승복을 입은 활기 그 자체인 그는 끝없는 유머와 빛나는 가슴을
가지고 있다. 그는 영어를 몇 마디밖에 못 한다. 통역이 없으면 그의 가
르침은 매우 단순해진다. 그는 이렇게 말하곤 한다. "비워라! 비워라!"
"행복해라! 행복해라!" 그는 온 세상을 안을 듯이 팔을 벌리면서 다시 이
렇게 말한다. "비워라! 비워라! 행복해라! 행복해라!" 그는 모든 것이 마
치 꿈처럼 일었다가 사라진다는 것을 안다. 그것들은 변해가고, 소유할

수 없음을 안다. 이 진리를 받아들이므로 그는 세상 속을 품위 있게 지나다니고, 행복한 것이다.

어느 영적 지도자는 일년 동안 이어진 수련에 참석했던 한 미국 흑인 여자의 이야기를 들려준다. 이 여인은 가난과 학대와 부모의 죽음, 인종차별, 질병, 고통스러웠던 결혼과 이혼, 혼자서 두 아이를 키우기 등, 평생을 괴롭힌 마음의 상처들을 겪어왔다. 자신을 가다듬어왔던 세월들, 정의를 위해 싸웠던 세월들, 서서히 자신의 길을 찾기 위해 몸부림친 세월들, 이 모든 어려움들이 수련중에 그녀의 영혼으로부터 쏟아져나왔다. 그룹의 다른 사람들도 각자의 고난을 이야기했다. 고통과 도전과 온갖 다양한 몸부림들을. 마침내 마지막 모임에서 이 여인은 이렇게 선언했다. "내가 겪어왔던 그 모든 고난에도 불구하고 나는 정말 혁명적인 일을 하나 하려고 합니다. 난 행복해질 거예요."

가슴의 자유가 우리에게도 가능한 것임을 이해하면 우리는 어디에 있든지 자신의 행복을 깨우칠 수 있다.

14장 가족 카르마

선지자는 모국에서나 고향에서나 환영받지 못한다.

〈마태 복음〉 가운데 예수의 말

제아무리 많은 사회와 공동체를 만들어내어도 가족은 언제까지나 살아 있을 것이다.

마거릿 미드(Margaret Mead, 인류학자)

병들고 가난한 자들을 위해 기도를 올리는 것이나 지각 있는 뭇 존재들을 위해 자비의 명상을 하는 것은, 우리 자신의 가족이나 이웃 사람들을 위해 동일한 일을 하는 것과는 별개의 일이다.

붓다와 예수조차 가르침을 펼치기 시작한 이후에 고향으로 갔을 때 어려움을 겪었다. 예수의 제자는 예수의 가족에게서 무자비하게 쫓겨났다. 그후 예수는 설교를 하고 있을 때 그 집으로 찾아온 그의 어머니와 형제들을 못 들어오게 하고는, 그의 제자들을 가리키며 이렇게 말한다. "신의 뜻을 행하는 이들이 나의 진정한 어머니요, 형제들이다."

마찬가지로 붓다가 깨달음을 얻은 이후에 고향으로 갔을 때 그의 아버지는 꼴사나운 거지 행색의 아들을 꾸짖는다. 그의 아버지와 계모는 승려 짓을 그만두고 옷을 갈아입고 왕자의 신분으로 돌아오라고 요구한다. 붓다가 가족에게 가르침을 펴려고 하자 그들은 그의 가르침을 가치 없는 것으로 물리쳐버렸다. 그는 그것이 가치 있는 것임을 확신시키기 위해 공중에 떠서 불과 물을 한꺼번에 내뿜는 기적을 행해야만 했다.

예수와 마찬가지로 선사 바쇼芭蕉는 이렇게 경고한다. "고향에서는 진리를 가르칠 수 없다. 그들은 네 어릴 때의 이름밖에 모른다." 실제로는 이것이야말로 고향으로 돌아가야 할 가장 큰 이유일 것이다. 자신의 가족과 이웃들말고 누구에게 가슴의 진정한 수행을, 전체성의 만다라를 펼치겠는가? 그들은 영적 선입견이나 우리의 명성이나 이미지에 의해 흐려지지 않은 눈으로 우리를 보므로, 그들이야말로 우리의 수행의 진정한 시험장이 될 수 있다. 내 딸 캐롤라인은 내가 화를 내거나 무심하거나 흥분하거나 일을 야물게 처리하지 못하면 이렇게 한마디씩 했다. "아빠아아, 난 아빠가 깨어 있기 명상을 가르치는 사람인 줄 알았는데!" 혹은, "아빠아, 아빠가 하고 계신 짓을 좀 보세요, 아빠 명상 선생님 맞아요?" 때로 내가 어려운 문제에 부딪히면 아이는 그저 이렇게 말한다. "아빠, 명상에 드셔야 할 때가 된 것 같아요."

한 선사는 이렇게 말한다.

> 영적 지도자로서의 역할은 우리를 깨달음 도우미라는 임무 속에 가두어 놓을 수 있다. 다른 이들에게는 지혜와 자비를 가져다주면서, 자신의 일상적 인간 관계는 잃어버릴 수도 있다. 우리가 아는 대부분의 사람들은 학생의 역할을 맡고 있다. 우리는 고립의 위험을, 일종의 신성한 괴물이 될 위험을 안고 있다. 우리에게는 균형을 잡아줄 추, 친구와 가족과 진정한 남녀 관계 같은 일상적인 인간 관계가 필요하다. 가족 생활은 이것을 무엇보다도 잘 제공해준다.

어느 열성적인 신도가 힌두교의 스승인 남편 이야기를 하면서 웃었다. "남편이 최근에 인도엘 다녀왔는데 대단한 경지에 이르렀더군요. 그는 여섯 달 동안 깨달음의 상태에 있었어요. 어머님과 함께 지내기 전까지는 말이에요." 존경받는 라자 요가 지도자 한 사람은 자신의 스승이 가르친 것을 늘 강조하곤 했다. "그대는 몸이 아니다. 그대는 마음이 아니다." 그녀는 여러 해 동안 이 진리를 말로 가르치고 글로 썼다. 그녀는 나이가 들자 그 누구에게도 의지하지 않기로 결심했다. 몇 차례 중풍을 겪고 나서 그녀는 자녀들을 불러모아놓고는 "나는 몸이 아니다"고 상기시켰다. 그리고 삶을 마감하려고 그들의 도움을 받아 다량의 모르핀을 복용했다. 며칠 후에 그녀는 병원에서 혼수 상태에서 깨어났다. 집으로 돌아왔을 때, 집안 분위기는 당연히 매우 어수선했다. 모의된 자살극에 연루된 것이 자녀들에게 끔찍한 시련을 가져왔을 뿐만 아니라, 그것은 오랫동안 눌러왔던 다른 원성을 불러일으켰다. "그대는 몸도 마음도 아니다"는 가르침은 그녀를 지난 세월 동안 형편없는 어머니로 만들어놓았던 것이다. 이윽고 그녀는 여생을 그 잘못을 바로잡고 가족 돌보는 법을 배우는 일에, 그리고 자녀들로 하여금 그녀를 돌보도록 허락하는 일에 바쳤다.

우리의 문화에서는 가정 문제가 흔하다. 그리고 고통스러운 가족 관계를 가진 사람들이 영적 단체를 많이 찾는다. 영적 구도자들은 내면에 지고 다니는 문제를 풀어놓고 치유하고 극복할 길을 찾아서 온다. 이것은 학생에게만 해당되는 것이 아니다. 서양의 영적 지도자들과 명상 지도자, 승려와 수녀, 성직자들은 대부분이 가족 관계의 깊은 상처를 지니고 있다. 이들도 처음에는 영적 초연함과 평화가 가족 관계의 고통을 대면해야 하는 상황에서 자신을 해방시켜주리라고 희망했을 것이다.

하지만 중국의 한 선사는 이렇게 경고한다.

> 무집착과 자유를 도피와 혼동하지 말라. 출가하기 위해 가족과 자식을 떠나는 것은 그림자로부터 달아나려는 것과 같다. 이것은 그릇된 비움이

다. 자신의 집보다 더 비어 있는 곳은 아무 데도 없다. 깨달음은 애초부터 집 안에 있었다.

가족이라는 배경과 그것이 가하는 상처에서는 벗어날 수가 없다. 우리의 영적 이상을 가족에게 강요할 수도 없다. 불교 수행을 열심히 하던 젊은 여성이 부모님이 사시는 집으로 돌아갔다. 그녀는 부모님의 기독교 근본주의 신앙과 한동안 씨름하다가 마침내 해결책을 찾았다. 그녀는 사원으로 보내는 편지에 이렇게 썼다. "저의 부모님은 제가 불교도일 때는 저를 미워하시지만, 제가 붓다일 때는 매우 좋아하십니다." 그렇다. 가족의 카르마 앞에서 자신의 불성을 일깨우는 것, 이것이 우리의 할 일이다.

　아버지께서 심장 장애로 죽음이 임박했을 때 나는 펜실바니아 대학교 의과 대학의 중환자실에서 아버지를 간호했다. 아버지는 생물물리학자로서 의과 대학에서 강의를 하셨기 때문에, 자신의 심장 상태를 측정하고 있는 모든 장비들에 대해 훤히 알고 계셨다. 아버지는 죽음을 두려워했고, 특히 간병인이 모르는 상태에서 잠자다가 죽을까봐 두려워했으므로, 잠을 아예 자려고 하지 않으셨다. 아버지는 3분 정도 잠들었다가는 놀라면서 깨어나서는 자신의 심장이 아직도 뛰고 있는지를 보려고 모니터 화면을 근심스럽게 돌아보곤 하셨다. 이런 일이 몇 날 밤 계속되었다.

　아버지는 명석하시기는 했지만 성질이 과격하고 몸을 학대하곤 했다. 주변 사람들이 보기에 그는 편집증적이었고 대하기 힘든 사람이었다. 이제 몇 날 밤을 자지 못하자 아버지는 더욱 못 말리게 되었다. 하지만 나는 지난 몇 년 동안 아버지와 평화롭게 지냈고 그를 사랑했다.

　나는 아버지 곁에 앉아서 대화를 나누었다. 아버지가 매우 불안해하고 마음이 어수선했으므로, 나는 아버지에게 명상하는 법을 가르쳐보려고 애썼다. 우리는 마음을 고요하게 가라앉히기 위한 호흡 주시 명상을 연습했고, 손주들을 대상으로 삼아 자비 명상을 해보았다. 그것은 아무 효과가 없었다. 15분 동안 명상 연습을 하는 것으로 75년 동안 쌓아온 편집증을 없앨 수는 없는 노릇이었다. 죽으면 어떻게 된다고 생각하느냐고 물어보자 아버지는 "아무런 일도 안 일어날 것"이라고 대답했다. 아버지는 과학자여서 물리적 세계를 넘어선 어떤 것도 믿지 않았다. 죽음은 모든 것의 끝이었다. 나는 세계의 대부분의 사람들이 사후의 삶을 믿고 있으며 그것은 임사 체험에 관한 연구에서도 입증이 되고 있음을 이야기해드렸다. 나는 내가 겪었던 유체遺體 이탈 체험과 전생 체험에 대해서도 이야기하고, 심지어는 아버지가 겪게 될지도 모를 사망 과정의 단계들에 대해서도 설명해드렸다. 아버지는 미심쩍어했다. "두고 보세요. 놀라실 거예요. 그리고 정말 그런 일이 일어나면 제가 그렇게 말했던 것만 기억하세요." 내가 이렇게 말하자 아버지는 웃으셨다.

저녁 늦게 문병객들이 돌아가고 나자, 나도 잠을 자러 가야겠다고 말했다. 그러자 아버지는 "가지 마!" 하고 나를 붙잡았다. 나는 다시 한 시간 동안 아버지의 곁에 앉아 있었고, 아버지는 거듭해서 잠 속으로 빠져 들었다가는 겁에 질린 채 놀라 깨어나곤 했다. "잠을 자면 안 돼. 제발 부탁이야, 가지 마." 나는 아버지의 부탁에 응할 수 있어서 좋았다. 앉아 있는 거라면 내 전공이니까. 열한시, 열두시, 새벽 한시, 두시. 나는 아버지의 곁에 앉아 며칠 밤을 지샜다. 별로 이렇다 할 일은 없었다. 나는 아버지의 손을 잡았다. 아버지는 겁에 질려 있었다. 아버지는 명상에 대해 알고 싶어하지 않았다. 말하기조차 힘들어하셨다. 중요한 것은 내가 두려워하지 않고 아버지 곁에 앉아 있고, 아버지의 두려움과 고통을 거부하지 않고 그저 손을 잡아주고 있다는 것이었다. 아버지는 며칠 더 있다가 돌아가셨다. 나는 이 비범한 시간 동안 아버지의 곁에 앉아 있을 수 있었던 사실에 감사한다.

어쩌면 이것이 우리가 할 수 있는 최선의 일인지도 모른다. 할 수 있을 때 돕는 것 — 사랑의 마음으로 서로를 지켜보는 것, 함께 있어주는 것, 삶에서 우리가 지닌 신뢰를 보여주는 것 말이다. 영적 삶은 많이 아는 것이 아니라 많이 사랑하는 것에 관한 것이다.

우리의 대부분은 영적 삶을 통해 가족 관계 속의 많은 병들을 치유해야만 한다. 마침내 아버지와 편안하게 함께 앉아 있을 수 있었던 것은 여러 해에 걸친 의식적인 노력의 결과였다. 내가 초기에 절에서 지혜와 평화와 공에 초점을 맞추고 수행하던 시기에는 가족사의 고통은 묻혀 있었다. 하지만 그것은 거기에 그대로 묻혀서 기다리고 있으면서 나의 존재 방식에 온통 영향을 미치고 있었다. 그리고 내가 가족과 이성 관계로 돌아오자 그 모든 고통도 돌아왔다. 내가 아무리 철저한 금욕 수행을 했다고 하더라도 그것은 결국 돌아왔을 것이다.

내가 아직도 여전히 내 감정과 씨름을 하고 있음을 깨닫는 것은 힘든 일이었다. 내가 지니고 있는 깊은 두려움과 분노와 자기 심판과 슬픔을 인정하고 받아들이는 데는 명상과 치료 양쪽 모두의 도움이 필요했다. 심리 치료사는 자애로운 입회인으로서, 내가 몸 속에 지니고 있었던 이미지와 두려움들을, 나 혼자서는 직면할 수 없었던 모든 것들을 직면할 수 있도록 도와주는 다른 존재로서 꼭 필요했다. 나는 해묵은 삶의 패턴들이 나의 작은 자아의 느낌을 얼마나 강화시켜왔는지를 알 수 있었다. 가족 관계의 고통 속에서 나와 내 형제들은 모두 수시로 우울해지거나 분노하거나 두려워하거나 냉소적이 되거나 갈구하게 되거나 조심스러워 하게 되었다. 이런 깊은 상처들이 오늘날까지도 우리의 일부분이 되어 남아 있지만 그것에 대해 마음을 엶으로써, 우리는 그것의 힘을 약화시키기 시작했다.

전체성의 만다라 속에서 세대 간의 문제를 포함해서 우리의 모든 어려움들은 과거의 고통이 변성될 때까지 우리를 따라다닌다. 라마 초감 트룽빠는 죽기 직전에 남긴 시에서 자신이 제자들에게 전해온 가르침의 가치를 찬양하고, 이렇게 제자들을 상기시켰다. "나는 너희들을 유령처럼 따라다닐 것이다." 가족 관계의 패턴도 이와 마찬가지로 여러 해 동안의 영적 수행을 한 후에조차 우리를 따라다닐지도 모른다. 우리는 의존성, 두려움, 자기 비판, 자기 비하, 분노, 우울 등을 유산처럼 물려받아 지니고 다닐 수도 있다. 치유적인 관계를 통해서든지 영적 수행을 통한 성숙된 지혜를 통해서든지, 이 어린 시절의 상처는 치유되어야만 한다. 우리는 우리 자신의 영혼의 자유를 찾아야 하며, 가족사家族史가 우리의 본질이 아님을 깨달아야 한다.

한 가톨릭 수녀는 나에게 이렇게 말했다.

나의 가족 관계는 고통과 학대로 점철되어 있었다. 내가 영적 삶에서 맞은 커다란 변화의 대부분은 수치심을 둘러싼 것이었다. 나는 알코올 중독자 가정에서 자랐다. 그것은 최소한 할아버지 대에서부터 내려오는 것이었고, 우리가 자신에 대해 가지고 있는 느낌은 수치심에서 비롯되어 있었다. 그것이 강하게 올라올 때면 기도도 수행도 통하지 않았다. 그저 모든 것에 대해 좋은 기분이 들지 않는 것이다. 기도를 하면 이런 목소리가 들려온다. "넌 네가 되어야 할 인물에 비하면 치욕이고 망신일 뿐이다. 넌 네가 받은 재능을 사용하지 않고 있어. 넌 아직도 안 돼." 한참 멀었다! 나는 늘 끔찍한 느낌 속에 사로잡혀 있었다. 하지만 많은 심리 치료와 내적 수행을 통해서 나는 마침내 그것을 이해할 수 있게 되었다. 이제 나는 그것을 그저 과거의 가족 관계로부터 주기적으로 올라오는 수치심으로 바라본다. 나는 그것을 그저 있는 그대로 알고 있다. "아, 이건 또 하나의 주기적인 수치심이군." 이제 나는 그것을 웃어넘기기까지 할 수 있다. 이 통찰은 거룩해지기 위해 몸부림쳤던 여러 해의 수행보다도 내 가슴의 치유 면에서 더 큰 의미를 가지고 있다.

포용력이 친밀한 관계를 낳는다

전통적 가르침들에서는 사랑과 그것이 가져오는 변성을 흔히 강조하기 때문에, 우리는 그보다 더 기초적이고 근본적인 힘인 포용하는 가슴을 간과하기 쉽다.

영적 깨달음의 황홀경 이후에 수행의 빨래방에서 계속되는 하루하루의 완성이 기다리고 있다. 깨달음의 경험에서 자연스럽게 얻어지는 것 중에 이 기간 동안에 우리를 지탱시켜주는 것은, 있는 그대로를 받아들이는 포용성이다. 이 새로워진 포용력 속에서 가슴의 조화가 발견된다. 인간의 차이는 헤아릴 수 없이 크다. 각자의 리듬, 각자의 몸이 좋아하는 것, 각자의 미적 감각, 각자의 감정, 각자가 두려워하는 것, 움직이고 말하고 사랑하고 쉬는 방식 등등…… 인종과 문화와 계층과 가치관에도 어마어마한 차이가 있다. 포용력은 인간 관계의 토대이며, 그것이 없이는 친밀한 인간 관계가 불가능하다. 포용력 없이는 가족 생활을 견뎌낼 수가 없다. 성격과 기질은 저마다 천차 만별이다. 포용력이 없다면 우리는 끝없이 갈등하는 사회, 분파주의와 종족주의와 전쟁과 학살의 세계 속에서 살게 될 것이다.

어떤 사람을 포용한다고 해서 꼭 그를 사랑하거나 좋아해야 하는 것은 아니다. 사실, 영적 지도자들조차도 언제나 서로 좋아하는 것도 아니고 꼭 잘 화합하는 것도 아니다. 존경받는 많은 선사들, 스와미들, 아잔ajahn들과 쉐이크(sheikh, 아랍계 또는 이슬람교 지도자)들, 라마들과 랍비들도 서로 간에 큰 의견 차이를 보여준다. 어떤 이들은 상대방의 가르침이나 방식을 싫어하기도 한다. 하지만 그들 중에서도 지혜로운 이들은 진정한 포용력을 지니고 있다. 상대방의 방식이 우리가 보지 못하는 어떤 이유를 가지고 있을지도 모르고, 우리가 우리 자신을 존중하듯이 상대방도 존중받을 만한 가치가 있음을 알기 때문이다.

포용한다고 해서 해로운 것조차 받아들이는 것을 의미하지는 않는다. 무집착이 자신의 느낌으로부터 숨는 핑계로 이용될 수 있는 것과 마찬가지로, 포용력도 진실을 회피하거나 필요한 입장을 지키지 못한 데 대한 허울 좋은 핑계로 이용될 수 있다. 포용력은 학대를 눈감아주는 것을 의미하지 않는다. 더 큰 고통을 막기 위해서는 강경하게 반응해야 할 때도 있다. 하지만 우리의 행위에 가슴이 연결되면 이런 강경함조차 자비와 이해를 겸비할 수 있다.

나는 이것을 아잔 차가 어느 선원分院의 주지를 대하는 방식에서 보았다. 아잔 솜Ajahn Som이라는 이름의 이 주지는 과거에 거리의 깡패였다고 한다. 그는 주지가 되어서도 아랫사람들을 힘들게 부린다는 악평을 듣고 있었다. 그의 절에 다녀오는 승려들은 종종 그를 욕했다. 어느 날 나는 아잔 차에게 왜 그런 인물을 주지로 앉혀놓느냐고 항의했다. 아잔 차는 잠시 생각에 잠겼다가 말했다. 그는 힘든 인물이긴 하지만 외지고 험한 숲속에서 직접 맨손으로 여러 해 동안 일해서 그 절을 세웠다. 그의 영적 헌신은 조금씩 자라고 있었다. 그가 존경받는 승려가 될 수는 없을지도 모르지만 만일 아잔 차가 그를 쫓아낸다면 그는 아마도 거리로 다시 돌아갈 것이었다. 내가 제안하고자 하는 것이 겨우 그것이란 말인가?

우리는 너무나 쉽사리 타인을 심판한다. 가까운 관계일수록 비난과 불만의 강도는 더 높아진다. 이 때문에 가족은 영적 발전을 위한 최후의 전선 중의 하나가 되는 것이다.

전에 힌두교 스와미였던 어떤 사람은 나에게 이렇게 말했다.

인도에서 여러 해 동안 요가 공부를 한 후 나는 돌아와서 제자들을 가르치고 결혼하고 나중에는 사원의 책임자가 되었다. 나의 삼매 체험은 만물의 지복을 보여주었다. 하지만 솔직히 말하자면 시간이 흐르면서 나는 바빠졌고, 그 느낌을 잃기 시작했다. 나는 그것을 다시 붙잡기 위해 명상을 더 하려고 애썼다. 사원에는 내부 갈등이 있었다. 결혼 생활에도 갈등이 있었다. 때로는 매우 심하게 싸웠다. 어떤 때는 나는 이 속세에서 수행을 하려고 애쓰는 것이 옳은 것인지조차 자신이 없었다. 명상조차 크게 도움이 되지 않았다.

어느 날 나는 가족을 방문하여 어린 조카를 돌보았다. 스와미와 세 살짜리 아이에게 그것은 힘든 날이었다. 우리는 집안을 엉망으로 만들어놓았다. 결국 나는 그애를 팔에 안고 그냥 꼭 껴안아주었다. 나는 산스크리트어로 된 노래를 불렀다. 그리고 나는 그 어떤 상황에도 불구하고 그냥 안기는 것, 이것이 온 세상이 원하는 것임을 깨달았다. 내가 가슴을 여는 그 순간, 삼매와 지복은 바로 돌아왔다.

진정한 포용과 받아들임의 미덕은 가족 관계 속에서 얻을 수 있다. 우리 집의 경우, 나와 아내는 성격이 정반대이고 서로 다른 가족 배경을 가지고 있다. 그녀는 조용한 성격이고, 화가이자 저술가여서 혼자서 조용히 내적인 삶을 살고 싶어한다. 나는 명상을 하는 사람이긴 해도 좀더 외향적이며 도반이나 동료나 사회 친구들이 매우 많다.

우리가 함께 살기 시작한 첫 해에, 나는 찾아오는 친구들을 재워줄 방이 많은 널찍한 시골집을 갖고 싶어했다. 물론 아내는 그보다 작은 집을 생각하고 있었다. 내가 반대하자 그녀는 이렇게 반문했다. "당신은 얼마 전까지만 해도 커다란 서재와 부엌이 딸린 전원의 명상 센터에서 10년을 살지 않았나요? 그렇게 큰 집을 원한다면 그냥 그 명상 센터로 돌아가시지 그러세요?"

서로에 대한 많은 배려와 약간의 심리 치료를 통해 우리는 초기의 풍랑을 넘기고 결혼하여 예쁜 아기를 가졌다. 하지만 여전히 우리 사이의 의견 차이는 남아 있었다. 어느 날 우리는 딸아이를 데리고 한 참선 센터의 정원을 거닐고 있었다. 라이애너는 최근에 자신이 먼저 읽었던 진 시노다 볼린Jean Shinoda Bolen의 〈우리 속에 있는 여신들Goddesses in Every Woman〉을 나에게 주면서, 내가 그것을 읽은 다음에 여성 에너지와 딸아이를 키우는 일에 대해 함께 토론해보았으면 좋겠다고 했다. 나는 그 책을 재미있게 읽었다고 말했다. 특히 아르테미스적인 여성들의 강인함, 그리고 아프로디테적인 여성들의 기품과 아름다움이 인상적이었다고 했다. 그리고는 사원이 없는 여신인 헤스티아와는 특별한 연결감이 느껴지지 않았다고 말했다. 이 여신은 가정의 신으로서 늘 그 자리에 있지만 보이지 않는 여신이었다.

내 말을 듣자 라이애너는 놀란 표정으로 나를 바라보더니 책을 땅바닥에 집어던지면서 울음을 터뜨렸다. "그건 나란 말이에요. 그 여신은 나의 삶을 표현하고 있어요! 난 당신이 나를 정말로 사랑하지 않는다는 것을 알고 있었어요. 난 알고 있었어." 그녀는 이렇게 말하고는 돌아서서 가버렸다.

내가 그 말에 담긴 힘을 느끼고 자신을 수습하여 그녀에게로 돌아가는 데는 약간의 시간이 걸렸다. 그녀가 한 말의 의미와, 밀려오는 깨달음에 충격을 받아 나는 단지 이렇게 말할 수밖에 없었다. "이봐, 여보, 유감스럽지만 당신의 말이 맞아. 난 당신을 정말 사랑해. 하지만 난 나 자신도 모르게 당신이 다른 사람이 되기를 바라고 있었어." 나는 그때까지도 어떻게 하면 그녀가 바뀔 수 있을까 하는 무의식적인 희망을 품고 있었던 것이다. 그리고 물론 그녀도 그것을 느끼고 있었다. 내가 나 자신의 욕심 대신 그녀의 진실을 직시하도록 강요받았을 때에야 나는 그녀를 있는 그대로 사랑할 수 있을 만큼 성숙하게 되었다. 우리는 함께 헤스티아를 위한 집을 꾸몄다. 이제 나는 출근해서 많은 사람들과 함께 일하다가 조용하고 단출한 가정 생활로 돌아온다. 나는 날마다 내 가정 속에서 보호받고 자양을 얻으며, 내 가족을 있는 그대로 사랑하며, 내 아내의 지혜를 찬양하게 되었다.

가족은 하나의 거울이다. 배우자에게서, 연인에게서, 부모에게서, 자녀에게서, 우리는 자신의 요구와 희망과 두려움을 발견한다. 그것은 그들을 통해 확대되어 비쳐 보인다. 친밀한 관계는 마취도 없이 우리의 과거 속으로 깊이 들어와 아픈 곳을 건드린다. 우리가 지니고 다니는 상처와 채워져야 할 갈망이 모두 식탁 위에 올라와 있다. 우리는 그것을 존중심으로 대해야 한다.

그렇기 때문에 아무리 가족 간이라도 서로 속으로 사랑한다고 말하는 것만으로는 충분하지 않다. 우리는 서로를 관용하고 존중해주어야만 한다. 기도나 깨어 있기를 통해 열린 넓은 가슴을 가족에게도 확대해야 하는 것이다.

한 가톨릭 수녀는 오랜 기도 생활이 어떻게 자신을 그렇게 이끌어주었는지를 말해준다.

그것은 한 가지 중요한 일로 귀결되었다. 즉 선악을 가리지 않고 흔들리지 않는 관계를 지속하고자 하는 의지, 의식적으로 고통을 겪도록 자신을 허용하는 것, 세상의 눈물을, 내게서 먼 이들과 가까운 이들의 눈물을 품어 안는 너그러운 대지가 되는 것 말이다. 나의 영성은 더 이상 분노나 열정이나 갈등에 등을 돌리는 함정에 스스로 빠져들지 않는다. 그것은 쓰레기다. 그런 가르침들은 이롭기보다 해롭다. 비난하지 말아야 한다는 깨달음이 결국은 온다. 나는 만물에 대한 비폭력의 맹세를 한다. 나 자신, 혹은 나의 외부에 고통을 더해주고 고문하지 말라 – 이것이 나의 가장 큰 기도의 하나가 되었다.

만나는 모든 사람들의 삶 속에서 놀랍고 신기한 면들을 발견할 때, 관용과 비난하지 않는 태도가 자라난다. 모든 사람들은 독특하고 고유하다. 각자는 자신의 고유한 본성을 표현한다. 함께 하기 힘든 사람들조차 자신이 아는 최선의 방식으로 살아가고 있는 것이다.

존 중 해 줄 줄 아 는 부 모

어른들 사이의 이해와 존중심은 아이들을 지혜롭게 키우는 데도 좋은 토대가 된다. 이러한 관용을 표현하는 다른 말은 '존중'이다. 부모와 친구들과 함께 저녁 식사를 하러 나간 일곱 살짜리 소년의 이야기 속에서 이것을 볼 수 있다.

웨이트리스가 그의 주문을 맨 나중에 받게 되었다. "무엇을 드실래요?" 그녀가 물었다. "핫도그와 프렌치 프라이요." 그가 대답했다. 그러자 그의 어머니가 얼른 끼어들었다. "아니, 얘는 덩어리 고기에 으깬 감자와 당근, 그리고 우유를 한 잔 마실 거예요." 웨이트리스를 보내고 나서 엄마는 아이에게 얄밉게 물었다. "핫도그에 케첩을 바르실래요, 아니면 겨자 소스를 바르실래요?" 그러자 소년은 식탁에 앉은 사람들을 둘러보면서 말했다. "알아? 엄만 내가 진짜 아들인 줄 알아!"

아이들은 존중해주는 것을 너무나 좋아한다. 아기들조차 자신의 요구와 두려움을 존중해주기를 원한다. 연인, 부모, 동료, 동물들과 주변의 나무들도 존중을 받으면 활짝 피어난다. 존중심을 갖는 것은 부모 되기의 바탕이다. 깨어서 알아차리고 존중해주지 않으면 우리는 자신이 받은 그것을 그저 반복할 뿐이다. 자신이 자라난 환경 속에서 조건화한 방식대로 행동하는 것이다. 존중하지 않으면, 상처와 수치와 비하와 스트레스와 버림 등 과거에 존재했던 그 감정과 습관을 반복할 것이다.

영적인 전망이 없이는, 가슴이 본연적으로 지니고 있는 부모로서의 애정은 현대 생활의 속도와 물질주의, 대중 매체가 오도하는 가치관, 너무나 당연하고 익숙한 스트레스와 폭력에 파묻혀버리기 쉽다. 자녀들의 의존성과 취약성을 존중 어린 관심으로써 보호해주기를 잊어버리면, 대중매체와 현대 사회의 압력이 그들을 밀어붙여서 겉만 자라게 만든다. 아이들은 시간을 주면 스스로 독립심을 배운다는 사실을 우리는 신뢰하지 못한다. 가슴에 귀를 기울이지 않으면, 우리는 울고 있는 아이를 안아서 젖을 먹이지 말라고 가르치는 대중적 전문가들의 말을 따랐던 구세대의 부모들처럼 되어버린다. 모든 지혜로운 본능과 몸 속 세포들의 충동과 요구는, 고통받는 아이를 안아서 달래주라고 말하고 있는데도 말이다. 존중심을 지니면 우리는 자녀들에게 행동의 적절한 한계를 그어놓으면서도 동시에 진심 어린 보호와 자양분을 제공해줄 수 있다. 영적 가르침은 그저 말로 전달되는 것이 아니라 하루하루의 삶의 성실성, 곧 가슴 가장 깊은 곳에서 우러나오는 가치의 실천을 통해서 전달된다.

이런 존중심을 보여주는 것은 아무리 늦어도 늦지 않다. 어른이 되어서도 그 존중심을 지닌 채 옛 가족에게로 돌아갈 수도 있다. 태국과 미얀마의 절에서 비구니로 수행했던 한 여성은, 집으로 돌아가서 가족을 만났을 때의 어려움을 나에게 털어놓았다. 그녀의 가족은 디트로이트의 노동자 거주 구역에서 살았다. 그녀는 이미 가족사의 고통을 많이 내려놓았지만 지금도 그녀의 가족들은 까까머리의 비구니가 된 그녀를 이해하고 받아들이지 못했다. 그녀는 그들에게 영적 수행에 대해 가르쳐보려고 무척 애썼지만 그것은 오히려 갈등과 좌절만 불러일으킬 뿐이었다. 가족들은 저녁에 모이면 대부분 맥주를 마시며 TV를 보는 것으로 시간을 보냈다. 그녀는 일주일 동안의 달갑지 않은 귀향 행사를 마치고 돌아왔다. 나는 그녀에게 몇 가지를 제안했다. "사복을 입고 아무 것도 가르치려고 하지 말고 그냥 부모님을 뵈러 가보시지 그래요? 그냥 가족의 한 사람으로서 있으면서 그들을 있는 그대로 사랑하세요. 어쩌면, 그냥 그들과 함께 앉아서 맥주를 마시며 TV도 보세요. 아, 그리고, 너무 오래 머물지는 마세요. 최대한 사흘 정도." 그래서 그녀는 그대로 해보았다. 나중에 그녀를 만났을 때, 그녀는 웃었다. 그것이 먹혀들었던 것이다.

어느 수피 스승은 이렇게 말한다.

> 가족이나 가까운 친구들과 함께 지내는 것은 다른 어떤 대인 관계와도 다르다. 가족과 함께 할 때, 나는 그냥 있어야만 한다. 사랑과 열린 마음이 작용하도록 내버려둬야 한다. 나는 지도자도, 책임자도 아니다. 나는 그들을 받아들이고, 그저 나로서 있으면서 그들의 있는 그대로를 포용하려고 노력한다. 가족 간에는 서로를 깊이 건드리게 될 수 있기 때문에 갈등이 더 커질 수도 있다. 나는 다만 그 모든 사연들 뒤에 숨어 있는 핵심인 서로의 가슴이 연결되는 그곳을 찾으려고 애쓴다.

토마스 머튼은 타인에 대한 이런 종류의 관용을, 그들에 대한 우리의 모든 기대 밑에 숨어 있는 '그들의 비밀스러운 아름다움'을 발견하기를 배우는 것이라고 말한다. 타인의 가슴 속의 비밀스러운 아름다움을 볼 때, 우리는 우리의 진정한 본성으로부터 그들과 연결되며, 신성한 빛이 우리의 삶도 함께 비추어주는 것을 깨닫게 된다.

너희는 시험받을지라

중동의 위대한 종교인 유태교, 기독교, 이슬람교의 계율은 "네 어머니와 아버지를 공경하라"고 가르친다. 인도와 중국의 전통에서는 이런 가르침에 훨씬 더 힘이 실린다. 어떤 경전에서는 이렇게 말한다. "부모님을 평생 등에 업고 다니더라도 너를 낳아준 은덕을 다 보답하지 못한다." 어떤 전통에서든 이 의무는 남아 있고, 그것을 갚는 것은 그리 간단한 일만은 아니다.

점점 늙어가는 부모, 불행한 십대, 형제 간의 갈등, 돈 문제, 가족의 병, 중독 – 이 모든 것이 수행의 과정으로 받아들여야 할 가족 생활의 일부이다. 공동체적 삶이 이제는 흔치 않아서 노인들은 양로원에 버려지고, 노인들과 단절된 십대들은 파괴적인 방식의 입문식을 치르게 된 지금과 같은 사회에서는 이런 문제들이 훨씬 더 무겁게 다가온다. 이 모든 문제의 밑바닥에는 유대감을 희구하는 인간의 근원적인 욕구가 깔려 있다. 어떤 이는 이렇게 말했다. "아무도 찾지 않느니보다는 경찰이라도 찾아오는 것이 낫다." 좋든 나쁘든 가족은 사랑과 책임을 동시에 제공하는 이 유대 관계의 원초적 근원이다.

가족의 책임은 끝이 없다. 우리 중 많은 이들이 치매, 암, 중풍 등으로 서서히 노쇠해가는 부모를 돌보고 있을 것이다. 또 많은 이들이 문제가 많은 십대나 가족의 우울증이나 형제의 결혼 문제나 이혼, 혹은 자신의 자녀, 혹은 자신의 문제에 연루되어 있을 것이다. 가족 생활의 희생은 혹독한 수도원 생활의 희생이 요구하는 것과 버금가는 포기와 인내와 끈기와 너그러움을 훈련시킨다.

그래서 어떤 중년의 스님이 나에게, 승려는 자신을 엄한 규율로 다스리고 희생해야 하지만 속인들의 삶은 원래가 방탕하다고 말했을 때, 나는 다만 실소할 수밖에 없었다. 그는 이어서 이렇게 말했다. "그들은 먹고 싶을 때 먹고, 원하는 옷을 입고, 애인을 바꿔가면서 즐기고 걱정 없는 삶을 산다." 나는 그가 어떤 속인의 삶을 말하고 있는지 의아했다. 좀 더 대화를 해보니, 그는 스물한 살의 나이에 출가한 사람이었다. 그러니까 그가 생각하는 속세의 삶이란 자신이 보냈던 십대의 그것이었다. 그는 결혼과 일과 부모가 되는 것과 시민이 되는 것 자체가 엄한 규율의 한 형태임을 이해하지 못했던 것이다.

시인이자 신부인 게리 스나이더Gary Snyder는 이렇게 썼다.

> 우리 모두는 '현실'이라는 같은 스승 밑에서 공부하는 동문이다. 학교 갈 아이들을 데리고 가서 버스에 태우는 일은 추운 아침에 대웅전에서 염불을 외는 것만큼이나 어렵다. 어느 쪽이 다른 쪽보다 낫지 않다. 둘 다 매우 지겨운 일일 수도 있다. 그리고 그것은 둘 다 반복이라는 미덕을 지니고 있다. 반복과 그 속에서 얻게 되는 좋은 결과는 우리 삶의 행위를 바른 길 위에 올려놓는다.

가족 생활처럼 우리의 가슴을 요구하고 우리의 힘을 시험하는 것도 드물다. 어떤 지도자는 나에게 이렇게 말했다.

> 젊은 가톨릭 신자였을 때, 나는 성인들에게서 영감을 받았다. 나는 언제나 인도의 마더 테레사와 함께 일하는 것 같은 그런 봉사 생활을 원했다. 하지만 내 삶의 대부분은 그렇게 매력적이지 않았다. 대학을 졸업한 후에 나는 초등학교 교사가 되었다. 그러다가 어머니께서 뇌졸중을 만났고, 나는 교사 생활을 그만두고 2년 동안 어머니를 간호해야 했다. 목욕시키고, 욕창을 돌보고 음식을 준비하고 청구서를 지불하고, 집안 살림

을 해야 했다. 때로 나는 이런 책임을 벗어나서 나만의 영적인 삶으로 돌아가고 싶었다. 그러던 어느 날 아침, 나는 결국 깨달았다. 나는 마더 테레사의 일을 하고 있었던 것이다. 바로 나의 집에서.

집에서나 사원에서나 그것은 다 마찬가지다. 한 오래된 이야기에 의하면 붓다는 다른 비구들이 수행하느라고 다들 바빠서 어느 비구가 아픈데도 그대로 내버려둔 것을 발견했다고 한다. 붓다는 몸소 그 비구를 씻기고 돌봐주고는 모든 수행자들을 불러모아놓고 꾸짖어 가르쳤다. "너희가 서로를 가족처럼 사랑하지 않는다면 다른 누가 그렇게 하겠느냐? 비구들이여, 붓다를 모시고자 하는 사람이라면 아픈 자를 모시게 하라." 500년 후에 예수는 제자들에게 이렇게 말했다. "내가 진실로 너희에게 이르노니, 너희가 이것을 내 가장 미천한 형제에게 행하면 그것은 곧 나에게 행한 것이니라." 이것이 우리 모두가 한가족임을 아는 사랑이다. 그리고 이후의 우리 삶 속의 모든 사랑은 이로부터 싹틀 것이다.

융 심리학의 분석가이자 저술가인 로버트 존슨Robert Johnson은 몇 해 전에 처음으로 인도에 갔던 이야기를 들려준다. 그는 인도의 혼란과 더러움과 가난에 대해 사람들이 경고하는 것을 들었지만 나중에 그는 이렇게 말했다. "거의 모든 인도인들이 지니고 있는 엄청나고 깊은 행복감에 대해서는 아무도 나에게 준비하라고 일러주지 않았다."

그는 인도에서는 현실의 느낌이 확대되어 고통과 숭고함이 공존하는 삶을 더 넓은 가슴으로 수용하게 된다고 했다. 그것은 그가 엄청난 시련에 부딪혔지만 동시에 인도 사회가 즉각적으로 베풀어준 어떤 우정을 경험했기 때문이다. 그의 인도 친구들은 가족적인 사랑이 어디까지 확대될 수 있는지에 대한 새로운 가능성을 그에게 보여주었다.

인도인과 친구가 되고 싶다면 그의 곁으로 바싹 다가가라 — 물론 이것은 언제나 동성에게만 해당한다. 이성에게는 절대로 하지 말라 — 그리고 기다리라. 만일 그가 어떤 것에 대해 당신과 의기 투합되었다면 그는 아무 데도 가지 않을 것이다. 그는 그냥 거기에 서 있을 것이고, 엄청나게 오래된 것 같은 시간이 흐른 후에 어떤 사람이 어떤 말을 하거나, 어떤 사람이 어떤 일을 한다. 그리고 그 다음엔 아마도 당신들은 둘이 원하는 만큼은 언제나, 아마도 평생, 친구로 남아 있게 될 것이다.

이런 식으로 나는 인도에서 놀랍도록 빨리 친구들을 만들었다. 그러던 중 병이 났다. 나는 인도의 병원에 입원했다. 그것은 악몽이었다. 그들은 그것이 초현대식의 서구화한 병원이라고 설명했다. 그런데 그들은 체온계가 하나밖에 없었다. 모든 환자들이 차례로 그것을 사용했다. 내가 그것을 거부하자 그들은 말했다. "괜찮아요. 수돗물에다 씻으니까요." 어쨌든 우리는 살아남았다.

이야기의 정점은, 나를 피를 나눈 형제로 받아들인 — 어떤 이유에서인지는 결코 모를 것이고, 묻는 것 또한 실없다 — 한 인도인 친구가 나를 찾아와서 내 침대 밑에서 잤을 때였다. 그는 말했다. "난 너를 혼자 두지 않을 거야." 그래서 그 친구나, 혹은 그가 지명한 누군가가 밤마다 내 침대 밑에서 잤다. 만일 내가 지금 미국의 병원에 입원한다면 내 침대 밑에서 자줄 사람을 눈을 씻고도 찾을 수 없을 것이다. 그것은 그저 불가능한 일이다. 어느 날, 열이 섭씨 40도까지 올라서 정신이 살짝 나갔을 때, 암바 샹카르 — 그것이 그의 이름이었다 — 는 내 침대맡에 서서 바바의 이야기를 들려주었다.

바바에게는 한 친구가 있었는데, 그 친구가 아팠다. 바바의 친구는 곧 죽을 것만 같았다. 그래서 바바는 그에게 가서 말했다. "나는 너를 위해서 죽기를 원한다. 그러니 네가 말민 하면 네가 살 수 있도록 나는 가서 죽을 것이다. 이것이 나의 소원이고 나의 우정이며, 이것이 있는 그대로의 진실이다." 그 친구는 그의 말을 받아들였고, 그래서 바바는 가서 죽고, 친구는 살아났다.

마치 〈아라비안 나이트〉에 나올 법한 이 이야기를 듣자 정신이 번쩍 들었다. 왜냐하면 암바 샹카르는 이어서 이렇게 말했기 때문이다. "네가 말만 하면 나도 가서 죽겠다. 그러면 너는 나을 것이다." 나는 할 말을 잃었다. 나는 이런 일을 이해하지 못한다. 그래서 나는 겨우 이렇게 말했다. "암바, 난 내가 그토록 아프지는 않다고 생각하네. 제발 아직 성규한 짓은 하지 말게. 우린 둘 다 살아남을 수 있을 거라고 생각해." 그리고 실제로 우린 살아남았다. 하지만 그 친구는 나에게 값을 매길 수 없는 선물 — 그의 생명 — 을 내놓았다.

로버트 존슨의 이야기는 나에게 그처럼 신뢰 깊은 사회와 가슴 깊은 우정의 품에 안겨서 진한 유대감을 느끼면서 다시 살아보고 싶은 열망을 솟아나게 만들었다. 인도와 아시아의 역사가 오래된 문화 속에서 살아본 적이 있는 나는 이런 삶이 실재함을, 그리고 또한 그것이 현대에 와서 얼마나 상실되고 있는지도 알고 있다.

하지만 가족적 유대감의 본질은 상실될 수 없다. 그 힘을 의심하지 말라. 부모와 자녀들 간의 사랑, 형제들과 자매들 간의 사랑은 너무나 놀라운 일화들을 만들어낸다. 아이의 몸을 덮친 자동차를 기적적으로 들어올린 어머니, 장애인인 아버지가 휠체어를 탄 채로 수영장에 뛰어들어서 걸음마하는 아들을 건져내고는 몇 시간 동안이나 풀 가장자리에 매달려 있었다는 등의 이야기들 말이다.

1970년대에 아르헨티나의 끔찍한 군사 독재 정권은 수만 명의 반정부 인사들을 고문하고 죽이고 '실종되게' 했다. 〈로스앤젤레스 타임즈〉 기자 세바스천 로텔라는 어머니들이 위험을 무릅쓰고 필사적으로 항거하여 저 유명한 '마요 광장의 어머니들'이 된 사연을 이렇게 전한다.

20년 전에 어머니들은 대통령궁 앞 광장으로 가서 공포의 관료 체제에 맞섰다. 하지만 독재 정권은 그들이 수년 동안 조직적으로 납치하고 고문하고 죽인 사람들에 관한 문의에 대해 시종 일관 부인했다.

여성들이 광장에 모여 서 있자 경찰은 그들에게 지나가라고 외쳤다. 그래서 열네 명의 어머니들은 광장을 천천히 돌며 걸었다. 그들은 경찰봉과 경찰견과, 그들 속으로 잠입해서 세 명의 지도자를 죽인 군사 스파이 등을 두려워하지 않고 계속 돌아와서 시위를 계속했다.

"사람들은 '마요 광장의 어머니들'이 두려움이 없었다고 말합니다." 천천히 비틀거리면서 걸으면서도 대단한 위엄을 풍기는, 이제 여든다섯 살인 마리아 아델라 안토콜레스는 이렇게 말한다. "하지만 우리는 죽도록 두려웠어요. 우리는 두려움 속에서 걷기를, 두려움 속에서 살아가기를 배웠습니다. 우리는 우리의 아이들을 찾아내야 할 의무가 있었지요."

이 어머니들은 아직도 매주 목요일 오후마다 정의를 외치며 행진한다. 이 의식은 보는 사람들로부터 눈물과 갈채를 자아낸다. 이 여성들은 이제 늙고 허약해졌다. 그들은 굽은 허리로 서로 팔을 끼고 걷는다. 그들은 인권 투쟁의 국제적인 상징이 되어버린 흰색 스카프를 머리에 쓰고 있다.

마리아 아델라는 말했다. "우리는 아무도 아이들을 찾지 못했습니다. 하지만 우리는 광장에서 공부를 했습니다. 우리는 우리의 이야기를 50번은 했을 겁니다. 우리는 함께 울었습니다. 그것은 우리의 학교였습니다. 광장은 우리를 정신 병원에서부터 구해주었습니다." 3시 25분에 광장은 사막처럼 텅텅 비어 있었다. 하지만 5분 후면 어머니들이 마치 자라나는 식물처럼 지하철과 보도로부터 쏟아져나오곤 했다. 사람들이 다가와 묻곤 했다. "당신들은 누구입니까? 선생님? 연금 생활자? 무엇 때문에 시위를 하십니까?"

그 일은 입에서 입으로 전해졌다. 아르헨티나의 위대한 작가인 훌리오 꼬르따사르Julio Cortázar가 파리에서 이 소문을 들었을 때, 그는 이렇게 말했다. "어머니들이 거리에 나섰으니, 군사 정권은 이미 진 것이다."

가 슴 의 자 비 확 장 시 키 기

가족과 사회의 고통에 대면할 때 하나의 큰 과제가 생긴다. 그것은 우리의 가장 깊은 속에서 옹호하는 가치에 대해 끝까지 진실하면서도, 방비하지 않고 열린 태도를 지키는 것이다. 가슴을 단단히 닫히게 하는 것은 무엇이든지 우리를 겁먹고 경직되고 둔감하게 만들어놓는다. 원한과 두려움 때문에 우리는 점점 더 자신의 영역을 지키려고 애쓰게 된다. 어떻게 하면 우리의 힘과 정의감을 잃지 않으면서 가슴을 열어놓을 수 있을까?

이렇게 하기 위해서는 가슴이 새로운 방식으로 강해지게 해야 한다. 기꺼이 세상의 고통을 마주하고, 그로써 우리의 자비심이 확대되게 한다. 우리는 피할 수 없는 고통과 갈등과 배신 속에서도 사랑의 힘을 터득할 수 있음을 발견한다. 곤경의 한가운데서도 우리는 언제나 하던 일을 멈추고 가슴으로 돌아가서 자비심의 힘과 방어하지 않는 이완된 상태로 다시 연결될 수 있다.

한 수피 스승은 이것을 기도와 명상을 통해 실천한다.

나의 주된 수행은 가슴에 귀를 기울이는 것이다. 그것은 퀘이커 교도들의 침묵의 순간과도 같은 것이다. 가만히 서 있지 못할지라도 나는 내면에서 멈추고 인생의 드라마에서 빠져나와 고통과 바쁨과 혼란을 인식한다. 나는 호흡을 하고 가슴으로 돌아온다. 가족이나 제자들과 함께 있을 때도, 나는 말하기 전에 나의 가슴으로 돌아간다. 내 안에서 무엇이 나의 주의를 요구하는지를 알아차리기 위해서다. 그리고 나는 그것을 그 가슴에 품는다. 이것은 강한 유대감을 만들어낸다.

험난한 시기에는 혼자서는 이렇게 할 수가 없다. 이 진실로 돌아오도록 도와줄 다른 사람이 필요하다. 진정한 영적 우정과 훌륭한 심리 치료를 위해서는 이것은 필수적이다. 한 선사는 그가 가르침을 시작하던 첫 해에 이것이 얼마나 필요했는지를 말한다. 그는 30년 동안 수행한 후에 선사로서 정식으로 계를 받았다. 몇 달 후에 그는 고통스럽게도 수행 초기에 그랬던 것처럼 혼란에 빠지고 불안해하는 자신을 발견했다.

나는 필사적인 심정으로 선배 선사를 찾아갔다. 나는 그가 나의 불안해하는 태도를 나무랄까봐 은근히 두려웠다. 하지만 그는 오히려 나를 안으로 맞아들여 사랑을 주고 나에 대한 완전한 신뢰심을 표현해주었다. 그는 내가 나의 고통과 혼란을 믿음과 끈기로써 껴안도록 도와주었다. 그러자 마음이 편안해지고 나의 가르침도 변화되었다.

마음이 혼란스럽거나 고통스러워질 때, 우리는 흔히 아직도 '영성이 모자란다'고 자신을 심판한다. 하지만 깨달은 가슴은 어떤 것도 심판하지 않는다. 가족도 사랑도 고통도 혼란도 열정도 분노도. "이 같은 오해의 해악은 끔찍하다"라고 어느 가톨릭 수사는 말한다.

영적으로 성숙해지면 우리는 고통이나 악과도 기꺼이 대화하고, 기도 속에서 그것을 껴안을 수 있게 된다. 크나큰 고통의 상황에서는 그 슬픔을 껴안고 재생시킬 토양이 되기 위해서 누군가가 그 충격을 의식적으로 겪어내야만 한다. 이것은 은총이 함께 할 때 해낼 수 있다. 하지만 이것은 속임수를 쓸 수 없다. 만일 내가 누군가에게 99퍼센트의 선한 뜻을 가지고 다가가지만 아직도 1퍼센트의 분노에 잡혀 있다면, 그가 느끼는 것은 분노뿐일 것이며 그것이 화해를 거부하게 할 것이다. 고통을 변화시키려면 모든 고통을 온 가슴으로 기꺼이 껴안아야만 한다.

때로 선가에서는 고통을 껴안는다는 것은 '욕을 먹는' 형태를 띤다. 아침에 어부가 가져온 거북으로 국을 끓여 스님들에게 공양한 공양주 보살의 이야기가 이것을 잘 보여준다. 국이 공양 그릇에 부어지자 노선사가 공양주를 소리쳐 불러냈다. 버렸어야 할 거북의 머리가 노선사의 그릇 속에 떠 있었기 때문이다. 공양주는 선사에게 절을 올리고 그릇을 들여다보고는 문제를 깨달았다. 그는 날렵하게 젓가락으로 거북의 머리를 집어내어서는 먹어버렸다. 그리고 그는 선사에게 절을 하고 주방으로 돌아갔다.

욕을 먹고자 하면 힘과 자비심이 있어야 한다. 이혼하는 아버지가 혼란스러운 소송의 와중에도 긴 법정 투쟁이 아이들에게 끼칠 상처와 고통을 덜어주기 위해 법적으로 요구되는 것보다 더 많은 것을 일부러 양보하는 경우처럼 말이다. 한 아버지는 이렇게 말했다. "그것이 부당하더라도 나는 이 고통이 하루빨리 끝나기를 바란다. 내가 지금 희생하면 그 고통이 내 아이들에게 이어지지 않을 것이다."

사실인즉슨, 영적 삶을 살다 보면 갈수록 고통에 대한 인식이 더 예리해진다. 우리는 세상의 슬픔을 더 분명하게 깨닫게 된다. 슬픔이 일어나는 것을 더 이상 외면할 수가 없게 된다. 이것을 알면 더욱 깊은 자비심이 일어난다.

상황이 아무리 극단적이더라도 자비심을 발휘하는 것은 가능하다. 한

번은 워싱턴에서 필라델피아로 가는 기차에서 미국 흑인 남자 옆자리에 앉게 되었다. 그는 국무부 관리로서 인도에서 일했는데, 컬럼비아 특별지구에서 청소년 범죄자들을 위한 재활 프로그램을 운영하기 위해 사직했다고 했다. 그가 함께 일했던 대부분의 청소년들은 살인을 저지른 범죄단 멤버들이었다.

그의 프로그램에 참석했던 어느 열네 살짜리 소년은 자신이 속한 범죄단에서 자신의 용기를 증명해 보이기 위해 무고한 십대 아이를 총으로 쏴 죽였다. 재판정에서 죽은 아이의 엄마는 그 소년의 살인죄가 확정되어 재판이 끝날 때까지 아무 말 없이 무표정하게 앉아 있었다. 형이 선고되고 나자 그녀는 천천히 자리에서 일어나 그 소년을 똑바로 노려보면서 말했다. "내가 널 죽일 거야." 그리고 그 소년은 몇 년의 징역을 살기 위해 청소년 형무소로 호송되었다.

반년이 지난 후에 죽은 아이의 어머니가 아이를 죽인 소년을 찾아왔다. 소년은 살인을 저지르기 전까지 거리에서 살았고, 그녀는 그를 면회 온 유일한 사람이었다. 그들은 잠시 대화를 나눴다. 그리고 그녀는 떠나면서 그에게 담배를 사라고 약간의 돈을 주었다. 그녀는 차츰 더 자주 그를 찾아왔다. 그녀는 음식과 작은 선물을 가져다주곤 했다. 3년 간의 형기가 끝날 무렵, 그녀는 그에게 석방되면 무엇을 할 작정인지를 물어보았다. 그는 마음이 복잡하고, 자신에 대해 매우 불확실했다. 그래서 그녀는 친구의 회사에 일자리를 얻어주기로 했다. 그리고 또 어디서 살 것인지를 물어보았다. 소년에게는 돌아갈 집이 없었으므로 그녀는 자신의 집의 빈 방에 임시로 머물러도 좋다고 했다.

그는 여덟 달 동안 거기서 살면서 그녀가 해주는 음식을 먹고 일터에서 일했다. 그러던 어느 날 저녁, 그녀는 그를 거실로 불러냈다. 그녀는 소년의 맞은편에 앉았고, 그는 그녀가 입을 열기를 기다렸다. 그녀가 말했다. "재판정에서 내가 너를 죽이겠다고 했던 말을 기억하니?" "그럼요, 기억합니다. 그때를 결코 잊지 못할 겁니다." 소년이 말했다.

"그래, 내가 그렇게 말했었지. 난 아무 이유도 없이 내 아들을 죽인 그 아이가 이 땅 위에 살아 있기를 원하지 않았어. 난 그애가 죽기를 원했어. 그래서 너를 면회하고 선물을 가져다주기 시작했던 거야. 그래서 너에게 일자리를 구해주고 내 집에서 살게 했던 거야. 그게 내가 너를 변화시키기 시작했던 방식이란다. 그리고 그 옛날의 아이는 이제 없어졌어. 그래서 이제 너에게 묻고 싶다. 내 아들은 죽었으니, 그리고 그 살인범도 죽었으니, 네가 우리 집에서 같이 살 것인지를 말이다. 빈 방이 있으니 너만 괜찮다면 널 양자로 입양하고 싶다."

그녀는 아들을 죽인 소년의 어머니가 되었다.

용 서 와   선 의

이 이야기는 우리를 처음의 자리로 되돌아오게 한다. 나치케타의 여행과 죽음의 신 야마에게 첫 소원으로서 용서를 빌었던 이야기 말이다. 전체성의 만다라 속에서 우리는 용서를 실천할 것을 요구받는다. 우리는 특히 가족과 이웃을 용서할 수 있어야 한다. 그래야만 그것을 세상으로도 확대시킬 수 있는 것이다.

그것을 불교의 명상법으로 수행하든지, 아니면 '다른 뺨을 돌려대는' 예수의 가르침을 따르든지, 혹은 '알라 신의 자비'에서 찾든지 간에 우리는 자신과 타인들을 용서하는 법을 배워야만 한다. 흑인 인권 운동가인 부커 T. 워싱턴 Booker T. Washington은 그것을 이처럼 간명하게 말했다. "그들을 미워하게 되도록 그들이 당신을 끌어내리게 두지 말라." 용서란 과거의 고통을 붙들고 있는 손을 놓아 그것이 지나가게 하는 가슴의 능력을 말한다.

내려놓음과 사랑에 대해서는 배울 것이 많고도 많다. 가족은 이 지혜가 꽃필 수 있는 토양이 된다. 나는 가족을 가진 사람들의 은혜로운 이야기들을 무수히 들었다. 그들은 이렇게 이야기한다. "나는 마침내 어머니를 찾아뵙고 사랑한다고 말했다." "고통스러운 세월을 보낸 후에 마침내 나는 형과 화해했다." 용서는 상처와 두려움이 오랫동안 억누르고 있었던 가슴의 자비를 풀어놓는다.

우리의 길이 온전해지게 하는 것은 부드러움과 너그러움이다. 인류라는 가족의 정신이 자라나고 가족의 진정한 의미가 확대되어, 살아 있는 모든 것을 한가족으로 껴안게 하는 첫걸음은, 가장 가까운 이들과의 화해와 사랑이다. 우리는 깨어나서 서로의 가족이 된다. 그것이 우리가 인류를 향해 나아가는 첫걸음이다.

〈두 세계의 이쉬Ishi In Two Worlds〉는 캘리포니아 주의 마지막 야나 족 인디언 이쉬Ishi에 관한 감동적인 이야기다. 그는 인류학자인 그리고 앨프레드 크뢰버 부부와 친구가 되어, 그들에게 더 이상 지상에 남아 있지 않은 자기 종족의 생활 방식에 대해 이야기해 준다. 하지만 가장 감동적인 이야기 중의 하나는 책에 실리지 않았다.

이쉬가 크뢰버 부부에게 밝힌 모든 가르침들의 노래와 자연에 대한 훌륭한 지혜들 중에는 자기 종족 외의 어느 누구에게도 결코 가르쳐주지 않기로 맹세했던 신성한 노래가 있었던 것이다. 그것은 죽어가는 자에게 불러주는 노래로서, 그를 가족과 조상들이 사는 사후의 세계로 돌아가도록 인도해주는 노래였다. 종족 외에 다른 사람이 그 곳에 가서는 안되기 때문에 노래는 아주 은밀히 전해질 수 밖에 없었다. 하지만 이쉬는 그의 종족의 마지막 사람으로서 혼자서 삶을 마감해야 했기 때문에, 결국은 최후의 비밀을 크뢰버 부부에게 가르쳐야 했던 것이다. 이쉬에게 그의 종족에게로 돌아가게 하는 노래를 불러줄 수 있도록 말이다.

우리의 삶이 아무리 단절되고 서로 대치해 있었더라도, 결국 우리는 서로를 가족으로서 필요로 한다. 길을 찾아가도록 도와줄 서로의 가슴과 노래가 필요한 것이다.

15장 많은 형제들과 자매들 : 공동체라는 선물

공동체, 곧 승가僧家라는 보석은 붓다[佛寶]와 다르마[法寶]와 대등하게 받들어져야 한다. 거룩한 삶은 영적 우정을 통해서만 비로소 온전해진다.

붓다

성인들은 그들의 신성함과 존엄성으로써 성인이 되는 것이 아니라, 그들이 성인이 됨으로써 다른 모든 사람들을 찬양할 수 있게 하기 때문에 그렇게 되는 것이다.

토마스 머튼

독창적인 것을 만들어내지 못하겠다고? 별 것 아니다. 네 형제가 물을 마실 수 있도록 흙을 빚어 컵을 만들라.

루미

예수와 붓다, 샤먼과 성자들에 대한 이야기들은 흔히 그들이 홀로 사막이나 숲속에서 인간의 문제에 대한 신성한 깨달음을 추구했던 구도기求道記에 초점을 맞춘다. 하지만 그 이후에도 이야기는 이어진다. 자아의 경계를 넘어서 영원과 연결되는 자는 누구나 저절로 사람들이 사는 세상으로 돌아온다. 다른 이들과 나누며 함께 성숙해가는 것, 이것이 가슴의 깨달음이 이어가는 방식이다.

불가의 수행자에게는 이른바 불佛, 법法, 승僧의 삼보三寶로부터 보시가 주어진다. 보시는 붓다로부터 온다. 왜냐하면 그의 깨달음은 곧 모든 존재 속의 잠재적 깨달음을 의미하기 때문이다. 영원한 진리이자 해탈을 가져올 수 있는 가르침을 의미하는 법은 보시의 두 번째 원천이다. 세 번째의 대등한 보물인 승가는 깨달은 존재와 법을 수행하는 모든 이들의 공동체이다.

'승가' 란 불교의 영적 공동체를 의미하며, 이것이 없이는 깨달음이 유지될 수 없으므로 보배처럼 여겨진다. 승가는 가르침을 보존하여 전하고, 우리가 홀로 깨달을 수 없다는 사실을 인식시켜준다. 기도와 수행의 영적 세계는 스승, 도반, 공동체를 통해 지탱된다. 수행을 함으로써 우리는 타인의 깨달음에 자양분을 공급하는 과정에 기여하게 된다. 우리가 깨닫는 지혜와 자비심의 모든 순간들은 우리로부터 가족과 사회와 세계로 넘쳐흐른다.

신성한 공동체는 유태교에서는 민얀minyan, 곧 기도 예배를 보는 데 필요한 유태인들의 최소 구성원 수로서 존중된다. 수피들에게는 그것은 신성한 친교 모임이며, 힌두교인들에게는 사트상(satsang, 진리의 모임)이며, 기독교인들에게는 '하나님의 이름으로 둘 이상이 모일 때' 이다. 어떻게 표현되든 간에, 영적 삶의 중심에는 신성한 공동체가 있다.

단 절 로 부 터   공 동 체 로

신비적 경향을 띤 늙은 랍비가 제자들에게 거룩한 기도를 올리는 시간인 밤이 끝나고 낮이 시작되는 때를 무엇으로 알 수 있느냐고 물었다. 한 제자가 대답했다. "멀리 있는 짐승을 보고 그것이 개인지 양인지를 알 수 있는 때입니까?" "아니다." 랍비가 대답했다. "손금을 분명히 볼 수 있게 되는 때입니까?" "멀리 있는 나무를 보고 그것이 무화과인지 배나무인지를 알 수 있는 때입니까?" "아니다." 랍비는 번번이 이렇게 대답했다. "그러면 어떤 때입니까?" 제자가 캐물었다. "그것은 모든 남녀를 보고 그들이 너희의 형제요 자매임을 알 수 있는 때이다. 그 전까지는 여전히 밤이다."

영적 삶이 성숙해감에 따라 우리는 초월적인 지혜 ― 세상 너머로의 영적 조명 ― 로부터 내재하는 지혜로 옮아간다. 우리는 신성한 그것이 언제나 여기에 있음을 깨닫는다. 우리를 신비적인 고독으로부터 멀어지게 하는 영적 삶의 자연스러운 주기는 결국은 우리를 어떤 형태의 공동체로 돌아오게 한다. 바로 이 때문에 심우도에서 신성한 소를 찾아 길들인 자도 예외 없이 돌아와서 자신이 받은 선물을 세상에 돌려주어야만 하는 것이다.

이 회귀는 어려울 수도 있다. 특히 우리 시대에는 진정한 공동체의 정신이 너무나 상실되어 있기 때문이다. 현대 생활의 특징은 '원자화'다. 모든 개인들이 각자의 방향으로 돌면서 바삐 움직인다. 현대 사회에서는 문자 그대로 개인적 힘들을 볼 수 있다. 모두가 자신의 자동차를 타고, 집에서는 각자의 방을 차지하고 사무실에서는 각자의 컴퓨터 화면 앞에 앉아 있고, 아이들은 텔레비전 앞에서 자란다. 이 같은 저잣거리로 우리는 어떻게 심우도에서 말하듯이 '선물을 주는 손'을 가지고 돌아올 수 있을 것인가? 쉬운 일이 아니다.

장기간 불교나 힌두교 수행을 마친 서양인들은 대개 집으로 돌아오면 혼란과 단절을 경험한다. 요가 등을 수행한 자들은 현대 생활의 슬픔과 복잡 다단함 속으로 돌아갈 때 겪게 되는 갈등과 어려움을 종종 하소연한다. 이 두 세계 사이를 이어주는 열쇠는 영적 우정이다. 자비로운 우정은 서로에게 줄 수 있는 가장 중요한 선물 중의 하나이다. 한 명상 지도자는 이렇게 말한다.

5년 간 은거 수행을 하며 비범한 명상 체험을 쌓은 후 나는 시애틀로 돌아가서 살았다. 나의 시각은 변해 있었다. 내 주변 사람들과는 정말 달랐다. 처음에는 도회지가 흥미롭게 느껴졌다. 하지만 동시에 좀 미친 듯했다. 나는 내면의 세계와 외부 세계를 어떻게 조화시켜야 할지를 몰랐다. 그러다가는 점점 스스로 압도되어버렸다. 나는 혼란스러웠고 정신을 차릴 수가 없었다. 영적인 도반이 정말 필요했다. 마침내 그런 친구를 몇몇 만나자 그들이 이 어려운 몇 년의 시기를 도와주었다. 어려운 시기를 맞게 되면 이 점을 기억하라. 말하건대, 그것은 가장 중요한 것이다. 영적 우정을 잊지 말라.

영적 삶을 지탱해나가기 위해서는 의식주가 필요한 것만큼이나 서로의 눈과 가슴이 필요하다. 서로의 눈을 통해 자신을 비춰보고, 서로 용기를 북돋아주는 것은 결코 작은 일이 아니다. 시인 아드리엔 리치는 이렇게 말한다. "진실성과 존중심은 저 혼자서 불꽃처럼 일어나는 것이 아니라 사람들 사이에서 만들어지는 것이다."

영적 공동체와 영적 우정은 놀라운 형태로 나타난다. 나는 지난 몇 년간 도시 출신 청년들을 위한 여러 차례의 수련회를 안내했다. 이 청년들은 대부분이 인종 차별과 가난과 폭력과 절망뿐인 환경으로부터 '돌아갈' 길을 찾고 있는 범죄 집단 출신들이었다. 그들로 하여금 이 회귀를 시작하게 한 것은 그들의 친구나 조언자나 보호자였다. 아주 잠시라도 그들에게서 아름다움과 가능성을 발견해준 누군가가 있어야만 했다. 그것은 할머니, 학교의 관리인, 선생님, 혹은 이웃의 아저씨였을 수도 있다. 다른 사람들로부터 진정으로 인정과 존중을 받는 경험은 자신의 본성을 기억해내게끔 한다. 우리가 서로에게 가져다주는 깨달음의 의미는 과소 평가할 수가 없다.

친구가 필요한 것은 길거리의 청소년들만이 아니다. 외부인들을 위한 수련 센터를 운영하는 수도원들은 그곳을 찾아오는 사람들이 얼마나 영적 우정에 굶주려 있는지, 그리고 그것이 수사들과 수녀들로 하여금 그들의 공동체에 대해 얼마나 더 깊은 감사를 느끼게끔 하는지를 말한다. 공동체는 하나의 축복이다.

한 서양인 라마승은 수행의 이러한 측면에 대해 이렇게 말한다.

3년 동안의 은거 수행을 하는 중에 우리 열다섯 명은 작은 수행처 안에 함께 던져졌다. 우리는 마치 결혼한 직후에 전쟁터에 투입된 것만 같았다. 그것은 그토록 농도 짙은 경험이었다. 타인들과 몸을 부딪히며 살다 보면 자신의 모난 면들이 원만해진다. 다른 이들이 나를 더 정확하게 봐주므로 자신을 속일 수가 없다. 그것은 깊은 유대를 쌓을 수 있는 시간이었다. 어떤 면에서 집단 생활을 한다는 것은 명상만큼이나 가치 있는 일이었다. 그것은 자비의 가르침을 순간 순간 살아 있는 것으로 만들어주었다.

이제는 영적 교감, 곧 평화로운 사람들뿐만이 아니라 모든 사람들, 모든 사물 속에 살아 있는 영을 인식하는 것이 나의 주된 수행이 되었다. 누구든지 사람의 눈을 들여다보면 그 속에 빛이 반짝이고 있다. 모든 동물들, 모든 잎사귀, 모든 꽃과 이슬 방울, 흙덩어리 속에서도 그렇다. 속세의 사람들도 수도원 안의 사람들만큼 깨달아 있다. 그것은 모든 곳에서 똑같다. 영성이란 산꼭대기에 있는 그 무엇이 아니다. 그것은 바로 여기에서 신성을 보는 것이며, 바로 지금 완성을 확인하고 찬양하는 것이다. 진실을 알아보기만 한다면 적들에게서조차 깨어나는 방법을 배울 수 있다.

공 동 체 도   어 렵 다

온전한 삶을 위해 공동체가 아무리 중요하다고 해도, 그것은 호락호락한 것이 아니다. 타인들과 함께 살다 보면 온갖 종류의 어려움이 다 일어난다. 좀더 친밀하게 사랑과 후원을 나누려고 서로에게 가까이 다가가다 보면 각자의 가족 생활 속에서의 묵은 습관과 두려움과 요구와 제약 또한 드러나게 된다. 그것이 우리 코앞에 있을 때는 괜찮다. 기도와 명상 속에서는 그런 갈등을 피할 수 있다. 하지만 공동체 삶 속에서는 갈등이 우리를 찾아온다.

영적 공동체에 대한 몇몇 옛이야기들은 '우유와 물처럼 함께 살기, 상냥한 눈으로 서로를 인정하기' 등으로 조화를 강조한다. 하지만 고대의 경전들은 그보다는 공동체의 문제에 대한 이야기들로 가득 채워져 있다. 유태교의 어느 신비주의 전통에는 공동체 구성원들 간의, 그리고 스승과 제자 간의 갈등에 대한 온갖 이야기들이 전해진다. 초기 기독교의 일화에는 공동체 안의 갈등과 싸움이 자주 언급되고, 바울의 편지는 이러한 문제를 해결하게 하기 위한 충고로 가득 채워져 있다. 불교의 초기 경전은 오직 영적 공동체에 대해서만 언급하고 있다. 거기에는 붓다가 살아 있을 때조차 비구와 비구니들 사이에서 일어났던 갈등과 악행과 어려움의 수백 가지 사례들이 언급되어 있다. 붓다를 시기하던 붓다의 사촌은 붓다를 죽이려고 했다. 그리고 나중에는 코잠비의 완고한 비구들이 말썽을 부려서 심지어는 붓다의 말씀조차 들으려 하지 않았다. 마침내 붓다는 그들이 스스로 문제를 해결하도록 한동안 손을 놓고 숲속에서 동물들과 함께 한가롭게 지냈다.

어느 힌두교 스승은 공동체에 개입되기 싫어하는 자신의 심경을 이렇게 밝힌다.

인도에서 몇 년을 살다가 나는 유명한 요가 수행 센터의 지도자가 되어서 돌아왔다. 나는 한 도시에서 다른 도시로 날아다니곤 했다. 사람들은 "연중 운영되는 요가 센터를 열자"고 말하곤 했다. 하지만 나는 그것을 피했다. 내 친구들이 큰 아슈람을 가지고 있을 때도, 나는 여행을 다니며 가르쳤다. 결국 나는 내가 공동체를 원하지 않는다는 것을 깨달았다. 특히 스승의 역할을 하고 있는 나로서는 그것은 너무나 많은 책임을 의미했고, 이 모든 사람들과 가까이 지낸다는 것은 너무 어려운 일로 여겨졌다. 나는 그것이 내 가족에게 불행을 초래했다고 믿는다. 나는 숨막히는 답답함이나 고통 없이 누구와 함께 지낸다는 것은 상상할 수조차 없었다. 나는 그저 그런 일에 준비가 되어 있지 않았다.

공동체의 인간 관계가 이상적이고 영적이고 우애 있고 깨달음에 충만하기를 바란다면, 그것은 우리의 마음에조차 기대할 수 없는 것을 기대하는 것이다. 고통 없이 타인과 함께 하기를 바란다면 그것은 비현실적인 짓이다. 하지만 친밀한 우정을 기피한다면 그 또한 고통스러울 것이다. 지혜로운 영적 공동체에서는 각자의 어려움을 인정하고 어떻게든 서로를 돕는 쪽을 택한다. 때로 우리는 사랑과 관용의 축복을 가져오는 자가 되기도 하고, 때로는 그룹에 갈등과 말썽을 불러오는 자가 되기도 할 것이다. 하지만 이 또한 다른 이들에게 배움의 기회를 주는 선물이 된다. 우리는 삶의 각본 속에서 주기적으로 바뀌가면서 양쪽의 역할을 다 맡게 된다.

완전한 평화를 구하기 위하여 영적 공동체를 찾는다면 틀림없이 실패할 것이다. 하지만 인내와 끈기와 자비를 성숙시키고 다른 이들과 함께 깨어 있기를 배우는 장소로서 공동체를 이해한다면, 그것은 깨어남을 위한 비옥한 토양이 된다. 한국의 한 선사는 제자들에게, 공동체의 수행이란 감자가 담긴 광주리를 오랫동안 회전시키면 감자가 서로 부딪혀서 껍질이 벗겨지는 것과도 같다고 비유했다.

공동체 안에서는 서로가 서로의 거울이 된다. 한 늙은 수녀는 이렇게 회상한다.

내가 지냈던 두 번째 공동체에는 십여 명의 수녀밖에 없었다. 나는 그 중 두 명을 빼고 다 좋아했다. 한 수녀는 게을렀고, 다른 한 수녀는 자기 도취적이었다. 첫해가 지나고 나서 하루는 부엌에서 친구에게 불평을 털어놓았더니, 그녀는 이렇게 말했다. "하지만 그들은 정말 나쁜 사람들이 아니야. 널 불편하게 하는 게 뭐니?" 내가 대답했다. "한 명은 너무 게으르고, 한 명은 늘 자기만 생각해." 그러자 그녀가 대꾸했다. "그래? 그렇다면 네가 좀더 게을러지고, 좀더 네 생각만 할 필요가 있다는 거야!"

우리의 영적 성숙 — 단련 — 은 집단적으로 일어났다. 우리에게는 개인적인 기도의 시간이 별로 주어지지 않았고, 젊은 여성들인 우리의 개인적인 삶은 거의 몽땅 전체의 공동체 생활에 바쳐야만 했다. 이것은 여러 면에서 하나의 시험이었다. 그리고 그것은 너무나 많은 욕망의 희생을 요구했으므로 커다란 신뢰가 필요했다. 그것은 오직 자신만 붙들고 씨름하면 되는 기독교나 불교의 독거 수행 같은 것이 아니었다. 우리에게는 공동체가 항상 우선이었고, 몇 해가 지나서야 우리는 그 기도와 헌신의 공동체적 세계로부터 개인이 싹터 나오는 것을 발견할 수 있었다. 그러한 수련에 자신을 진정으로 내맡기는 것, 어려움을 선물로 받아들이는 것은 황홀한 일이었다. 다른 영혼들과 함께 큰 목표를 향해 움직여가는 것, 그것은 하나의 선물이었다.

나는 이 집단적 깨달음의 길을 거쳐간 수녀들을 만나는 일이 아직도 즐겁다. 그것은 가슴의 차원에서 하나 되기를 배우는 것이다. 완전한 영적 삶을 살기 위해서는 타인과 함께 사는 법을 배워야만 한다.

이런 이야기가, 누구나 사원 공동체를 찾아서 직업과 가정과 가족을 버리고 떠나야 한다는 뜻은 아니다. 공동체에 대해 배울 기회는 늘 있다. 우리의 선입견과 두려움과 집착을 도드라지게 하고, 열린 가슴으로 가는 길을 보여줄 사람들은 우리 주변에 얼마든지 널려 있다.

스트레스를 줄여보려고 명상을 시작한 한 육군 장교는 이것을 최근에 수퍼마켓에서 깨달았다. 그때는 마침 붐비는 저녁 시간이었다. 기다리는 줄이 길게 늘어서 있었다. 그의 바로 앞에 선 아이를 안은 여인은 물건을 한 가지밖에 사지 않았는데도 단품短品 전용 줄에 서지 않고 일부러 긴 줄에 서 있었다. 인내심이 없는 장교는 그녀 때문에 약이 오르기 시작했다. 그녀가 계산대에 섰을 때, 이번에는 계산원과 그녀가 아기를 어르면서 시간을 보내는 것을 보자 그는 더욱 부아가 났다. 여인은 아기를 계산원에게 안겨주기까지 했다.

그는 성질이 급해지기 시작해졌다. 그녀가 매우 이기적인 사람이라는 생각에 화가 치밀어올랐지만, 마침 그는 방금 명상 수업을 마치고 왔기 때문에, 그러한 자신의 느낌을 알아차리고는 호흡을 가라앉히면서 그것을 이완시키기 시작했다. 그래서 잠시 후에는 아기가 귀엽게 생겼다는 사실까지도 알게 되었다. 그가 계산할 차례가 되었을 때에는 계산원에게 이렇게 말할 수 있을 정도로 이미 감정을 내려놓은 상태였다. "아기가 참 귀엽더군요." 그러자 그녀가 대답했다. "오, 고마워요. 우리 아기예요. 제 남편은 공군에 있었는데 작년에 추락 사고로 돌아가셨답니다. 지금은 저의 어머니께서 아이를 돌보시면서 하루에 한 번씩 저에게 보여주려고 이렇게 아기를 데리고 오신답니다."

우리는 서로를 너무 성급하게 심판한다. 상대방의 가슴 속에 무엇이 담겨 있는지는 거의 모르면서 말이다. 진정으로 은총과 신성 속으로 깨어나려면 우리는 훌륭한 스승께 바치는 것과 동일한 존경심을 모든 이들에게 바쳐야만 한다. 주변의 화나고, 불편하고, 성급하고, 힘들게 하고 성가신 붓다들이 우리에게 꾸준함과 평정과 자비를 가르쳐준다. 우리는 서로가 상대방의 방아에 찧일 곡식이다.

나의 가까운 친구이자 정신과 의사이며 의식意識 연구자인 스탄 그로프 Stan Grof는 그가 미국에 도착한 지 얼마 안 되었을 때 일어났던 이러한 가르침의 일화를 이야기한다. 그는 존스 홉킨스 의과 대학에서 일하다가 미국 인디언 출신의 정신과 의사를 만나게 되었는데, 그가 스탄과 그의 스탭들을 캔자스 주에 있는 그의 부족의 전통적 페요테(환각 선인장) 의식儀式에 초대하는 일을 주선하여 그들을 그 모임에 데리고 갔다.

그들은 먼 평원으로 차를 타고 나가 인디언 전통 의식을 주관하는 장로인 '길의 추장'을 만났다. 추장은 방문객을 받아주기로 이미 동의했지만, 이 백인들을 본 다른 인디언들은 그것을 거부했고, 그리하여 그들을 설득해서 이 통상적이지 않은 방문객들을 받아들이게 하는 데는 시간이 걸렸다. 인디언에 대한 백인들의 선입견과 인디언 문화의 말살과 인디언 학살의 역사는 이들에게 여전히 고통을 주고 있었지만, 존스 홉킨스 대학의 의사들은 일부러 먼 길을 왔기 때문에 마침내 의식에 참여할 수 있도록 받아들여졌다. 하지만 한 사내만은 인디언 최후의 보물, 그들의 영적 황금을 '훔치러' 온 백인에 대한 적개심을 완강하게 드러내놓고 있었다. 의식이 밤새도록 진행되고 있는 동안에도 그의 기분은 페요테와 북소리에 의해 갈수록 증폭되기만 했다. 이 성난 인디언은 한마디 말도 없이 맞은편에 앉은 스탄을 노려보고 있었다. 밤새도록 올린 기도에도 불구하고 아침이 되어서도 그의 노기는 누그러지지 않았다. 노기 속의 서먹함으로, 결국은 이런 느낌 속에서 의식이 마무리지어질 것처럼만 보였다.

　그러던 중, 마지막 한 차례의 축복 기도에서, 이 만남을 주선했던 정신과 의사가 그의 부족에게 이 백인 주술사들, 특히 공산주의자들의 방해로 고국인 체코슬로바키아로 돌아가지 못하고 망명 생활을 하고 있는 스탄을 그들 속으로 받아들여준 데 대해 감사를 표했다. 그러자 그 순간 노여워하던 사내의 표정이 단번에 바뀌었다. 그는 벌떡 뛰어 일어나 모닥불을 지나서 스탄의 무릎에 얼굴을 파묻고 울었다. 그는 몇 분 동안이나 스탄과 곁에 있던 사람들을 껴안고 자신이 오해로 그들을 미워했던 것을 사과했다.

　그는 울면서 자신의 이야기를 쏟아놓았다. 그는 제2차 세계 대전중에 공군에서 폭격기를 몰았다. 나치가 퇴각하던 전쟁의 마지막 주에 그의 비행기는 체코슬로바키아의 가장 아름다운 도시 중 하나인 필젠을 불필요하게 폭격하여 파괴시켰다. 체코슬로바키아는 나치에 항거하다가 독일에 강제 점령된 나라인데도 말이다.

　이제 입장이 반대로 바뀌어버렸다. 스탄과 체코슬로바키아는 인디언의 땅을 훔치지 않았을 뿐만 아니라, 파토와타메 인디언 부족의 이 사내는 스탄의 조국을 파괴하는 것을 돕기까지 했던 것이다. 그가 가해자였고 스탄의 나라는 피해자였다. 그것은 그로서는 견뎌내기 힘든 고통이었다. 그는 스탄을 껴안고 또 껴안으면서 용서를 빌고, 의식이 진행되었던 동안의 자신의 행동을 사과했다. 그리고는 그는 멈추어 서서 자신이 배운 것을 말했다.

　"나는 이제 우리가 조상들이 행한 일로 증오심을 품고 있으면 세상에 희망이 있을 수 없다는 것을 깨달았다. 나는 이제 당신들이 나의 적이 아니라 나의 형제임을 알았다. 오래 전에 일어났던 일은 모두 우리 조상의 시대에 일어난 일이다. 그때는 내가 적군으로 태어나 있었을지 누가 아는가? 우리는 모두가 '위대한 영혼'의 자식이다. '우리의 어머니인 땅'은 앓고 있다. 형제인 우리가 함께 일하지 않으면 우리는 모두가 죽을 것이다."

서로에게서 붓다를 발견하기

불교 신화에 의하면 새로운 시대마다 그 시대에 맞는 완벽한 형태의 가르침을 펴는 붓다기 나타난다고 한다. 예컨대, 사랑의 붓다인 마이트레야(미륵불)는 내세에 나타날 붓다의 이름이다. 하지만 틱 낫 한 스님은 이다음 세상의 붓다는 깨달은 한 사람의 형태로 나타나지 않을지도 모른다고 말했다. 그는 "다음 붓다는 영적 공동체 그 자체가 될 수도 있다"고 말한다. 이것은 모두 서로가 서로를 깨닫도록 돕는 관계가 되리라는 것을 의미한다.

샌프란시스코의 한 신문에 난 만화에서는, 한 사내가 간판을 들고 거리를 걷고 있다. "예수께서 오고 있다!" 길 건너편에는 동양인처럼 보이는 친구가 간판을 들고 있다. "붓다는 지금 여기에 있다!" 성숙한 영성으로 본다면, 우리는 붓다와 예수가 모두 지금 여기 우리가 만나는 모든 사람 안에 있음을 깨닫는다. 첫 번째 간판을 들고 있는 사내를 포함해서 말이다.

모든 존재를 붓다로 대하고, 모든 사람들 속에서 그리스도를 보는 전통적 수행법이 있다. 랍비 힐렐Hillel은 모든 거룩한 말씀들을 한마디로 요약하면, "이웃을 사랑함으로써 신을 사랑하라"는 단순한 이해로 귀결된다고 했다. 선사 도겐의 말은 여기에다 깊이를 더한다. "깨닫는다는 것은 만물과 친구가 되는 것이다."

우리는 이제 완전히 한 바퀴를 돌았다. 우리는 절을 하는 공부로, 있는 그대로의 생명 앞에 존경을 표하는 공부로 돌아왔다. 모든 존재를 자신의 형제 자매로 대하는 이것은 제자에게나 스승에게나, 초심자에게나 오래된 수행자에게나 마찬가지로 수행의 기본이자 동시에 고급 단계이기도 하다.

타인의 어리석음, 삶에서 부딪히는 좌절과 비난과 갈등과 몸부림과 배신, 이 모든 것을 절을 함으로써 맞이할 수 있다. 이들은 마라가 붓다를 찾아왔듯이, 우리를 찾아온다. 우리를 자비심으로 일깨워주기 위해서, 오고 또 온다. 마하트마 간디는 이렇게 말했다. "세상의 유일한 악마는 우리 가슴 속을 배회하는 것들이다. 우리가 싸워야 할 곳은 바로 이곳이다."

람 다스가 몇 해 전에 오클랜드에서 봉사에 대해 일련의 강의를 했을 때, 참석자들은 만나는 모든 사람들에게서 신성을 본다는 것이 어떻게 가능할지를 고민해야 했다. 몇 주일 후에 한 여성이 일어나서 말했다. 그녀는 몇 달 동안 집 없는 거지에게 잔돈을 주곤 했는데, 강의에 참석한 후에야 자신이 그를 한번도 진정으로 바라본 적이 없었다는 사실을 깨닫게 되었다는 것이다. 이것이 그녀를 놀라게 했다. "나는 내가 그의 눈을 들여다보면, 그 다음 주에는 그가 우리 거실의 소파에서 자게 될까봐 두려워하고 있었다는 것을 발견했습니다."

처음에는 두려움이 있다. 서로가 가슴을 온전히 연다면 그들의 고통에 어찌 압도되지 않을 수 있겠는가? 우리의 가슴은 그것을 모두 포용할 만큼 커 보이지 않는다. 혹은 우리는 우리 자신을 포함해서 모든 것을 주어 버리게 될까봐 두려워한다. 하지만 요구되는 것은 그런 것이 아니다. 요구되는 것은 자비로운 관심, 곧 형제 자매의 기쁨과 슬픔을 우리의 가슴 속에 포함시키는 것이다. 모든 존재의 내면에서 살아 있는 붓다를 발견하면, 지혜롭고 자발적인 반응이 일어날 것이다.

자비로운 귀기울임

자비로운 귀기울임은 세상을 변화시키는 열쇠이다. 평화를 위한 외교적 행동으로서 진 넛슨 — 호프만Gene Knudson – Hoffman과 함께 퀘이커교도, 불교도, 유태교 등 배경이 서로 다른 사람들이 '자비로써 귀기울이기' 프로젝트를 시작했다. 세계 평화를 목표로 헌신하는 이 프로젝트에서는 세계적으로 가장 많은 갈등을 안고 있으면서도 고립되어 있는 인물들을 이해하려는 노력으로 그들에게 사람들을 보낸다. 그들은 리비아의 무암마르 카다피를 방문했으며, 중앙 아메리카 혁명에 개입하여 싸우고 있는 모든 단체들의 입장을 청취했고, 아시아와 중동의 극도로 광신적인 파벌들의 주장도 경청했다. 그들의 믿음은, 상대방의 슬픔과 곤경에 깊이 귀 기울이면 갈등의 상황이 바뀌어가리라는 것이다.

   도가에서는 이것을 "가슴에 귀기울여 도를 찾는다"고 한다. 이렇게 상대방에게 귀를 기울이는 자비심은 우리 자신의 고통도 껴안아준다. 자비의 동아리에 우리 자신도 포함되어 있음을 잊어버리면, 우리는 너무나 많은 것을 내어주게 된다. 지혜로운 자비심은 타인과 우리 자신을 위해 무엇이 옳은지를 깨닫게 한다. 우리는 인간적인 모든 것을 껴안는 우리 가슴의 놀라운 포용성을 일깨워낸다. 그리고 우리 자신도 살아 있는 모든 것의 일부임을 깨닫는다. 이 진실로부터 자비로운 가슴이 튼튼히 자라난다.

   1993년에 일어난 로스 앤젤레스의 폭동으로부터 몇 년 후에 나는 말리도마 좀Malidoma Somé, 루이스 로드리게스Luis Rodriguez, 마이클 미드 Micheal Meade 등과 함께 인종 간의 어려운 대화를 촉진시키기 위한 일련의 다문화 은거 수련회를 시작했다. 한 수련회에는 왓츠와 로스 앤젤레스 동부에서 온 100여 명의 흑인과 라틴계 사람들이 백인들과 함께 어울려서 이야기하기, 진실을 말하기, 치유의 의식 등에 참여했다. 이 수련회는 아프리카 서부, 아메리카 원주민, 불교계의 여러 원로들에 의한 고대로부터 내려오는 전통적인 공동체적 수행법 등에 의해 진행되었고, 그것은 서로에 대한 이해의 공통의 장을 마련하기 위한 시도였다. 치열하고 뜨거웠던 한 주가 되었다.

가장 열띤 순간은 한 백인이, 로스앤젤레스 폭동이 자기 집에서 약 3킬로미터 앞까지 다가왔을 때 그와 가족이 얼마나 두려움으로 가슴을 졸였는지를 토로했을 때였다. 그는 너무나 겁에 질려서 가족을 보호하기 위해 총을 샀다고 말했다.

그러자 몇몇 흑인이 이내 그 말에 되받아치려고 자리에서 일어났다. "그 총으로 누구를 죽일 작정이었습니까? 당신이 흑인을 쏘려고 그 총을 샀다는 것을 압니다!" 한 사람이 말하자 다른 사람도 거들었다. "당신은 두려움에 대해 이야기하고 있습니다. 하지만 친구, 두려워지고 싶다면 거울을 들여다보는 편이 나을 겁니다. 누가 기관총과 지뢰를 만들었는지 생각해보세요. 총을 만드는 공장주는 누구입니까? 핵무기를 만들고 그것을 사용한 것이 누구인지 보세요. 누가 2천만 명을 배에 태워 이 나라에 노예로 팔았습니까? 누가 지난 수천 년 동안에 가장 큰 전쟁을 일으키고, 세계를 식민지로 삼았습니까? 두려워지고 싶으면 백인들을 보십시오. 그 총을 팔아버리는 게 나을 겁니다."

몇 명의 백인들이 총을 샀다는 사람을 옹호하기 위해 일어서서 개인의 자기 방어에 대해 되받아 소리쳤다. 그러자 다른 흑인들이 더욱 소리를 높여 맞받았다. 긴장이 고조되고 있었다. 우리는 방 안이 폭발하지 않게 할 수 있을지 의심스러웠다.

마침내 흑인 불교 지도자인 랠프 스틸Ralph Steele이 일어났다.

저는 뉴멕시코의 시골에서 삽니다. 거기서는 사냥이나 자기 보호를 위해서 모두들 총을 지니고 있지만 저는 없습니다. 베트남에 갔을 때 총 쏘는 것은 평생 질리도록 봤거든요. 순찰을 가거나 마을을 정찰하러 가면 날마다 누군가가 총에 맞습니다. 때로는 가장 절친한 친구들이요. 새로운 지역에 가게 되면 주민들이 움직이고, 우리들 중의 일부가 놀라서 총을 쏘기 시작하지요. 나중에 보면 여자와 어린아이들이 총에 맞았더라구요. 우리들 중에는 다른 인간을, 심지어는 여자와 어린아이들을 쏘기 좋아하는 인간들이 있었습니다. 우리는 그런 사람들을 어떻게 해야 할지 몰랐습니다. 2년 동안 그것이 저의 삶이었습니다.

총을 좋아하지 마세요. 당신이 어느 편이든 상관없습니다. 총만은 좋아하지 마세요. 총을 쏘고 나서 악몽을 꾸기를 바라는 것은 아니겠지요? 손에 총을 잡았던 기억조차 하기가 싫어질 겁니다. 평생을 그 기억과 악몽 속에서 살아야 할 겁니다.

랠프는 말을 마치고 조용히 서서 주변을 돌아보았다. 다른 사람들이 모두 자리에 앉았다. 그는 분노나 방어적인 태도 없이 말했다. 방 안의 모든 분노와 두려움보다 더 큰 자비심으로써 말했다. 우리는 잠시 침묵했다.

가슴을 열어 귀기울이고, 자비의 진실을 말함으로써 우리는 갈등의 에너지를 평화로 되돌릴 수 있다. 모든 인간 관계와 공동체에는 좌절과 비난과 집착과 분노와 배신이 있게 마련이다. 우리가 누구이든지, 얼마나 깨달았든지 간에 이런 것은 오게 되어 있다. 공동체 안의 유대가 도움이 되는 것은 여기서이다. 틱 낫 한 스님은 영적 공동체는 곧 붓다임을 강조하면서 지혜는 개인이 아니라 공동체 속에 있음을 상기시킨다. 우리가, 혹은 우리의 공동체가 어디엔가 갇혀서 자비의 축복을 찾지 못할 때, 천국의 문을 열어줄 수 있는 것은 진정한 영적 우정이다.

이것이 랍비의 테이블, 알코올 중독자들의 모임, 수피들의 진리의 모임, 불교도 평의회 등의 힘이다. 우리 단체는 불교계의 원로들이 규칙적으로 평의회에서 만나 중론을 찾았던 옛 전통에 의지한다. 이 경청하는 평의회에다가 우리는 미국 인디언들이 사용하던 '말하는 지팡이' 방식을 도입함으로써 단순함과, 연습하지 않고 진실을 말하는 태도를 기를 수 있었다. 지도자들 간의 갈등이나 간부 선출, 혹은 센터의 새로운 방향을 설정하는 등의 어려운 문제가 생기면 우리는 평의회를 열어 만난다. '말하는 지팡이'를 든 사람이 말을 하면 아무도 중간에 끼어들지 않고 경청한다. 그러고 나면 지팡이는 다른 사람에게 주어진다. 이렇게 해서 모든 사람들이 자신의 가슴 속 말을 털어놓을 수 있다. 우리는 이 정중한 귀기울임으로써 치유와 공감을 얻어내고 새로운 방향을 찾는다. 이렇게 하여 지난 여러 해 동안 이 평의회는 우리가 개인적으로 해낼 수 있는 그 어떤 것보다도 더 온전하게 우리의 공동체적 경험의 지혜를 담아낼 수 있었다.

영적 우정은 멀리서도 후원을 보내줄 수 있다. 융 심리학의 분석가 제임스 힐먼James Hillman은 중국의 반체제 인사인 리우 칭劉靑에 대한 이야기를 들려준다. 그는 악명 높은 웨이난渭南 2호 감옥에서 11년을 살았다. 리우는 하루에 열 시간씩 약 30센티미터의 작은 발판 위에 꼼짝하지 않고 앉아 있어야 하는 고문을 받았다. 움직이거나 다른 수인들과 이야기를 하거나 하면 얻어맞았다. 그 고통을 끝내려면 단지 자신의 신념이 잘못되었다고 시인만 하면 되었다. 하지만 그는 그 모든 고통을 무릅쓰고 서명을 거부했다. 후일 그가 어떻게 그런 강한 의지를 지킬 수 있었느냐는 질문을 받았을 때, 리우는 눈앞에 친구들과 가족의 얼굴이 떠올랐기 때문에 서명할 수가 없다는 것을 깨달았다고 했다. 이 존재들이 속한 공동체와의 가슴 깊은 유대가 그들에 대한 배신을 허락하지 않았던 것이다.

'기아리 14'는 공공 장소에서 염불과 기도를 했다는 이유로 중국 공산당에게 끌려가서 맞고 감옥에 갇혔던 열네 살에서 스물한 살 사이의 티베트 여성들의 모임이다. 하지만 그들은 감옥에서조차 자유롭게 염불과 기도를 하기로 한 결의를 한결같이 지켰다. 그들이 감옥 속에서 올린 염불과 기도를 녹음한 테이프를 누군가가 외부로 몰래 누줄시키자 그들의 형기는 두 배로 늘어났지만 그들은 흔들리지 않았다. 그들은 이렇게 썼다. "우리는 밖에서 우리를 지원해주고 있는 많은 사람들에게 감사한다. 우리는 결코 그것을 잊지 않을 것이다." 놀랍게도 그들은 자신을 위해 기도하지 않고, 조국의 사람들과 그들을 체포한 사람들을 위해 기도했다. 이들의 투쟁을 그린 기록 영화인 〈적을 위한 기도 A Prayer for the Enemy〉를 보면, 그들은 몰래 써서 보낸 편지에 이렇게 썼다. "우리는 끔찍한 취급을 당했다. 무엇을 해야 하나? 우리가 무엇을 할 수 있나? 우리는 적을 위해 기도한다."

도시와 시골에서도, 병원과 감옥에서도, 아픈 이나 건강한 이나, 수인이나 교도관이나, 우리의 기도를 필요로 하는 너무나 많은 사람들을 발견할 수 있다. 이 젊은 비구니들의 기도는 우리의 기도와 일치한다. 우리는 우리의 축복을 바친다. 우리는 모든 슬픔을 넘어서는 치유를 함께 믿는다. 가슴의 동아리를 확장시켜나간다.

가 슴 의 의 도

의도를 인식하는 것이 순간 순간의 수행에서 깨어 있게 하는 열쇠이다. 우리의 개입을 요구하는 모든 상황에서, 우리의 반응에는 어떤 내적 의도가 선행한다. 불교계의 심리학에 의하면 카르마의 패턴을 만들어내는 것은 바로 의도라고 가르친다. 모든 행위의 원인과 결과인 카르마는 각 행위에 선행되는 가슴의 의도로부터 나온다. 우리의 의도가 친절한 것이면, 카르마의 결과는 의도가 탐욕적이거나 공격적일 때와는 사뭇 달라진다. 깨어 있지 않으면 우리는 습관과 두려움에 의해 무의식적으로 행동한다. 하지만 자신의 의도에 주의를 기울이고 있으면, 우리는 그것이 '두려움의 덩어리'로부터 나오는 것인지, 의도적이고 사려 깊은 관심으로부터 나오는 것인지를 알아차릴 수 있다.

모든 전통에서는 가슴이 최선의 의도를 지닐 수 있게 하는 기도와 명상법을 제공한다. 때때로 의도들은 일반적이다. "주여, 제 입에서 나오는 말과 가슴의 헌신이 당신께 바쳐지기를." "모든 행위가 기도가 되기를." "내 가슴이 자비와 용서를 바치기를." "만나는 모든 이에게 생각과 말과 행동으로 깨달음을 가져다줄 것을 서원합니다." 유태교 전통에서는 가슴의 순수한 감사와 사랑을 배양하기 위해 하루에도 수백 가지의 기도를 사용하기도 한다.

의도는 또한 특정한 날, 혹은 특정한 상황에 초점을 맞출 수도 있다. "오늘 내가 갈등에 부딪힐 때마다 호흡을 기억하고 마음의 중심을 잡기를." "일하는 모든 사람들을 친절로써 대하기를." "내 가족이 내가 그들을 사랑한다는 것을 알게 되도록 이번 주에 시간을 낼 수 있기를."

어려운 시기에는 이처럼 반복적으로 가슴의 나침반을 확인하는 것이 결과를 좌우하기도 한다. 가족 간의 부조화에서든 공동체의 갈등에서든, 말하고 행위하기 이전에 우리는 자신의 깊은 의도를 알아차릴 수 있다. 가장 간단한 말 한마디라도 의도에 따라서 엄청나게 다른 결과를 가져온다. "무슨 뜻입니까?"라는 말이 추궁하고 심판하려는 뜻으로 들릴 수도 있고, 사려 깊고 겸손한 뜻으로 들릴 수도 있다. 우리의 가슴은 의도의 떨림을 감지하는 지진계와도 같다.

이것이 대화에서 어떻게 작용하는지를 주시해보라. 우리는 상대방을 제어하거나 자신을 정당화하려는 미묘한 의도로써 말하는가, 혹은 진정으로 경청하고 배우고자 말하는가? 마음이 자유를 향하도록 해놓으면 우리의 선한 의도는 우리를 열려 있지 못하게 방해하는 것들이 내려놓아질 수 있도록 도울 것이다. 가슴이 자비를 향하게 해놓으면 어떤 어려움에 부딪히더라도 우리는 우리의 사랑을 재확인할 것이다.

상황이 나쁠 때, 그것을 더욱 자극하는 대신, 상대방 안의 선善을 건드리는 방법을 찾아볼 수도 있다. 고통과 불의를 부인하지 않고도 우리는 상대방 속에 감추어진 아름다움을 찾아볼 수 있다. 영적 수행은 이처럼 단순힐 수 있다. 자비의 눈으로 보고 가장 지혜로운 의도로써 행동하는 것이다. 이것은 종종 놀라운 효과를 가져온다. 넬슨 만델라Nelson Mandela는 그것을 이렇게 표현한다. "사람들을 너무나 좋게 생각하면 그것이 그들로 하여금 평소보다 더 잘 행동할 수 있게끔 만든다."

이처럼 의식적인 주의로써 변화를 가져올 수 있음을 의심하지 말라. 붓다의 절친한 친구이자 시종이었던 아난다는 마을의 우물가에서 불가촉不可觸 천민 출신의 젊은 여인을 만났다. 그는 마실 물을 정중하게 부탁했다. 하지만 그녀는 자신의 천한 신분이 그의 거룩함에 누가 될까봐 부끄러워서 그것을 거절했다. 아난다는 이렇게 대답했다. "나는 당신의 신분을 부탁한 것이 아니라 물 한 그릇을 부탁했을 뿐이오." 그녀의 삶은 이 단순한 친절에 의해 삽시간에 변했다. 그녀는 사랑과 기쁨에 넘쳐 아난다를 따라 사원으로 들어갔다. 거기서 붓다는 그녀를 축복해주고, 아난다가 보여주었던 친절을 본받아 그 단순한 의도를 지킴으로써 "그대의 삶의 행위들이 왕의 보물처럼 찬란히 빛나게 하라"고 일렀다.

가슴의 교훈은 이처럼 작은 일 속에서 완성된다. 우리의 의도로부터 삶이 성숙해간다. 서로가 서로에게 가슴을 엶으로써 우리의 길은 온전해진다.

공동체는 '그 분'을 모시는 것

마더 테레사는 "병들고 가난한 이들 안에서 그리스도를 보라"고 말했다. 시인 루미는 신을 열망한다. "분리된 모든 것의 얼굴 속에서, 나는 오직 당신만을 보기를 원하나이다." 그리고 오직 신만이 존재함을 기억하고 있을 때는 그는 웃으면서 말한다. "벽 전체가 하나의 환영일진대, 어찌 문을 열려고 그토록 애쓰는가?" 한 호흡 한 호흡마다, 한 입 한 입의 음식으로, 한 마디 한 마디의 말에서 우리는 우리가 살아 있는 모든 것과 연결된 존재임을 표현한다. 인터넷에서 CNN에 이르기까지 현대의 기술은 이것을 새로운 방식으로 우리 눈앞에 보여준다.

이스라엘의 국무총리 이차크 샤미르는 이렇게 빗댔다. "텔레비전은 독재가 불가능하게 만들고, 민주주의를 참을 수 없는 것으로 만들어놓았다." 우리는 모두가 그 속에 함께 있다. 한 서양인 라마승은 회고한다.

깊이 존경받는 린포체인 나의 구루와 함께 인도에서 수행을 한 끝에, 나는 그가 대표하는 스승들의 인맥인 이 계보에 대해 지극한 존경심을 갖게 되었다. 이 분들은 수세기 동안 불교의 깨달음의 정수들을 잘 보존해오다가 그로 하여금 티베트 밖으로 가지고 나올 수 있게 했다. 그 계보는 단지 고승들로만 이루어진 것이 아니었다. 라마에게로 가는 길가에서 순례자들에게 차를 대접하는 것은 헌신적인 마을의 여성들이 있었다. 또한 그를 후원해준 것은 그를 방문하는 늙은 목자들과 티베트의 상인들이었고, 강가에서 방망이로 빨래하는 사람들과 그의 부엌에서 일하는 요리사들과 그의 마당에서 자라는 향초였다. 온 세상이 나의 라마를 모시고 있었고, 그는 그들을 모시고 있었다.

우리는 붓다들의 바다 한가운데에 있는 전체성의 만다라 안에 존재한다. 그것은 우리가 사랑과 지혜의 눈을 뜨기만 하면 보인다.

내 친구이자 동료인 질 프론스달Gil Fronsdal이 젊어서 모로코로 여행을 갔을 때, 그는 사하라 사막으로 깊이 들어갔다. 거기서 그와, 동행했던 친구는 베드윈 족에게 잡혀갔다. 그것은 이 방랑하는 아랍 유목민들의 관습이었다. 그들은 사흘 동안 아낌없는 잔치 상을 받았고, 너무나 후하고 깊은 환대를 받아서 질은 "마치 왕이 된 기분이었다"고 말했다. 떠날 때가 되어 그들은 수없이 감사를 표했다. "집에 돌아와서야 나는 내 생각이 잘못이었음을 깨달았다. 왕족은 그들이었다. 우리에게 그토록 진정한 왕족의 너그러움을 베풀 수 있었으니 말이다."

'그 분'을 모신다는 것은 우리 앞의 사람들을 찬양하고 그들을 붓다로서 바라보고, 그리스도로서 환대하는 것이다. 내 스승 중의 한 분인 아잔 줌니엔은 자신이 맡은 주지의 역할 속에서 이것을 표현한다. 그는 절을 찾아오는 모든 사람들을 붓다로서 찬양하고자 노력한다. 대부분의 태국 남자들은 일생의 일부 기간을 절에서 지낸다. 그는 그의 절로 찾아오는 모든 지원자들을 찬양으로써 받아들인다. 지방의 복싱 챔피언이 절에 지내러 왔을 때, 아잔 줌니엔은 그에게 자신의 보디가드가 되고 싶은지를 물었다. "나는 보디가드가 필요하지 않았지만 그는 너무나 기품 있게 나를 지켜주었고, 결국은 훌륭한 스님이 되었다." 어떤 사람은 와서 자신이 건축가로서 이룬 업적을 자랑스럽게 늘어놓았다. 아잔 줌니엔은 미소를 짓고는 말했다. "훌륭하십니다. 우리에게는 새로운 명상 홀이 필요합니다. 그 계획 전체를 당신께 맡기겠습니다." 찬양과 존경을 받을 때 우리 안에서는 고귀한 것이 피어난다.

여러 해 전에 람 다스는 구루인 님 카롤리 바바에게 가서 물었다. "어떻게 하면 가장 잘 깨달을 수 있을까요?" 구루는 대답했다. "사람들을 사랑하라." 그가 깨달음으로 가는 가장 빠른 길을 물어보자 구루는 이렇게 대답했다. "사람들을 먹이라. 사람들을 사랑하고 먹이라. 모든 형체 속에 신을 모시라." 인도의 신비주의자인 까비르는 말한다. "내 가슴을 만족시킬 것은 단 하나밖에 없다. 매 호흡마다 신을 모시는 것이다."

모심〔侍〕은 깨어난 가슴의 표현이다. 하지만 누구를 모시는가? 그것은 우리 자신이다. 누군가가 간디에게 어떻게 그토록 끊임없이 인도를 위해 자신을 희생할 수 있느냐고 묻자, 그는 대답했다. "나는 오직 나 자신을 위해서 그렇게 합니다." 타인을 모실 때, 우리는 자신을 모시는 것이다. 〈우파니샤드〉에서는 이것을 "신이 신을 먹인다"라고 표현한다.

지혜로운 영적 공동체라면 자신보다 더 큰 것을 모셔야만 한다. 사람들이 주로 자신의 단절과 고독을 덜기 위해, 타인들로부터 자신의 요구를 만족시키기 위해 공동체에 모인다면 그런 공동체는 실패하게 마련이다. 하지만 그들의 전망과 창조성이 신을 모시는 데에, 곧 더 큰 공동의 선을 위해 바쳐진다면 건전하고 지혜로운 공동체로 발전해갈 가능성은 커진다.

한 수피 스승은 이것이 필요함을 이렇게 말한다.

> 우리가 공동체를 만들었을 때 사람들은 사회적 필요, 경제적 필요, 정치적 필요 때문에 찾아온다는 것을 발견했다. 우리는 그들의 요구가 공동체의 주요 목표가 되기를 바라지 않았다. 우리는 함께 기도하고 신을 모시기 위해, 진정 영적인 방식으로 성숙해지기 위해, 우리 자신보다 높은 어떤 것을 표현하기 위해 모인 것이다. 우리는 삶의 모든 부분에 성스러움이 스며들기를, 이것이 세상 속에서 빛나게 되기를 원했다.

미국의 과거 세대들은 지금은 많이 잊혀져버린 방식으로 이것을 이해하고 있었다. 미국의 역사는 서로에 대한 공동체적 관심의 본보기로 채워져 있다. 헛간을 짓는 일로부터 춘궁기에 음식과 씨앗을 나누는 일과 교회 가기와 영적 협력에 이르기까지.

몇 해 전에 있은 대평원의 홍수와 같은 재난의 시기에는 놀라울 정도로 계층과 인종 간의 장애를 뛰어넘어서 서로를 돕고자 하는 정이 넘쳐난다. 그러다가 '정상적인' 생활로 돌아오고 나면, 사람들은 그립다는 듯이 모든 사람을 한 이웃처럼 만들어주었던 그 정신을 지키고 싶어하는 마음들을 토로한다. 우리는 옛날의 이주 개척민 공동체의 정신을 유전자 속에 기억하고 있어서, 그것이 우리가 서로에게 어떤 존재가 될 수 있는지를 상기시켜주고 있는 것이다.

서로를 모시는 것은 신성한 유대의 표현이다. 그것은 잃어버린 일체성을 다시 일깨우며, 우리로 하여금 타인의 눈을 다시 들여다보고 만물 속에서 빛나는 '신성'을 발견하게끔 한다. 호스피스로 봉사하는 한 오래된 불교 수행자는 죽어가는 환자들에게서 평생 만난 어느 누구보다도 더 강한 유대감을 느꼈다고 회고한다.

> 처음에는 그것이 죽음을 맞은 그들의 열린 태도 때문이라고 생각했다. 하지만 나는 곧 그것이 아마도 내가 날마다 몇 번씩 그들을 위해 자비의 명상을 하기 때문이라고 생각하게 되었다. 사랑의 기원을 의도적으로 바치면, 어떤 사람을 위한 기도와 축복을 거듭 거듭 바치면, 그것은 자신의 가슴을 변화시킨다. 우리는 자신이 바치는 사랑, 그것이 되어버린다.

우리는 누구나 형제와 자매들에게 봉사하는 많은 행위를 하고 있다. 빨간 신호등에 따라 멈출 때마다, 계산대에서 돈을 낼 때마다, 설거지를 할 때마다, 쓰레기통을 내놓을 때마다, 우리는 가족과 사회와 지구를 위해 봉사하는 것이다. 각자의 일상적 역할 속에서도 – 건축가로서, 상인으로서, 정원사나 예술가로서, 선생, 치료가, 비서, 세일즈맨으로서 – 우리는 자비를 일깨울 수 있다. 영적 공동체와 자유의 정신을 찾을 수 있다.

인도의 스승 메헤르 바바Meher Baba는 이렇게 말한다.

> 봉사의 범위는 영웅적인 행위나 커다란 제스처, 혹은 공공 시설에 막대한 기부금을 내는 등의 일에만 국한되지 않는다. 작은 것으로 사랑을 표현하는 이들도 봉사하는 것이다. 상처받은 가슴에 용기를 주는 말이나, 암울한 마음에 희망을 주는 미소도 영웅적인 희생만큼이나 봉사적인 것이다. 가슴의 씁쓸한 기분을 닦아내주는 짧은 눈길도, 그 속에 봉사의 의도가 없었다고 하더라도 하나의 봉사인 것이다. 그 자체로 보자면 이 모든 일이 작게 보이지만 삶은 수많은 작은 것들로 이루어진다. 이 작은 것들을 무시하면 삶은 아름답지 못할 뿐만 아니라, 견뎌내기 힘든 것이 될 것이다.

훌륭한 봉사는 고요한 가슴에서 나온다

지혜로운 의도와 훌륭한 봉사는 침묵과 기도의 시간으로부터 그 자양분을 섭취해야 한다. 모든 위대한 전통은 일종의 안식일을 가지고 있다. 서양에는 기독교와 유태교의 안식일이 전해져내려왔다. 이슬람교도는 금요일을 성스러운 날로 정하고 있고, 이와 비슷하게 힌두교와 불교에서는 보름달과 초승달과 반달이 뜨는 날에 간소한 삶의 서약을 다진다. 내가 어렸을 때 매사추세츠 주에는 일요일에 어떤 형태의 일도 못 하게 하는 안식일 '노동법'이 있었다. 하지만 한 세대가 지난 지금은 일 주일에 7일, 하루 24시간, 열려 있는 수퍼마켓과 24시간 은행이 있다. 우리의 상업적 사회는 무제한으로 사업을 할 수 있는 권리를 획득했다. 이것은 소모와 고갈의 지름길이다.

서로를, 그리고 자신을 모시는 정신은 특별한 토양에서 자라난다. 기도하고 축복하기를 기억해내는 순간에 말이다. 호흡과 맥박의 주기를 잘 관찰해보면 숨과 맥박 사이에는 작지만 꼭 필요한 멈춤의 순간이 있다. 심장이 평생을 쉬지 않고 박동하기 위해서는, 새로운 박동을 시작하기 이전의 정지한 순간마다 그 힘을 회복시켜야만 한다. 영적 성숙 또한 안식일과 같은 시간이 필요하다. 우리는 상업적인 시간에서 빠져나와 시간 없는 시간 속으로 들어간다.

우리는 우리가 찾고 있는 성역이 되어야 한다. 이것은 안식일이나 날마다 규칙적으로 하는 명상과 기도로 시작될 수 있다. 때로는 그것은 일터에서 규칙적인 침묵의 시간을 갖는 것일 수도 있다. 아니면 삶의 방식 재검토하기나 자발적인 간소함 추구하기, 자연 속에서 시간 보내기, 주기적으로 수련회 참가하기 등을 뜻할 수도 있다. 그것은 CNN 채널을 끄고 모차르트의 음악을 트는 것일 수도 있다. 어려움과 갈등의 시기에 그것은 숨을 한 번 크게 들이쉬고 가슴을 가라앉히고 자신의 가장 깊은 의도가 무엇인지를 귀기울여 듣는 것을 뜻할 수도 있다. 이러한 순간들 속에서 우리는 지상에서 해야 할 가슴의 과업을 기억해낸다. 한 기독교 묵상 지도자는 이렇게 말한다.

나는 보호된 작은 공동체에서 여러 해를 살았다. 그러다가 이제는 사회로 돌아가서 봉사해야 할 때라는 생각이 들었다. 나는 수도원과 사회를 왔다 갔다 하면서 적응을 시작했다. 에이즈 환자들의 호스피스와 응급센터에서 일했다. 나는 침묵의 시간을 가슴 깊이 갈구하면서 한 달에 한 번씩 수도원으로 돌아왔다. 일용할 양식의 선물이 주어질 때, 나는 줄에

서서 기다리면서 이곳의 모든 것들이, 심지어 가장 평범한 일상조차 얼마나 거룩한 방식으로 표현되는가를 실감하곤 했다. 실제로 그것은 늘 그랬다. 이것이 은총의 신비이다. 나는 중요한 것은 단지 기도와 명상만이 아님을 알았다. 중요한 것은 또한 침묵, 즉 멈추고 다시 숨을 쉬고, 가슴을 열고, 온 지구와 그 위에 있는 모든 것이 거룩함을 깨닫는 것이다. 나는 이 아름다움을, 나를 만나는 모든 이들에게 전해주고 싶다. 그래서 나는 규칙적으로 침묵에 들어간다. 내가 멈추고 이것을 기억해낼 수만 있다면, 삶은 내게 한 약속을 성취해줄 것임을 나는 알고 있다.

침묵의 순간에서부터, 사랑하고 봉사하는 가장 훌륭한 방법이 분명히 보인다. 귀기울이기 위해 멈춤으로써 우리는 서로와 연결되고, 진정한 공동체는 태어나는 것이다.

16장   모든 존재와 함께 깨어나기

진정한 할 일은 가슴으로 이 땅의 원주민이 되는 것이다. 우리가 실로 이곳에 살고 있음을 이해하게 되는 것, 여기가 우리가 살고 있는 대륙이며 우리가 마음을 바칠 곳은 여기의 산과 강과 식물과 동물들임을 이해하는 것이다. 진정한 할 일은 과거로, 수십억 년 전으로 거슬러올라가는 성심을 요구한다. 진정한 할 일은 우리가 이 땅의 시민임을 받아들이는 것이다.

게리 스나이더

아침마다 나는 세상을 구원하려는 욕망과 세상을 맛보고 감상하려는 욕망 사이에서 갈팡질팡한다.

E. B. 화이트(미국 수필가)

깨달음의 만다라는 생명의 그물망을 펼쳐서, 살아 있는 모든 것들과 한 가닥으로 함께 연결되어 있는 우리의 숨결을 직접 느낄 수 있게끔 한다. 인도인들은 이것을 '인드라의 보석 그물망을 들여다보기'라고 한다. 이 그물망에는 마디마다 반짝이는 보석 구슬이 꿰여 있어서 그 보석 하나하나가 다른 모든 보석들을 비추고 있다. 우리가 자연계와 이처럼 깊이 연결되어 있음은 부인할 수 없는 현실이며, 이에는 기쁨과 책임이 따른다. 시애틀 추장은 말한다. "동물들이 없는 인간은 무엇이란 말인가? 짐승들이 없으면 인간의 영혼은 사무치는 외로움에 죽고 말 것이다."

마찬가지로 우리는 이렇게 물을 수도 있다. 땅이 없다면 우리는 어떻게 걷고 춤출 수가 있는가? 우리 가슴의 수행에는 온 지구와, 그리고 수많은 생명이 포함되어야만 한다.

산과 강과 함께 하는 수행

붓다가 새벽 별을 보고 보리수 밑에서 깨달음을 얻은 후에 그는 가르침을 펼치려 나섰다. 그는 약 10킬로미터나 걸어가야 하는 바라나시 대신에 사르나트의 숲 그늘에서 가르침을 시작하기로 했다. 모세는 백성을 이끌고 도시를 찾아가지 않고, 젖과 꿀이 흐르는 땅을 찾아 광야로 데리고 갔다. 예수도 홀로 사막으로 들어갔고, 도시에서 가르치기는 했으나 자주 바닷가와 올리브 숲과 들판과 정원을 찾곤 하였다. 그의 설교에는 양치기와 어부와 사자와 양과 백합이 자주 언급되었다. 모든 영적 전통들을 살펴보면 그 지혜 속에 피난의 장소인 자연, 신성하고 자연스러운 법칙의 표현인 자연이 들어 있는 것을 볼 수 있다.

가톨릭과 불교의 수행자들은 아직도 산과 숲에서 수행을 한다. 산에 큰 절을 창건한 아잔 붓다다사는 자연은 우리의 스승이라고 말한다.

> 팔, 손, 허파, 신장 등 우리 몸의 기관들은 생존하기 위해 서로 협력하여 기능한다. 인간과 동물과 나무와 지구는 서로 엮여서 하나의 협동체를 이룬다. 태양과 달과 행성과 별들은 하나의 거대한 협동체이다. 이기심을 넘어서 깨어 있으면, 우리는 환희롭고 신선하고 열려 있는 마음과 자연의 자연스러운 생태학을 발견하며, 그 속에서 우리는 모든 존재들과 유기적으로 연결되어 있다.

생태학적으로 건강한 문화에 대한 개념은 현대에 와서 처음 생긴 것이 아니다. 인도의 어느 전통적 불교 가르침에서는 모든 사람들이 5년마다 나무를 한 그루씩 심으라고 권한다. 그리고 세계 역사상 가장 지혜로운 통치자들 중의 한 사람이었던 인도의 아소카Ashoka 왕은 상호 연결성의 원리에 입각한 거대한 왕국을 건설했다.

어느 날, 남인도를 정벌하기 위해 많은 피를 흘렸던 싸움터를 내려다보며 슬퍼하던 아소카 왕은 피가 흐르는 들판을 평화롭게 걸어가는 한 비구를 보았다. 이를 본 왕은 이렇게 생각했다. "모든 것을 가진 내가 아무 것도 가지지 않은 저 비구보다도 행복하지도 평화롭지도 못 하구나." 그래서 아소카 왕은 그 비구의 제자가 되었다. 그리고 그가 배운 불법이 그의 땅을 정의로운 왕국으로 바꿔놓았다. 군대는 전쟁보다 평화를 지키는 데에 사용되었다. 종교적 관용와 도덕적 책임감, 포기와 출가가 장려되었다. 채식을 장려하고 우물을 파고 숲을 보호했으며, 백성과 땅이 모두 건강하고 편안해지도록 법을 정비했다. 아소카 왕의 칙령을 새긴 2,000년 전의 돌기둥은 아직도 인도 전역에 남아 있다.

불행히도 지혜는, 환경과 마찬가지로, 끊임없이 돌보고 가꾸어야만 한다. 아소카 왕이 죽고 난 후에는 생명과 땅의 상호 연결성에 대한 아시아 지역의 승려들의 시각은 수동적으로 변해서 더 이상 환경에 대해 많은 배려나 관심을 기울이지 않게 되었다. 동남 아시아의 열대 마을이나 숲속의 사원에서는 여전히 쓰레기를 그냥 땅에다 버린다. 그것이 원주민들의 포장지로 쓰였던 바나나 잎사귀였을 때는 상관이 없었는데, 비닐이 사용되기 시작하고부터는 그것은 악몽이 되었다. 그래도 여전히 대부분의 스승들은 전적으로 개인의 마음에만 초점을 두고 가르쳤지, 우리 주변의 자연에 대한 책임감을 일깨워주지는 못 했다.

그러던 중에 태국과 라오스, 미얀마 등지의 벌목이 성행하게 되자 승려들도 벌목꾼들로부터 마지막 남은 숲을 구해내기 위해 활동가로 변신해야만 했다. 그들은 오래된 고목에 승복을 둘러 입히고 의식을 올려 고목들을 숲의 주지로 모셨다. 이제 승려들은 숲의 승리자, 환경 보호자가 되었다. 이와 마찬가지로 서양에서는 기독교인들의 환경 운동이 확대되고 있다. 라틴 아메리카의 수사들과 수녀들이 모범을 보여 시작된 전세계 교회의 운동은 자연의 신성을 돌보는 일을 하나님의 역사의 일부에 포함시키기 시작했다.

한 수도원의 수녀는 이런 관심이 어떻게 확대되고 있는지를 말해준다.

수십 년 동안 우리는 세계의 문제들로부터 의도적으로 단절되어 있었다. 우리는 아직도 정치나 뉴스에 오르는 모든 문제들에 개입하지 않는다.

하지만 우리는 1978년에 재활용을 시작했다. 그리고 1983년에는 살충제 사용을 중지했다. 이제 우리가 먹는 것의 대부분은 유기 농산물이다. 그리고 우리는 자동차와 화물차의 사용을 최소화하고 있다. 땅을 돌보는 마음이 우리의 행동과 기도 속으로 서서히 스며들었다. 우리는 방문객들을 교육시킨다. 라틴 아메리카에서 환경 운동가가 된 자매들도 있다. 우리가 하나님께 올리는 기도는 이와 따로 분리된 것이 아니다. 이제는 사라져가는 종種들과 열대 우림, 불쌍한 농민들이 우리 자신의 일부로서 우리의 신성한 일에 포함된 것일 뿐이다.

인간과 자연의 영역은 서로 분리되어 있지 않다. 지구 온난화나 수질 오염의 원인이 우리의 생활 방식에 있음을 인식하든, 먹거리가 어떻게 생산되는지를 되돌아보든 간에, 우리는 이 상호 의존성에 눈을 떠야만 한다. 수퍼마켓에서 쇼핑을 할 때, 그 먹거리를 길러주는 비와 촉촉한 흙과 뜨거운 햇살과 농부들의 무수한 손길을 생각해볼 수도 있다. 시인 앨리슨 루터맨Alison Luterman은 이렇게 쓴다.

딸기는 기계로 따기에는 너무나 부드럽다. 잘 익은 딸기는 조심하지 않으면 사람의 손에서도 뭉개진다…… 우리가 먹은 모든 딸기, 즉 모든 과일들은 사람의 부드러운 손으로 딴 것이다. 젤리를 바른 토스트는 모두가 누군가의 아픈 무릎과 허리와 엉덩이를 의미하며, 그들이 흘린 땀을 의미한다.

영적 삶의 초기에는 자기 변신과 지혜로운 인간 관계에 초점을 맞출 수도 있다. 하지만 수행 속에서 체험하는 무아의 느낌은 또한 우리를 자연과의 일체성 속으로 이끌어주는 것이어야만 한다. 한 요가 지도자는 말한다.

1970년대에 인도에서 살 때, 나의 구루들 중의 한 분은 시끄럽고 더럽고 공해가 심한 도시에서 요가를 가르쳤다. 그는 내면의 순수성에 대해서는 모든 것을 가르쳤지만, 우리 주변의 형편없는 환경에 대해서는 일언반구도 언급하지 않았다. 나의 두 번째 구루는 전원에 아슈람을 가지고 있었다. 거기서도 우리는 세상을 초월하기 위한 강력한 호흡법과 요가와 명상을 배웠지만, 환경 문제는 여전히 저 혼자 버려져 있었다.

나는 요가의 보급과 생태학적 인식이 서로 너무나 별개의 것으로 분리되어 있다는 사실에 충격을 받았다. 우리는 채식주의자가 되면 그것으로 충분하다고 생각했다.

현재 나는 나의 요가 수련 모임을 원시적인 자연 속에서 열고, 순수한 마음과 강물과 공기의 깨끗함은 뗄래야 뗄 수 없이 서로 연결되어 있는 것임을 사람들에게 가르친다. 이제는 더 조심성 있게 살고, 우리의 몸과 세계의 몸을 의식적으로 연결짓는 세계 — 요가를 가르치고, 또한 배울 필요가 있다.

미래에 대한 전망을 지닌 불교 지도자이자 활동가인 조안나 메이시 Joanna Macy는 생태학적 변화를 가져오기 위해서는 영적 변혁, 곧 '인간 의식의 일대 전환'도 일어나야만 한다고 지적한다.

> 과학자들조차 기술적인 대응책이 없다는 것을 안다. 아무리 많은 컴퓨터와 마법의 총알을 동원하더라도, 인구 폭발과 사막화와 기후 변화와 공해와 동식물의 멸종을 막을 수가 없다. 우리는 이제 우리와 지구 경제를 지금으로 몰아온 것과는 다른 목표, 다른 쾌락, 다른 것들을 추구해야만 하게 되었다.

소비자 중심의 소비주의의 가치들은 천박하고 그릇된 것임이 영적 깨어남을 통해 날로 드러나고 있다. 집착과 소유는 모든 생물들과 조화롭게 살고자 하는, 깊은 내면의 욕구인 사랑과 온전함 앞에서 점차 자리를 내주고 있다. 우리의 가슴을 위해 더 간소하게 살고자 하는 열망, 지구의 생명에 대한 책임감이 자라나고 있다.

하지만 이 변화는 절로 오는 것이 아니다. 깨어남의 만다라의 모든 분야에서, 우리는 자신의 조건지어진 습관을 의식적으로 직시해야 한다. 한 지도자는 자신이 이를 위해 날마다 기울이는 노력을 이렇게 이야기해 준다.

> 세상의 고통은 나를 늘 고문하는 문젯거리이다. 얼마나 많은 대가를 치러야 할지에 충격을 받지 않고 지나가는 날이 없다. 나는 30년 동안 명상 수행을 가르쳐왔고, 그 뿌리는 내면의 각성, 우리의 소아적小我的 존재를 세상을 위한 아름다운 어떤 것으로 변화시킬 수 있는 가능성에 있다고 생각한다. 하지만 때로 그것은 너무나 느려 보인다. 인간의 영역을 변화

시키는 것은 기대와 같지 않다. 인도와 네팔에서도, 상상할 수 있는 가장 궁핍한 환경에서도, 나는 삶의 완전함과 살아 있는 자유를 목격했다. 또한 나는 배고프고 가난하고 아픈 무수한 사람들과 도움이 필요한 무수한 사람들을 보았고, 또한 지금도 보고 있다. 나는 그들을 돕기 위해 내가 할 수 있는 일을 한다. 나는 간소하게 살려고 애쓴다. 날마다 나는 묻는다. 나는 올바른 목적을 위해 일하고 있는가? 올바른 선택을 하고 있는가? 충분히 노력하고 있는가?

슬프게도 미국은 전세계에서 가장 많은 무기를 생산하고 공급하는 나라다. 그리고 세계는 수조 달러 규모의 무기 시장에다 돈을 쏟아붓고 있으며, 그 돈의 10퍼센트만 있으면 지구상의 모든 아이들과 배고픈 이들을 먹일 수 있다는 것까지도 우리는 알고 있다. 지하수의 오염이 모든 사람들을 위협하고 있다는 사실을 우리는 보아서 알고 있다. 뉴욕 주의 모호크 족 인디언 산모들의 젖에 대한 PCB(Poly Chlorinated Biphenyle, 폴리 염화 바이페닐) 분석은 우리의 몸이 쓰레기 매립지의 일부가 되어 있음을 보여준다. 우리는 어떻게 할 것인가?

영적 가치는 우리에게 출가하여 수도원의 간소한 생활을 하기를 요구하지도 않고, 땅으로 돌아가기를 요구하지도 않는다. 정치와 의학과 법률과 월 스트리트와 경찰 등 삶의 모든 부문들은, 영적인 지도자를 필요로 한다. 비밀라키르티 보살에 관한 불교의 이야기를 보면, 깨달은 존재가 의도적으로 부유한 사업가로 환생하여 상업 세계에 지혜를 전해주었다고 한다. 그 다음에 그는 환자가 되어 의사들에게 자비심을 가르쳐주고, 또 나중에는 술집과 매음굴에 가서 그들에게도 가르침을 폈다고 한다. 삶의 어느 면에도 그의 자비심의 손길이 미치지 않은 데가 없었다고 한다.

삶 속으로 온전히 뛰어듦으로써 모든 이에게 축복을 가져다준다는 것은 고귀한 생각이다. 하지만 우리는 우리가 비밀라키르티의 본보기를 따르는 것이라고 자신을 쉽게 속일 수 있다. 현대 서양 사회가 누리고 있는 부富는 엄청난 대가로부터 오는 것이다. 거기에는 다른 문화를 착취하고 대부분의 세계를 경제 식민지화하고, 생명의 종種과 서식지를 생태학적으로 파괴하는 것도 포함되어 있다. 자동차를 운전할 때마다 우리는 세계적인 오염과 지구 온난화에 일조하고 있다. 비행기를 탈 때, 제트기의 연료는 중동 지역에 행사하는 정치적 힘에서 나오는 것이며, 그것은 알래스카의 순록 서식지를 파괴한다. 가장 싼값의 수입 음식물을 먹고자 하는 우리의 욕망이 과테말라와 브라질의 농부들과 토양에 끔찍한 결과를 가져올 수도 있다.

고대 그리스어에서 깨어난다는 뜻의 말은 'alethe'이다. 깨어남의 반대는 악이나 무지가 아니라 'lethe', 곧 잠이다. 깨어남의 체험을 한 후에도 우리는 우리의 현대적 생활 방식이 가져올 결과에 대해서는 잠들어 있을 수 있다. 애석하게도 대부분의 영적 전통들에서는 상호 의존성과 생태학적 개념들을 별도로 가르쳐주지 않는다. 우리는 우리의 행위의 보이지 않는 대가에 대해 스스로 깨우쳐야만 한다. 우리의 외면적 삶이 가슴의 진정한 가치와 조화를 이룰 때까지.

이런 시대에 삶의 존엄성을 지켜가려면 우리의 생활 방식에 '도덕적인 덕목'을 적용할 필요가 있다. 불교의 팔정도八正道는 올바른 사고, 올바른 행동, 올바른 말, 올바른 살림을 포함한다. 우리의 생활 방식 — 일, 가정, 경제, 여행, 소비 수준, 정치적이고 사회적인 참여 등 — 은 상호 의존성에 대한 새로이 넓혀진 이해와 조화를 이루고 있는가? 지구에 대한 우리의 관심과 상호 의존성의 깨달음은 우리의 삶을 어떤 방향으로 재촉하는가? 우리는 어떻게 변화해갈 수 있을까? 죄책감에서가 아니라 사랑에서 말이다. 우리의 변화는 바로 이런 의문들을 던져보는 데서 시작된다.

자연과 함께 보고 함께 듣기

때로 우리는 인간 중심적인 의식에서 완전히 벗어나볼 필요가 있다. 환경 운동가인 존 시드John Seed는 상호 의존적 존재성에 대한 인식을 일깨우는 작업의 일환으로 '만물 평의회'라는 그룹 명상을 고안해냈다. 이 평의회는 전세계에서 개최되었다. 참여자들이 아름다운 자연이 있는 곳에서 만나면, 각 그룹의 멤버들은 하루나 그 이상의 시간 동안 바깥을 거닐면서 지구의 그 특정한 장소, 산, 강, 식물이나 동물들, 즉 왜가리, 소나무, 들소, 비둘기 등의 목소리에 가슴을 연결시키고 그들이 무엇을 말하고자 하는지에 귀기울이도록 한다. 그런 다음에는 각자가 선택한 가면이나 의상을 착용하고 평의회에 모인다.

각자는 자신의 종種이나 장소를 대표한다. "나는 아비(阿比, 추운 지역에 주로 사는 갈매기와 비슷한 물새)인데 물에서 사는 새들을 대신해서 말합니다." "나는 계곡 물인데 세상의 강을 대신해서 말합니다." 모든 종들이 소개되고 나면 그들은 각자의 관심사를 평의회에 올린다. 그룹의 일부 멤버들은 — 인간의 역할로서 — 가운데에 나와 앉아 그것을 듣게 한다.

"야생거위인 나는 늪지대가 사라져가고 있기 때문에, 먼 거리를 날아 이주하는 일이 이제는 어려워졌다는 것을 호소하고 싶습니다. 그리고 내 알의 껍질이 얇아져서 새끼가 알을 까고 나오기도 전에 부서져버립니다. 아마도 내 뼈에 독이 있는 것 같아요." 평의회는 이 사실에 귀를 기울인다.

"인간들이여, 나는 생명을 품는 강으로서 말합니다. 이제 당신들이 내게 쏟아내고 있는 쓰레기와 독소 때문에 내가 무엇을 품고 있는지를 보세요. 나는 질병과 죽음을 싣고 다니게 되었습니다." 평의회는 계속 경청한다.

다른 모든 종들도 할 말을 한 다음 인간이 말한다. 대개 그들은 인간의 탐욕과 인간이 풀어놓았다가 이제는 통제력을 벗어나버린 힘들에 대한 후회와 두려움을 털어놓는다. 지구가 표현한 슬픔은, 모든 종들의 운명에 대한 그들의 관심을 다시금 일깨운다.

그 다음에 인간은 거대한 자연계에 도움을 요청하도록 초대된다. 자연계는 그들의 지혜와 힘을 제공한다. 산은 변함 없는 평화를, 독수리는 멀리 보는 눈을, 코요테는 장난스러운 창조성을, 들꽃은 아름다움을 불러일으키는 향기를, 늙은 소나무는 흔들리지 않는 인내심을 제공한다.

이 평의회처럼, 우리는 어디에 있든지 자연으로부터 배울 수 있다. 식물, 동물, 계곡은 우리에게 지혜와 힘을 준다. 그들은 우리에게 불법佛法의 가르침을 가져다준다. 위대한 선사 도겐은 이렇게 말했다. "대나무 하나하나에 만불萬佛이 깃들어 있다." 하지만 이 대나무 붓다를 사려 없이 원래의 그 나라에서 우리 집 뒤뜰로 옮겨 심는다면, 그것은 금방 이웃집의 회초리로 변할지도 모른다. 대나무의 아름다움뿐만 아니라 그것의 탄력적인 힘도 존중하지 않는다면 말이다. 대나무를 옮겨 심는 것이든 강물을 막아 댐을 만드는 것이든, 자연 속에서 지혜롭게 살아가려면, 우리는 자연의 힘과 온전함을 존중해야만 하며, 그것을 우리의 생각대로, 편리한 대로 간단히 길들일 수 있다고 상상해서는 안 된다. 티크 나무 숲에서 사는 승려는 나무의 아름다움과 짙은 녹음을 사랑하지만, 그들은 또한 호랑이의 힘과 코브라의 독과 밀림이 품고 있는 말라리아의 열병도 존중한다. 모든 것이 그들의 스승인 것이다.

초목이 모두 스승

전통적으로 숲을 중시하는 원로들은 자연 속에서 시간을 보내보라고 권한다. 우리가 산책하러 갈 때마다, 비 온 후에 월계수 향기를 맡고 봄의 모과나무와 가을의 불타는 단풍나무 앞에 서서 감탄을 터뜨릴 때마다, 황혼 빛 속에서 오늘의 독특한 색깔을 자랑하는 장미와 옆집 베란다 화분에서 봉오리를 터뜨리는 백합을 볼 때마다, 어스름 녘 산 속의 놀라운 고요 속에서 작은 동물들이 마지막으로 부스럭거리는 소리를 들을 때마다, 우리는 영적으로 변화하기 시작한다. 야생의 세계로 돌아가 거닐 때마다, 우리에게 생명을 준 아름다움과 우리의 계획보다 훨씬 더 큰, 길들일 수 없는 순환의 주기를 감지할 때마다, 우리의 영적인 삶은 새로워진다. 이리하여 의무 때문이 아니라 창조의 그물과 영원한 신성에 대한 감사와 경외와 사랑으로부터, 인간 세계 바깥의 자연에 대한 우리의 관심이 자라날 수 있다.

지구를 돌봄으로써 우리는 깨어나는 지구의 일부가 된다. 랠프 월도 에머슨이 말했듯이, "아름다움을 음미하고 상대방에게서 최선의 것을 발견한다면, 건강한 아이를 낳든, 한 조각의 꽃밭을 일구든, 사회 환경을 개선하든 세상을 조금 더 낫게 만든다면, 당신이 살았기 때문에 한 생명이라도 좀더 쉽게 숨쉴 수 있다면 당신은 성공한 것이다." 자연을 돌보는 것은 동시에 인간을 돌보는 방법이다.

케이시 스니드Cathy Sneed의 교도소 정원 가꾸기 프로젝트는 모든 생명의 상호 연결성을 인식할 때 얼마나 놀라운 축복이 나타날 수 있는지를 보여주었다. 그녀는 감옥에서 발육이 저하되어 죽은 사람들에 대한 관심으로부터 출발하여, 1984년에는 죄수들이 밭을 가꿀 수 있게 하는 프로젝트를 발족했다. 샌프란시스코 카운티 감옥에서는 죄수들이 감옥

뒤뜰에다 채소를 심어 가꿀 수 있게 했다. 케이시는 기금을 모아서 그들에게 모종과 퇴비와 간단한 농기구 등을 제공할 수 있었다.

자신의 손으로 밭을 일굴 수 있게 된 것이, 식물이 싹터 자라서 해충과 가뭄을 극복하도록 책임지고 돌보게 된 것이, 이 버려진 사람들에게서 가장 선한 면들을 일깨워냈다. 그것은 자기 외부의 것에 대한 관심과 연결감을 일깨워주었다. (케이시는 거대한 몸집을 가진 사내가 한 말을 전한다. "내 아기들을 밟지 마세요.") 교도관들도 변화에 놀랐다. 밭을 돌보는 이들에게는 그것이 너무나 중요한 것이 되어서, 그들의 생활은 밭 주위를 맴도는 것이 되어버렸다. 실제로 어떤 이들은 형기를 마치고 석방되자 채소밭으로 돌아오기 위해 일부러 사소한 범죄를 저지르거나 집행 유예를 위반하기도 했다.

이것이 케이시를 다음 단계 프로젝트로 이끌었다. 몇몇 만(灣) 주변 지역의 도시들에서 공민권, 즉 선거권이 박탈된 사람들의 동네 공동 텃밭 가꾸기와, 그리고 전과자들을 위한 텃밭 가꾸기 프로젝트가 바로 그것이었다. 텃밭 가꾸기 프로젝트는 그 자체가 사람을 수확하는 텃밭이 되었다. 작물을 직접 심고 가꾸는 기회를 얻은 사람들에게는 지구 환경에 대한 애정과 관심이 높아졌다. 그것이 이 사업의 큰 축복이었다. 텃밭에서는 채소가 자라고, 사람들의 가슴 속에는 애정이 꽃피었다.

우리는 자연을 통해 시간과의 새로운 관계를 배운다. 그것은 우리가 일상적으로 세우는 계획들과는 다른 리듬과 주기에 근거한 것이기 때문이다. 어떤 곤충은 하루 만에 죽는다. 어떤 식물은 100년에 한 번씩 꽃을 피우기도 한다. 깨달음의 만다라는 이처럼 틀이 다른 시간들을 포용하며, 우리로 하여금 삶에서 그것을 존중할 줄 알게 한다. 우리는 생명의 주기를 돌보는 자가 된다.

미국 인디언 원로들은 '향후 일곱 세대까지 앞을 내다보고' 계획을 세워야 한다고 가르친다. 인류학자이자 시스템 이론가인 그레고리 베이트슨은 1600년대 초기에 세워진 옥스퍼드 대학교 뉴 칼리지에 관련된 한 이야기를 통해 이것이 무엇을 의미하는지를 이해할 수 있게 해준다. 이 학교의 대강당을 지을 때, 지붕은 약 120센티미터 너비의 거대한 참나무 기둥으로 받쳐졌다. 몇 해 전에 건물 관리자들은 이 기둥이 균류의 침식으로 매우 약해져 있는 것을 발견했다. 그런데 문제가 생겼다. 요즘에 그토록 굵은 기둥감을 어디서 구할 것인가 하는 점이었다.

마침내 관리자들은 대학의 산림 감독관에게 물어보기로 했다. 산림 감독관은 그들의 질문에 회심의 미소를 지었다. "우리는 당신들이 언제나 우리를 찾아올까, 궁금해하고 있었어요. 강당을 지은 사람은 언젠가는 기둥이 썩을 것을 알고 있었지요. 그래서 그는 우리 전임자들에게 그것을 대체할 참나무 숲을 조성하게 했답니다. 그 나무들은 이제 350살이 되었습니다. 기둥으로 쓰기에 딱 알맞은 크기지요."

용의주도하고 진지한 마음의 소유자에게는 이처럼 사려 깊은 행동이 생활 방식이 된다. 하나 하나의 작은 발걸음과 가슴 깊은 배려가 하나의 원대한 전망 속에 들어와 안긴다. 우리는 우리가, 측량할 수 없는 전체의 일부임을 알고 있다. 인간으로 태어난 이 한 번의 삶에 국한되지 않는 의식을 지니면, 우리의 숨결은 쉽게 전이되며 살아 있는 모든 존재들에 대한 자비를 가슴에 품을 수 있게 된다.

모든 존재들을 위해 행동하기

불교 전통을 보면 보살은 우주의 깨달음을 위해, 모든 생명들에게 자비와 지혜를 가져다주기 위해 자신을 바친다. 그것이 아무리 오래 걸리더라도 상관없다. 이것의 한 표현이, 마지막 하나의 풀잎까지도 열반에 들기 전에는 열반의 세계에 들지 않으리라는 서원誓願을 들 수 있다. 전세계에서 날마다 많은 수행자들이 명상에 들기 전에 이러한 뜻을 상기하기 위해 이 보살의 서원을 외운다. 서원은 이렇게 시작된다. "중생은 무수하니 모두가 해탈할 때까지 봉사하기를 서원하나이다. 무지와 집착은 끝이 없으니 그 모두를 뿌리 뽑아 변화시키기를 서원하나이다."

영겁의 시간을 두고 무수한 존재에게 깨달음과 자비를 가져다주기로 서원한다는 것은 질리는 일이 아닐 수 없다. 이런 서원을 하는 수행자라면 그것이 무엇을 의미하는지, 그것을 어떻게 삶에 적용할 것인지를 진지하게 부딪혀보아야만 한다. 그것은 나, 이 '작은 자아'가 우주를 다니면서 모든 존재를 구원해야 한다는 의미인가? 또, 그것이 모두 다 이루어진 것을 어떻게 알 것이며, 어떻게 그 일을 시작할 수 있을까?

분명한 것은, 보살의 서원은 어떤 성취에 관한 것이 아니라 방향을, 의도를 정하는 일이라는 것이다. 어떤 상황이 일어나더라도, 죽든 살든, 기쁘든 슬프든, 나는 내 몸과 말과 마음을 자비와 깨달음을 향해 헌신하겠다, 새로운 순간마다 나는 나 자신과 모든 존재들을 위해 친절과 해탈의 씨앗을 심겠다고 결심하는 것이다.

보살의 서원은 측량자가 아니라 나침반, 즉 가슴이 따를 좌표인 것이다. 그것은 지혜로운 행동의 지침, 다른 모든 것이 따라갈 방향이 된다. 그것은 우리의 유산이 된다. 마틴 루터 킹의 말처럼. "나는 여러분이 내가 인류를 사랑하고 섬기려고 애썼다고 말하게 되기를 원합니다. 나는 다만 헌신적인 생애를 남기고 가기를 바랍니다."

달라이 라마는 티베트 국민이 직면해야 했던 끔찍한 비극의 와중에 이 서원에 의지한 것이 얼마나 큰 도움이 되었는지를 종종 이야기했다. 곤경에 직면한 수십 년 동안에 그는 정치적으로 또한 영적 지도자로서, 비폭력의 세계적 본보기로서, 그는 그의 나라와 국민들을 위해 힘든 결정들을 내려야만 했다. 그는 때로 자신의 결정이 최선이 아니었다는 것을, 때로는 실수도 했다는 것을 시인한다. 그는 말한다. "내가 의지할 수 있는 유일한 것은 나의 진지한 동기이다." 그의 가슴이 품은 동기는, 각각의 행위 속에서 가능한 한 최선을 다해서 자비와 해탈을 뒷받침하는 것이다. 그는 자신의 행동의 배후인 의지라는 씨앗에 따른다. 선의의 씨앗을 심음으로써 마침내는 아름다운 무엇이 자라날 것이기 때문이다.

모든 존재를 섬기기 위해서는 또 한 가지의 핵심적인 진실을 기억해야만 한다. 그것은, 시작하는 데에는 지금이 결코 늦지 않았다는 것이다. 지혜의 눈앞에서는 시간의 무거운 압박이나 모든 일에 대한 책임은 모두 다 사라진다. 우리는 전망과 넓은 시야를 발견하고, 모든 책임을 혼자서 지지 않는다. 우리는 이 땅과 사회와 인간 관계에서 우리가 의도하는 모든 변화들을 직접 목격할 때까지 살지 못할지도 모른다. 우리는 씨앗을 심는 자들이다. 우리의 행위의 씨앗이 진실하고 애정 어린 것이면, 그것은 모든 존재들을 먹일 열매를 맺을 것이다. 과거에 어떤 일이 일어났을지라도, 우리는 다시 시작할 수 있다. 우리가 있는 여기서, 지금 시작할 수 있다. 그리고 앞에 놓인 모든 것의 씨앗이 되는 것은 지금이다. 요구되는 것은 오직 우리의 책임감과 창조력뿐이다. 이처럼 진지한 동기를 가지면 우리는 자연히 지혜로운 의문을 품을 것이며, 진정한 애정을 바칠 것이며, 멀리 미치는 지혜로써 사랑하는 것들을 돌볼 것이다. 이것이 바로 과수원을 가꾸는 농부와 아이를 기르는 부모의 멀리 내다보는 마음이다.

이것이 원로와 성자들의 넓은 전망이다. 그것은 영적 헌신의 삶으로부터 저절로 자라난다. 한 명상 지도자는 이렇게 말한다.

나의 영적 삶은 느린 말(馬)과도 같았다. 처음에는 커다란 야망을 품고 출발했다. 나는 아시아에서 치열한 수행을 하면서 처음부터 전속력으로 달리려고 애썼다. 나는 해탈을 향해 가고 있었다. 황홀경과 지복과 신비한 상태와 놀라운 통찰들을 발견했다. 이 모든 것이 나를 찾아왔다. 하지만 그것들이 나에게 해준 것은 단지 무엇을 해야 할지를 일깨워준 것뿐이었다. 정말 행복한 사람이 되기 위해서는 말의 고삐를 늦추어야 했다. 그리고 진정으로 땅에 발을 딛고, 내 삶이 실제로 내가 추구하는 가치를 따르게 해야 했다. 더욱 많은 명상 수행과 내면적 작업을 한 이후에 나는 세상을 향해 180도 방향 전환을 했다. 나는 숲과 바다와 팬더와 크릴 새우와 생태계가, 내가 그것에 의존하듯 그들도 나에게 의존하고 있음을 점점 더 명확하게 깨달았다. 나는 영적 운동가가 되어서 그것을 가르치고, 글로 쓰고, 실천했다. 그리고 약간의 성공도 거두었다. 하지만 나는 다시 말의 고삐를 늦추어야 했다. 왜냐하면 나의 야망이 새로운 모습으로 돌아왔기 때문이다.

이제 나는 출가의 의미를 좀더 잘 이해한다. 그것은 세속적인 삶의 포기와 수도 생활을 의미하는 것이 아니다. 우리는 이 인간으로서의 삶에서 교훈을 배우려고 여기에 던져진 것이다. 출가란 욕망과 야망을 버리는 것이다. 이 시대의 자기 중심적인 사조와 헤어지는 것이다. 우리는 이곳의 주인이 아니다. 우리는 좀더 인내하고, 우리의 행동이 단순하고 순수한 가슴으로부터, 그리고 우리가 몸담고 있는 환경으로부터 나오게 할 필요가 있다. 모든 선한 것은 그로부터 나온다.

적 절 한   침 묵

우리는 자연에서 유위와 무위의 가르침을 얻는다. 나무들은 열매를 맺고 겨울잠을 잔다. 수달과 곰과 송어는 동면을 하고 깨어난다. 밤과 낮, 여름과 겨울이 교차한다. 우리는 흔히 우리가 보살의 뜻을 실천하기 위해서는 항상 꾸준히 노력해야만 하며, 그렇지 못하면 자신이 실패자이거나 게으른 자라고 느낀다. 하지만 우리는 '더 확대된 존재들의 공동체'로부터, 휴면의 겨울철이 없이는 사과가 열릴 수 없다는 교훈을 배운다. 깨어 있는 삶의 만다라에서, 침묵과 무위와 귀기울이기는 행동만큼이나 중요하고 요긴하다.

   토마스 머튼은 이렇게 경고한다.

> 상충하는 많은 문제들에 스스로 휩쓸리거나 너무 많은 요구에 순종하거나, 너무 여러 가지 일에 뛰어들거나, 모든 사람들을 일일이 도우려 드는 것은 그 자체가 우리 시대의 폭력에 굴복하는 짓이다.

거리를 행진해야 할 때가 있는가 하면, 앉아서 기도해야 할 때도 있다. 상황은 번갈아 일어나면서 세상과 내면의 영혼 사이에 균형을 맞추어준다. 지혜롭게 행동하기 위해서는 자비심이 평정심, 곧 세상을 있는 그대로 내버려둘 수 있는 태도와 균형을 이루게 해야 한다. 세상의 슬픔이 가슴을 뜨겁게 만들 수도 있지만, 세상의 문제를 모두 뜯어고치는 것이 우리의 책임이 아님을 또한 기억할 필요가 있다. 우리는 우리가 할 수 있는 일만 하면 된다. 그러지 않으면 우리는 자신이 인류를 구원하러 온 구원자인 것처럼 으스대게 된다.

   지금의 현실 속에서 살면 자비심과 평정심이 조화를 이루게 된다. 깨어 있기와 자비심은 한 번에 한 단계씩, 한 사람씩, 한 순간씩만 진정으로 실천할 수 있다. 그러지 않으면 우리는 돌봐야 할 모든 문제들, 즉 우리의 확대된 가족과 공동체의 문제, 세계적인 불의와 고통에 한꺼번에 압도되어버릴 것이다.

자비심은 특수한 상황에서, 이 순간에 긴급히 필요한 것에 대한 우리의 반응 속에서 가장 현실적인 것이 된다. 지구적인 상황 속에서도 그렇다. 가슴의 자비가 퍼져나오는 것은 특정한 상황 속에서이다. 그것이 옆집의 아픈 이웃이든 열대 우림의 파괴를 반대하는 세계적인 캠페인이든 간에, 하루 하루와 걸음 걸음이 숨쉬기와도 같은, 가슴을 확대시키는 훈련이다. 우리의 진실은 이 작은 걸음 걸음 속에서 꽃피어난다.

한 명상 지도자는 이렇게 말한다.

> 30년 동안 명상을 해보니 50년의 수행조차도 짧으리라는 생각이 든다. 이제 나는 길게, 평생을 내다본다. 나의 결심은 단순하다. 가장 높은 깨달음에 헌신하는 것이다. 시간은 문제가 되지 않는다. 우리는 전적으로 자유롭게 되려 하는 가능성을 가르치고 있으며, 매일매일의 모든 단순한 행위들이 이 가능성, 이 진실로써 규명된다는 사실이 중요할 따름이다.

모든 기도와 모든 의식적 행위가 전체의 치유에 이바지한다. 간디는 말했다.

> 나는 살아 있는 모든 것들의 궁극적 일체성을 믿는다. 그러므로 나는 한 사람이 영성을 얻으면 온 세계가 그것을 얻으며, 한 사람이 타락하면 온 세계가 그만큼 타락한다고 믿는다.

행위의 세계에서는 모든 몸짓이 커야 할 필요가 없다. 작은 행위도 똑같이 중요하다. 한 노인이 봄의 강한 비바람이 지나간 후에 멕시코의 해변을 따라 걷고 있었다. 해변에는 파도에 휩쓸려온 죽은 불가사리들이 널려 있었다. 노인은 그것을 하나씩 주워 바다로 던져주고 있었다. 한 니그

네가 그것을 보고는 다가와서 물었다. "무엇을 하고 계십니까?" "이 불가사리들을 도와주고 있소." "하지만 수도 없이 널려 있는데 단지 몇 마리만 살려주는 것이 무슨 도움이 되겠습니까?" 나그네가 이렇게 항변하자 노인은 여전히 불가사리를 집어 바다에 던지면서 말했다. "바로 이놈에게 도움이 되지요."

정의를 위한 증언

어떤 의미에서, 가장 과격한 정치 행위는 '가슴의 변화'이다. 탐욕과 인종주의와 착취와 증오를 극복하고 고난을 종식시키고 지구와 조화롭게 살고자 한다면, 우리는 인간 의식의 근본적인 위기를 들여다보아야만 한다. 세상을 치유시키려면 정치적이고 경제적인 수단만으로는 불가능하다. 우리는 한 세대의 혁명가들이 다음 세대에 걸림돌이 될 수 있음을, 정치 권력이 탐욕과 망상을 낳을 수 있음을 보아왔다. 우리는 분열의 힘, 탐욕의 힘, 증오의 힘에 직면해야 하며, 자유로운 가슴으로 평화롭게 살기를 배워야 한다. 우리가 못 한다면 어떻게 타인에게서 그것을 기대할 수 있겠는가?

지혜는 우리에게 지상의 인간 세계에는 득과 실, 슬픔과 기쁨, 탐욕과 너그러움, 아름다움과 추함이 늘 있어왔음을 말해준다. 그렇다고 해도 우리는 오늘날의 울부짖음을 외면할 수 없다. 평화로운 가슴은 우리 주변이 아무리 망상으로 뒤덮여 있더라도 그 고난을 덜어주어야 할 책임을 느낀다. 우리는 기도와 명상으로부터 용기와 끈기를 얻어낸다. 그리고는 자연스럽게 반응한다. 세상의 폭력에 손을 보태서는 안 된다는 인식이 커간다. 소설가 윌리엄 포크너William Faulkner는 이렇게 썼다.

어떤 것들은 결코 참지 못해야만 한다. 어떤 것들은 참아내기를 끝없이 거부해야만 한다. 불의와 폭력과 수치와 모욕을 말이다. 그대가 아무리 젊었어도, 아무리 늙었어도, 명예를 위해서도 돈을 위해서도 이런 것들을 참아내기를 단연코 거부하라.

때로 우리의 가장 강력한 반응은 '용기 있게 증언하는 것'이다. 이것만이 변화를 만들어내기 시작한다. 불교 지도자이자 사회 운동가인 조안나 메이시는 체르노빌 핵 발전소로부터 가까운 한 도시에서 절망을 벗어나도록 용기를 주기 위한 작은 행사를 열었던 이야기를 전해준다. 원자로 사고가 일어나기 전에 체르노빌 부근 지역은 한때 아름다운 숲과 산으로 유명했다. 이곳 사람들은 수백 년 동안 산 속으로 소풍을 가서 버섯을 따고 물고기를 잡고 사냥을 하고 땔감을 모았다. 이제 그들은 집에서도 직장에서도 창문과 문을 테이프로 봉해놓고 있으며, 방사능 오염을 무릅쓰지 않고는 외출을 할 수 없게 되었다. 이제 그들에게 남겨진 것은 벽에 걸린 숲의 그림뿐이다.

  지역의 지도자들과 만난 그 자리에서 조안나는 그들이 다시 숲으로 돌아갈 수 있게 되려면 얼마나 걸릴지를 물어보았다. 한 사람이 대답했다. "내 증손주 대에도, '그들의' 증손주 대에도 못 갑니다!" 그것은 수백 년이 걸릴 것이다. 침묵이 이어졌다.

  그러자 한 여인이 일어나서 조안나와 그녀의 팀이 무엇 때문에 그들에게 이 슬픔을 자극하려고 하는지를 노엽게 따졌다. 조안나는 말없이 앉아 있었다. 마침내 한 노인이 말했다. "최소한 우리는 우리 아이들에게 우리가 진실을 말했다고 말해줄 수 있소." 잠시 침묵이 흐른 후에 다른 여인이 말했다. "이 손님들은 목적이 있어서 우리에게 와서 머물고 있습니다. 우리의 고통을 증언하려고요. 이제 그들은 그들 나라로 돌아가서 우리의 이야기를 전할 것입니다. 그들은 세상으로 돌아가서 다른 사람들에게 여기서 어떤 일이 일어났는지를 말해줄 수 있습니다. 그들은 더 이상 다른 곳에서, 다른 어떤 이들의 후손들에게도 이 같은 지구의 오염이 결코 일어나지 않게 해야만 합니다." 이 말과 함께 개인적인 아픔은 어느새 보살의 과업으로 변화되었다.

내가 아는 어떤 존경받는 심리학자는 유엔에서 세계의 독재 정권들로부터 정치적 망명을 하는 망명객들의 새로운 정착을 돕는 일을 한다. 그녀는 때로 잠을 이루기가 힘든 것을 깨닫곤 한다. 아프가니스탄, 우산다, 아이티, 과테말라, 부룬디(중앙 아프리카 탄자니아와 자이르 사이에 있는 작은 나라), 보스니아 등 수많은 나라에서 온 망명객들의 고문당한 이야기들과 광경들이 뇌리를 떠나지 않기 때문이다. 그것은 인간으로서 듣고 견뎌내기가 힘든 이야기들이었다.

그런 슬픔을 홀로 견뎌내는 것이 힘들었으므로 우리는 그것을 어떻게 해결할 수 있을지를 의논하다가, 그녀가 일하는 사무실에다 커다란 제단을 하나 만들기로 했다. 거기에다 그녀는 자비의 여신인 관음 보살과 예수와 붓다와 마리아의 그림을 걸었다. 거기에다 아이티의 신들과 〈코란〉 중에서 자비의 말씀이 아랍어로 적힌 두루마리와 아프리카와 라틴 아메리카의 인자한 신들의 그림도 더했다. 꽃이나 과일이 늘 거기에 바쳐졌다. 그녀는 날마다 지구의 모든 전통의 조상들과 신들을 불러내었다. 그녀는 그들의 위대한 혼에게 그녀와, 고통을 겪고 그녀를 찾아오는 모든 이들을 도와달라고 기도한다.

이제 그녀는 자신의 짐을 혼자서 질 필요가 없음을 느낀다. 그 제단은 그녀가 그 일에 헌신한 삶을 살고 있다는 사실을 상기시켜줄 뿐만 아니라, 그녀와 함께 전세계의 위대한 자비의 힘들도 그 일에 헌신하고 있음을 상기시켜준다. 상호 연결성의 진실은 우리에게 책임감을 줄 뿐만 아니라 동료 의식과 위안도 함께 준다. 우리는 홀로 외로이 변화를 위해 싸우지 않는다. 존재의 위대한 힘들이 우리와 함께 일한다.

깨달음이 깊어질수록 경의와 기도도 자라난다. 제단은 애정 어린 가슴의 한 표현이 될 수 있다. 제단으로 향하는 의식 자체가 헌신의 심오한 행위이다. 절을 할 때마다 우리는 우리가 혼자가 아니라는 사실을 상기할 수 있다. 명상이나 기도를 할 때마다, 찬송이나 예배를 올릴 때마다, 우리는 작은 자아의 느낌으로부터 한 단계 상승하여 모든 존재가 함께 깨어나고 있음을 기억해낸다. 우리는 보살로서, 고통을 단절시키기 위해서, 더 이상 그것을 허용하지 않기 위해서 의연히 행동해야 할 때도 있다. 하지만 때로는 가장 고귀한 반응은 그저 그것을 지켜보는 것이 될 수도 있다. 때로는 우리의 의지가 성공을 거둘 것이고, 때로는 자신의 실패를 지켜봐야만 할 것이다.

붓다의 생애에 관한 이야기들 중에 이런 것이 있다. 마가다 왕국과 붓다의 가문인 샤키야 족이 살았던 카필리바투 왕국은 서로 사이가 좋지 않았다.

마가다의 왕이 샤키아 가문을 공격하려고 한다는 소식을 듣고 그들은 붓다에게, 나서서 평화를 제안해달라고 부탁했다. 붓다는 동의했다. 하지만 붓다가 평화를 위해 많은 제안을 했지만, 마가다의 왕은 그것을 귀담아 듣지 못했다. 들끓고 있는 그의 마음은 멈추지를 않아서, 결국 그는 전쟁을 일으키기로 결정했다.

그래서 붓다는 홀로 나가 카필리바투로 이어지는 길가의 죽은 나무 아래에 앉아 명상을 했다. 마가다 왕은 군대를 이끌고 지나가다가 한낮의 땡볕 속에서 죽은 나무 아래 앉아 있는 붓다를 발견했다. 왕이 물었다. "왜 죽은 나무 아래에 앉아 있는가?" 붓다가 대답했다. "나는 이 죽은 나무 아래에서도 시원함을 느낀다. 왜냐하면 그것은 아름다운 내 나라 땅에서 자라고 있기 때문이다." 이 대답이 왕의 가슴을 찔렀다. 샤키야 가문의 사람들이 자신의 땅에 대해 느끼는 헌신의 마음을 깨달은 그는 군대를 돌려 자기 나라로 돌아갔다. 하지만 나중에 왕은 다시 마음을 바꾸어 전쟁을 일으켰고, 이번에는 그의 군대가 카필리바투 왕국을 멸망시켰다. 붓다는 그저 그것을 지켜보았다.

우리가 추구하는 평화 그 자체가 되는 것이 때로는 상황을 바꿔놓을 수도 있다. 하지만 설사 그것이 실패하더라도 우리는 오로지 자비를 향하는 우리의 흔들리지 않는 약속을 따를 수 있다. 마틴 루터 킹처럼 우리는 진실을 위해 일어설 수 있다.

> 나는 아직도 진실을 위해 일어서는 것이 세상에서 가장 위대한 일이라고 믿는다. 이것이 삶의 목적이다. 삶의 목적은 행복해지는 것이 아니다. 삶의 목적은 쾌락을 얻고 고통을 피하는 것이 아니다. 삶의 목적은 그것이 무엇이든지, 신의 뜻을 행하는 것이다.

진실을 증언하는 데에 삶을 바치면 그 가슴은 무엇으로도 진압할 수가 없게 된다. 한 서양인 사진 작가는 15년 동안 중국 군대에 잡혀서 고문을 받고 옥살이를 했던 늙은 티베트 비구니에게서 이러한 정신을 목격한 것을 이야기해주었다. 그녀는 석방된 후에 인도로 망명했다. 사진 작가는 그녀의 주름진 얼굴을 티베트 원로들의 초상에 포함시키고 싶었다. 커다란 카메라 렌즈를 들여다보다가 그는, 그녀의 입술이 기도문을 중얼거리는 것을 발견했다. 그가 그녀에게 그 끔찍한 시련을 견뎌내게 한 것이 무엇이냐고 묻자, 그녀는 어떤 일을 당하더라도 모든 존재에 대한 자비의 기도를 결코 멈추지 않았다고 대답했다. 고문을 당하면서도 그녀는 고문하는 사람들을 위해 기도했다. 그들은 그녀의 입술이 움직이는 것을 보고 테이프로 입을 봉했다. 테이프가 움직이는 것을 본 그들은 그 위에 또 테이프를 붙였지만, 그녀의 기도는 결코 멈추지 않았다. 석방되었을 때도 여전히 그녀의 기도는 계속되었다. 어떤 일이 일어나도 비구니는 만물의 행복을 위해 기도했다. 그것이 그녀의 진정한 해탈이었고, 억누를 수 없는 그녀의 '참 존재'는 그 모든 것을 뚫고 빛을 발했다.

지구에 주는 우리의 선물

깨닫기 전에는 우리의 기쁨은 이 땅의 것들을 사용하는 데 있다. 깨달음의 은총을 받은 후에는 이 땅의 것들을 섬기는 데에 기쁨이 있다. 지혜가 자랄수록 삶은 더욱더 창조적인 행위, 봉사하는 행위가 된다. 여기에는 누구도 배제되지 않는다는 데에 그 아름다움이 있다. 발리 섬의 전통 문화에는 '예술가' 라는 말도 없고 '창조적인' 사람들도 따로 없으며, 봉사하는 사람과 봉사하지 않는 사람이라는 개념도 없다고 한다. 각자가 자신의 독특한 재능을 바쳐야 하며 모든 행위가 신께 바쳐진다. 신성한 음악과 춤과 그림과 노래와 이야기와 신비적인 황홀경과 기도가, 식사를 준비하는 행위와 수확하는 일, 수레를 끄는 일과 융합되어 있다. 모든 것의 가치가 환영받으며 모든 존재들이 신과 연결되어 있다.

우리는 각자가 지구에 줄 선물을 가지고 있다. 즉 생명의 그물망에 우리 자신을 늘 바치고 있는 것이다. 우리는 종종 우리가 바칠 수 있는 작은 기여의 씨앗을 가벼이 여기고, 뭇 생명의 넓은 환경 속에서 그것이 맺을 열매를 인정하지 않는다. 가슴이 깨어나면 우리는 우리의 모든 행위가 우주 전체에 그 영향을 두루 미친다는 것을 깨닫는다.

이런 시각은 삶을 변화시켜놓을 수 있다. 한 교훈적인 이야기가 이것을 보여준다. 한 사내가 유럽의 어느 거대한 공사장을 찾아갔다. 거기서는 많은 일꾼들이 근처에 있는 높은 건물을 지어 올리는 일을 하고 있었다. 그 일은 수백 년 동안 계속되고 있었다. 그가 한 일꾼에게 무슨 일을 하고 있는지를 물었다. 그는 지친 듯이 대답했다. "내 일은 돌을 반듯하게 다듬어서 갖다주는 일이요." 사내는 옆의 다른 일꾼에게 가서 또 물어보았다. "당신은 무슨 일을 하고 있습니까?" 그가 대답했다. "나는 돌을 깎는 석공인데, 이 일로 처자식을 먹여 살리고 있소." 세 번째 일꾼에게 사내가 물어보자 같은 일을 하고 있던 그 일꾼은 즐거운 목소리로 이렇게 대답했다. "나는 대성당을 짓고 있소." 우리가 지구를 하나의 대성당으로 볼 수 있다면, 우리의 눈은 열리어 우리가 하는 모든 행위에서 은밀한 행복을 찾아낼 수 있다. 모든 석공들이 큰 일에 기여하고 있었다. 다른 점은, 그것을 자신이 아느냐 하는 것이다.

정치적인 항거를 하든지 학교에서 공부를 하든지 1년 동안 명상을 하든지 아메리카 삼나무 숲에서 1년을 살든지 — 훔볼트 카운티의 오래된 삼나무 숲의 벌채를 막기 위해 줄리아 '버터플라이' 힐Julia 'Butterfly' Hill이라는 젊은 여성이 그랬던 것처럼 — 우리는 각자의 목소리와 각자의 길을 바쳐야 한다. 우리의 특별한 재능이 아이들을 돌보는 것일 수도 있고 법률, 상업, 음악, 컴퓨터 통신, 혹은 정원 가꾸기일 수도 있다. 벽돌이 어떤 것인가는 중요하지 않다. 다만 각자의 독특하고 고유한 목소리가 살아 있는 목표와 조화롭게 움직이게 하는 것이 중요하다.

성당을 짓는 자신의 역할을 잊어버리면, 우리의 삶은 서글퍼진다. 이런 전망을 잃어버리면 우리의 혼은 시들고 말라버린다. 아무리 하찮은 일을 하더라도 우리는 이러한 태도를 선택할 수 있다. 나는 금문교의 톨게이트에서 통행세 징수원이 샌프란시스코로 들어오는 자동차를 맞이하면서 사람들에게 성 프란체스코의 정신을 일깨워주는 것을 본 적이 있다. 우리가 바치는 것이 대단해 보이는 것이어야만 하는 것은 아니다. 시를 쓰는 모든 사람들이 십여 권의 시집을 출판하고 우수 도서 상을 받아야만 하는 것은 아니다. 물려받은 메마른 땅을 갈아 생계를 유지하는 아시아의 시골 농부도 노래를 흥얼거리며 쟁기질을 할 수 있고 자신의 기도를 모스크에 바칠 수 있으며 마을 사람들에게 자신의 시를 읊어줄 수도 있다. 그 역시 세상을 바꿔놓고 있는 것이다.

우리의 재능은 선조들과 신들과 생명의 창조적 지능으로부터 내려온 축복이다. 가슴을 열어놓으면 우리가 재능을 택하듯이, 재능이 우리를 택할 것이다. 그 시작을 위해서는 오직 귀를 기울이기만 해야 한다. 현대 상업주의 문화의 소란과 탐욕으로부터 자신을 고요히 침묵시키면, 우리가 할 일을 속삭여주는 친밀한 목소리가 들려올 것이다. 그 목소리는 우리가 교도소의 정원 가꾸기 사업을 벌여야 할지, 국제 사면 위원회에 편지를 써야 할지, 우는 아이를 달래야 할지, 대성당을 지을 돌을 기부해야 할지를 알려줄 것이다. 그것이 완공되는 것을 생전에는 결코 보지 못할지라도 말이다.

오지브웨이 족 인디언의 속담은 이렇게 우리를 일깨운다. "때로는 자신이 측은하게 여겨질 때도 있지만, 그러는 동안에도 나는 위대한 바람에 실려 하늘을 가로지른다."

깨어날 때마다 우리는 자신이 이 위대한 바람, 거룩한 혼, 도道, 법法, 혹은 생명의 신성한 강에 실려가고 있음을 느끼기 시작한다. 우리는 이 지구에 속해 있음을 깨닫는다. 우리가 어떤 사람이든지, 바로 그 사람으로서 충분하다. 우리가 어디에 있든지, 그곳이 바로 깨달음을 위한 장소이다. 그곳이 우리가 봉사해야 할 곳이다.

이것을 이해하면 감사와 편안한 느낌이 우러나온다. 땅의 음식과 별이 총총한 밤의 어둠, 우정의 따스함, 예술의 창조성, 계절의 변천, 자비의 힘 — 이처럼 우리는 너무나 많은 축복을 받았다. 우리는 이 아름다운 선물인 지상의 생명을 아끼고 보호하며, 우리 자신을 축복으로서 주어야 한다. 월트 휘트먼의 다음 시처럼.

이것이 네가 해야 할 일이다. 땅과 해와 동물을 사랑하고,
부를 경멸하고, 손을 내미는 모든 이들에게 동전을 주라.
어리석고 미친 짓거리에 항거하라.
너의 소득과 노동을 이웃에 바치고, 폭군을 증오하라.
신에 대해 논쟁하지 말고,
사람들에게 관대하게 대하고 또한 인내하라.
학교나 교회나 책에서 보고 들은 모든 것을 재검토하라.
네 영혼을 모욕하는 것들을 차버리라.
그러면 네 육신이 위대한 시가 되리라.

17장 지혜로운 자의 웃음

모든 것이 있는 그대로,
그 이상의 아무 것도 아니니
다만 웃음을 터뜨릴 밖에.

롱 첸 파Long Chen Pa

모든 탐험의 끝은
출발한 그곳에 도착하는 것,
그리고 비로소 그곳을 처음으로 아는 것.

T. S. 엘리어트

나의 친구 제임스 바래즈James Baraz는 그의 구루인 푼자Poonja와 함께 지내기 위해 인도로 여행했던 이야기를 들려준다. 푼자는 그의 자유로운 영혼과 제자들에게 전달했던 깨달음의 에너지와 유쾌한 웃음으로 널리 찬양을 받고 있었다. 제임스는 20년 동안 명상 수행을 하여 매우 사랑받는 불교 지도자가 되어 있었다. 하지만 여전히 성장하고 싶고 영적 삶의 중심부로 더 깊이 들어가고 싶은 열망으로 그는 인도로 갔던 것이다. 스승과 며칠 동안 대화를 나눈 끝에 제임스는 자신이 불교 수행을 통해서 깨어 있음과 자비와 지혜는 얻었지만, 은총에 대해서는 그리 배운 바가 없다는 것을 설명하고, 구루로부터 은총을 받고 있음을 자신이 어떻게 알 수 있는지, 은총을 어떻게 구해야 하는지를 물어보았다. 그 자리에 모인 모든 제자들도 그 대화에 열심히 귀를 기울이고 있었다.

스승은 제임스를 쳐다보며 그 질문이 재미있다는 듯이 웃음을 터뜨렸다. "자네는 영적 삶에 헌신한 사람들을 가르치고 있고, 아름다운 캘리포니아에서 건강한 가족과 함께 살고 있고, 인도에 와서 구도의 길에 헌신하는 형제 자매 들에게 둘러싸여 있다. 그리고 지금은 스승과 마주 앉아 이야기를 나누고 있으면서 은총이 어디에 있는지를 묻는다. 자네는 턱밑까지 은총 속에 푹 잠겨 있다네!" 그는 다시 웃음을 터뜨렸다.

우리는 턱밑까지 은총 속에 잠겨 있다. 누구든지 따스한 햇볕과 빛나는 눈 속에 안겨 있고, 단비에 적셔지며 크나큰 신비 속에 살아 있다. 어떤 환경에서든 우리는 깨어날 온전한 능력을 갖추고 있다. 우리는 가슴과 마음을 엶으로써 깊은 고요를 발견하며, 있는 그대로의 사물과 사랑으로 함께 한다. 현재 순간의 단순한 깨어 있음 속에서 우리는 가슴에 자신을 맡길 수 있게 된다. 삶의 흐름을 받아들이면 깨달음과 은총은 절로 일어난다. 그것은 성취가 아니라 살아 있는 지혜이다.

스즈끼 선사는 말한다. "모든 것이 변한다는 영원한 진리를 깨닫고, 그 속에서 평정을 찾으면 우리는 어느 새 열반에 있다." 이것을 깨닫는 매 순간마다, 비극과 아름다움에 대해 똑같은 감수성과 애정이 우러난다. 힘이 요구되면, 그것은 거기에 있다. 유연성과 복종이 요구되면 그것도 거기에 있다. 우리는 이 놀라운 삶 속에서 편안하다.

신 비 속 에 머 물 기

삶의 신비 속에는, 먼 궤도를 도는 불덩어리들로 반짝이는 밤하늘의 무한한 어둠과, 오렌지 껍질이 뿜어내는 향기와, 연인의 깊이 모를 눈빛이 있다. 어떤 창조 신화도, 어떤 종교 체계도 이 풍부함과 깊이를 온전히 설명하거나 묘사해내지 못한다. 신비는 영원히 거기에 있어서, 아무도 한 시간 후에 일어날 일을 정확히 알 수가 없다.

신비의 관점에서는 정해진 길이란 없다. 사실은 길은 존재하지도 않는다. 길이란 신비를 시간과 공간의 영역에 묶어놓으려는 것이기 때문에. 하지만 시간과 공간 또한 하나의 신비이다. 과거는 이미 사라졌고 미래는 오직 상상할 수 있을 뿐, 현재는 물처럼 유동한다. 깨닫는다는 것은 어디에 고정되거나 무엇을 붙잡는 것이 아니라, 여기에 있는 것을 무엇이든 사랑하는 것이다. 이 진실을 알면 가슴이 붙들고 있던 것이 풀려난다. 우리에게 탄생을 안겨준 신비는 하나의 춤사위가 된다.

힌두교 성자들은 이 춤사위를 '릴라lila' 라고 부른다. 생명의 영원한 춤사위이다. 기독교와 유태교 신비주의자들은 그것을 신의 마음, 신의 놀이라고 하고, 불교도들은 탄생과 죽음을 의식意識의 대양에 잠시 일어났다 꿈결처럼 사라지는 물결이라고 한다.

이 진실은 언제나 우리와 함께 있다. 이 시작도 없고 끝도 없는 현실을 접하는 체험을 할 때마다 우리는 치유된다. 그것은 우리가 두려움이나 갈망, 사랑이나 질투, 분노나 성공에 사로잡혀 삶의 멜로 드라마 속에서 헤매고 있을 때 찾아올지도 모른다. 그러면 우리는 어느 순간 이렇게 말하는 목소리를 들을 것이다. "내가 거기에 정말 감쪽같이 빠져 있었군, 그렇지?" 그 순간 우리는 웃음을 터뜨리고, 해방된다.

이것이 람 다스가 뇌졸중을 겪고 난 후 처음 집으로 돌아왔을 때 전해준 깨달음이다. 나는 그에게 전화를 걸어 어떻게 지내느냐고 물어보았다. 그는 아직도 더듬거리는 느린 말투로 대답했다. "대단한 여행이었어." 그는 가장 고통스러웠던 몇 주일 동안을 기도와 구루에 의지해서 지냈다고 말했다. 그리고 그는 더듬거리면서 내가 그의 재활 병원 입원실에다 걸어놓고 간 성자 라마나 마하리쉬의 아름다운 초상 사진에 대해 감사를 표했다. 라마나는 침묵을 통해서 가르침을 주었기 때문에 나는 그것이 그에게 영감을 주리라고 생각했다. 그는 친절하게도 자신의 구루인 님 카롤리 바바의 초상을 나에게 답례로 주겠다고 했다. 그리고 그는 천천히 말했다. "그건…… 음…… 야구 카드와…… 같은 걸세…… 나는…… 음…… 님 카롤리 바바…… 한 장하고…… 음…… 미키 맨틀(미국의 인기 야구 선수)을 한 장 줄 테니까…… 자넨 라마나 마하리쉬…… 한 장에다…… 테드 윌리엄스(미국의 인기 야구 선수)도 한 장…… 달라구." 그는 크게 웃음을 터뜨렸다. 나도 마음을 놓고 웃었다. 왜냐하면 그 심한 충격의 와중에도 표면 아래의 그는 무사하다는 것을 알 수 있었기 때문이다.

성자 헤르메스 트리스메기스투스Hermes Trismegistus는 이 인생의 영원한 진실을 상기하는 방법으로서 다음과 같은 명상법을 제시한다.

> 그대가 아직 태어나지 않은 것을 보라. 그대가 자궁 안에 있는 것을 보라. 그대가 아직 젊은 것을 보라. 그대가 늙은 것을 보라. 그대가 죽은 것을 보라. 그대가 무덤 너머의 세계에 있는 것을 보라. 이 모든 광경을 하나의 심상으로 포착하라. 모든 시간과 장소를, 모든 질과 양 속으로 한꺼번에 확장시키면, 그대는 신의 유희를 볼 수 있게 되리라.

'거꾸로 살기'라는 제목의 다음 시는 좀더 현대적인 방식의 암시를 준다.

> 삶은 고되다
> 많은 시간이 걸린다
> 모든 주말을 바쳐야 한다
> 그래서 결국엔 무엇을 얻는가?

멋진 보상, 죽음.

나는 삶의 순환이 거꾸로 됐다고 생각한다

먼저 죽어서 거기서 빠져나와야 한다

그러고는 양로원에서 20년을 산다

너무 젊어지면 거기서 쫓겨나서

금시계를 차고 일하러 간다

연금 생활을 즐길 만한 수명이 남을 때까지

40년을 일한다

대학에 간다

고등학교에 들어갈 때까지 파티에 좇아다닌다

아이가 되어 논다

아무런 책임도 없다

작은 사내 아이나 계집 아이가 된다

자궁 속으로 돌아간다

마지막 남은 아홉 달을 떠다닌다

누군가의 반짝이는 눈빛 속에서 생을 마감한다

종교는 우리의 탄생의 신비를 설명해준다. 우리는 명상과 기도를 통해 그 신비로 갈 수 있다. 지혜는 이 신비를 찬미한다. 자비심은 그 모두를 모든 존재의 눈빛을 사랑한다.

학창 시절 한 과학 선생님이 우리에게 이런 질문을 던진 적이 있다. "거대한 태양에서부터 가장 먼 궤도인 명왕성에 이르는 우리의 태양계가 내 손 안의 이 야구공 크기라면, 은하계는 도대체 얼마나 클까?" 한 학생이 추측했다. "산만큼요." 다른 학생이 말했다. "한 도시만큼요?" 선생님이 대답했다. "아니야, 이 야구공에 비하면, 은하계는 우리나라보다도 더 크다." 현재 우리는 가장 좋은 망원경으로 그러한 은하계를 1,000억 개 볼 수 있다. 그 너머에 무엇이 있는지는 모른다.

100만 가지의 종種을 가진 딱정벌레와, 나의 생각이 공기를 울리는 소리가 되어 당신의 귀 속의 귀청을 울리고, 다시 당신의 상상 속에 심상이 어른거리게 만드는, 이 말의 기적 속에서도 신비는 우리를 온통 둘러싸고 있다. 이 모든 것은 또한 그 자체가 신비이기도 한 의식을 통해서 일어나고 있다. 과학은 신비를 인정하고, 명상은 그 속으로 우리를 데려가지만, 아무도 그것을 제대로 설명하지 못한다.

"일체유심조一切唯心造"라고 붓다는 말한다. "우리는 흔히 마음이 외부 세계의 정확한 인상을 비추어주는 거울이라고 생각한다. 그것은 마음이 바로 창조의 기본 원소임을 깨닫지 못한 탓이다"고 라빈드라나트 타고르 Rabindranath Tagore는 말한다. 캘리포니아 대학교 의학 센터의 랜돌프 버드Randolf Byrd의 이중 맹검二重盲檢 연구에 대해서는 달리 어떻게 설명해야 할까? 그는 부지불식간에 병이 낫기를 기도했던 환자들이 기도하지 않은 환자들보다 빨리 회복된다는 것을 보여주었다. 의식은 경험의 근원이요, 경험은 신비 자체인 의식의 유희이다. 영적인 삶은 우리의 가슴을 열어 이 진실을 직접 경험하게 한다.

불교 지도자이자 호스피스 책임자인 로드니 스미스Rodney Smith는 어느 날 아침 매우 위독해 죽음을 앞두고 있는 아버지를 면회 온 두 아이들의 이야기를 전해준다. 그들은 방금 막내 삼촌이 자동차 사고로 죽었다는 소식을 들었다. 그것을 아버지에게 이야기해야 할까? 한참 생각한 끝에 그들은 이 비극적인 소식으로 아버지의 평화로운 죽음을 방해하지 말아야겠다고 결심했다. 그들은 아버지를 뵈러 함께 입원실로 들어갔다. 몇 분 후에 아버지가 말했다. "나에게 할 말이 없니?" "무슨 말씀이세요?" 아이들이 물었다. "죽은 삼촌에 관해서 말이야." 아이들은 깜짝 놀랐다. "그걸 어떻게 알고 계세요?" "응, 난 아침 내내 그와 이야기하고 있었단다." 그들은 마지막 몇 분 동안 사랑의 마음을 나누며 함께 있었다. 그리고 잠시 후에 아버지는 돌아가셨다.

처음 접하는 사람들에게 이런 이야기는 육신 너머의 삶에 대한 확신을 준다. 하지만 우리는 이런 신비를 너무 쉽게 설명해서 넘겨버리지 않도록 조심해야 한다. 기독교의 천국이나 힌두교의 윤회론, 혹은 〈티베트 사자死者의 서〉에 놀랍도록 잘 그려진 세계에 대한 우리의 이미지는 자칫 잘못하면 우리가 죽음이라는 신비를 이해하고 있다고 믿게 하기 쉽다. 하지만 죽음이 우리를 찾아오면 그것은 여전히 미지인 채 그대로이다.

여러 해 동안 새로운 방식의 치유와 호스피스 활동을 벌여온 스티븐 레빈Stephen Levine은 말기 암에 걸린 한 아이의 이야기를 전해준다. 이 어린 소년은 죽음이 점점 가까이 다가오자 다른 세계들을 떠돌아다니기 시작했다. 호흡이 몇 번이나 정지되었다. 한 번은 이런 임사 체험으로부터 돌아와서 말을 할 수 있게 되자, 그는 눈빛을 반짝이면서 스티븐에게 밝은 빛을 보고 터널을 지나갔던 이야기를 들려주었다. 스티븐에게는 이런 내용은 그리 새로운 것이 아니었지만, 소년이 그 다음에 본 것은 경외와 흥분을 자아냈다. "그 다음에 나는 라파엘을 보았어요. 그는 나를 도와주려고 하고 있었어요." 그것은 대천사 라파엘이 아니라 "닌자 거북"의 라파엘이었다. 그것은 그 당시 십대 아이들 사이에 유명했던 만화 영화에 등장한 캐릭터 중에서 지혜롭고 인자한 돌연변이 거북으로, 이 소년에게는 중요한 인물이었다. 소년을 사후의 세계로 인도하려고 온 것은 닌자 거북이었던 것이다.

이것은 우리가 사후에 보는 것이 마음이 지어낸 환영일 뿐임을 의미하는 것일까, 아니면 우리를 기다리고 있는 빛은 우리가 사랑하는 어떤 이미지를 통해 비춰진다는 것을 의미하는 것일까? 우리는 알 수 없다. 죽음은 신비로서 남아 있다. 한 선사에게 죽으면 어떻게 되느냐고 묻자, 그는 대답했다. "난 모른다." "하지만 당신은 선사가 아니십니까?" 질문을 했던 사람이 다시 캐물었다. 그러자 그가 대답했다. "그래, 하지만 난 죽은 사람이 아니야."

미국의 사상가 헨리 데이비드 소로Henry David Thoreau는 이 단순한 진실을 순전히 미국적인 방식으로 이해하고 있었다. 누군가가 그에게 죽음과 그 이후의 세계에 대해서 어떻게 생각하느냐고 묻자 그가 대답했다. "한 번에 한 세계만 일면 되오."

알려고 애쓰지 않는 지혜

지혜는 앎이 아니라 있음이다. 기독교 신비주의자들은 구도자들에게 신뢰하는 가슴으로 '무지의 구름' 속으로 들어가라고 가르쳤다. 여기서 '무지'란 단순히 알지 못하는 것이 아니라, 알려고 애쓰지 않음을 뜻한다. 지혜로운 가슴이란 모든 것을 이해하는 가슴이 아니다. 그것은 모른다는 진실을 견뎌낼 수 있는 가슴이다. 가슴이 열려서 모든 것을 전적으로 수용할 수 있게 되면, 신비 속에서 지혜가 흘러나온다. 이 단순한 신비의 공간으로부터 공감과 사랑과 민감성과 모든 좋은 것들이 생긴다.

어느 힌두교 지도자는 나이를 먹음에 따라 지식 대신 사랑을 신뢰하게 되었다고 말한다.

나는 알고자 하는 욕구를 내려놓았다. 알 수 있는 것은 너무나 적지만 우리를 둘러싸고 있는 신성은 너무나 크다. 이제 나는 단순함, 단순함 그리고 사랑을 신뢰한다.

나의 스승 아잔 차는 종종 사람들이 의문이나 계획과 아이디어를 제시할 때 미소를 띠며 듣다가 이렇게 말한다. "마이 네Mai neh." 이 말은 "확실한 것은 아니군, 그렇지 않습니까?"라는 뜻이다. 그는 불확실성의 지혜를 이해했다. 그리고 그 한가운데에서도 편안해했다.

한 수피 스승은 나에게 이렇게 이야기했다.

> 영적 열림의 과정에서 가장 놀라운 것은 그것이 너무나 예상 밖으로 찾아온다는 사실이다. 나는 신성한 경전들을 오래 공부했어도 다음 차례에는 무엇이 찾아올지를 전혀 알 수가 없었다. 강력한 체험이 찾아와서 내가 전혀 알지도 못 하고 믿지도 않았던 새로운 가능성으로 나를 압도하곤 했다. 나는 경험이란 우리가 어떠하리라고 추측하는 것과는 결코 같지 않다는 것을 배웠다. 이것을 이해하는 것이 진정한 지혜이다.

진실은, 우리는 모른다는 것이다. 교황도, 예루살렘의 대 랍비도, 당신의 어머니도 내일 어떤 일이 일어날지를 알지 못한다. 당신도 알지 못한다. 우리는 그저 모를 뿐이다.

한국의 선사 숭산 스님은 '모르는 마음' 안에 머물도록 제자들을 훈련시킨다. 그는 그들에게 이렇게 추궁한다. 너는 누구냐? 네 마음이 어디에 있느냐? 의식이란 게 뭐냐? 너는 어디서 왔느냐? 그럴 때마다 제자들은 "모릅니다" 하고 대답한다. 그러면 그는 이렇게 말한다. "이제 그 모르는 마음을 지켜라!" 그 속에 머무르고 그것을 신뢰하라. 기독교의 '무지의 구름'이나 도가의 '앎을 버리기'처럼 모른다는 진실을 받아들임으로써 지혜가 자라난다.

모든 것을 알지는 못 해도 마음을 열어놓고 열심히 귀기울이는 사람과 이야기할 때 우러나오는 즐거움이 있다. 그러한 마음의 소유자에게는 유쾌한 임재감과 수용성과 겸손이 있다. 선종의 3대 조사 승찬은 이것을 이렇게 표현한다. "진실을 알고자 한다면 견해를 중히 여기기를 그만두기만 하면 된다." 가장 오래된 불경인 〈수타니파타〉에서 붓다는 자신의 견해를 끈질기게 주장하는 사람들을 이렇게 나무란다.

> 관점과 견해가 가져오는 고난을 아무런 관점도 견해도 갖지 않고 바라봄으로써, 나는 내면의 평화와 자유를 찾았다. 자유로운 자는 어떤 관점을 지키지 않으며 견해를 논하지 않는다. 현자에게는 높음도 낮음도 동등함도 없고 마음이 달라붙을 자리도 없다. 하지만 관점과 견해에 매달리는 사람들은, 세상을 돌아다니면서 사람들을 귀찮게 할 뿐이다.

나는 오랫동안 이 말을 이해하지 못했다. 절에서 수행하고 수련회를 인도하기 시작한 후에도 나는 많은 견해를 가지고 있었다. 처음에 내가 중점을 두었던 것은 대개가 사람들에게 불교의 원리를 가르침으로써, 그를 통해 탐욕과 미움과 망상을 극복하고, 이해와 의식의 각성을 기르게 하는 것이었다. 나는 사람들이 집착의 습관을 인식하고 탐욕과 노여움과 미움과 혼란을 없애기를 바랐고, 그러한 통찰이 변화를 가져오리라고 생각했다. 좀더 성숙해가면서 나는 그것이 그보다도 훨씬 더 단순한 것임을 깨닫기 시작했다.

모든 갈망과 집착의 밑바닥에, 이해하고자 하는 요구의 밑바닥에는 '두려움 덩어리'가 있다. 고난의 뿌리에는 여기에 있기를 두려워하는, 변화의 강물에, 변천하는 세상에 몸을 맡기기를 두려워하는 작은 가슴이 있다. 이 닫혀 있는 작은 가슴은 예측할 수 없고 소유할 수 없는 것들을 조종해보려고 붙잡고 매달리며 몸부림친다. 하지만 우리는 어떤 일이 일어날지를 결코 알 수 없다. 다만 지혜로써 이 모름이 신뢰의 한 형태로 변하게 되기를 바란다. 우리는 불교계의 원로인 조슬린 킹Jocelyn King이 웃으면서 말한 "허공이라는 탄탄한 바탕" 위에 편안히 머문다. 초감 트룽빠는 이것을 에고의 영토를 버리고 바닥 없는 상태에 자신을 내맡기는 것이라고 표현한다. 십자가의 성 요한은 이것을 이렇게 표현했다. "자신이 걷고 있는 길이 옳은 길인지를 알고자 한다면 눈을 감고 어둠 속을 걸어야 한다."

테리 돕슨Terry Dobson은 서양의 무술 고수였다. 그는 도쿄에서 합기도를 배우던 시절, 한편으로는 어느 장인 밑에서 목수 일도 배웠다. 테리는 꼬박 1년 동안 가게를 청소하고 연장의 날을 갈고 관찰하는 법을 배웠다. 그러다가 마침내 처음으로 나무를 다루게 되었을 때, 스승은 그의 눈을 가려버렸다. 여러 달 동안 그는 오직 촉감에 의지해서 나무를 편평하게 깎고 둥글게 다듬고 각을 짓는 방법을 배워야 했다. 이 과정은 그가 일본에서 경험했던 것들 중에서도 가장 인상적인 체험으로 남아 있다. 몸과 가슴으로 참을성 있게 하는 이 공부는 목공과 함께 합기도 수련의 일부가 되었다.

지혜는 정보가 아니다. 그것은 거기에 머물러 임재하기, 몸과 가슴을 직관으로써 민감하게 개방하기이다. 지혜 안에서는 두려움의 덩어리가 떨어져나가고 가슴이 안식을 맞는다. 사랑과 마찬가지로 지혜는 설명이 필요하지 않다. 도와 같이, 지혜는 조화와 편안함을 가져온다. 사랑받는 선가의 시인인 료칸이, 사람들이 찾아와서 선악의 본질이나 깨달음에 대해 물으면 "나는 그 대답으로 내 암자의 평온함밖에는 줄 것이 없노라"고 대답했던 이유를 우리는 이해한다.

지 혜 의   실 천

전체성의 만다라에서 우리는 삶의 모든 차원에 대해 가슴을 열고자 하는 깨어난 영혼의 기꺼운 태도를 발견했다. 하지만 해가 거듭되면서 우리의 기도와 명상과 헌신과 매일매일의 요가 의식과 찬송과 수행에는 어떤 변화가 일어나는가? 어떤 의미에서는 아무 일도 일어나지 않는다. 우리는 똑같은 수행을 계속한다. 다만 전보다 더 깊은 헌신과 주의를 기울일 뿐이다. 그것은 신성한 삶의 중요한 구성 요소가 된다. 하지만 우리는 그것을 근본적으로 다른 방식으로 한다.

영적으로 성숙해가면 수행은 야망과 이상주의와 자기 변신의 욕구로부터 멀어져나온다. 그것은 바람이 바뀌는 것과도 같다. 이제 풍향계는 다른 방향을 가리키고 있다. (여전히 같은 축에 중심을 잡고 있으면서) 지금의 이 순간으로 돌아와 있는 것이다. 우리는 더 이상 영적 목표를 좇아 발버둥치지 않는다. 우리가 있는 이 세계와 다른 어떤 세계를 부여잡으려고 하지 않는다. 우리는 집에 와 있다. 집에 있으면서 우리는 바닥을 쓸고, 맛있는 음식을 만들고 손님을 맞는다. 삶의 영원한 진실을 깨달았으면, 하던 일을 계속하는 것밖에 할 일이 무엇이 있겠는가?

우리의 수행이 절을 하는 것이었다면, 삶의 모든 것에 대한 경외심으로 깨어나 계속 절을 한다. 우리의 수행이 기도였다면, 자신과 모든 존재를 위해 더욱 깊은 사랑으로 기도한다. 우리의 수행이 명상이나 신성한 춤이었다면, 깨어난 가슴의 표현으로서 좌선하거나 춤을 춘다.

물론 꾸준한 수행도 필요하다. 우리는 아직도 방향을 잃고 혼란에 휩쓸리거나 현대 생활의 온갖 문제에 빠질 수 있다. 꾸준한 수행은 우리를 씻어주고 흔들리지 않게 해주고 무엇이 진실인지를 상기시켜준다. 매일매일의 수행은 균형을 유지하고 몸을 돌보고 가슴을 열어놓고 맑은 사랑을 바칠 수 있는 힘을 키워준다. 수행은 집 안을 청소하는 것과 같아진다. 우리는 집 안을 한 번 청소하고 말지는 않는다. 그것은 규칙적인 일이다. 깨끗한 집에서 사는 것은 기쁜 일이며, 그 집에 들어오는 모든 이들에게 경의를 바치는 일이다. 하지만 집은 우리가 아니다. 아무리 야심만만한 대청소를 하더라도 그것이 우리 삶의 본질을 바꿔놓지는 않을 것이다. 우리는 깨달음을 표현하기 위해서 수행하는 것이지, 깨달음을 얻기 위해서만 수행하는 것은 아니다.

한 고참 수녀는 말한다.

나이 많은 수녀들을 볼 때 가장 감탄스러운 것은 그들의 선한 영혼이다. 그들은 어린 소녀였을 적부터 해왔듯이, 똑같이 일하고 봉사하고 기도하고 가르친다. 하지만 지금은 거기에 또 다른 아름다움이 있다. 그때는 우리 모두가 열성으로 가득 차 있었다. 신께 가치 있는 덕스러운 사람이 되려고, 이 거룩한 삶에서 뭔가 특별한 것을 찾아내기를 고대하면서 말이다. 그러나 이제 우리는 그저 기도를 사랑하게 되었기 때문에 기도를 한다. 그리고 그저 우러나오는 친절과 사랑으로 가르치고, 일한다. 그것은 신의 기쁨을 베푸는 하나의 방식이 되었다.

샌프란시스코 선원禪院 호스피스 센터의 책임자로서 여러 해 동안 일한 프랭크 오스타세스키Frank Ostaseski는 지혜와 진실에 관한 이런 소박한 이야기를 전해준다.

죽기 하루 전에 존은 깨어 있는 혼수 상태였다. 안면이 온통 잔뜩 긴장되어 있었고, 머리는 뒤로 완전히 넘어가 있었다. 목의 근육도 단단히 수축되어 있었다. 숨쉬는 것 자체가 사투였다. 이것은 분명히 죽음의 한 단계였지만, 내 눈에는 뭔가 이상이 있는 것 같았다. 이런 일에 경험이 있는 어느 유명한 스승은 그의 영혼이 몸을 떠나려고 하고 있는 것이라며, 길을 가르쳐주기 위해 머리 위에다 손을 얹어주어야 한다고 했다. 한 의사는 모르핀 투여량을 늘려서 호흡을 이완시켜주라고 했다. 물리 치료사는 긴장을 풀어주기 위해서 발의 어떤 혈穴을 눌러주라고 했다. 나는 모든 것을 다 해봤지만 아무런 변화도 없었다.

나는 직관적으로 그냥 그를 내 몸으로 감싸주고 싶어졌다. 나는 침대 위로 올라가서 존을 팔로 감싸 안았다. 나는 그를 앞뒤로 가만히 흔들어주면서 달콤한 자장가를 불러주기 시작했다. 그것은 운율이 있는 진짜 자장가 종류가 아니라 즉흥적으로 만들어 부르는 노래였다. 노랫말과 가락이 제멋대로 버무려져서 아무런 의미도 없는, 내가 이름 붙이기로는 그냥 '사랑의 소리'였다. 모든 부모들이 아프거나 겁에 질린 아이들에게 이렇게 해주었다.

그의 귀에다 부드럽게 노래해주고 이마에 입을 맞추는 동안에, 내 손은 무엇을 해야 할지를 알아차렸다. 마음 속에 어떤 목적도 없었지만 말이다. 내 손가락은 그의 목을 쓰다듬고 얼굴을 다독거려주고 손바닥을 펴서 가슴을 문질러주었다. 우리는 시간 감각을 잊어버렸다. 나는 그가 내 품안으로 가라앉는 것을 느낄 수 있었다. 그의 뼈만 남은 앙상한 형체를 내 몸이 부드럽게 받쳐주었다. 마침내 그의 목이 이완되고, 머리가 앞으로 돌아왔다. 그의 눈이 떠졌다. 안도한 눈빛이었다.

나중에 나는 내가 한 일이 적절했는지를 자문해보았다. 어쩌면 그 스승이 충고한 대로 했어야 하는 건지도 몰랐다. 내가 그를 어떤 임사 체험 상태에서 끌고 나온 것은 아닐까? 어떤 이완 과정을 막은 것은 아닐까? 나는 정말 모른다. 다만 누구든지 자유로워지기 위해서는 먼저 가슴이 부드러워져야 한다는 것을 알 뿐이다.

영적靈的인 아이

영적 여행은 수많은 모험을 거쳐 우리를 지금 있는 이곳으로 다시 데리고 왔다. 시인 루미와 프리드리히 니체Friedrich Nietzsche는 이 여행을 묘사하면서 세 가지의 시적 이미지를 사용했다. 낙타, 사자, 그리고 아이가 그것이다. 영적 여정의 이런 단계들은 열려서 피어나는 의식意識의 다양한 측면들이다. 우리는 매순간 이 모두를 동시에 지니고 있다. 하지만 이것들을 점진적인 단계들로 인식하는 것도 도움이 된다.

낙타는 우리의 최초의 복종과 헌신, 곧 무릎을 꿇어 거뜬히 짐을 지고 황무지를 지나서 먼 나라로 기꺼이 여행하려는 태도를 상징한다. 낙타로 상징되는 깨달음의 단계에서 우리는 겸손과 기도와 반복과 육체적인 노동으로써 자신을 신령 앞에 바친다. 각각의 어려운 단계들을 성실히 거쳐내면, 우리는 이 땅에 자신을 내맡기고 살 수 있게 된다. 헌신이 우리를 치유해주고, 인내하는 가슴은 자비를 키워준다. 낙타는 소박한 기품의 바탕을 제공한다.

모든 상황, 있는 그대로의 존재의 기쁨과 슬픔을 그대로 직면할 수 있는 가슴의 포용력을 얻으면, 우리는 깨어나 자유가 된다. 그러면 황금 사자가 포효를 한다. 사자의 입에서는 진실의 거침없는 목소리가, 매이지 않은 가슴의 자유가 터져나온다. 왕국은 우리의 것이다. 이 두 번째 단계에서 우리는 더 이상 찾는 자가 아니다. 작은 자아 너머에서 확실한 은총과 영원한 완전함을 찾아낸 것이다.

붓다는 사자후獅子吼를 토했다고 전해진다. 사자는 온몸으로 포효한다. 동물원에서조차 사자의 울음소리는 다른 모든 동물들을 잠잠하게 한다. 20년 동안 동물원에 갇혀 있어도, 소리는 "나는 이런 우리에 갇힐 짐승이 아니다"라고 외친다. 사자는 왕이나 왕비처럼 당당한 여유와 자유로운 가슴으로 산다. 사자의 왕과 같은 기품은 그를 스쳐 지나가는 모든 것을 축복한다.

마지막 단계에서 사자는 아이에게, 원초의 순진무구함에게 자리를 물려준다. 이것이 '영적인 아이'이다. 아이에게는 모든 것이 새롭다. 이 거룩한 아이에게는 경이와 편안함과 장난기 넘치는 가슴이 있다. 아이는 지금의 현실 속에서 편안하다. 그것을 즐기고, 반응하고 용서하고 살아 있음의 축복을 나눌 줄 안다.

우리의 여행은 우리로 하여금 이 아이의 눈으로 되돌아와, 살아 있는 모든 것이 펼쳐놓는 파노라마를 경이와 사랑으로 지켜보게 한다. 붓다는 이렇게 선언한다. "이 세계와, 그것을 인식하는 순수한 가슴은 모두 밝게 빛난다." 자신을 열고 순진무구한 아이의 마음으로 돌아가면 모든 존재가 신령스러워진다.

토마스 머튼은 자신이 이처럼 눈을 떴던 순간을 다음과 같이 묘사한다.

> 나는 마치 그들 가슴의 은밀한 아름다움을, 죄악이나 욕망이 다다를 수 없는 그들 가슴의 깊은 곳을, 그들 현실의 가장 깊은 속 알맹이를, 신의 눈에 비치는 모든 인간의 본성을 문득 본 것만 같았다. 그들이 자신의 그러한 본성을 깨달을 수만 있다면 얼마나 좋을까? 우리가 서로를 늘 그렇게 바라볼 수만 있다면, 전쟁도 미움도 잔인함도 탐욕도 더 이상 없을 것이다. 추측컨대 그렇게 되면 오히려 큰 문제는, 사람들이 무릎을 꿇고 서로를 찬양하고 숭배하게 되리라는 것이다.

모든 전통들에서 아이와 같은 천진한 지혜가 찬양되곤 한다. 힌두교는 꽃과 젖 짜는 처녀들 사이에 파묻혀 피리를 불며 노는 크리슈나의 이야기로 신의 어린 아이 같은 측면을 그려낸다. 기독교에서는 동지에 가까운 날 태어난 어린 예수의 탄생일을 찬미하며, 어머니의 품에 안긴 아기 예수의 이미지를 제시한다. 신비주의자인 앙겔루스 실레시우스는 이렇게 가르친다. "가슴 속에다 '그 분'의 탄생을 위해 구유를 마련하면, 하나님은 또다시 지상의 아기로 태어나리라." 태국과 라오스에서는 해마다 불교도들이 절에 가서 승려들 한 사람 한 사람을 마치 갓 태어난 아기 붓다처럼 물을 부어 씻겨준다.

아잔 차는 이처럼 순진무구한 상태에 들어간다는 것은 다름 아닌 우리 '본래의 마음'에 머무는 것이라고 가르친다. 그는 우리 '본래의 마음'은 언제나 바로 여기에 있다고 가르친다. 생각과 생각 사이의 고요, 맑고 가리지 않은 순수한, 가장 밑바탕의 의식 말이다. 이것은 체험 이전과 이후의 열린 상태이며, 그것은 광활하여 가없는 자비로써 고통과 기쁨을 함께 포용한다.

선가의 공안에는 이 '본래의 마음'이 이렇게 나타난다. "네 부모가 태어나기 이전의 네 얼굴을 보여라."

순 간 의 눈 으 로 보 기

순진무구한 영혼에게는 어떤 것도 똑같이 반복되지 않는다. 그리스의 철학자 헤라클레이토스Herakleitos가 같은 강물에 두 번 발을 담글 수 없다고 말한 것은, 같은 사람을 결코 두 번 볼 수 없음을 또한 알았다는 말이다. 시인 루미는 이 새로움에 즐거워한다.

주여, 오늘은 당신의 신비로운 안뜰로부터 곧바로 실려오는
바람 냄새가 좋습니다.
정원에 옷을 갈아 입히는 듯한 은총,

누구나 공짜로 얻는 보약.

나무들은 기도하고 새들은 찬양합니다.

신비에 대한 이런 인식이 어떻게, 어떤 형태로 우리 안에서 다시 일깨워질지, 우리는 예측하지 못한다. 오래 전에 나는 내 첫사랑의 여인과 그녀의 두 아이들인 세스와 차니와 함께 살았다. 아이들이 세 살과 다섯 살이었을 때, 마을에 링글링 브라더즈 서커스단이 왔다. 나는 아이들에게 한턱 쓰느라고 무대 정면 앞자리의 표를 샀다.

아이들은 어릿광대와 호랑이를 좋아했다. 다른 연기들 － 공중 줄타기, 몸을 비트는 곡예, 말 조련 등 － 은 아이들의 눈에 특별한 것으로 보이기에는 너무 멀고, 또 너무 작았다.

그런데 이번에는 번쩍거리는 옷을 입은 사람들을 태운 코끼리가 깃 장식을 달고 등장했다. 대형을 지어 무대를 두 바퀴 돌다가 우리 바로 앞까지 왔을 때, 그들은 무대 감독과 이야기하느라고 우리 앞에 잠시 멈춰 섰다. 그때 우리 바로 앞에 있던 커다란 코끼리가 별안간 오줌을 누기 시작했다. 엄청난 양의 오줌이 무대 아래의 모래 위로 폭포처럼 쏟아져서 삽시간에 커다란 웅덩이를 만들었다. 아이들은 눈이 휘둥그레졌다. 그러던 중 코끼리가 이번에는 응가를 시작했다. 볼링 공 크기의 커다란 덩어리가 하나씩 철퍼덕, 철퍼덕 하며 바닥에 떨어졌다. 그 광경은 경이와 흥분 속에서 너무나도 또렷하게 관찰되었다.

집에 돌아와서 몇 주일이 지나도록 아이들은 서커스에 갔던 이야기를 했다. 아이들이 끝없이 되풀이했던 이야기는 그 코끼리에 관한 것이었다. 그것이 그 서커스에서 가장 놀라운 묘기였던 것이다.

경이로운 것은 삶 그 자체이며, 그것은 또한 저마다 고유한 순간 순간들이다. 선가에서는 이 신비를 그 자체로서 － 매사를 일일이 － 숭상한다. 사와끼 고도가 말하듯이, "먹기 위해 똥을 누는 것이 아니며, 똥을 만들기 위해서 먹는 것도 아니다." 동일한 지혜의 눈으로 보면, 우리는 어떤 별난 현실을 만들어내기 위해서 기도하고 명상하는 것이 아니다. 먹고, 걷고, 말하고, 보고, 숨쉬고, 똥누는 것 – 이 모두가 그 자체로서 경이로운 것이다.

이 순진무구한 가슴, 우리의 '불성佛性', '영적인 아이', 우리 안의 '거룩한 그것'은 결코 퇴화되거나 상실되지 않는다. 그것은 나지도 않고 죽지도 않는다. 이렇게 보는 것이, 도가에서 말하는, "갈망의 구름에 가리지 않은 눈으로" 보는 것이다. 이 순진무구한 가슴이 일깨워지면 우리는 본향本鄕을 찾아온 것이다. 집에 돌아온 편안함 속에서, 우리는 단순한 일상의 경이로움을 찬미한다.

선사 도겐은 우리를 이렇게 일깨운다.

> 하루의 삶으로도 실컷 누릴 수 있다. 단 하루만 살더라도 깨달을 수만 있다면, 그 하루는 잠든 채로 영원을 사는 것보다 백만 배 낫다…… 백년의 생애 중에서 오늘을 잃어버린다면 언제나 그것을 다시 만져볼 것인가?

지 혜 로 운   자 의   웃 음

고도古都인 교토는 일본에서도 가장 아름답고 유서 깊은 절들이 많은 곳이다. 많은 사람들이 암석 정원을 구경하고, 사찰에 가서 절을 하고, 아름다운 꽃 그늘 아래 차를 마시러 이곳을 순례한다. 그런데 선禪적인 경지를 잘 표현한 것으로 유명한 시인인 바쇼는 어느 날 교토를 찾아와 다음과 같은 시를 남겼다.

교토에 와서도
뻐꾸기 소리에
교토가 그립구나.

우리의 신성한 열망은, 제자리로 돌아와서 "그곳을 처음으로 아는 것"이다. 그러면 참다운 본성으로 돌아온 것이다. 스리 니사르가닷타는 이렇게 물으면서 웃곤 했다. "어떻게 의심할 수가 있는가? 집으로 돌아가고 있는데." 그는 이어서 이렇게 말했다. "속세로부터 출가하려고 고민하고 있다면 그건 잘못이다. 세상을 버릴 필요가 없다. 다만 두려움을 버리고, 안간힘으로 버티기를 그만두라. 신성 속의 큰 즐거움을 위해서 작은 즐거움을 버리라."

〈역경易經〉에는 이렇게 쓰여 있다. "혁명은 백성의 마음을 기쁘게 해주는 것이어야 한다." 깨달음에 자신을 바치는 것은 온 생애에서 일어나는 가장 혁명적인 행위요, 세상을 변화시키는 일이다.

캄푸치아의 마하고사난다Mahaghosananda는 국민들이 고통에 신음하고 있는 와중에도, 가슴 깊이 행복 속에 머물 수 있다고 가르치고 있다. 그는 불교 수행의 목표는 그 어떤 상황에도 불구하고 자비로운 가슴을 일깨워내는 것이라고 말한다.

행복해질 수 없다면 수행이 무슨 소용이 있겠는가? 오로지 열리어 흔들리지 않는 가슴의 지혜 안에서만, 이 세상의 모든 형체 있는 것들을 자비심으로 포근하게 껴안을 수 있다. 그것이 세상에 단 한 번 났다 가는 것임을 알기에. 우리는 그것들의 불멸의 근원 자리, 만물이 일어났다 돌아가는 시작도 없고 끝도 없는 은총 속에서 쉴 수 있다.

티베트인들은 이 신성한 지혜를 죽어가는 이의 귀에다 속삭여준다. "맑은 빛을 기억하라. 우주의 만물이 태어나고 돌아가는 순수하고 맑은 빛, 그대 마음의 본래 성품을. 그것이 그대의 본성이고, 본향이다."

유태교에서는 이것을 일체성의 기도로 노래한다. 사랑의 기독교는 이것을 성령으로 예배한다. 힌두교는 이것을 영원한 브라만으로서 찬양한다. 이것은 또한 도道의 핵심이다.

근원을 깨닫지 못하면
혼란과 비탄 속에서 헤맨다.

자신이 온 곳을 깨달으면
절로 너그러워지고
초연하고 즐거워지며
할머니같이 자애롭고
왕처럼 존엄해진다.

도道의 경이 속에 잠긴 채
삶에서 닥치는 것은 무엇이든지 능히 다루며
죽음이 오면 기다렸다가 맞이한다.

이 진실을 체득하면 우리의 삶은 축복이 된다. 자비와 이해심과 환희로운 자유가, 우리가 만나게 되는 모든 것을 쓰다듬는다. 시멘트 틈새를 뚫고 싹트는 식물처럼, 사랑의 빛이 우리에게서 새어나온다. 우리는 오래된 중국 찻주전자처럼 된다. 한 찻주전자를 100년 이상 애용하면, 더 이상 찻잎을 넣을 필요가 없어진다고 한다. 물만 부으면 주전자에서 차가 우러나온다는 것이다.

찻주전자처럼 우리는 저마다 스스로의 근원이 된다. 야망과 두려움을 내려놓음으로써 본향으로 돌아온다. 어떤 한정도 없이, 그저 우리 자신이 된다. 존재가 편안해진다. 영혼의 환희와 자유가 일상을 채운다.

매디슨 스퀘어 가든에서 달라이 라마가 '티베트의 시간의 바퀴'에 대해 행한 가르침에 참석했던 한 친구가 이와 비슷한 이야기를 하나 전해주었다.

'시간의 바퀴'는 가장 수준 높은 바즈라야나 수행법 중의 하나이므로, 복잡하고 엄숙한 의식儀式을 치른 후에야 전수될 수 있다. 먼저 의식에 따라 모래로 수놓은 만다라가 그려졌다. 그런 다음 카펫과 비단 능라로 뒤덮인 화려한 강단講壇이 세워졌다. 수천 명의 군중이 자리잡고 앉은 후에 울긋불긋한 차림의 라마와 승려들이 티베트 종과 심벌즈와 커다란 산악 나팔 소리에 맞춰 신성한 염불을 외웠다.

그러자 마지막으로 달라이 라마가 나타나서 카펫 위를 걸어 법상法床에 앉기 위해 계단을 올라갔다. 행사 진행자는 법상을 편안하게 만들려고 바닥에다 매트리스를 깔고 그 위에 카펫과 비단을 덮어놓았다. 달라이 라마가 자리에 앉자 매트리스가 울렁거렸다. 순간 달라이 라마의 얼굴에는 미소가 떠올랐다. 그는 더욱 만면에 미소를 머금은 채 일부러 엉덩이를 더욱 들썩거렸다. 수천 명의 제자들 앞에서, 세계의 창조와 '시간의 바퀴'에 관한 가장 높은 가르침을 전해주려는 자리에서 달라이 라마는 아이처럼 즐겁게 매트리스 위에서 구르고 있었다.

이제 이 글을 마무리하면서, 나는 당신의 진정한 본성인 '전체성'을 향해 경의를 바친다. 당신의 수행 여정이 본향으로 이어지기를 간절히 빈다. 또한 당신이 신의 은총과 우러나오는 자비심 속에서, 그리고 해방된 가슴 속에서 편안히 머물기를 바란다. 기쁠 때나 슬플 때나 깨달음의 황홀경 속에서나 일상의 빨래를 하는 중에나 늘 행복하시기를. 이 책을 읽는 모든 이들이 자유와 기쁨을 찾으시기를. 당신의 사랑이 모든 존재를 두루 이롭게 하기를. 그 모든 와중에서, 당신도 잊지 말고 매트리스 위에서, 달라이 라마가 그랬듯이 어린 아이처럼 즐겁게 구르시기를 바란다. 그리고 월트 휘트먼의 말을 나의 마지막 인사로 남긴다.

    그리고 나로 말하자면, 나는 기적밖에는 아무 것도 모른다.

옮긴이의 말

이 책의 번역을 의뢰 받았을 때, 귀에 익은 저자의 이름도 반가웠지만 제목이 가장 마음을 끌었다. 황홀경 다음의 빨랫감이야말로 나에게도 가장 절실한 화두이기 때문이다. 명상 속의 황홀경으로부터 현실로 돌아오면, 마음의 때는 고스란히 남아 있다가 또다시 일상을 칙칙하게 물들이면서 삶을 혹독하고 우울한 것으로 만들어 놓는다. 수행과 현실 사이의 이 메우기 힘든 괴리는 구도자들에게는 피할 수만 있다면 피하고 싶은 고통이지만, 반드시 맞붙어서 씨름해야만 할 숙적이기도 하다.

황홀경에 빠져서 산 위에서만 살수는 없다. 황홀경은 시작일 뿐이다. 삶은 우리를 '깨달은 채로 은퇴하도록' 놔두지 않고 산 아래로 끌어내린다. 어떻게 해야 할 것인가? 이 책은 그 답을 찾아가는 함정 투성이의 험한 행로를 친절하고 정직하게 안내해줄 뿐만 아니라 가는 길 내내 가슴 벅찬 영감을 쏟아 부어주는 더할 나위 없는 길잡이다.

수행의 높고 찬란한 경지를 논하는 글들은 많고도 많다. 이런 수행법이 좋다, 저런 수행법이 좋다는 상업적 냄새를 풍기는 말들도 많고도 많다. 지구에 무지개 빛 예언과 감동적 가르침을 전하는 우주 형제들의 메시지도 어지러울 정도로 넘쳐난다. 그러나 안타까운 것은, 이런 혼잡통 속에서 갈피를 잡고 제 길을 찾아갈 수 있도록 도와줄, 권위와 보편성을 갖춘 영적 여행의 안내서는 찾아보기가 결코 쉽지 않다는 점이다.

일찍이 남방불교 전통의 수행법인 비파사나를 오래 수행하여 서양에 전파한 선구자인 저자는 동양을 깊이 이해하는 서양인이다. 동과 서의 진지한 만남이 맺는 결실은 언제나 풍성하다. 동양의 신비적 직관과 서양의 논리적 이해, 동양의 묻어두는 관용과 서양의 파헤치는 정직성, 동의 서에 대한 찬탄과 서의 동에 대한 경의, 이런 것들이 만나 균형과 조화를 이룰 때, 제3의 아름다운 무엇이 태어난다. 이 책도 그 중의 하나라고 역자는 느낀다.

저자는 불교 수행자이자 지도자이지만 그의 시야는 동서양의 모든 종교를 아우를 정도로 넓게 틔어 있다. 실제로 그는 선불교, 남방불교, 티벳 불교를 위시하여 힌두교, 유태교, 기독교, 카톨릭, 수피즘, 도가사상을 넘나들면서 각 분야에 수십 년씩 몸담고 있는 수많은 지인들의 육성 증언을 통해서 인간의 영적 행로의 보편적인 문제와 답을 탐구해 간다. 이것이 영적 안내서로서 이 책이 권위와 보편성을 지니는 이유이다.

그러므로 이 책은 불교도를 위한 책도 아니고 구도자들만을 위한 책도 아니다. 소위 '영적'인 것에 알러지를 가진 독자들에게도 이 책을 권하고 싶은 이유는, 그 알레르기가 균형감을 상실한 편협한 영성에 대한 반응이었다면 이 책은 그 좋은 치료제가 될 것이기 때문이다. 게다가 진정한 영성이란 웅장한 교회나 비좁은 법당 속에 갇혀 있는 것이 아니라 뭇 존재가 떠나왔고 무의식 속에서조차 돌아가고 싶어 하는 본향, 그 애타는 노스텔지어에 관한 것이 아니겠는가?

번역은 만만한 작업이 아니다. 나는 보통 초역된 원고를 원문과 대조하면서 두세 차례 다시 읽으며 교정을 한다. 한번 읽은 책을 다시 읽기도 쉽지 않은데, 한 단어 한 단어에 담긴 저자의 뜻을 일일이 새겨가며 조심스럽게 훑어나가야 하는 이 과정은 끊임없는 집중력을 요하는 지난한 작업이다. 하지만 깊이 있는 책을 만날 때는 바로 그것이 하나의 큰 축복이 된다. 교정을 거듭할 때마다 책 속으로, 저자의 가슴 속으로 한 발 또 한 발 다가가서, 더욱 그윽한 맛과 의미를 음미할 수 있기 때문이다.

독자들도 부디 이 책 속으로 깊이, 더 깊이 들어가시기를 빈다. 저자는 인간이 삶의 여러 채널을 통해 다양한 방식으로 자극을 받아 영적 탐험에 나서게 되고, 수행을 통해 황홀경을 맛보고, 현실의 집으로 돌아와서는 끝없는 나락으로 떨어지다가 어느 순간 그 나락 속의 고통마저 껴안게 되고, 그러다가 마침내는 매 순간의 소박한 일상 속에서 경이와 자유를 발견해내는 영적 여정을 아름답고 감동적으로 그려내고 있다. 그 행간을 읽어 내려가다 보면, 자신과 삶에 대한 강력하고도 절실한 긍정을 느끼고 문득 놀라게 될지도 모른다.

AFTER THE ECSTASY, THE LAUNDRY by Jack Kornfield
Copyright ⓒ 2000 by by Jack Kornfield
All rights reserved
Korean Translation Copyright ⓒ 2006 by Hanmunhwa Multimedia Co.
Korean edition is published by arrangment with BANTAM BOOKS,
an imprint of the BANTAM Dell Publishing Group, a division of Random House, Inc.
trough Imprima Korea Agency

이 책의 한국어판 저작권은 Imprima Korea Agency를 통한
BANTAM BOOKS, an imprint of the BANTAM Dell Publishing Group과의 독점 계약으로
㈜한문화멀티미디어에 있습니다.
저작권법에 의해 한국 내에서 보호를 받는 저작물이므로 무단 전재와 복제를 금합니다.

지은이 | 잭 콘필드 Jack Kornfield 세계적인 불교학자이자 서양의 대표적인 명상 지도자 중 한 사람이다. 달트 모쓰 대학에서 심리학 박사 과정을 마친 후 태국과 인도 등지에서 불교 승려로 수행했으며, 나로파 대학, 에잘렌 대학 및 세계 각지의 수련원에서 위빠사나 명상을 지도했다. 현재 미국에 명상 센터인 Insight Meditation Society와 Spirit Rock Center를 설립해 명상을 지도하는 한편, 동양의 위대한 영적 가르침을 서양인들에게 전하는 강연과 저술 활동에 몰두하고 있다. 지은 책으로는 〈위빠사나 열두 선사〉〈예수와 붓다의 대담〉〈아잔 차 스님의 오두막〉 등이 있다.

옮긴이 | 이균형 연세대학교 전기공학과를 졸업하고 한국IBM에서 시스템 엔지니어로 일하다가 삶을 전환하여 1988년부터 영성 및 신과학 분야의 책들을 꾸준히 번역해 소개해 오고 있다. 옮긴 책으로 〈우주의식의 창조놀이〉〈영혼의 마법사 다스칼로스〉〈사람은 늙지 않는다〉〈홀로그램 우주〉 등이 있으며, 엮은 책으로 인도 우화집 〈비르발 아니면 누가 그런 생각을 해〉가 있다.

깨달음 이후 빨랫감

초판 1쇄 발행 2006년(단기 4339년) 3월 8일
초판 13쇄 발행 2024년(단기 4357년) 2월 22일

지은이·잭 콘필드
옮긴이·이균형
펴낸이·심남숙
펴낸곳·(주)한문화멀티미디어
등록·1990. 11. 28. 제 21-209호
주소·서울시 광진구 능동로 43길 3-5 동인빌딩 3층 (04915)
전화·영업부 2016-3500 편집부 2016-3507
http://www.hanmunhwa.com

운영이사·이미향 | 편집·강정화 최연실 | 기획 홍보·진정근
디자인 제작·이정희 | 경영·강윤정 조동희 | 회계·김옥희 | 영업·이광우

만든 사람들
책임편집·김은하 | 교정·한현숙 | 디자인·박은정
ISBN 978-89-5699-130-6 03150

잘못된 책은 본사나 서점에서 바꾸어 드립니다.
저자와의 협의에 따라 인지를 생략합니다.
본사의 허락 없이 임의로 내용의 일부를 인용하거나 전재, 복사하는 행위를 금합니다.